现代汽车工程系列教材

汽车保险与理赔

李劲松　朱春侠　主　编
张正军　赵　航　副主编
　　　　骆剑亮　主　审

清华大学出版社
北京交通大学出版社
·北京·

内 容 简 介

本教材以图文并茂的形式，以实际例子对汽车保险各条例进行说明。首先阐述的是汽车保险与理赔的基本理论知识，着重阐述汽车保险原则及汽车保险合同；然后结合我国汽车保险的各类条款及费事规章，进行了典型的汽车保险理赔的案例分析；最后系统地讲解了汽车投保、承保、理赔，以及车贷险等保险实务。内容简明扼要，博采众长，具有新颖性与实用性较强的特点。

本教材可作为汽车服务工程、交通运输、车辆工程、汽车运用工程、汽车营销等专业的教材，也可作为机动车辆保险从业人员的培训用书，还可作为广大保险用户系统了解机动车辆保险和理赔知识的参考书。

图书在版编目（CIP）数据

汽车保险与理赔/李劲松，朱春侠主编. —北京：清华大学出版社；北京交通大学出版社，2010.5（2018.1 重印）
（现代汽车工程系列教材）
ISBN 978－7－5121－0116－6

Ⅰ.① 汽…　Ⅱ.① 李…　② 朱…　Ⅲ.① 汽车保险-中国-教材　② 汽车保险-理赔-中国-教材　Ⅳ.① F842.63

中国版本图书馆 CIP 数据核字（2010）第 089414 号

责任编辑：杨正泽
出版发行：清 华 大 学 出 版 社　邮编：100084　电话：010－62776969
　　　　　北京交通大学出版社　邮编：100044　电话：010－51686414
印 刷 者：北京九州迅驰传媒文化有限公司
经　　销：全国新华书店
开　　本：185×260　印张：19　字数：500 千字
版　　次：2010 年 6 月第 1 版　2018 年 1 月第 5 次印刷
书　　号：ISBN 978－7－5121－0116－6/F·645
印　　数：7501～8 000 册　定价：29.50 元

本书如有质量问题，请向北京交通大学出版社质监组反映。对您的意见和批评，我们表示欢迎和感谢。
投诉电话：010－51686043，51686008；传真：010－62225406；E-mail：press@bjtu.edu.cn。

编　委　会

主　编： 李劲松　朱春侠

副主编： 张正军　赵　航

主　审： 骆剑亮

编　委（按姓氏音序排列）：

陈丽娟　邓国华　方海旋　符　辉

黄红惠　李昌瑞　李劲松　张惜辉

张正军　赵　航　朱春侠

前　　言

随着汽车工业的发展，汽车及其相关产业的人才需求量也大幅度增长，为了培养汽车复合型、实用型人才，切实掌握汽车保险与理赔业务，本教材系统地讲解了汽车保险与理赔的基本原理及其运作的专业知识。

感谢北京交通大学出版社组织这次系列教材编写活动，使得编者有机会来做这项工作。编者结合多年的教学经验和科研实践，收集和整理了国内外相关资料，在前人工作的基础上，编写了这本教材。本教材内容立足实际、适应新情，以图文并茂的形式，以实际例子对汽车保险各条例进行说明。首先阐述的是汽车保险与理赔的基本理论知识，着重阐述汽车保险原则及汽车保险合同；然后结合我国汽车保险的各类条款及费事规章，配以大量的实际例子进行细致的分析和讨论；最后系统地讲解了汽车投保、承保、理赔以及车贷险等保险实务。内容简明扼要，博采众长，具有新颖性与实用性较强的特点。

本教材可作为汽车服务工程、交通运输、车辆工程、汽车运用工程、汽车营销等专业的教材，也可作为机动车辆保险从业人员的培训用书，还可作为广大保户系统了解机动车辆保险和理赔知识的参考书。

本书由海南大学汽车工程系李劲松、朱春侠统稿并担任主编，海南交通技工学校张正军、漯河职业技术学院赵航担任副主编。全书共分 10 章，编写分工情况如下：第 1 章、第 6 章、第 9 章及附录由李劲松编写，第 2 章、第 3 章、第 4 章由朱春侠编写，第 5 章、第 7 章由张正军编写，第 8 章、第 10 章由赵航编写。参加本书编写的还有：海口经济学院邓国华，无锡广播电视大学黄红惠，海南大学汽车工程系张惜辉、李昌瑞、符辉、陈丽娟、方海旋等。全书由海南大学骆剑亮副教授主审。在此一并表示感谢。

汽车保险与理赔涉及内容广泛，实践性很强，由于编者水平有限，对某些内容理解可能存在偏颇，错误之处在所难免，恳请同行和读者提出宝贵意见，以便在今后的修订中不断完善。

本书教学课件可以从北京交通大学出版社网站（http://press. bjtu. edu. cn）下载，也可以发邮件至 cbsyzz@jg. bjtu. edu. cn 索取。

编者

2010 年 6 月

目　录

第1章

汽车保险概述

1.1 风险与风险管理

1.1.1 风险

1. 风险的含义

俗话说，“无风险则无保险”，这已成为保险界的至理名言。认识风险对于理解保险是至关重要的，那么什么是风险呢？

风险有两种定义：一种定义强调了风险表现为不确定性；而另一种定义则强调风险表现为损失的不确定性。

风险一般是指某种事件发生的不确定性。只要某一事件的发生存在着两种或者两种以上的可能性，那么该事件即存在风险。从风险的一般含义可知，风险既可以指积极结果的不确定性，也可以指损失发生的不确定性。例如，投资股票有三种可能发生——挣钱、赔钱和不挣不赔，这三种可能性都属于风险的不确定性范畴。然而，保险理论上的风险是指损失发生的不确定性，即保险标的发生损失的不确定性。这是从狭义角度界定风险的含义，单指损失，不包括收益。

风险是针对人类的活动而言的，没有人类的活动，也就无所谓风险。在人类社会发展的漫长历史中，自然灾害与意外事故，造成了不同程度的损失，所以说风险是伴随着人类活动的展开而展开的。没有人类的活动，也就不存在着风险。当代风险理论认为，现代社会风险无处不在，无处不有。表1-1所示为人的一生当中发生各类风险事故的概率。

表1-1 人的一生当中发生各类风险事故的概率

风险事故	发生概率	风险事故	发生概率
受伤	1/3	染上艾滋病	1/5 700
难产（行将生育的妇女）	1/6	被谋杀	1/1 110
车祸	1/12	死于怀孕或生产（女性）	1/14 000
心脏病突然发作	1/77	自杀（女性）	1/20 000
在家中受伤	1/80	自杀（男性）	1/5 000
受到致命武器的攻击	1/260	因坠落摔死	1/20 000
死于心脏病	1/340	死于工伤	1/26 000
家中成员死于突发事件	1/700	走路时被汽车撞死	1/40 000
乳腺癌（女性）	1/10	死于火灾	1/50 000
死于中风	1/1 700	溺水而死	1/50 000
死于突发事件	1/2 900	受二手烟污染而死于肺癌	1/60 000
死于车祸	1/5 000	被刺伤致死	1/60 000

2. 风险的构成要素

风险是由下列 3 个要素构成的。

1）风险因素

它是风险事故发生的潜在原因，是造成损失的内在或间接原因。

根据性质不同，风险因素可分为实质风险因素、道德风险因素和心理风险因素三种类型。

实质风险因素也称有形风险因素，是指某一标的本身所具有的足以引起风险事故发生或者增加损失机会或者加重损失程度的因素。如某一类汽车刹车系统的可靠性、房屋所处的位置等都属于实质风险因素。在保险实务中，由实质风险因素所引起的损失，大多属于保险责任，是保险公司保障的范围。

道德风险因素是指由于人们不诚实、不正直或者有不轨企图，故意促使风险事故发生，以致引起财产损失和人身伤亡的因素。如投保人或者被保险人的欺诈或者夸大损失，以骗取保险赔款。一般情况下，由于道德风险引起的损失不属于保险责任，属于保险合同中的责任免除。

心理风险因素是指由于人们疏忽或者过失以及主观上不注意、不关心、心存侥幸，以致增加风险事故发生的机会和加大损失的严重性的因素。心理风险因素是与人的心理状态有关的无形的风险因素。例如，由于停车忘了锁门，致使增加了偷窃风险的发生；酒后驾车或者驾驶有故障车辆等。

道德风险因素与心理风险因素都与人密切相关，可以合并成为人为风险因素，同时这两种风险因素与人的心理活动和道德品质有关，是没有具体形状的，所以道德风险因素和心理风险因素又可称为无形风险因素。

2）风险事故

风险事故是指造成损失的直接的或外在的原因，是损失的媒介物，即风险只有通过风险事故的发生才能导致损失。

就某一事件来说，如果它是造成损失的直接原因，那么它就是风险事故；而在其他条件下，如果它是造成损失的间接原因，它便成为风险因素。例如，下冰雹路滑发生车祸造成人员伤亡，冰雹是风险因素；而冰雹直接击伤行人，冰雹是风险事故。

3）损失

在风险管理中，损失是指非故意的、非预期的、非计划的经济价值的减少。

通常我们将损失分为两种形态，即直接损失和间接损失。直接损失是指风险事故导致的财产本身损失和人身伤害，这类损失又称为实质损失；间接损失则是指由直接损失引起的其他损失，包括额外费用损失、收入损失和责任损失。在风险管理中，通常将损失分为四类：实质损失、额外费用损失、收入损失和责任损失。

风险构成要素之间的关系：风险是由风险因素、风险事故和损失三者构成的统一体，三者的关系如图 1－1 所示。

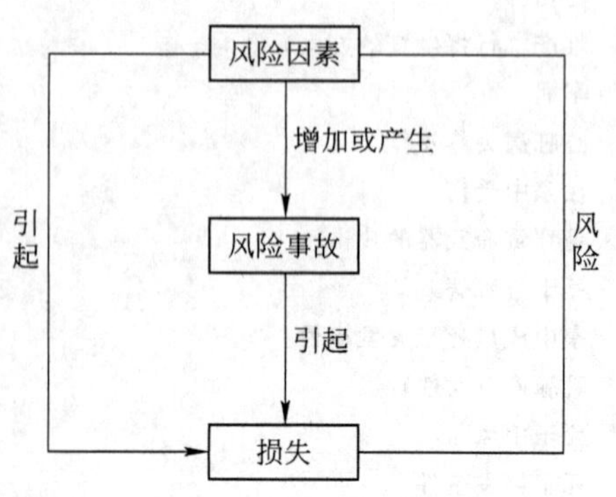

图 1－1 风险三要素之间的关系

风险因素是引起或增加风险事故发生的机会或扩大损失幅度的条件，是风险事故发生的潜在原因；

风险事故是造成生命财产损失的偶发事件，是造成损失的直接的或外在的原因，是损失的媒介；

损失是指非故意的、非预期的和非计划的经济价值的减少。

因此上述三者关系为：风险是由风险因素、风险事故和损失三者构成的统一体，风险因素引起或增加风险事故；风险事故发生可能造成损失。

3. 风险的特征

1）风险的客观性

风险的客观性是指风险是一种不以人的意志为转移，独立于人的意识之外而客观存在的。例如，自然界的地震、洪水、瘟疫、意外事故等，都是不以人的意志为转移的客观存在。因此，人们只能在一定的时间和空间内改变风险存在和发生的条件，减少风险发生的频率和降低其损失程度，但是无法杜绝风险的存在和发生。正是由于风险存在的客观性，人们才应认识风险、管理风险，使风险造成的损失降到最小限度。于是，保险制度才会得以产生和发展。

2）风险的普遍性

风险渗透到人们社会生活和生产的方方面面，无处不在，无处不有。自从人类出现以后，就面临着各种各样的风险，如自然灾害、疾病、伤害、战争等。在当今社会，个人面临着生、老、病、死意外伤害等风险；企业面临着自然风险、市场风险、技术风险、政治风险等。随着科技的发展、社会制度的变化也会使新的风险产生，并且新的风险造成的损失也越来越大，汽车的出现使交通事故增加，发生交通事故时造成的损失增加，就是一个证明。

3）风险的不确实性

风险的不确定性包含三个方面：风险是否发生不确定，风险发生的时间不确定，风险发生后造成的损失程度不确定。从总体上说，风险是客观存在的、普遍存在的、但就具体某一风险而言，其发生是偶然的，是一种随机现象，是不确定的。

风险是否发生不确定。风险是肯定存在的，但是风险是否发生是不确定的。例如，从总体而言，出行在外任何人都面临着车祸风险，但是具体到某个人是否遇到车祸，在出行之前是未知的。

风险发生的时间不确定。风险什么时候发生，人们不可预知。例如，人都是要死的，这是人类发展的规律，但是对于每一个人在何时死，确实无法预知的。

风险发生后造成的损失程度不确定。风险发生必然造成损失，但是，每一次风险发生后，在经济上带来多大的损失是无法确定的。例如，世界上每年都有车祸发生，但是人们无法预知未来几年车祸能给人类带来多大的损失。

4）风险的可测定性

个别风险的发生是偶然的，不可预知的，但是通过大量风险事故的观察会发现，其往往呈现出明显的规律，根据以往大量资料，利用概率论与数理统计的方法可预算风险事故发生的概率及损失程度。比如，在汽车保险中，根据大量的车祸记录、损失情况，结合其他众多影响因素，就可以测算出不同车险的费率。

5）风险的发展性

风险会因时间、空间因素的不断变化而变化。人类社会自身进步和发展的同时，也创造和发展了保险。尤其是当代高新科学技术的发展与运用，使风险的发展性更为突出。例如，原子能的利用、核电站的建立，则带来了核污染及核爆炸的风险。

6）风险的社会性

风险与人类社会的利益密切相关，风险是一个社会的范畴，而不是自然范畴，没有人，没有人类社会，就没有风险可言。

4. 风险成本

风险成本是指由于风险的存在和风险事故发生后人们所必须支出的费用和预期经济利益的减少。

风险成本一般分为三类。

① 风险损失的实际成本。风险损失的实际成本由风险造成的直接损失成本和间接损失成本共同构成。

② 风险损失的无形成本。风险损失的无形成本是指风险对社会经济福利、社会生产率、社会资源配置以及社会再生产等诸方面的破坏后果。

③ 预防或控制风险损失的成本。为预防和控制风险损失，必须采取各种措施而支付的费用。具体包括资本支出和折旧费、安全人员费（含薪金、津贴、服装费等）、训练计划费用、施教费以及增加的机会成本。

5. 风险的种类

1）依据风险性质分类，风险可分为纯粹风险和投机风险

（1）纯粹风险

纯粹风险是指只有损失机会，而无获利可能的风险。如图 1－2 所示，房屋所有者面临着火灾风险，当火灾事故发生时，他们便会遭受经济利益上的损失，而不会得到收益。静态风险一般为纯粹风险。这种风险可能造成的结果只有两个，即没有损失和造成损失。

图 1－2 火灾事故

（2）投机风险

与纯粹风险相对应的是投机风险。投机风险是指既可能产生收益也可能造成损失的不确定性。投机风险造成的结果有三种，即收益、没有损失和损失。例如，在股票市场上买卖股票，就存在挣钱、赔钱和不挣不赔三种后果。

（3）收益风险

收益风险是只会产生收益而不会导致损失的可能性，只是具体的收益规模无法确定. 比如受教育的风险问题。在现代社会，接受教育无疑是一种非常必要而且明智的举动，教育会让人受益终生，但教育到底能够为受教育者带来多大的收益是无法计量的，它不仅与受教育者个人因素有关，而且与受教育者的机遇等外部因素有关。这类风险可以看作是带来收益的风险。

2）依据风险产生的原因，风险可分为自然风险、社会风险、政治风险、经济风险和技术风险

（1）自然风险

因自然力的不规则变化产生的现象所导致危害经济活动，物质生产或生命安全的风险。

图 1－3 所示的地震、洪灾、火灾、风灾、雪灾、旱灾，以及虫灾及各种瘟疫等自然现象在现实生活中是大量发生的。在各类风险中，自然风险是保险人承保最多的风险。

(a) 地震　(b) 洪灾　(c) 火灾　(d) 风灾　(e) 雪灾　(f) 旱灾

图 1－3　各种自然灾害

自然风险的特征是：自然风险形成的不可控性；自然风险形成的周期性；自然风险事故引起后果的共沾性，即自燃风险事故一旦发生，其涉及的对象往往很广。

（2）社会风险

社会风险是指因个人或单位的行为，包括过失行为，不当行为及故意行为对社会生产及人们生活造成损失的风险。图 1－4 所示为盗窃、抢劫，及故意破坏的行为将可能对他人的财产造成损失或对人身造成伤害。现代一般意义上的社会风险意指在一定条件下某种自然现象、生理现象或社会现象是否发生，及对人类社会财富和生命安全是否造成损失和损失程度的客观不确定性。

(a) 盗窃车轮

(b) 抢劫

(c) 破坏公物

图 1-4　各种社会不良现象

(3) 政治风险

政治风险又叫国家风险，国家风险是指在国际经济活动中发生的、在一定程度上由国家政府控制的事件或社会事件引起的给国外债权人应收账款（出口商、银行或投资者）造成损失的可能性。目前，我国企业在进行对外贸易和对外投资活动中，可能遭遇到国家风险主要包括战争、政府征收、违约、汇兑限制和国有化等。

(4) 经济风险

经济风险是指因经济前景的不确定性，各经济实体在从事正常的经济活动时，蒙受经济损失的可能性。它是市场经济发展过程中的必然现象。在简单商品生产条件下，商品交换范围较小，产品更新的周期较长，故生产经营者易于把握预期的收益，经济风险不太明显。随着市场经济的发展，生产规模不断扩大，产品更新加快，社会需求变化剧烈，经济风险已成为每个生产者、经营者必须正视的问题。

(5) 技术风险

技术风险是指伴随着科学技术的发展、生产方式的改变而产生的威胁人们生产与生活的风险。图 1-5 所示为核辐射、空气污染和噪声污染。

(a) 核辐射

(b) 空气污染

(c) 噪声污染

图 1-5　各种污染

3) 依据损失的范围分类，风险有基本风险和特定风险

(1) 基本风险

基本风险是指非个人行为引起损失或损害的风险，这种风险实际上是一种团体风险，是个人不能预防的风险。它对整个团体乃至整个社会产生影响，而且是个人无法预防的风险。例如：地震、洪水等引起的风险。

(2) 特定风险

特定风险是指风险的产生及造成的后果只与特定的人或部门相关的风险。它只与特定的个人或部门相关，不影响整个团体和社会。特定风险一般较易为人们所控制和防范。例如：火灾、爆炸、盗窃及对他人财产损害或人身伤害所负的法律责任等均属此类风险。

4）依风险的对象分类，风险可分为财产风险、人身风险、责任风险与信用风险

（1）财产风险

财产风险是指导致一切有形财产的损毁、灭失或贬值的风险。如车祸等造成汽车有形财产的损失或灭失。财产损失通常包括财产的直接损失和间接损失两个方面。

（2）人身风险

人身风险是指导致人的伤残、死亡、丧失劳动能力以及增加费用支出的风险。如人会因生、老、病、死等生理规律和自然、政治、军事、社会等原因而早逝、伤残、年老无依靠等。人身风险所致的损失一般有两种：一种是收入能力损失，另一种是额外费用损失。

（3）责任风险

责任风险是指因个人或团体的疏忽或过失行为，造成他人的财产损失或人身伤亡，按照法律、契约应负法律责任或契约责任的风险。如图1-6驾车不慎撞人，造成对方伤残或者死亡，医疗事故造成病人病情加重、伤残或者死亡等。

图1-6　驾车不慎撞人

（4）信用风险

信用风险是指在经济交往中，权利人与义务人之间，由于一方违约或违法致使对方遭受经济损失的风险。如银行放贷款收不回来的风险。

5）依风险产生的环境分类，风险有静态风险和动态风险

静态风险是指在社会经济正常的情况下，自然力的不规则变化或人们的过失行为所致损失或损害的风险。

动态风险是指由于社会经济、政治、技术以及组织等方面发生变动所致损失或损害的风险。

静态风险与动态风险的区别如下。

（1）风险性质不同

静态风险一般均为纯粹风险；而动态风险则既包含纯粹风险也包含投机风险。

（2）发生特点不同

静态风险在一定条件下具有一定的规律性，变化比较规则，可以通过大数法则加以测算；动态风险的变化却往往不规则，无规律可循，难以用大数法则进行测算。

（3）影响范围不同

静态风险通常只影响少数个体；而动态风险的影响则比较广泛，往往会带来连锁反应。

6）依风险造成的损失的多寡分类，风险有巨灾风险和巨额风险

巨灾风险是指风险事故发生殃及的范围巨大的风险；巨额风险是指标的物价值巨大，一旦该标的遭灾受损，损失金额也巨大的风险。

除此之外，还存在其他的风险分类方法。比如风险依其是否可以被商业保险承保可以分

为可保风险和不可保风险两类。可保风险是指可用商业保险方式加以管理的风险。静态风险、财产风险、人身风险、责任风险、信用风险等都是可保风险。不可保风险是指商业保险方式不予以承保的风险。动态风险、投机风险等都是不可保风险。一般而言，可保风险都是可管理风险，但是不可保风险却不一定是不可管理风险。

1.1.2 风险管理

1. 风险管理的历史

风险管理是一门新兴的管理学科。

风险管理萌芽于20世纪30年代，起源于美国。在20世纪30年代，由于受到1929—1933年的世界经济危机的影响，美国约有40%左右的银行和企业破产，经济倒退了约20年。美国企业为应对经营上的危机，许多大中型企业都在内部设立了保险管理部门，负责安排企业的各种保险项目。可见，当时的风险管理主要依赖保险手段。

1938年以后，美国企业对风险管理开始采用科学的方法，并逐步积累了丰富的经验。20世纪50年代风险管理发展成为一门学科，风险管理一词才形成。

近20年来，美国、英国、德国、日本等国家先后建立起全国性和地区性的风险管理协会。1983年在美国召开的风险和保险管理协会年会上，世界各国专家学者云集纽约，共同讨论并通过了“101条风险管理准则”，它标志着风险管理的发展已进入了一个新的发展阶段。

1986年，由欧洲11个国家共同成立的“欧洲风险研究会”将风险研究扩大到国际交流范围。1986年10月，风险管理国际学术讨论会在新加坡召开，风险管理已经由环大西洋地区向亚洲太平洋地区发展。

中国对于风险管理的研究开始于20世纪80年代。一些学者将风险管理和安全系统工程理论引入中国，在少数企业试用中感觉比较满意。中国大部分企业缺乏对风险管理的认识，也没有建立专门的风险管理机构。作为一门学科，风险管理学在中国仍旧处于起步阶段。

2. 风险管理的含义

风险管理是研究风险发生规律和风险控制技术的一门新兴管理科学。它是一个组织或个人用以降低风险的负面影响的决策过程。具体而言，就是组织或个人通过风险识别、风险估测、风险评价，并在此基础上优化组合各种风险管理技术，对风险实施有效的控制和妥善处理风险所致损失的后果，以最小的成本获得最大的安全保障。

风险管理含义的具体内容如下。

① 风险管理的对象是风险。

② 风险管理的主体可以是任何组织和个人，包括个人、家庭、组织（包括营利性组织和非营利性组织）。

③ 风险管理的过程包括风险识别、风险衡量、风险评价、选择风险管理技术和评估风险管理效果等。

④ 风险管理的基本目标是以最小的成本获得最大的安全保障。具体可分为损失发生之前的目标（减少损失发生的频率）和损失发生之后的目标（降低损失程度）。

⑤ 风险管理成为一个独立的管理系统，并成为一门新兴的学科，从20世纪70年代才得到广泛的重视。

3. 风险管理的意义

1）风险管理对企业的意义

① 风险管理能够为企业提供安全的生产经营环境。企业通过对可能造成风险因素的分析，采取了有效的防范措施，保证了企业的安全生产，进而使生产经营活动正常运行。

② 风险管理能够促进企业决策的科学化、合理化，减少决策失误的风险。风险管理利用科学系统的方法，管理和处置各种风险，有利于企业减少和消除经营风险、决策失误风险，顺利实现企业的生产经营目标。

③ 风险管理能够促进企业经营效益的提高。风险管理的实施可以使企业面临的风险损失降到最低，并能在损失发生后及时合理地得到经济补偿，使企业直接或间接地减少了费用支出，进而可以提高企业的经营效益。

2）风险管理对社会的意义

① 风险管理有利于资源的有效配置。风险管理是积极地防止和控制风险，它可以在很大程度上减少风险损失，并为风险损失提供补偿，促使更多的社会资源合理地向所需部门流动。

② 风险管理有利于经济的稳定发展。风险管理的实施有助于消除风险给经济、社会带来的各种不良后果，把风险造成的损失降到最低点，有助于社会生产顺利进行，促进经济的稳定发展。

③ 风险管理为保障社会经济的发展创造了安全的社会经济环境。风险管理通过风险的避免、预防、转移等方式，提供最大安全保障，从而减少生产者对风险的忧虑，使人们生活在一个安定的社会经济环境中，有助于经济的发展。

4. 风险管理的目标

风险管理的基本目标是以最小成本获得最大安全保障效益。风险管理具体目标可以概括为损失前目标和损失后目标。

损失前目标是指通过风险管理消除和减少风险发生的可能性，为人们提供较安全的生产、生活环境。

损失后目标是指通过风险管理在损失出现后及时采取措施，组织经济补偿，帮助企业迅速恢复生产和生活秩序。

5. 风险管理的程序

1）风险识别

风险识别是指对企业、家庭或个人面临的和潜在的风险加以判断、归类和对风险性质进行鉴定的过程。即对尚未发生的、潜在的和客观存在的各种风险系统地、连续地进行识别和归类，并分析产生风险事故的原因。识别风险主要包括感知风险和分析风险两方面内容。风险识别的目的有两个：一是衡量风险的大小；二是提供最适当的风险管理对策。风险识别是否全面、深刻，直接影响风险管理决策质量，进而影响整个风险管理的最终结果。

2）风险估测

风险估测是在风险识别的基础上，通过对所收集的大量资料进行分析，利用概率统计理论，估计和预测风险发生的概率和损失程度。风险衡量所要解决的两个问题是损失概率和损失严重程度，其最终目的是为正确选择风险的处理方法提供依据、提供信息。

3）风险评价

风险评价是指在风险识别和风险估测的基础上，对风险发生的概率、损失程度，结合其他因素全面进行考虑，评估发生风险的可能性及其危害程度，并与公认的安全指标相比较，以衡量风险的程度，并决定是否需要采取相应的措施。处理风险需要一定的费用，费用与风险损失之间的关系直接影响风险管理的效益。风险评价是风险活动中的重要环节，其对决策方向影响甚大，对风险作出科学地分析和判断，对整个风险管理具有决定性意义。

4）选择风险管理技术

风险管理方法分为控制法和财务法两大类，风险管理方法结构图如图 1-7 所示。

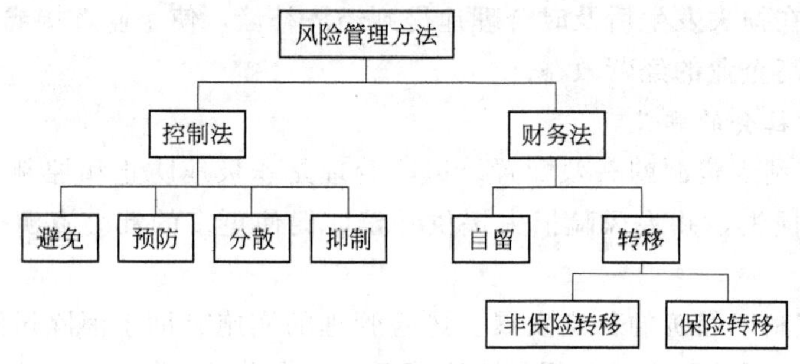

图 1-7　风险管理方法结构图

（1）控制法

是指避免、消除风险或者减少风险发生频率及控制风险损失扩大的一种风险管理办法。

目的在于降低损失频率和减少损失幅度，重点在于改变引起意外事故和扩大损失的各种条件。其主要方法有避免、预防、分散、抑制。

① 避免是指设法回避损失发生的可能性，即从根本上消除特定的风险单位和中途放弃某些既存的风险单位，采取主动放弃或改变该项活动的方式。

② 预防是指在风险事故发生前为了消除或减少可能引起损失的各种因素而采取的处理风险的具体措施。

③ 分散风险是指增加同类风险单位的数目来提高未来损失的可预测性，以达到降低风险发生可能性的目的。分散风险是通过兼并、扩张、联营，集合许多原来各自独立的风险单位，增加风险单位数目，以达到提高预期损失预测的精确性而降低风险的目的。

④ 损失抑制是指在损失发生时或损失发生之后为减小损失程度而采取的各项措施。

（2）财务法

是事先做好吸纳风险成本的财务安排。

由于人们对风险的认识受许多因素的制约，因而对风险的预测和估计不可能达到绝对精确的地步，而各种控制方法都有一定的缺陷。为此，有必要采取财务法，以便在财务上预先提留各种风险准备金，消除风险事故发生时所造成的经济困难和精神忧虑。其目的是以提供基金的方式，对无法控制的风险做财务上的安排。具体方法有自留、转移两种。

① 自留风险是指对风险的自我承担，即企业或单位自我承受风险损害后果的方法。自留有主动自留和被动自留之分。采取自留方法，应考虑经济上的合算性和可行性。一般来说，在风险所致损失频率和程度低、损失在短期内可预测以及最大损失不足以影响自己的财务稳定时，宜采用自留方法。但有时会因风险单位数量的限制而无法实现其处理风险的功

效，一旦发生损失，可能导致财务调度上的困难而失去其作用。

② 转移风险是指通过合理措施，将风险及其财务后果从一个主体转移给另一个主体。风险转移是一些单位或个人为避免承担风险损失而有意识地将风险损失或与风险损失有关的财务后果转嫁给另一单位或个人承担的一种风险管理方式。风险转移分为非保险转移和保险转移。非保险转移是通过合同把风险损失的财务后果转移给非保险公司的其他人，称为财务型非保险转移。例如，出租汽车公司可以与承包的驾驶员签订合同，由驾驶员承担交通事故中的责任风险。这样的合同尽管转移了风险，一般来说也必然把一部分利益转移给风险受让者，比如驾驶员在接受交通事故责任时，必然要求少缴纳承包费用，出租汽车公司的利润将有所减少。保险转移是通过保险合同把风险转移给保险公司。此种方法是风险管理方法中最常用、最有效的财务措施。例如，机动车辆所有者可以通过订立保险合同，将其车辆面临的风险转嫁给保险人。

5）风险管理效果评价

评估风险管理的效果是指对风险管理技术适用性及收益性情况的分析、检查、修正和评估。风险管理效益的大小，取决于是否能以最小风险成本取得最大安全保障，同时，在实务中还要考虑风险管理与整体管理目标是否一致，是否具有具体实施的可行性、可操作性和有效性。风险处理对策是否最佳，可通过评估风险管理的效益来判断。

6. 风险的度量

1）风险单位及其划分

（1）风险单位的定义

风险单位是指一次风险事故发生可能造成的最大损害范围。在保险实务中，风险单位是指保险标的发生一次保险事故可能造成的最大损失范围，是保险人确定其可以承担最高保险责任的计算基础。

（2）风险单位的划分

① 按地段划分。由于标的之间在地理位置上相毗邻，具有不可分割性，当风险事故发生时，受损失的机会是相同的，故将一个地段作为一个风险单位。

② 按投保单位划分。为了简化手续，有时一个投保单位就是一个风险单位。对于那些不需要勘查、制图和分别险位，只要投保单位将其全部财产按账面价值足额投保，该投保单位即作为一个风险单位，按其占用性质和建筑等级来确定费率。

③ 按标的划分。一个标的为一个风险单位。对于一些与其他标的无毗连关系风险集中于一体的保险标的，可以视一个保险标的为一个风险单位。

2）衡量风险的几个指标

（1）损失机会

损失机会又叫损失频率，是指在一定时间范围内实际损失或预期损失的数量与所有可能发生损失的数量的比值。具体可以指一定时期内，一定数目的风险单位可能（或实际）发生损失的数量次数，通常以分数或百分率来表示。用于度量事件是否经常发生。

（2）损失程度

是指一次风险事故发生造成的损失规模大小或金额多少。它是发生损失金额的算术平均数，用来度量每一事故造成的损害。通常情况下，发生损失的频率和损失程度成反比关系。从保险的角度看，损失机会越高，并不意味着风险越大。同样，损失程度越严重，也并不意味着风险越大。

损失平均值，是根据一定时期内，一定条件下大量同质标的损失的经验数据计算算术平均值所得的平均损失，它反映了所评价的目标总体在一定情况下损失的一般水平。n 次同类汽车碰撞事故，每次损失值为 x_1，x_2，…，x_n，则损失平均值为：

$$\bar{x} = \frac{x_1 + x_2 + \cdots + x_n}{n} = \frac{1}{n}\sum_{i=1}^{n} x_i$$

方差，一个概率分布的方差等于每一观测值与平均数之差的平方的平均数。它可用来度量将均值作为估算可能结果的适用性。方差的计算公式为：

$$\sigma^2 = \frac{\sum_{i=1}^{n}(x_i - \bar{x})^2}{n}$$

标准差，就是方差的平方根。标准差的计算公式为：

$$\sigma = \sqrt{\sigma^2}$$

在其他条件相同的情况下，标准差越大，风险越大。方差与标准差反映了损失的变动范围，说明损失与平均损失的偏离程度。

变异系数，是用来综合反映标的的变动范围与损失平均值的相对关系，从而反映离散程度。计算公式为：

$$v = \frac{\sigma}{\bar{x}}$$

变异系数给出了一个风险的相对值。变异系数越小，损失分布的相对危险就越小。

7. 风险管理与保险的关系

风险管理与保险关系密切，主要表现如下。

① 风险管理与保险所研究的对象一致，二者研究的对象都是风险，保险研究的是风险中的可保风险。

② 风险是保险产生和存在的前提。风险是客观存在的，是不以人的意志为转移的。风险的发生直接影响社会生产过程的继续进行和家庭正常的生活，因而产生了人们对损失进行补偿的需要。保险是一种被社会普遍接受的经济补偿方式，因此，风险是保险产生和存在的前提，风险的存在是保险关系确立的基础。

③ 风险的发展是保险发展的客观依据。社会进步、生产发展、现代科学技术的应用，帮助人类社会克服原有风险的同时，也带来了新风险。新风险对保险提出了新的要求，促使保险业不断设计新的险种、开发新业务。从保险的现状和发展趋势看，作为高风险系统的核电站、石油化学工业、航空航天事业、交通运输业的风险，都可以纳入保险的责任范围。

④ 保险是风险处理传统的、有效的措施。人们面临的各种风险损失，一部分可以通过控制的方法消除或减少，但风险不可能全部消除。各种风险造成的损失，单靠自身力量解决，就需要提留与自身财产价值等量的后备基金，这样既造成资金浪费，又难以解决巨额损失的补偿问题，从而转移就成为风险管理的重要手段。保险作为转移方法之一，长期以来被人们视为传统的处理风险手段。通过保险，把不能自行承担的集中风险转嫁给保险人，以小额的固定支出换取对巨额风险的经济保障，使保险成为处理风险的有效措施。

⑤ 保险经营效益受风险管理技术的制约。保险经营效益的大小受多种因素的制约，风

险管理技术作为非常重要的因素，对保险经营效益产生很大的影响。如对风险的识别是否全面，对风险损失的频率和造成损失的程度估计是否准确，哪些风险可以接受承保，哪些风险不可以承保，保险的范围应有多大、程度如何，保险成本与效益的比较等，都制约着保险的经营效益。

1.2　保险概论

1.2.1　保险的含义

一般说来，保险有广义和狭义之分。广义的保险是指通过建立专门用途的后备基金或保障基金，用于补偿因自然灾害和意外造成的损失，是为社会安定发展而建立物质储备的一种经济补偿制度。为此，广义的保险包括国家政府部门经办的社会保险、按商业原则经营的商业保险以及由保险人集资合办的合作保险等，范围比较广泛。狭义的保险仅指商业保险，即按照商业化的原则，通过合同的形式，采用科学的计算方法，集合多数单位和个人，收取保险费，建立保险基金，用于在合同范围内的灾害事故所造成的损失进行补偿的经济保障制度。

通过对狭义商业保险分析，我们可以得到如下结论。

① 从经济的角度看，保险是分摊意外事故损失的一种财务安排。

② 从法律的角度看，保险是一种合同行为。

③ 从社会角度看，保险是社会经济保障制度的重要组成部分，是社会生产和生活的稳定器。

④ 从风险管理的角度看，保险是风险管理的一种方法。

下面从经济角度和法律角度做出分析。

经济角度：保险是分摊灾害事故的一种方法。保险把具有同样危险威胁的人和单位组织起来，根据保险费率收取保险费，建立保险基金，以补偿财产损失或对人身事件给付保险金，因此保险对现实生活中面临的危险给予了经济保障。

法律角度：保险是通过合同的形式，运用商业化的经营原则，由保险经营者向投保人收取保险费，建立保险基金，当发生保险责任范围内的事故时或保险条件实现时，保险人对财产的损失进行补偿、对人身伤亡或年老丧失劳动能力时给付的一种经济保障制度。

综上所述，保险定义应该包括四方面内容：一是指商业保险行为；二是合同行为；三是权利义务行为；四是经济补偿或保险金给付以合同约定的保险事故发生为条件。因此，我们可以给保险一个较完整的定义：保险是指投保人根据合同约定，向保险人支付保险费，保险人对于合同约定的可能发生的事故因其发生而造成的财产损失承担赔偿保险金的责任，或者当被保险人死亡、伤残和达到合同约定的年龄、期限时承担给付保险金的义务。

1.2.2　保险与类似经济行为的区别与联系

1. 保险与储蓄

1）二者的区别

所得不同：储蓄所得是基本金及利息；保险所得是不定值。

性质不同：保险具有经济互助合作性质；储蓄是一种单纯靠自身经济实力自助行为。

用途不同：保险积聚的保险基金必须在合同条款规定的事故发生后或期限届满时，保险人才按合同规定履行赔偿责任，即只能用于特定事故的损失补偿；储蓄可以由存款人自由提取，自由使用。

依据不同：保险集合多数单位和个人的保险费，形成保险基金，目的在于分散风险、分摊损失，并以概率论、大数法则为计算保险费的基础，具有科学依据；储蓄多少能应付不测事故却是一个不定的数额。

2）二者的联系

二者都是以现有剩余资金用做将来的准备，即聚集一定资金作为必要的后备，尤其是人身保险的生存保险及两全保险的生存部分，几乎与储蓄难以区分。

2. 保险与社会保险

社会保险是国家或政府通过立法形式，采取强制手段对全体公民或劳动者因遭遇年老、疾病、生育、伤残、失业和死亡等社会特定风险而暂时或永久失去劳动能力、失去生活来源或中断劳动收入时的基本生活需要提供经济保障的一种制度。其主要包括养老保险、医疗保险、失业保险和工伤保险。

这里，保险与社会保险的比较主要是对人身保险与社会保险的比较。

1）人身保险与社会保险的共同点

从产生伊始，社会保险与人身保险就相伴相随、共同发展，二者既相互联系，又相互区别。从表面看来，社会保险包括的保险事故除失业之外，与人身保险所包括的保险事故基本相同，即都对人的生、老、病、残、死等危险事故提供保障；从经营技术上都以大数法则作为数理基础，都要求参与者的数量多；从举办的目的上看，都是为了人们生活安定、社会稳定以及促进社会的发展。

2）人身保险与社会保险的区别

（1）经营主体不同

人身保险的经营主体必须是商业保险公司。在我国，经办社会保险的机构是由劳动与社会保障部授权的社会保险机构。

（2）法律依据和实施方式不同

① 法律依据不同。人身保险是依合同实施的民事行为，保险关系的建立是以保险合同的形式体现的。因此，人身保险关系要通过民法加以调整和约束，而社会保险则是依法实施的政府行为，享受社会保险的保障是宪法赋予公民或劳动者的一项基本权利。为了保证这一权利的实现，国家颁布了社会保险方面的法规，属于社会立法范畴。

② 实施方式不同。人身保险合同的订立必须贯彻平等互利、协商一致、自愿订立的原则，除少数险种外，大多数险种在法律上没有强制实施的规定。而社会保险则具有强制实施的特点，是通过法律来强制实施的。

（3）适用的原则不同

人身保险强调“个人公平”原则。人身保险是以合同体现双方当事人关系的，双方的权利与义务是对等的，即保险人承担赔偿和给付保险金的责任完全取决于投保人是否缴纳保险费以及缴纳的数额，也就是多投多保，少投少保，不投不保。社会保险强调“社会公平”原则。社会保险因其与政府的社会经济目标相联系，以贯彻国家的社会政策和劳动政策为宗旨。投保人的交费水平与保障水平的联系并不紧密，为了体现政府的职责，不管投保人交费多少，给付标准原则上是同一的，甚至有些人可以免交保险费，但同样能获得社会保险的保障。

(4) 保障水平与保费负担不同

保障水平不同。人身保险的保障目标是在保险金额限度内对保险事故所致损害进行保险金的给付。这一目标可以满足人们一生中生活消费的各个层次的需要，即生存、发展与享受都可以通过购买人身保险得到保障。而社会保险的保障目标是通过社会保险金的支付保障社会成员的基本生活需要，即生存需要，因而保障水平相对较低。二者保费负担不同。交付保险费是人身保险投保人应尽的基本义务，而且保险费中不仅仅包含死亡、伤残、疾病等费用，还包括了保险人的营业与管理费用，全部费用都由投保人一人负担。因而，人身保险的收费标准一般较高，高于社会保险收费标准，而社会保险的保险费通常是个人、企业和政府三方共同负担的，至于各方的负担比例，则因项目不同、经济承担能力不同而各异。

1.2.3　保险的构成要素

保险的构成要素主要包括下列5个方面的内容。

1. 可保风险的存在

可保风险指符合保险人承保条件的特定风险。一般来讲，可保风险应具备的条件如下。

① 风险应当是纯粹风险。即风险一旦发生成为现实的风险事故，只有损失的机会，而无获利的可能。

② 风险应当使大量标的均有遭受损失的可能性。

③ 风险应当有导致重大损失的可能。重大的损失是被保险人不愿承担的。如果损失很轻微，则无参加保险的必要。

④ 风险不能使大多数的保险标的同时遭受损失。要求损失的发生具有分散性。因为保险的目的是以大多数人支付的小额保费，赔付少数人遭遇的大额损失。如果大多数的保险标的同时遭受损失，保险人通过向被保险人收取保险费所建立起的保险资金根本无法抵消损失，从而影响保险公司的经营稳定性。

⑤ 风险必须具有现实的可测性。在保险经营中，保险人必须制定出准确的保险费率，而保险费率的计算依据是风险发生的概率及其所致保险标的损失的概率。这就要求风险具有可测性。

2. 大量同质风险的集合与分散

保险风险的集合与分散应具备下列两个前提条件。

1) 风险的大量性

风险的大量性一方面是基于风险分散的技术要求；另一方面也是概率论和大数法则的原理在保险经营中得以运用的条件。根据概率论和大数法则的数理原理，集合的风险标的越多，风险就越分散，损失发生的概率也就越有规律性和相对稳定性，依此厘定的保险费率也才更为准确合理，收取保险费的金额也就越接近于实际损失额和赔付额。如果只有少量保险标的，就无所谓集合和分散，损失发生的概率也难以测定，大数法则更不能有效地发挥作用。

2）风险的同质性

所谓的同质风险是指风险单位在种类、品质、性能、价值等方面大体相近。如果风险为不同质风险，其发生损失的概率不相同，风险也就无法进行统一的集合与分散。此外，不同质风险其损失发生的频率和程度有差异，若进行统一的集合与分散，则会导致保险财务的不稳定性。

3. 保险费率的厘定

保险在实质上是一种特殊商品的交换行为。制定保险商品的价格，即厘定保险费率，便构成了保险的基本要素。保险商品的交换行为是一种经济行为，为保证保险双方当事人的利益，保险费率的厘定要遵循一些基本原则。

1）公平性原则

一方面，公平性原则要求保险人收取的保险费应与其承担的保险责任是对等的；另一方面，要求投保人缴纳的保险费应与其保险标的的风险状况是相适应的。

2）合理性原则

合理性原则是针对某险种的平均费率而言的。保险人收取保险费，不应在抵补保险赔付或给付以及有关的营业费用后，获得过高的营业利润，即要求保险人不能为获得非正常经营性利润而制定高费率。

3）适度性原则

如果保险费率偏高，超出投保人缴纳保费的能力，就会影响投保人的积极性，不利于保险业务的发展；如果保险费率偏低，就会导致保险公司偿付能力不足，最终也将损害被保险人的利益。保险费率是否适度应当是就保险整体业务而言的。

4）稳定性原则

稳定性原则是指保险费率在短期内应该是相当稳定的。这样，既有利于保险经营，也有利于投保人续保。对于投保人，稳定的费率可使其支出确定，免遭费率变动之苦；对于保险人，尽管费率上涨可以使其获得一定的利润，但是费率的不稳定也势必导致投保人的不满，影响保险人的经营活动。

5）弹性原则

弹性原则要求保险费率在短期内应该保持稳定，在长期内应根据实际情况的变动作适当的调整。因为在较长的时期内，由于社会、经济、技术、文化的不断进步与变化，保险标的的风险状况发生变化，保险费率水平也随之变动。如随着医药卫生、社会福利的进步、人类寿命的延长、死亡率的降低、疾病的减少，过去厘定的人寿保险费率就需要进行调整以适应变化的情况。

4. 保险准备金的建立

保险准备金是指保险人为保证其如约履行保险赔偿或给付义务，根据政府有关法律规定或业务特定需要，从保费收入或盈余中提取的与其所承担的保险责任相对应的一定数量的基金。

1）未到期责任准备金

指保险公司为保险期间在1年以内（含1年）的保险合同项下尚未到期的保险责任而提取的准备金。

2）未决赔款准备金

指保险公司为尚未结案的赔案而提取的准备金，包括已发生已报案未决赔款准备金（保险事故已发生，并向保险公司提出索赔，保险公司尚未结案的赔案而提取的准备金）、已发生未报案未决赔款准备金（保险事故已发生，但未向保险公司提出索赔的赔案而提取的准备金）和理赔费用准备金（为尚未结案的赔案可能发生的费用提取的准备金）。

3）总准备金

或称自由准备金是用来满足风险损失超过损失期望以上部分的责任准备金。它是从保险公司的税前利润中提取的。

4）寿险责任准备金

指保险人把投保人历年缴纳的纯保险费和利息收入积累起来，为将来发生的保险给付和退保给付而提取的资金，或者说是保险人还未履行保险责任的已收保费。

5. 保险合同的订立

① 保险合同是体现保险关系存在的形式。保险作为一种民事法律关系，是投保人与保险人之间的合同关系，这种关系需要有法律关系对其进行保护和约束，即通过一定的法律形式固定下来，这种法律形式就是保险合同。

② 保险合同是保险双方当事人履行各自权利和义务的依据。保险双方当事人的权利和义务是相互对应的。

1.2.4　保险的特征

1）经济性

保险是通过保险补偿或给付而实现的一种经济保障活动。保险的经济性主要体现在保障对象、保障手段、保障目的等方面。其保障对象财产和人身都直接或间接属于社会再生产中的生产资料和劳动力两大经济要素；其实现保障的手段，大多最终都必须采取支付货币的形式进行补偿或给付；其保障的根本目的，无论从宏观的角度还是微观的角度，都是与社会经济发展相关的。

2）商品性

保险体现了一种等价交换的经济关系，也就是商品经济关系。这种商品经济关系直接表现为个别保险人与个别投保人之间的交换关系，间接表现为在一定时期内全部保险人与全部投保人之间的交换关系，即保险人销售保险产品、投保人购买保险产品的关系。

3）互助性

保险是一种经济互助行为。保险在一定条件下，分担了单位和个人所不能承担的风险，从而形成了一种经济互助关系。这种经济互助关系通过保险人用多数投保人缴纳的保险费建立的保险基金对少数遭受损失的被保险人提供补偿或给付而得以体现。它体现的是“一人为众，众为一人”的互助特性。

4）法律性

从法律角度看，保险具有明显的法律性质。保险是一种合同行为，是一方同意补偿另一方损失的一种合同安排，同意提供损失赔偿的一方是保险人，接受损失赔偿的一方是投保人或被保险人。双方的权利和义务关系受法律约束和调整，并且保险的法律性不仅体现在保险本身是一种合同行为，法律是保险行为的规范和实现条件，而且法律也是保险组织和保险业务活动的前提条件。

5）科学性

保险是处理风险的科学有效措施。现代保险经营以概率论和大数法则等科学的数理理论为基础。保险费率的厘定、保险准备金的提存等都是以科学的数理计算为依据，保险是一种科学处理风险的经济方法。

1.2.5 保险的分类

1. 按照保险保障的范围，可将保险分为财产保险、责任保险、信用保险、人身保险

1）财产保险（见图1-8）

这里是指狭义的财产保险，它是以有形的财产作为保险标的的保险，保险人承担保险标的因自然灾害和意外事故而受损失的经济赔偿责任。

2）责任保险

是以被保险人承担的民事损害赔偿责任作为保险标的的保险。

3）信用保险

以信用关系为保险标的的一种保险。

4）人身保险（见图1-9）

人身保险是以人的生命和身体作为保险标的的保险。人身保险的保险标的无法用货币来衡量，但保险金额可以根据投保人的经济生活需要和交费能力来约定。包括人寿保险、健康保险、意外伤害保险等保险业务。人寿保险是以被保险人的寿命作为保险标的，以被保险人的生存或死亡为给付保险金条件的一种人身保险。健康保险是以被保险人的身体为保险标的，使被保险人在疾病或意外事故所致伤害时发生的费用或损失获得补偿的一种人身保险业务。意外伤害保险是以被保险人的身体为保险标的，因意外伤害而导致被保险人病故或残疾为给付保险金条件的一种人身保险。

图1-8 财产保险

图1-9 人身保险

2. 按保险的实施方式划分，保险可以分为强制保险和自愿保险

1）强制保险

它是由国家政府通过法律或行政命令强制实行的保险，也称法定保险。强制保险的保险关系虽然也是产生于投保人与保险人之间的合同行为，但是，合同的订立受制于国家或政府的法律规定。强制保险的实施方式有两种选择：一是保险标的与保险人均由法律限定；二是保险标的由法律限定，但投保人可以自由选择保险人。强制保险具有全面性与统一性的特征，图1-10所示为机动车交通事故责任强制保险。

图1-10　机动车交通事故责任强制保险

2）自愿保险

投保人或被保险人和保险人双方在平等互利，协商一致的基础上，根据自愿的原则签订的保险合同。自愿保险的保险关系，是当事人之间自由决定、彼此同意后所建立的合同关系。投保人可以自由决定是否投保、向谁投保、中途退保等，也可以自由选择保险金额、保障范围、保障程度和保险期限等。保险人也可以根据情况自愿决定是否承保、怎样承保等。

3. 按保险的性质分类，保险可以分为商业保险、社会保险、政策保险

1）商业保险（见图1-11）

它是指投保人根据合同约定，向保险人收取保险费，保险人对于合同约定的可能发生的事故造成的财产损失承担赔偿责任，或当被保险人死亡、伤残、疾病或达到约定年龄、期限时给付保险金的保险行为。

2）社会保险（见图1-12）

它是国家通过立法对社会劳动者暂时或永久丧失劳动能力或失业时提供一定的物质帮助以保障其基本生活的一种社会保障制度。

图1-11　商业保险

图1-12　社会保险

3）政策保险

这是政府为了一定的目的，运用普通保险的技术而开办的一种保险。

4. 按危险转移的方式划分，保险可以分为原保险、再保险、共同保险、重复保险

1）原保险

原保险是指投保人与保险人之间直接订立合同，确立双方的权利义务关系，投保人将危险转移给保险人。原保险简称“保险”，我们平时用的最多的就是原保险。在原保险关系中，保险需求者将其风险转嫁给保险人，当保险标的遭受保险责任范围内的损失时，保险人直接对被保险人承担赔偿责任。

2）再保险

再保险是指保险人将所承保到的保险业务的一部分或全部，向另一个保险人再一次保险，也就是保险的保险，这种方式也称“分保”。转让业务的是原保险人，接受分保业务的是再保险人。这种风险转嫁方式是保险人对原始风险的纵向转嫁，是保险人与保险人之间的业务往来，即第二次风险转嫁。

3）共同保险

共同保险也称共保，是指由几个保险人联合直接承保同一保险标的、同一风险、同一保险利益的保险。共同保险的各保险人承保金额的总和等于保险标的的保险价值。在保险实务中，可能是多个保险人分别与投保人签订保险合同，也可能是多个保险人以某一保险人的名义签发一份保险合同。与再保险不同，这种风险转嫁方式是保险人对原始风险的横向转嫁，它仍属于风险的第一次转嫁。

4）重复保险

重复保险是指投保人以同一标的、同一保险利益、同一保险事故向两个或两个以上的保险人进行投保就构成了重复保险。重复保险与共同保险的区别在于：共同保险中，投保人和保险人之间签订的是一个保险合同，其赔偿金额不会超过保险价值；重复保险中，各保险人之间没有互相沟通，投保人与每个保险人均签订了一个合同，很可能使被保险人获得超额利益。与共同保险相同的是，重复保险也是投保人对原始风险的横向转嫁，也属于风险的第一次转嫁。

5．按保险金额的确定方式分类，保险可以分为定值保险和不定值保险

1）定值保险

保险双方事先约定保险标的的价值，此约定的保险价值即作为保险金额，保险价值和保险金额均在保险单内。定值保险的场合，保险事故发生后，保险人应该按照约定的保险价值作为给付保险赔偿金的基础。在实践中，定值保险多适用于以艺术品、矿石标本、贵重皮毛、古玩、字画、邮票等不易确定价值的特殊商品为标的的财产保险。海洋货物运输保险也多采用这种方式，因为保险标的物的价值在时间及空间上差异较大，如果在事后估计损失的话，在技术上受到很大限制。在定值保险中，除非保险人能够证明被保险人有欺诈行为，否则的话，在保险事故发生以后，保险人不得以保险标的的实际价值与约定价值不符为由拒绝履行赔偿义务，即发生保险事故时，不论财产的价值如何，保险人均按照约定的保险金额来计算赔款。如果发生部分损失则按照保险金额乘以损失程度进行赔偿。

2）不定值保险

不定值保险是指保险双方当事人对保险标的不预先确定价值，而在保险事故发生后再估算价值、确定损失的保险形式。也就是说，在保险合同中只列明保险的金额作为赔偿的最高限额而不是列明保险标的的价值。在实践中，大多数财产保险，如企业财产保险、机动车辆保险等均采用不定值保险的形式。不定值保险的保险金额是在签订合同时确定的，而核定保险价值是在保险事故发生的时候，由于随着时间的延伸产生价差，即在客观上就会产生保险金额与保险价值不一致的情况。

6．按承保的客户，保险可以分为个人保险、团体保险、企事业单位保险

1）个人保险

个人保险是指投保人是自然人，即家庭或个人为保障主体，以个人的名义购买保险单。

2）团体保险

团体保险是指投保人为集体，投保的团体与保险人签订一份合同，集体内的所有成员为被保险人，每一被保险人均应有一份保险凭证。

3）企事业单位保险

企事业单位保险是指以企业、事业、机关团体等作为保障主体，这些单位除了面临生产和经营风险外，还面临着各种财产损失、营业中断、人员伤亡、责任风险等，需要各种保险提供保障。

除此之外，保险还可以按承保的危险分为单一危险保险、综合危险保险、一切险。单一危险保险是指保险人只对被保险人所面临的某一种风险提供保障的保险方式，如地震保险等。综合危险保险是指保险人对两种或两种以上的风险提供保障承担赔偿责任。一切险是指保险人承保了被保险人面临的很多风险，但并不是真正意义上的一切危险，而是指承保的风险之多近似于一切。

1.3　汽车保险及其种类

1.3.1　汽车保险的定义

汽车保险，即机动车辆保险，简称车险，是指对机动车辆由于自然灾害或意外事故所造成的人身伤亡或财产损失负赔偿责任的一种商业保险。汽车保险是财产保险的一种，在财产保险领域中，汽车保险属于一个相对年轻的险种，这是由于汽车保险是伴随着汽车的出现和普及而产生和发展的。同时，与现代机动车辆保险不同的是，在汽车保险的初期是以汽车的第三者责任险为主险的，并逐步扩展到车身的碰撞损失等风险。

1.3.2　与汽车保险相关的基本概念

1）保险人

保险人是指与投保人订立汽车保险合同，收取保险费，为被保险人提供保障的人。汽车保险的保险人是指经营汽车保险业务的保险公司。

2）被保险人

被保险人是指因保险事故发生而遭受损失的人。在汽车保险合同中，被保险人是保险车辆的所有人或具有相关利益的人。

3）投保人

投保人是指与保险人订立保险合同，并按照保险合同负有支付保险费义务的人。汽车投保人是指与保险人订立汽车保险合同，并按照汽车保险合同负有支付保险费义务的人。

4）保险费

保险费是指投保人参加保险时所交付给保险人的费用。

5）保险标的

保险标的是保险保障的目标和实体，指保险合同双方当事人权利和义务所指向的对象。汽车保险的保险标的是汽车及其相关经济责任。

1.3.3　汽车保险要素

保险的要素是指保险得以成立的基本条件。在这一问题上，国内外均有不同的见解。我们认为，保险的要素有三，即前提要素、基础要素和功能要素。

1. 危险存在是保险成立的前提

保险与危险同在，无危险则无保险可言。因此，特定的危险事故是保险成立的前提，是首一要素。

人类社会可能遭遇的危险很多，但大体上可以归纳为三大类，即人身危险、财产危险和法律责任的危险。所谓危险事故，是指上述人类三大危险中可能引起损失的偶然事件，它包含下列三层意思。

1）事件发生与否很难确定

事件可能发生，也可能不发生，两种可能同时存在，缺一不可。如果约定的某一事件根本不可能发生，除非心术不正或精神病患者，是不会有人愿意花钱去买这种毫无意义的保险的。反之，如果能确定某一事件一定会发生，承保则意味必然赔偿，无法集合危险，分散损失，也不会有哪家保险公司愿意承担这种无法承担的责任。

2）事件何时发生很难确定

一些偶然事件虽然可以判断，但究竟何时发生，很难预料。例如，人的生老病死，这是自然规律，但人何时生病、何时死亡，谁都无法预知。所以，人们死亡、伤残和疾病均属可保事件。发生时间不可预知的事件，当然是将来有可能发生的事件。过去或现在已发生的事件，不属偶然事件。

3）事件发生的原因与结果很难确定

事件的发生是意外的，排除当事人的故意行为及保险标的的必然现象。事件发生若系当事人或其利害关系人的故意行为所致，如谋杀被保险人或被保险人的自杀、纵火等，或保险标的的自然灭失、消耗等，都不属偶然事件。由于偶然事件是“将来的事件”，因而，仅发生与否无法预料，一旦发生将造成多大损失也很难预知。如房屋等财产都有遭受火灾等灾害破坏的可能，但这种潜在性的灾害发生时将造成多大的损失，灾前是任何人都无法准确知道的。倘若事前能准确地知道某一事件发生时所造成的损失额，保险人就很难维持其保险业务了。

2. 众人协力是保险成立的基础

前已述及，保险是建立在“我为人人，人人为我”这一社会互助基础之上的，其基本原理是集合危险，分散损失。这就要求参加保险者不只是几个人、几个单位。也不只是社会中的少部分人和少部分单位，而是要动员全社会力量，使众多者参加保险。只有众多的社会成员参加保险，其所缴纳的保险费，才能积聚成为巨额的保险基金，从而确保少数人的意外损失获得足额且及时的补偿。因此，保险不仅与危险同在，尤与众人协力同在。没有众人协力，就不可能有保险。众人协力即经济上的互助共济关系。这种经济上的互助共济关系，其组织形式有两种，一是直接关系，二是间接关系。相互保险组织中的众人协力所体现的互助共济关系，就是一种直接的互助共济关系。因为这种保险组织的成员，都是由同一危险的多数人所组成。他们中的每一成员，即是被保险者。

保险的众人协力，其人数虽然不可能具体地划定为几百人或几千人，但为了达到将巨大的损失尽量分散，变成微小的损失，就需要参加保险的人越多越好。无论是相互保险还是保险公司经营的保险都是如此。因为参加保险的人数越多，则损失分得越散，每个成员负担也就越轻；投保者越多，交的保险费就越多，所能积聚起来的保险基金数额就越大，因而对被保险者就越有保障。

保险需要众人协力，而且投保者越多越好。但是，在结成互助共济关系的每一成员中，特别是间接互助共济关系的成员中，他们所面临的风险是不同的。风险不同，损失的分担即应缴的保险费就应该不同。如果风险不同而损失分担无异，必然会引发如下后果：一部分风险较小的成员因感吃亏而退出保险，剩下的那些风险较大的少数投保者也因无法负担巨额的保险费而支持不下去，原来所形成的互助共济关系就会受到破坏。此外，作为“出卖”保险的保险人，同样是有风险的，这种风险就是保险事故发生时所必须承担的赔偿责任。倘若保险人的风险大而赔付能力小，保险就难以为继。因此，保险要得以正常维持，一要使投保人有负担保险费的能力并乐于缴付保险费，以维持必要的互助关系；二要保证保险人的保险费收入与损失赔付总额大体相当，以保证保险人的赔付能力。这一目的的实现，就必须使保险的众人协力建立在科学方法基础之上，即必须根据概率论的科学方法，合理地计算出各种保险的保险费率。合理的保险费率，使每个参加投保者的负担相对公平合理。合理的保险费率是维系保险的众人协力得以长久的关键。

3. 损失赔付是保险成立的功能

保险的功能并非消灭危险。危险是客观存在的。从严格意义上说，保险本身也不可能消灭危险。虽然，在实际生活中，人们往往习惯将投保行为称之为“买保险”，将投保人缴纳保险费，与保险人确立保险合同关系称之为“付出一笔代价买进一个安全”，但谁都明白，投保人向保险公司缴了保险费，并非真正买到了一个安全；签订了保险合同，也不意味着此保险公司就能保证被保险人不出事故。“买保险”、“花钱买安全”一类说法，其确切含义应该是：第一，投了保，由于双方当事人采取了切实有效的安全措施，加强了防灾能力，因而被保险人的安全会更有保障；第二，投了保，缴纳了保险费，在保险有效期间内，即使发生了意外事故，按照约定也会得到相应的损失补偿，迅速恢复原有的经济状况。事实上，投保人支付一笔代价（保险费）后，他所买到的只是一个机会，即将来发生保险事故时可能获得补偿的机会，而不是真正意义上的安全。由此可见，保险的直接功能就是补偿被保险人因意外所受的经济损失，如果投保人在投保后仅仅买到一个观念上的安全，危险事故发生时得不到相应的补偿，是不会有人愿意花钱去买一个毫无实际意义的观念上的安全的。

当然，人们花钱买保险，并不希望危险事故在其身上发生。对于每个投保人来说，宁可经常接受微小数目的损失，却不愿意在较长时间内遭受一次巨大的损失。所谓“经常微小数额”的损失，亦即投保人在保险期间安然无恙，他所缴纳的保险费无疑是一种代价。从这一意义也可以说，投保人这一期间的安全是花钱“买”来的。

应该注意的是，在损失赔付功能上，人身保险与财产保险并不完全一致。其原因就在于：财产保险与人身保险的保险标的不同。财产保险的标的是财产或与财产有关的利益，这是能够用货币来准确衡量其价值的；当危险事故发生时，当然也能够用货币来准确衡量其损失额。

保险的直接功能是经济补偿。因此，财产保险除定值保险等个别例外，其损失赔偿均应遵循补偿原则，即当保险事故发生时，保险人给予被保险人的经济赔偿恰好填补被保险人因遭受保险事故所造成的经济损失。赔偿金额不应少于或多于实际损失。少于实际损失，说明被保险人的损失没有得到完全的填补；多于实际损失，则会造成被保险人的不当得利，这是有悖于保险制度本身的。

人身保险的标的是人的身体、健康和生命。人的身体、健康和生命是无法用货币来衡量的。当发生保险事故时，究竟给被保险人造成多少损失，也难于用货币来准确衡量。因此，人身保险一般采用定额方式，一旦发生保险事故，则按合同约定的金额给付。人身保险的给付不适用保险法上的补偿原则。人身保险不适用补偿原则，并不意味着其给付不具有补偿性。人的死亡和伤残固然无法用金钱补回来，但人的死亡和伤残，其后果不仅是一个生命的结束或健康受到伤害，而且由此还必然给其亲人或本人带来直接的经济损失。换言之，危险事件在人身上可能造成的损害是两层意义上的损害，即人身损害和经济损害。人身保险的给付虽然不能填补前者却可以填补后者。因此，人身保险仍然具有补偿的性质。否认这种补偿性进而否认人身保险的经济功能是不对的。

1.3.4 汽车保险的特征

汽车保险属于财产保险的一种，与其他险种相比，它具有以下特征。

1）业务量大，投保率高

由于汽车出险率较高，汽车的所有者需要以保险方式转嫁风险。各国政府在不断改善交通设施，严格制定交通规章的同时，为了保障受害人的利益，对第三者责任保险实施强制保险。保险人为适应投保人转嫁风险的不同需要，为被保险人提供了更全面的保障，在开展车辆损失险和第三者责任险的基础上，推出了一系列附加险，使汽车保险成为财产保险中业务量较大，投保率较高的一个险种。

2）差异性

首先，汽车的差异性来自汽车的普及。不同类型的企业、不同类型的家庭、不同的个人、不同的风险使得机动车辆保险具有差异性。因此要求保险企业不断创新，推出个性化的产品，满足消费者的需求。其次，车辆的生产厂家众多，汽车生产形式多种多样，从整车进口到进口零部件的组装，从合资建厂到独资生产。最后，汽车的价格多种多样，车型、产地、品牌、功能的不同，使得价格差异较大，从几万元到几百万元不等。

3）出险频率高

汽车是陆地的主要交通工具。由于其经常处于运动状态，总是载着人或货物不断地从一个地方开往另一个地方，很容易发生碰撞及意外事故，造成人身伤亡或财产损失。由于车辆数量的迅速增加，一些国家交通设施及管理水平跟不上车辆的发展速度，再加上驾驶人的疏忽、过失等人为原因，交通事故发生频繁，汽车出险率较高。

1.3.5 汽车保险的功能

保险的基本职能就是组织经济补偿和实现保险金的给付，同样也是机动车辆保险的基本职能。

生产力水平的提高、科学技术的发展使人类社会走向文明，汽车文明在给人类生活以交通便利的同时，也给人类带来了因汽车运输中的碰撞、倾覆等意外事故造成的财产损失和人身伤亡。不仅如此，随着生产力水平的提高，科学技术的进步，风险事故所造成的损失也越来越大，对人类社会的危害也越来越严重。机动车辆在使用过程中遭受自然灾害风险和发生意外事故的概率较大，特别是在发生第三者责任的事故中，其损失赔偿是难以通过自我补偿的。

机动车辆使用过程中的各种风险及风险损失是难以通过对风险的避免、预防、分散、抑制以及风险自留就能解决得了，必须或最好通过保险转嫁方式将其中的风险及风险损失得以在全社会范围内分散和转移，以最大限度地抵御风险。汽车用户以缴纳保险费为条件，将自己可能遭受的风险成本全部或部分转嫁给保险人。机动车辆保险是一种重要的风险转嫁方式，在大量的风险单位集合的基础上，将少数被保险人可能遭受的损失后果转嫁到全体被保险人身上，而保险人作为被保险人之间的中介对其实行经济补偿。通过机动车辆保险，将拥有机动车辆的企业、家庭和个人所面临的种种风险及其损失后果得以在全社会范围内分散与转嫁。

机动车辆保险是现代社会处理风险的一种非常重要的手段，是风险转嫁中一种最重要、最有效的技术，是不可缺少的经济补偿制度。

汽车保险功能主要有以下 3 个方面。

1）保障功能

保险保障功能是保险业的立业之基，最能体现保险业的特色和核心竞争力。

汽车保险的保障功能是汽车保险得以产生和迅速发展的内在根源，具体表现为补偿损失功能。

汽车保险是在特定灾害事故发生时，在汽车保险的有效期和汽车保险合同约定的责任范围以及保险金额内，按其实际损失金额给予补偿。通过补偿使已经存在的社会财富（即车辆因灾害事故所导致的实际损失），在价值上得到补偿，在使用价值上得以恢复，从而使社会再生产得以持续进行，人民的生活得以安定，进而保障社会稳定。

2）金融融资功能

金融融资功能是指将保险资金中闲置的部分重新投入社会再生产过程中所发挥的金融中介作用。汽车保险人为了使保险经营稳定，必须保证保险资金的保值与增值，这就要求汽车保险人对保险资金加以运用。又由于汽车保险的保费收入与赔付支出之间存在时间差和数量差。这又为汽车保险人进行保险资金的融通提供了可能。所以，保险又具有金融融资功能。

汽车保险的融资来源主要包括：资本金、总准备金或公积金、各项保险准备金以及未分配的盈余。

汽车保险融资的内容主要包括：银行存款、购买有价证券、购买不动产、各种贷款、委托信托公司投资、经管理机构批准的项目投资及公共投资、各种票据贴现等。

3）防灾防损功能

汽车保险人从开发汽车保险产品、制定费率到汽车保险和理赔的各个环节，都直接与灾害事故打交道，不仅具有识别、衡量和分析的专业知识，而且积累了大量的风险损失资料，所以，汽车保险人可以为社会、企业、家庭、个人提供防灾、防损、咨询和技术服务职能，从而减少社会财富即车辆的损失和社会成员的人身伤害。

1.3.6　汽车保险的作用

伴随着汽车进入百姓的日常生活，汽车保险正在逐步成为与人类生活密切相关的经济活动，其重要性和社会性正逐步凸显，作用越加明显。

1）促进汽车工业的发展，扩大对汽车的需求

从目前经济发展情况看，汽车工业已成为一个国家经济健康、稳定发展的重要动力之一。汽车产业政策在国家产业政策中的地位越来越重要，汽车产业政策要产生社会效益和经

济效益，要成为国家经济发展的原动力，离不开汽车保险及其配套服务。汽车保险业务自身的发展对于汽车工业的发展起到了有力的推动作用。汽车保险的出现，解除了企业与个人对使用汽车过程中可能出现的风险的担心，一定程度上提高消费者购买汽车的欲望，扩大了对汽车的需求。

2）稳定社会公共秩序

汽车作为重要的生产运输和代步的工具，成为社会经济及人民生活中不可缺少的一部分，其作用显得越来越重要。汽车作为一种保险标的，虽然单位保险金不是很高，但数量多而且分散，车辆所有者既有党政部门，也有工商企业和个人。车辆所有者为了转嫁使用汽车带来的风险，愿意支付一定的保险费投保。在汽车出险后，从保险公司获得经济补偿。由此可以看出，开展汽车保险既有利于社会稳定，又有利于保障保险合同当事人的合法权益。

3）促进汽车安全性能的提高

在汽车保险业务中，保险公司经营管理与汽车维修行业及其价格水平密切相关。原因是在汽车保险的经营成本中，事故车辆的维修费用是其中重要的组成部分，同时车辆的维修质量在一定程度上体现了汽车保险产品的质量。保险公司出于有效控制经营成本和风险的需要，除了加强自身的经营业务管理外，必然会加大事故车辆修复工作的管理，一定程度上提高了汽车维修质量管理的水平。同时，汽车保险的保险人从自身和社会效益的角度出发，联合汽车生产厂家、汽车维修企业开展汽车事故原因的统计分析，研究汽车安全设计新技术，并为此投入大量的人力和财力，从而促进了汽车安全性能方面的提高。

4）汽车保险业务在财产保险中占有重要的地位

目前，大多数发达国家的汽车保险业务在整个财产保险业务中占有十分重要的地位。美国汽车保险保费收入，占财产保险总保费的45%左右，占全部保费的20%左右。亚洲地区的日本和中国台湾地区汽车保险的保费占整个财产保险总保费的比例更是高达58%左右。

从我国情况来看，随着积极的财政政策的实施，道路交通建设的投入越来越多，汽车保有量逐年递增。在过去的20年，汽车保险业务保费收入每年都以较快的速度增长。在国内各保险公司中，汽车保险业务保费收入占其财产保险业务总保费收入的50%以上，部分公司的汽车保险业务保费收入占其财产保险业务总保费收入的80%以上。汽车保险业务已经成为财产保险公司的“吃饭险种”。其经营的盈亏，直接关系到整个财产保险行业的经济效益。可以说，汽车保险业务的效益已成为财产保险公司效益的“晴雨表”。

1.3.7 汽车保险的种类

机动车辆保险为不定值保险，分为基本险和附加险，其中附加险不能独立保险。基本险包括第三者责任险和车辆损失险；附加险包括全车盗抢险、车上责任险、无过失责任险、车载货物掉落责任险、玻璃单独破碎险、车辆停驶损失险、自燃损失险、新增设备损失险、不计免赔特约险。

1. 基本险

1）第三者责任险

负责保险车辆在使用中发生意外事故造成他人（即第三者）的人身伤亡或财产的直接损毁的赔偿责任。撞车或撞人是开车时最害怕的，自己爱车受损失不算，还要花大笔的钱来赔偿他人的损失。因为交强险（2009版）在对第三者的医疗费用和财产损失上赔偿较低，在购买了交强险仍可考虑购买第三者责任险作为补充，如图 1－13 所示。

我们通常所说的交强险即机动车交通事故责任强制保险也属于广义的第三者责任险，交强险是强制性险种，机动车必须购买才能够上路行驶、年检、上户，且在发生第三者损失需要理赔时，必须先赔付交强险再赔付其他险种。

2）车辆损失险

负责赔偿由于自然灾害或意外事故造成的车辆自身的损失。这是车辆保险中最主要的险种。保与不保这个险种，需权衡一下它的影响。若不保，车辆碰撞后的修理费用得全部由自己承担，如图 1－14 所示。

图 1－13　第三者责任险

图 1－14　车辆损失险

2．附加险

1）全车盗抢险

负责赔偿保险车辆因被盗窃、被抢劫、被抢夺造成车辆的全部损失，以及其间由于车辆损坏或车上零部件、附属设备丢失所造成的损失。车辆丢失后可从保险公司得到车辆实际价值（以保单约定为准）的 80％的赔偿。若被保险人缺少车钥匙，则只能得到 75％的赔偿，如图 1－15 所示。

图 1－15　全车盗抢险

2）车上责任险

负责保险车辆发生意外事故造成车上人员的人身伤亡和车上所载货物的直接损毁的赔偿责任。其中车上人员的人身伤亡的赔偿责任就是过去的司机乘客意外伤害保险。

3）无过失责任险

投保车辆在使用过程中，因与非机动车辆、行人发生交通事故，造成对方人员伤亡和直接财产损毁，保险车辆一方不承担赔偿责任。如被保险人拒绝赔偿未果，对被保险人已经支付给对方而无法追回的费用，保险公司按《道路交通事故处理办法》和出险当地的道路交通事故处理规定标准在保险单所载明的本保险赔偿限额内计算赔偿。每次赔偿均实行 20％的绝对免赔率。

4）车载货物掉落责任险

承担保险车辆在行驶过程中，所载货物从车上掉下来造成第三者遭受人身伤亡或财产的直接损毁而产生的经济赔偿责任。赔偿责任在保险单所载明的保险赔偿限额内计算。每次赔偿均实行 20％的绝对免赔率。

5）玻璃单独破碎险

车辆在停放或使用过程中，其他部分没有损坏，仅挡风玻璃单独破碎，挡风玻璃的损失由保险公司赔偿，如图 1－16 所示。

6）车辆停驶损失险

保险车辆发生车辆损失险范围内的保险事故，造成车身损毁，致使车辆停驶而产生的损失，保险公司按规定进行以下赔偿。

① 部分损失的，保险人在双方约定的修复时间内按保险单约定的日赔偿金额乘以从送修之日起至修复竣工之日止的实际天数计算赔偿。

② 全车损毁的，按保险单约定的赔偿限额计算赔偿。

③ 在保险期限内，上述赔款累计计算，最高以保险单约定的赔偿天数为限。本保险的最高约定赔偿天数为 90 天，且车辆停驶损失险最大的特点是费率很高，达 10%。

7）自燃损失险

对保险车辆在使用过程因本车电器、线路、供油系统发生故障或运载货物自身原因起火燃烧给车辆造成的损失负赔偿责任，如图 1－17 所示。

图 1－16　玻璃单独破碎险

图 1－17　自燃损失险

8）新增加设备损失险

车辆发生车辆损失险范围内的保险事故，造成车上新增设备的直接损毁，由保险公司按实际损失计算赔偿。未投保本险种，新增加的设备的损失保险公司不负赔偿责任。

9）不计免赔特约险

只有在同时投保了车辆损失险和第三者责任险的基础上方可投保本保险。办理了本项特约保险的机动车辆发生保险事故造成赔偿，对其在符合赔偿规定的金额内按基本险条款规定计算的免赔金额，保险人负责赔偿。也就是说，办了本保险后，车辆发生车辆损失险及第三者责任险方面的损失，全部由保险公司赔偿。这是 1997 年才有的一个非常好的险种。它的价值体现在：不保这个险种，保险公司在赔偿车损险和第三者责任险范围内的损失时是要区分责任的：若您负全部责任，赔偿 80%；负主要责任赔 85%；负同等责任赔 90%；负次要责任赔 95%。事故损失的另外 20%、15%、10%、5%需要您自己掏腰包。

1.4　汽车保险的产生与发展

1.4.1　汽车保险的产生

1）近现代保险分界的标志之一——汽车第三者责任险

汽车保险是近代发展起来的，它晚于水险、火险、盗窃险和综合险。保险公司承保机动车辆的保险基础是根据水险、火险、盗窃险和综合责任险的实践经验而来的。汽车保险的发展异常迅速，如今已成为世界保险业的主要业务险种之一，甚至超过了火灾保险。目前，大多数国家均采用强制或法定保险方式承保的汽车第三者责任保险，它始于19世纪末，并与工业保险一起成为近代保险与现代保险分界的重要标志。

2）汽车保险的发源地——英国

英国法律事故保险公司于1896年首先开办了汽车保险，成为汽车保险“第一人”。当时，签发了保险费为10英镑～100英镑的第三者责任保险单，汽车火险可以加保，但要增加保险费。1899年，汽车保险责任扩展到与其他车辆发生碰撞所造成的损失。这些保险单是由意外险部的综合第三者责任险组签发的。1901年开始，保险公司提供的汽车险保单，已具备了现在综合责任险的条件，在上述承保的责任险范围内，增加了碰撞、盗窃和火灾等责任。1906年，英国成立了汽车保险有限公司，每年该公司的工程技术人员免费检查保险车辆一次，其防灾防损意识领先于其他保险大国。

实施第三者强制责任保险。第一次世界大战后，英国机动车辆的流行加重了公路运输的负担，交通事故层出不穷，有些事故中受害的第三者不知道应找哪一方赔偿损失。针对这种情况，政府出面发起了机动车辆第三者强制保险的宣传，并在《1930年公路交通法令》中纳入强制保险条款。在实施机动车辆第三者责任强制保险的过程中，政府又针对实际情况对规定作了许多修改，如颁发保险许可证、取消保险费缓付期限、修改保险合同款式等，以期强制保险业务与法令完全吻合。强制保险的实施使在车祸中死亡或受到伤害的第三方可以得到一笔数额不定的赔偿金。

1945年，英国成立了汽车保险局。汽车保险局依协议运作，其基金由各保险人按年度汽车保费收入的比例分担。当肇事者没有依法投保强制汽车责任保险或保单失效，受害者无法获得赔偿时，由汽车保险局承担保险责任，该局支付赔偿后，可依法向肇事者追偿。

英国现在是世界保险业第三大国，仅次于美国和日本。据英国承保人协会统计，1998年在普通保险业务中，汽车保险业务首次超过了财产保险业务，保险费达到了81亿英镑，汽车保险费占每个家庭支出的9%，足见其重要地位。

1.4.2 汽车保险的发展

1. 美国汽车保险的发展

1）汽车保险的发展成熟地——美国

美国被称为是“轮子上的国家”，汽车已经成为人们生活的必需品。与此相随，美国汽车保险发展迅速，在短短的近百年的时间内，汽车保险业务量已居世界第一。2000年美国汽车保险保费总量为1 360亿美元，车险保费收入占财险保费收入的45.12%。其中，机动车辆责任保险保费收入为820亿美元，占60.3%；机动车辆财产损失保险保费收入为540亿美元，占39.7%。机动车辆保险的综合赔付率为105.4%，其中，净赔付率为79.3%，费用率为26.1%。美国车险市场准入和市场退出都相对自由，激烈的市场竞争，较为完善的法律法规，使美国成为世界上最发达的车险市场。

2）美国汽车保险发展的4个阶段

（1）美国汽车保险问世

美国最早开始承保汽车第三者责任险是在1898年，由美国旅行者保险公司签发了第一份汽车人身伤害责任保险。1899年汽车碰撞损失险保单问世，1902年开办汽车车身保险业务。

(2) 通过《赔偿能力担保法》和《强制汽车保险法》，建立了未保险判决基金

1919 年，马塞诸塞州率先立法规定汽车所有人必须于汽车注册登记时，提出保险单或以债券作为车辆发生意外事故时赔偿能力的担保，该法案被称为《赔偿能力担保法》。该法实施的目的在于要求汽车驾驶人对未来发生事故产生的民事赔偿责任提供经济担保，但是由于这种担保的滞后性，以及该法无法强制每一汽车使用人履行赔偿义务，车祸受害者求偿仍然困难重重。为了改进这一做法，1925 年，马塞诸塞州通过了《汽车强制保险法》，并于 1927 年正式生效，成为美国第一个颁布汽车强制保险法的州。该法律要求本州所有的车主都应持有汽车责任保险单或者拥有付款保证书。一旦发生交通事故，可以保证受害者及时得到经济补偿，并以此作为汽车注册的先决条件。以后，美国的其他州也相继通过了这一法令。

(3) 保险公司推出未保险驾驶人保险

由于未保险判决基金由州政府管理，因此被各保险公司指责政府过多地干预保险业。为了阻止政府的这一行为，许多保险公司开始采取措施进行自发的抵制。保险公司推出了未保险驾驶人保险，专门为在汽车意外事故中遭受身体伤害的被保险人提供保险保障。驾车人是事故责任人，但是驾车人可能出现以下情形。

① 没有购买汽车保险。

② 虽有汽车保险，但是其责任限额低于该州要求的最低限额。

③ 肇事后逃跑。

④ 虽有汽车保险，但其保险公司由于某种原因拒赔或破产。

目前，美国大多数州保险监管部门已要求销售汽车保险的保险公司提供未保险驾驶人保险。

(4) 无过失汽车保险

赔偿能力担保法、强制汽车保险、未得到赔偿的判决基金和未保险驾车人保险虽然减少了在汽车事故中未得到经济补偿或不能得到充分经济补偿的受害者，但仍然无法解决诸如下列一些问题。

① 受害人的索赔过程既费时又费力，常常需要很长时间的调查取证，而且最终也很难确保这些证据能证明对方驾驶人确有过失。

② 律师的费用和其他审查费用均来自于最后受害人补偿到的赔偿金，因此受害人即使获赔，得到的赔偿金也已大打折扣。

③ 虽然轻微受伤者得到的赔偿一般还能弥补其经济损失，但严重的受害人所得到的赔偿数额平均还不到其经济损失的 30%，甚至许多最终根本得不到赔偿。因此，一些汽车保险制度的改革者们在 20 世纪 70 年代提出了将无过失责任的法律制度推及到汽车保险中。

所谓无过失责任法律制度，是指无论当事人有无过失，都要承担一定的法律后果。一个“纯”无过失汽车保险将完全取消受害人起诉肇事者的权利，而且将提供一系列的综合保险给予受害人全面的经济损失赔偿。当然，这种“纯”无过失保险并不存在，各州的无过失汽车保险仅部分地限制受害人起诉肇事者的权利。一旦人身伤害损失超过了某一界限，被保险人仍可通过起诉的方式要求对方赔偿。通过无过失汽车保险，汽车事故受害人获赔更迅速、更方便。

2. 日本汽车保险的发展

日本是世界上第二大汽车拥有国，汽车保险一直是日本财产保险业的重要支柱。据日本

损保协会的统计，2007 年日本财产险公司实现车险保费收入 82 902 亿日元，赔款支出 21 477 亿日元，承保台数 7 908 万台，车险保费占总体财产险保费收入的 55%。其车险的销售渠道主要为专业代理人、兼业代理人和公司直销等，其中多种形式的兼业代理（如企业、汽修厂、车商等）是车险销售的主渠道。

自 20 世纪 50 年代起，日本的车险市场经历了自由竞争—费率管制—放松管制的发展历程。第二次世界大战前后至 50 年代后期是日本保险市场较为混乱的阶段，假赔案、高回扣、高手续费等问题比较严重，保险回扣高达 50%。尽管大藏省要求行业进行自查，但收效甚微。一直到 1957 年 2 月，各公司签署自律公约，约定执行日本财产保险费率算定协会计算的统一费率，限制不当竞争；同年 10 月，大藏省要求公司对违反公约的人员给予劝退、降职、减薪等内部处分。由此，保险公司开始统一执行"独立的机动车辆保险算定会"（即 AIRO）厘定的车险条款和费率，日本产险市场进入长达 40 年的市场保护期。1996 年 12 月，迫于国际压力，日本与美国签订保险协议，同意放弃算定会费率的使用，将保险条款及费率的制定权交给各保险公司；日本汽车保险费率算定会只负责计算成本费率（即建议性净保费率），保险公司可将此作为基准费率，根据自身的经营状况自主制定本公司车险条款及费率。

日本车险费率自由化后，外资保险公司以低廉的产品价格参与市场竞争，本土公司则以扩大补偿范围相对抗。车险市场开始进入多样化竞争时期。新的市场进入者不断增加，竞争环境越来越严峻，车险费率持续下滑，赔付率急速上升，多家保险公司的车险业务出现亏损。

自由化还带来了重组和海外扩张的浪潮。以 1999 年 10 月三井海上、日本火灾、兴亚火灾 3 家公司发表事业合并书为契机，保险界的重组迅速，形成了 Millea、日本财产保险、三井住友、日本兴亚、爱和谊五大集团公司，市场份额达 85%以上，市场集中度大大提高。同时，拓展海外业务成为日本大型财产险公司发展的重要战略，进入亚太市场，特别是中国保险市场是其重要目标。

3. 德国汽车保险与发展

与中国相似，车险业务也是德国非寿险业务的核心。2002 年，德国车险保费收入 219.7 亿欧元，占整个非寿险保费收入的 42.7%。德国保险市场开放度较高，有 120 多家经营非寿险的保险公司，竞争非常激烈。特别是车险方面，市场集中度很低，接近完全竞争状态。车险市场份额最大的安联集团，2002 年其保费收入仅占整个车险市场的 17.8%。车险排名前 10 的公司市场份额之和也只为 63.6%，其中有两家还是外国公司（苏黎世保险集团和安盛保险集团）。

德国车险营销渠道主要靠代理机构。代理机构又可分为只为两家公司代理（A）和同时为多家公司代理（B）两类。其中，通过 A 类机构销售的保单占整个保单总量的 74.4%，通过 B 类机构销售的保单占 13.0%。A 类机构销售的保单比重较大，它与德国车险经营的传统有关。在德国，如果投保人和保险人无异议的话，车险保单到期后可自动续保。由于德国车辆出险率很低，因此 A 类机构的客源比较稳定，与保险公司合作基础非常牢固。

德国的保险公司在理赔时实行"责任处罚"原则，即每次理赔不论赔偿额多少，投保人自己都必须承担 325 欧元。这种做法的目的是提醒投保人要尽量避免事故。德国的汽车保险费还实行奖优罚次。如果一年不出需要保险公司理赔的事故，第二年这辆汽车的保险费就会调低一个档位；一旦出了事故并由保险公司进行赔偿，那么次年的保险费就会上调3个档位。而且保费的档位越高，档位之间的差额就越大。

4. 中国汽车保险的发展

1）萌芽时期

我国的汽车保险业务的发展经历了一个曲折的历程。汽车保险进入我国是在鸦片战争以后，但由于我国保险市场处于外国保险公司的垄断与控制之下，加之旧中国的工业不发达，我国的汽车保险实质上处于萌芽状态，其作用与地位十分有限。

2）试办时期

新中国成立以后的1950年，创建不久的中国人民保险公司就开办了汽车保险。但是因宣传不够和认识的偏颇，不久就出现对此项保险的争议，有人认为汽车保险以及第三者责任保险对于肇事者予以经济补偿，会导致交通事故的增加，对社会产生负面影响。于是，中国人民保险公司于1955年停止了汽车保险业务。直到20世纪70年代中期为了满足各国驻华使领馆等外国人拥有的汽车保险的需要，开始办理以涉外业务为主的汽车保险业务。

3）发展时期

我国保险业恢复之初的1980年，中国人民保险公司逐步全面恢复中断了近25年之久的汽车保险业务，以适应国内企业和单位对于汽车保险的需要，适应公路交通运输业迅速发展、事故日益频繁的客观需要。但当时汽车保险仅占财产保险市场份额的2%。

随着改革开放形势的发展，社会经济和人民生活也发生了巨大的变化，机动车辆迅速普及和发展，机动车辆保险业务也随之得到了迅速发展。1983年将汽车保险改为机动车辆保险使其具有更广泛的适应性，在此后的近20年过程中，机动车辆保险在我国保险市场，尤其在财产保险市场中始终发挥着重要的作用。到1988年，汽车保险的保费收入超过了20亿元，占财产保险份额的37.6%，第一次超过了企业财产险（35.99%）。从此以后，汽车保险一直是财产保险的第一大险种，并保持高增长率，我国的汽车保险业务进入了高速发展的时期。

与此同时，机动车辆保险条款、费率以及管理也日趋完善，尤其是中国保监会的成立，进一步完善了机动车辆保险的条款，加大了对于费率、保险单证以及保险人经营活动的监管力度，加速建设并完善了机动车辆保险中介市场，对全面规范市场，促进机动车辆保险业务的发展起到了积极的作用。

想一想　议一议

1. 风险管理的含义有什么作用？
2. 保险的构成要素及特征。
3. 什么是汽车保险？汽车保险有哪些功能及作用？
4. 如何理解目前我国汽车保险的分类？
5. 简述我国汽车保险的发展历程。

第2章

汽车保险的原则

2.1 保险利益原则

2.1.1 保险利益的含义

所谓保险利益，指投保人或被保险人对保险标的具有的法律上认可的利益，又称可保利益。保险利益产生于投保人或被保险人与保险标的之间的经济联系，它是投保人或被保险人可以向保险公司投保的利益，体现了投保人或被保险人对保险标的所具有的法律上承认的利害关系，即投保人或被保险人因保险标的遭受风险事故而受损失，因保险标的未发生风险事故而受益。

例如，某人拥有一辆汽车，如汽车完好，他就可以自己使用，或者通过出租、出售来获得利益；如汽车损毁，他就无法使用，更谈不上出租、出售，经济上就要受到损失。正是因为他对自己拥有的汽车具有经济利害关系，他才考虑汽车的安危，将其投保汽车保险；而保险人也正因为他对这辆汽车具有经济利害关系，才允许他投保。这就说明汽车的所有人对其所拥有的汽车具有保险利益。

对保险标的具有保险利益，是投保的前提条件。我国《保险法》规定，投保人应当对保险标的具有保险利益；投保人对保险标的不具有保险利益的，保险合同无效。规定保险利益原则的意义在于避免将保险变成赌博行为，预防道德风险，确定保险赔偿范围。

财产保险的保险利益一般要求从保险合同订立到保险事故发生时始终存在；人身保险的保险利益则存在于合同成立时，要求投保人在保险合同订立时必须具有保险利益，而发生保险事故时，则不追究是否具有保险利益。

在人身保险合同中，保险利益是指投保人对被保险人具有的法律上承认的利益，除前款规定外，被保险人同意投保人为其订立合同的视为投保人对被保险人具有保险利益。

根据《保险法》规定，投保人对下列人员具有保险利益。

① 本人。

② 配偶、子女、父母。

③ 前项以外与投保人有抚养、赡养、或者扶养关系的家庭其他成员、近亲属。

④ 与投保人有劳动关系的劳动者。

除前款规定外，被保险人同意投保人为其订立合同的，视为投保人对被保险人具有保险利益。

2.1.2 保险利益的构成条件

① 保险利益必须是合法的利益。合法的利益是指投保人或被保险人对保险标的所具有

的利益，必须是法律上承认的利益。投保人或被保险人对保险标的所具有的利益必须是合法的、可以主张的利益，而不是违反法律规定，通过不正当手段获得的利益。

② 保险利益必须是确定的利益。确定的利益是客观存在的、可实现的利益，而不是凭主观臆测、推断可能获得的利益。

③ 保险利益必须是经济利益。所谓经济利益是指投保人或被保险人对保险标的的利益必须是可通过货币计量的利益。

遵循保险利益原则的主要目的在于限制损害补偿的程度，避免将保险变为赌博行为，防止诱发道德风险。

2.1.3 保险利益的种类

1. 财产保险的保险利益

财产保险的保险标的是财产及其相关利益，其保险利益是指投保人对保险标的具有法律上承认的经济利益。

在财产保险实务中，下列人员在法律上享有财产保险利益。

① 所有权人对其所有的财产。

② 没有财产所有权，但有合法的占有、使用、收益、处分权中的一项或几项权利的人。

③ 他物权人对依法享有他物权的财产，如承租人对承租的房屋等。

④ 公民、法人对其因侵权行为或合同而可能承担的民事赔偿责任。

⑤ 债权人对现有的或期待的债权等。

2. 人身保险的保险利益

人身保险的保险标的是人的寿命和身体，其保险利益是指投保人对被保险人寿命和身体所具有的经济利害关系。人身保险的保险利益具有以下特点。

① 是法律认可并予以保护的人身关系。

② 人身关系中具有财产内容。

③ 构成保险利益的是经济利害关系。

3. 信用保险的保险利益

在经济合同中，因义务人不履行合同义务，致使权利人受到经济损失，可以通过投保信用、保证保险由保险人承担经济赔偿责任。

2.1.4 保险利益的存在时间

1. 财产保险中保险利益的时间规定

就财产保险而言，投保人应当在投保时对保险标的具有保险利益；合同成立后，被保险人可能因保险标的的买卖、转让、赠予、继承等情况而变更，因此，发生保险事故时，被保险人应当对保险标的具有保险利益。在财产保险实务中，当保险合同订立时，如果投保人对保险标的无保险利益，那么该合同就是自始无效合同。如果损失发生时，被保险人的保险利益已经终止或转移出去，也不能得到保险人的赔偿，但海洋货物运输保险除外。

2. 人身保险中保险利益的时间规定

就人身保险而言，投保时，投保人必须对被保险人具有保险利益，至于发生保险事故时，投保人是否仍具有保险利益，则无关紧要。

2.1.5　保险利益原则的意义

保险利益原则的确定是为了通过法律防止保险活动成为一些人获取不正当利益的手段，从而确保保险活动可以发挥分散风险减少损失的作用，因此保险利益原则的重要作用不可忽视。

① 保险利益原则的使用可以有效防止和遏止投机行为的发生。保险合同是投机性合同，当事人义务的履行取决于机会的发生或是不发生，即保险金的给付以保险合同中约定的保险事故的发生为条件，具有一定的投机性，这与赌博相类似。如果允许不具有保险利益的人以他人的生命或是财产作为保险标的，以自己作为收益方进行投保，那么一旦发生保险事故，他就不承担任何损失而获取远远超过保险费的保险给付，保险活动就完全成为投机赌博行为，而丧失了具有转移风险减少损失的作用。受益方是保险赔偿金的接受者，对保险合同有直接的利益，如果不规定受益方须有保险利益，必然使得投机性大大增加。

② 保险利益原则的适用是防止道德危险的必备要件。道德危险是保险理论中的固有名词，是指被保险人为了索取保险人赔款而故意促使保险事故的发生或在保险事故发生时，放任损失的扩大。受益方是保险金给付的直接承受者。如果保险合同不以受益方具有保险利益为前提，那么为了获取保险赔偿，往往会出现故意破坏作为保险标的人或物的行为，从而导致道德危险。保险利益原则的使用较好地避免了这个问题。

③ 保险事故发生时，受益方请求的损害赔偿额不得超过保险利益的金额或价值，如果不坚持保险利益原则，受益方请求的损害赔偿额超过保险利益的金额或价值，也就是说获得和所受损失不相称的利益，这将损害保险人的合法利益，更深层次将否认或是减损保险活动的价值。

2.1.6　保险利益原则在汽车保险实务中的运用

在汽车保险实务中，较为常见和突出的涉及可保利益的问题，是被保险人与车辆所有人不吻合的问题，即在车辆交易的过程中，由于没有对保单项下的被保险人进行及时的变更，导致其与行驶证的车辆所有人不吻合，一旦车辆发生损失，原车辆所有人由于转让了车辆，不具备对于车辆的可保利益，而导致其名下的保单失效。而车辆新的所有人由于不是保险合同中的被保险人，当然没有索赔权。

2.2　最大诚信原则

2.2.1　最大诚信原则的含义

最大诚信是指当事人真诚地向对方充分而准确的告知有关保险的所有重要事实，不允许存在任何虚伪、欺瞒、隐瞒行为。而且不仅在保险合同订立时要遵守此项原则，在整个合同有效期内和履行合同过程中也都要求当事人具有“最大诚信”。

最大诚信原则的含义可表述为：保险合同当事人订立合同及合同有效期内，应依法向对方提供足以影响对方做出订约与履约决定的全部实质性重要事实，同时绝对信守合同订立的约定与承诺。否则，受到损害的一方，按民事立法规定可以此为由宣布合同无效，或解除合同，或不履行合同约定的义务或责任，甚至对因此受到的损害还可以要求对方予以赔偿。

2.2.2 最大诚信原则应当履行的义务

1. 告知义务

最大诚信原则要求投保人如实地履行告知义务。由于保险人面对广大的投保人，不可能一一去了解保险标的的各种情况，因此，投保人在投保时，应当将足以影响保险人决定是否承保，足以影响保险人确定保险费率或增加特别条款的重要情况，向保险人如实告知。

告知的方式分为无限告知和询问告知两种。采用无限告知的方式时，只要事实上与保险标的有关的任何重要事项，不论保险人是否询问，投保人都有义务告知。在美国、英国等国家有类似的规定。我国《保险法》规定："订立保险合同，保险人应当向投保人说明保险合同的条款内容，并可以就保险标的或者被保险人的有关情况提出询问，投保人应当如实告知。"明确保险人所询问的事项为重要事项，对询问以外的事项，投保人或者被保险人不必告知，此种方式即为询问告知。我国汽车保险实务中一般以投保单为限，即投保单中询问的内容投保人必须如实填写，告知的内容通常包括车辆情况、使用情况、驾驶员情况等，除此之外，投保人不必告知。

投保人故意或因过失不履行告知义务，保险人有权解除保险合同。《保险法》第16条第2款规定："投保人故意或者因重大过失未履行如实告知义务，足以影响保险人决定是否同意承保或者提高保险费率的，保险人有权解除保险合同。"投保人违反告知义务由如下两个要件构成：第一，投保人主观上存在故意，或者过失；第二，未告知的事项足以影响保险人决定是否同意承保或者调整保险费率。两个要件必须同时满足，才能判定投保人违反了告知义务。

投保人故意不履行如实告知义务的，保险人除了有权解除保险合同以外，同时对于保险合同解除前发生的保险事故，不承担赔偿或者给付保险金的责任，并不退还保险费。投保人因未履行如实告知义务，对保险事故的发生有严重影响的，保险人对于合同解除前发生的保险事故，不承担赔偿或给付保险金的责任，但可以退还保险费。

2. 说明义务

最大诚信原则要求保险人认真地履行说明义务。保险人应当就保险合同利害关系条款特别是免责条款向投保人明确说明。主要原因是：保险人的说明义务是由保险合同的性质决定的，保险合同为附和合同，其内容由保险人单方拟订，投保人或被保险人几乎没有参与的机会，只能对保险条款表示同意与不同意，无修改的权利，投保人在订立保险合同时处于弱势地位。同时保险条款集专业性、技术性及科学性为一体，未经专门之研习，也难以理解。合同既然是双方当事人意思表示一致的结果，如果一方不明白合同内容就作出承诺，应视为合同当事人意思未达成一致，未达成合意的条款不能产生法律效力；如果构成重大误解或显失公平，当事人可以请求撤销合同。如果保险人在订立保险合同时，没有就一些条款进行明确说明和明确列明，保险人应承担一定的法律后果。

3. 保证义务

这里的保证，是指投保人向保险人作出承诺，保证在保险期间遵守作为或不作为的某些规则，或保证某一事项的真实性，因此，这也是最大诚信原则对投保人的要求。

保证是人对事情的作为或不作为的承诺。在保险合同中，作为合同生效先决条件的保证。指被保险人承诺不因他的作为或不作为使保险标的的危险程度增加。保证事项一般都是重要事项。被保险人不得在驾驶车辆内携带易爆物品，如果携带易爆物品就违反了保证。

保证分为明示保证和默示保证。

明示保证一般以特约条款或附贴条款载于保险单内，或者以口头方式承诺。明示保证又分为承诺保证和确认保证两类。如果被保险人保证的事情现在如此，将来也必须如此，那么这种保证称为承诺保证。比如，机动车辆保险条款中列明："被保险人及其驾驶员应当做好保险车辆的维护、保养工作，保险车辆装载必须符合规定，使其保持安全行驶技术状态"就是承诺保证。承诺保证一般在保险单中以条款的形式出现。如果被保险人保证的事情现在如此，将来不一定如此，则称为确认保证。这种保证有时以书面形式出现在保险单中，有时仅仅以口头形式表示确认。

默示保证是根据习惯或惯例认为被保险人应该采取或不应该采取某种行为的事实。默示保证是在保险单内虽无文字规定，但一般是国际惯例通行的准则，习惯上或社会公认的被保险人应在保险实践中遵守的规则，如要求被保险的车辆必须有正常的行驶能力。默示保证一般适用于海上保险。

告知的行为主体仅是投保人，而保证的行为主体是投保人和被保险人。在订立保险合同后，保险标的处于投保人或被保险人的控制之下，他们的作为和不作为都极大地影响风险状况，因此保险人一般都要求投保人和被保险人对某些重要事项作出保证，以约束投保人和被保险人的某些作为和不作为。

无论是明示保证，还是默示保证，都对保证人有约束作用，其法律效力是完全相同的，违反保证的行为可以导致的后果有两种情况：一是保险人不承担赔偿或给付保险金的责任；二是保险人解除保险合同。例如，某家银行投保火险附加盗窃险，在投保单上写明 24 小时有警卫值班，保险公司予以承保并以此作为减少保费的条件。后银行被窃，经调查某日 24 小时内有半小时警卫不在岗。因此，保险公司拒绝承担赔偿责任，理由是该银行违反了保证，而保证是保险合同的一部分，违反了保证，就意味着违约，保险人可以解除保险合同，或宣布保险合同无效，在发生保险事故时不承担赔偿保险金责任。

4. 弃权和禁止抗辩

这是最大诚信原则对保险人的要求。所谓弃权，是指保险人放弃法律或保险合同中规定的某项权利，如拒绝承保的权利、解除保险合同的权利等。所谓禁止抗辩，与弃权有紧密的联系，是指保险人既然放弃了该项权利，就不得向被保险人或受益人再主张这种权利。在保险实务中，弃权和禁止反言一般针对保险人的权利而言，是对保险人及其代理人的行为进行限制。两者的法律意义虽然不同，但是产生的效果完全一样。当投保人有明显的违约行为，保险人有权解除保险合同，或者行使其他权利，保险人放弃这些权利，这就是一种弃权行为。以后保险人不能再就此行为主张权利，因为保险人受禁止反言的限制。

2.2.3　最大诚信原则的作用

保险是经营风险的行业，也是经营信用的行业。由于保险合同履行上的继续性，合同交易的结果不能立时显现；保险合同是射幸合同，在合同对价方面，投保人所支付的保险费与保险人支付的保险金存在着数额不对称的特点；保险经营技术强，一般社会公众很难窥其堂奥；在保险行业中，保险人须依赖大量的中介机构才得以维持正常营业。上述保险经营的特点，都显示了诚信对于保险市场的重要性。

最大诚信原则是保险法中最重要的基本原则之一，使用最大诚信原则及其所统领的具体规则是对于保险市场诚信危机进行法律调整的重要手段。最大诚信原则，贯穿了保险交易的整个过程，在投保之前、保险合同缔结之时、保险合同履行过程中，甚至在保险人理赔之后，保险交易的各方主体都须受最大诚信原则的制约。投保人、被保险人、保险人、受益人、保险代理人、保险经纪人、保险公估人等均应该履行相应的最大诚信义务。正确使用最大诚信原则，是在保险纠纷案件中判定各方权利义务关系的重要基础。

保险法中的最大诚信原则与民法诚信原则即存在联系，也存在区别；司法实践之中，一些审判机关或者仲裁机构往往将两者等同对待，以至于出现了最大诚信原则适用标准不一的问题。只有准确辨识两者之间的关系，才能真正理解最大诚信原则。

2.2.4 最大诚信原则与诚信原则的异同

诚信原则作为民法的基本原则，与保险法中的最大诚信原则在保险市场功能上有共同之处，如均可以降低交易费用、促成合作。

但是，最大诚信原则作为保险法的基本原则也与民法诚信原则有着很大的不同。

1）最大诚信原则作为保险法的基本原则，贯穿于保险主要制度之中；而诚信原则虽称为“帝王”原则，但其适用上有诸多限制

如实告知、明确说明、弃权、禁止反言、不利解释等保险规则皆脱胎于最大诚信原则，贯穿于保险合同的磋商、缔结、履行等过程的始终。甚至可以讲，在保险的每一个环节均对保险参与主体的最大诚信提出了要求。诚信原则名为“帝王”原则，主要生存于判例中，属于衍生、随附义务，劣后于法定义务、约定义务，容易被轻慢。只有在法律条文未作约定、当事人未有约定之时，诚信原则方才有适用的余地。有学者谓“诚信原则在平时引而不发”，则形象地道出了诚信原则后备使用的地位。

2）最大诚信原则不仅为法律原则，而且衍生出了一系列可操作性极强的行为规则

诚信原则内容不确定。就某个具体民事行为而言，诚信原则要求当事人的行为界限并不明确。民法中的诚信原则并未形成一套行之有效的独立规则，它只能在具体的合同履行行为中附生，只能在对合同进行解释时发挥作用。

3）最大诚信原则较之于诚信原则，对于诚信的要求更高

诚信原则要求市场主体在交易中不得对对方进行欺诈，但它并不反对利用信息优势去合理赚取利益。在市场主体追求个人利益时，诚信原则只要求他们在追求个人最大利益的同时，也兼顾他人利益，而不能损人利己。与此不同，最大诚信原则要求保险市场的主体彼此坦诚相待。人们在从事保险交易时，不仅仅要彼此无欺，更需向对方“亮出自己的底牌”，充分展示个人私下所握的信息，以彼此公平、合理的态度相互对待。

2.2.5 坚持最大诚信原则的意义

① 保险经济活动中将最大诚信原则作为重要原则加以强调，是因为保险人只能根据投

保人的告知与陈述决定是否承保，如何承保及以何种费率承保等重大问题。

② 保险合同的内容是由保险人单方面制定的，投保人或被保险人难以了解并掌握条款的内容以及费率的合理性。因此，要求保险人基于最大诚信，履行其义务与责任。

③ 保险合同具有射幸性的特征，合同双方当事人中任何一方不诚实，不守信的行为，都将导致合同无效。

总之，最大诚信原则是保证保险业务活动健康开展，并调整保险合同当事人双方利益得以实现的重要原则。

2.2.6 最大诚信原则在汽车保险实务中的运用

在目前保险市场中，尤其在汽车保险业务中保险欺赔的现象日益严重，违背最大诚信原则恶意违法行为很多。保险人在经营汽车保险时，要对车险的风险因素有足够的认识，加强经营中的风险防范措施，最大限度地限制和打击保险欺诈活动。同时，投保人也应认真遵守最大诚信原则，以免给自己带来不必要的损失。

2.3 损失补偿原则

2.3.1 损失补偿原则的含义及内容

损失补偿原则是指当保险事故发生并导致被保险人的经济损失时，保险人给予被保险人的补偿以恢复被保险人在遭受保险事故前的经济状况为准。损失补偿原则是海上保险法的基本原则之一，是贯穿整个海上保险法的灵魂。损失补偿原则除了与海上保险法其他原则（尤其是可保利益原则）密切相关外，还衍生出代位、分摊等规则。在英国，损失补偿原则来自于禁止赌博的公共政策；而在我国，损失补偿原则来自于公平原则和禁止不当得利的规定。损失补偿原则禁止被保险人从保险中得利，从而减少了道德风险，维护了保险制度的正常运作，因此具有重要的现实意义。

其内涵主要有以下几点。

① 赔偿必须在保险人的责任范围内进行。即保险人只有在保险合同规定的期限内，以约定的保险金额为限，对合同中约定的危险事故所致损失进行赔偿。

② 赔偿额应以实际损失额为限。当保险标的遭受损失后，按照保险合同规定，保险人的赔偿以被保险人所遭受的实际损失为限，不能超过被保险人的实际损失，被保险人不能通过保险获得额外利益。换言之，保险人的赔偿应当恰好使保险标的恢复到保险事故发生前的状态。例如，某人投保了车损险，保险金额为 10 万元，后发生保险事故全部毁损，受损时车辆的市价下跌，仅为 6 万元，则保险人只按实际损失赔偿 6 万元。

③ 赔偿额应当以保险利益为限。保险利益是被保险人向保险人索赔的基本依据，因此实施补偿原则的第三个限度就是以保险利益为限。在机动车辆贷款保险中，如果投保人向贷款人借 10 万元去购买价值 20 万元的汽车，那么贷款人对该汽车的保险利益为 10 万元，并且随着借款人还贷的进程，贷款人的保险利益逐步减少。

④ 损失赔偿是保险人的义务。据此，被保险人提出索赔请求后，保险人应当按主动、迅速、准确、合理的原则，尽快核定损失，与索赔人达成协议并履行赔偿义务；保险人未及

时履行赔偿义务时，除支付保险金外，应当赔偿被保险人因此受到的损失。

2.3.2 损失补偿原则的意义

① 保险合同订立以后，保险标的遭受保险事故而产生损失，被保险人有权按合同的约定，获得全面、充分的补偿。

② 保险人对被保险人的赔偿恰好使保险标的恢复到未出险前的状况，即保险补偿以被保险人的实际损失为限，被保险人不能因保险赔偿而获得额外的经济利益。

遵循损失补偿原则的目的在于：真正发挥保险的经济补偿职能；避免将保险演变成赌博行为；防止诱发道德风险的发生。补偿原则的实现方式通常有现金赔付、修理、更换和重置。

2.3.3 损失补偿原则的例外

损失补偿原则主要用于一般财产保险，以下险种不能运用这一原则：人身保险、定值保险、重置价值保险、施救费用的赔偿。

2.3.4 损失补偿原则在汽车保险实务中的运用

在汽车保险实务中，曾经存在的最大纠纷之一就是围绕着损失补偿原则展开的，即在机动车辆全部损失的情况下是应当按照出险前机动车辆的实际价值进行赔偿，还是按照保险金额进行赔偿的问题，不少被保险人为此与保险人对簿公堂，乃至整个社会对此亦存在认识方面的分歧。为统一认识，中国保监会在《机动车辆保险条款》（2000 年版）中明确规定：机动车辆保险合同为不定值保险合同，定值保险合同与不定值保险合同的最大区别就是在订立合同时前者预先确定保险价值，而后者并不确定保险价值，仅约定保险金额，而将保险标的的价值留待保险事故发生时再估算。由此决定了在保险事故发生后、确定赔偿金额时，定值保险合同只需确定损失比例，而不定值保险合同，不但要确定损失比例，而且要确定事故发生时保险标的的实际价值，以实际价值作为保险赔偿金额的计算依据。《机动车辆保险条款》（2000 年版）第 15 条明确规定：在发生全部损失时，按保险金额计算赔偿，但保险金额高于实际价值时，以不超过出险当时的实际价值计算赔偿。这是损失补偿原则所要求的，也是为保护汽车保险作为一种积极的社会经济制度所要求的。

2.4 近因原则

2.4.1 近因原则的含义

所谓近因，不是指在时间或空间上与损失结果最为接近的原因，而是指促成损失结果最有效的、或起决定作用的原因。

近因原则的含义是损害结果必须与风险事故的发生具有直接的因果关系，若风险事故属于保险责任，保险人承担赔偿或给付责任，若风险事故属于除外责任或未保风险，则保险人不负赔偿责任。在实际生活中，损害结果可能由单因造成，也可能由多因造成。单因比较简单，多因则比较复杂，主要有以下几种情况。

1）多种原因同时并存发生

多种原因同时并存发生是指损失由多种原因造成，且这些原因几乎同时发生，无法区分时间上的先后顺序。如果损失的发生有同时存在的多种原因，且对损失都起决定性作用，则它们都是近因。而保险人是否承担赔付责任，应区分两种情况：第一，如果这些原因都属于保险风险，则保险人承担赔付责任；相反，如果这些原因都属于除外风险，保险人则不承担赔付责任；第二，如果这些原因中既有保险风险，也有除外风险，保险人是否承担赔付责任，则要看损失结果是否容易分解。对于损失结果可以分别计算的，保险人只负责保险风险所致损失的赔付；对于损失结果难以划分的，保险人一般不予赔付。

2）多种原因连续发生

多种原因连续发生是指损失是由若干个连续发生的原因造成，且各原因之间的因果关系没有中断。如果损失的发生是由具有因果关系的连续事故所致，保险人是否承担赔付责任，也要区分两种情况：第一，如果这些原因中没有除外风险，则这些原因即为损失的近因，保险人应负赔付责任；第二，如果这些原因中既有保险风险，也有除外风险，则要看损失的前因是保险风险还是除外风险。如果前因是保险风险，后因是除外风险，且后因是前因的必然结果，则保险人应承担赔付责任；相反，如果前因是除外风险，后因是保险风险，且后因是前因的必然结果，则保险人不承担赔付责任。例如，人身意外伤害保险（疾病是除外风险）的被保险人因车祸撞成重伤，因伤重无法行走，只能倒卧在湿地上等待救护，结果由于着凉而感冒高烧，后又并发了肺炎，最终因肺炎致死。此案中，被保险人的意外伤害与死亡所存在的因果关系并未因肺炎疾病的发生而中断，虽然与死亡最接近的原因是除外风险即肺炎，但它发生在保险风险即意外伤害之后，且是意外伤害的必然结果，所以，被保险人死亡的近因是意外伤害而非肺炎，保险人应承担赔付责任。

3）多种原因间断发生

多种原因间断发生是指损失是由间断发生的多种原因造成的。如果风险事故的发生与损失之间的因果关系由于另外独立的新原因介入而中断，则该新原因即为损失的近因。如果该新原因属于保险风险，则保险人应承担赔付责任；相反，如果该新原因属于除外风险，则保险人不承担赔付责任。例如，在人身意外伤害保险中，被保险人在交通事故中因严重的脑震荡而诱发癫狂与抑郁交替症。在治疗过程中，医生叮嘱其在服用药物巴斯德林时切忌进食干酪。但是，被保险人却未遵医嘱，服该药时又进食了干酪，终因中风而亡，据查中风确实是巴斯德林与干酪所致。在此案中，食用相忌的食品与药物所引发的中风死亡，已打断了车祸与死亡之间的因果关系，食用干酪为中风的近因，故保险人对被保险人中风死亡不承担赔偿责任。

2.4.2 近因原则的产生

保险中的近因原则，起源于海上保险。1906 年英国《海上保险法》第 55 条规定：除本法或保险契约另有规定外，保险人对于因承保之海难所致之损害，均负赔偿责任，对于非因承保之海难所致之损害，均不负赔偿责任。

近因原则的里程碑案例是英国 Leyland Shipping Co.，Ltd. Vs. Norwich Union Fire Insurance Society Ltd. 一案。“一战”期间，Leyland 公司一艘货船被德国潜艇的鱼雷击中后严重受损，被拖到法国勒哈佛尔港，港口当局担心该船沉没后会阻碍码头的使用，于是该船在港口当局的命令下停靠在港口防波堤外，在风浪的作用下该船最后沉没。Leyland 公司索赔遭拒后诉至法院，审理此案的英国上议院大法官 Lord Shaw 认为，导致船舶沉没的原因包括鱼雷击中和海浪冲击，但船舶在鱼雷击中后始终没有脱离危险，因此，船舶沉没的近因是鱼雷击中而不是海浪冲击。

2.4.3 近因原则的规定

《保险法》上的近因原则的含义为“保险人对于承保范围的保险事故作为直接的、最接近的原因所引起的损失，承担保险责任，而对于承保范围以外的原因造成的损失，不负赔偿责任。”按照该原则，承担保险责任并不取决于时间上的接近，而是取决于导致保险损失的保险事故是否在承保范围内，如果存在多个原因导致保险损失，其中所起决定性、最有效的，以及不可避免会产生保险事故作用的原因是近因。

由于导致保险损失的原因可能会有多个，而对每一原因都投保于投保人经济上不利益且无此必要，因此，近因原则作为认定保险事故与保险损失之间是否存在因果关系的重要原则，对认定保险人是否应承担保险责任具有十分重要的意义。

我国《保险法》、《海商法》只是在相关条文中体现了近因原则的精神而无明文规定，我国司法实务界也注意到这一问题，在最高人民法院《关于审理保险纠纷案件若干问题的解释（征求意见稿）》第 19 条规定了“（近因）人民法院对保险人提出的其赔偿责任限于以承保风险为近因造成损失的主张应当支持。近因是指造成承保损失起决定性、有效性的原因。”

2.4.4 近因原则在汽车保险实务中的运用

在汽车保险业务中，近因的确定，对于认定是否属于保险责任具有十分重要的意义。坚持近因原则的目的是为了分清与风险事故有关各方的责任，明确保险人承保的风险与保险标的损失结果之间存在的因果关系。虽然确定近因有其原则性的规定，即以最具作用和最有效果的致损原因作为近因，但在实践中，由于致损原因的发生与损失结果之间的因果关系错综复杂，判定近因和运用近因原则绝不是轻而易举的事。

2.5 代位原则

2.5.1 代位原则的含义及意义

代位原则是指保险人依照法律或保险合同约定，对被保险人遭受的损失进行赔偿后，依法取得向对财产损失负有责任的第三者进行追偿的权利或者取得被保险人对保险标的所有权。包括代位求偿和物上代位。

规定代位原则的意义如下。

① 防止被保险人因同一损失而获取超额赔偿，即避免被保险人获取双重利益。如果保险标的损失的原因是由第三者的疏忽、过失或故意行为造成的，而且又属于保险人承保的责任范围，那么被保险人既可以按照法律向第三者要求赔偿，也可以按照保险合同的规定向保险人提出赔偿。这样，被保险人获得的赔偿就有可能超过其实际损失额，获得额外利益，而

违背损失补偿原则。同样，在保险标的发生保险事故导致实际全损或推定全损，保险人全额赔付后，如果允许被保险人处理保险标的剩余物资或保险标的被找回后，那么被保险人所得到的利益也将超出其实际损失，获得额外利益。

② 维护社会公共利益，保障公民、法人的合法权益不受侵害。社会公共利益要求责任人对其因疏忽或过失而对他人造成的损失应该承担经济赔偿责任。如果因为被保险人从保险人处获得了赔偿就不再追究责任人的经济赔偿责任，将会使责任人获益，保险人受到损害，不符合公平的原则。同时，还会增加道德危险，容易造成他人对被保险人的故意或过失伤害行为的发生。通过代位，使责任人无论如何都要承担损害的经济赔偿责任，也使保险人可以通过代位追偿从责任人处追回所支付的保险赔款，维护保险人的合法利益。

③ 有利于被保险人及时获得经济补偿，尽快恢复正常的生产和生活。通常被保险人或受害人向责任人索赔比向保险人索赔所需要花费时间、物力和人力会更多。通过代位，会尽快使被保险人恢复到保险事故发生前的经济水平而不必直接向责任方进行索赔。

2.5.2　代位原则的内容

代位原则包括代位求偿和物上代位两种形式。

1. 代位求偿

代位求偿原则是指保险事故发生，保险人按合同约定向被保险人赔偿了保险金后，依法取得有关保险标的的所有权或向第三者（责任人）的追偿权的原则。

代位求偿权，简称代位权，是指保险标的发生保险事故造成损失，依法应由第三人承担经济赔偿责任的，保险人自向被保险人支付保险金之日起相应取得的被保险人对第三人请求赔偿的权利。

1）行使代位求偿权的前提条件

保险人行使代位求偿权，需要具备3个前提条件。

① 保险标的损失的原因是保险事故，同时又是由于第三者的行为所致。这样被保险人对保险人和第三者既可以依据保险合同向保险人要求赔偿，也可以依据法律向第三者要求赔偿。

② 被保险人未放弃向第三者的赔偿请求权。如果被保险人放弃了对第三者请求赔偿的权利，则保险人在赔偿被保险人的损失之后就无权行使代位求偿权。

③ 保险人取得代位求偿权是在按照保险合同履行了赔偿责任之后。例如，被保险人所投保的车辆在正常行驶时被另一辆违章车撞毁，被保险人既可以向保险公司要求赔偿，也可以向肇事方要求赔偿，即被保险人对保险公司和肇事方同时存在损失赔偿的请求权。如果保险公司依法承担了赔偿责任，则保险公司获得了代替被保险人向肇事者追偿损失的权利。

2）代位求偿权的实施对保险双方的要求

行使代位求偿权对保险双方都有一定的要求。就保险人而言，首先，其行使代位求偿权的权限只能限制在赔偿金额范围以内。如果追偿所得的款额大于赔付给被保险人的款额，其超过部分应归还给被保险人所有。其次，保险人不得干预被保险人就未取得保险赔偿的部分向第三者请求赔偿。就投保人而言，不能损害保险人的代位求偿权并要协助保险人行使代位求偿权。第一，如果被保险人在获得保险人赔偿之前放弃了向第三者请求赔偿的权利，那么，就意味着他放弃了向保险人索赔的权利。第二，如果被保险人在获得保险人赔偿之后未经保险人同意而放弃对第三者请求赔偿的权利，该行为无效。第三，如果发生事故后，被保险人已经从第三者取得赔偿或者由于过错致使保险人不能行使代位求偿权，保险人可以相应扣减保险赔偿金。第四，在保险人向第三者行使代位求偿权时，被保险人应当向保险人提供必要的文件和其所知道的有关情况。

3）代位权产生的原因

① 侵权行为。由于第三人的不法行为造成被保险人的财产损失或人身伤害时，第三人依法应承担经济赔偿责任。

② 违约行为。由于第三人不履行合同义务或履行合同义务不当而给被保险人造成的经济损失，根据合同约定应有第三人承担经济赔偿责任。

③ 不当得利。由于第三人缺乏法律上或合同上的依据而占有被保险人的财物，造成被保险人的经济损失，如保险标的丢失，被第三人非法占有，根据法律规定，第三人负有返还其非法占有的财物及其利息的义务。

4）代位权的行使

① 保险人以自己的名义行使代位权。

② 保险人行使代位权，必须已经向被保险人支付了保险金，并以已经支付的限额为限。

③ 保险人行使代位权，需要被保险人的协助和支持。

5）代位求偿原则的适用范围

包括下列两个方面。

① 保险人代位求偿的对象是对保险标的损失负有责任的第三者，但保险人对被保险人的家庭成员及组成人员的过失行为造成的损失不能行使代位求偿权。

② 代位求偿原则不适用于人身保险。

2. 物上代位

目前，我国各家保险公司的机动车辆保险条款，对代位求偿范围、行使等方面都有明确规定，并且，在实务中也被广泛采用。例如，2008 年 7 月 10 日，车主黄某在某保险公司为其本田轿车投保车辆损失险、第三者责任险和盗抢险等险种，其中盗抢险的保险金额为 32 万元，保险期限自 2008 年 7 月 11 日起至 2009 年 7 月 10 日止。2008 年 10 月 15 日黄某所投保的本田车在 A 广场停车场内被盗，黄某于 2009 年 1 月 20 日在保险公司领取了 29 万元保险金，并同时签署了一份权益转让书：黄某愿意将车的所有权，包括向任何第三者的追偿权完全转让给保险公司，并愿意为保险公司行使上述权利提供协助。

经查明：A 广场是 B 公司的属下物业。2008 年 8 月，车主黄某将其轿车停放于广场停车场 90 号车位，并每月向 B 公司所管理的 A 广场管理处缴纳管理费 400 元，交至同年 10 月。期间 A 广场管理处将停车证及其公司自行制定的《A 广场停车场汽车保管有关规定及细则》交给黄某，并要求黄某在其自行印制的《承诺书》上签名，承诺遵守上述规定。该规定第 6 条为：“本车场仅提供车位泊车及其相关服务，车辆在停车场内失窃或由于意外而受损，本场概不负责赔偿。”2008 年 11 月 14 日晚，黄某将车停放在 A 广场 90 号车位，次日早晨发现丢车，遂向公安机关报案。失车尚未找回。A 广场管理处是 B 公司管理 A 广场期间所设立的管理机构，无独立法人资格。保险公司取得代位追偿权后，将 B 公司诉诸法院，引起诉讼。

法院审理认为，黄某按月向车辆管理处支付车管费，即双方间的车辆保管关系成立。车管处规定及细则中的免责条款于法无据，有悖公平原则，不具有约束力。管理处未能履行应尽义务，致该车丢失，依法应当承担赔偿责任。保险公司依法代位行使追偿权，手续齐备，其诉讼请示应予支持，据此判决 A 公司在判决发生法律效力之日起 10 日内赔偿原告 29 万元，本案受理费由被告负担。

1）物上代位的含义

物上代位是指保险标的因遭受保险事故而发生全损时，保险人在全额支付保险赔偿金之后，依法拥有对该保险标的物的所有权，即代位取得受损保险标的物上的一切权利。

《保险法》第 59 条规定："保险事故发生后，保险人已支付了全部保险金额，并且保险金额等于保险价值的，受损保险标的的全部权力归于保险人；保险金额低于保险价值的，保险人按照保险金额与保险价值的比例取得受损保险标的的部分权利。"

2）物上代位的产生情况

① 发生在实际全损后有残留物，保险人全额赔付后，残留物归保险人。

② 发生推定全损，推定全损是指保险标的发生保险事故后，认为实际全损已不可避免，或者为避免发生实际全损所需支付的费用将超过保险价值，而按全损予以赔偿。

3）代位求偿与物上代位存在明显区别

① 代位求偿的保险标的的损失是由第三者责任引起的。

② 代位求偿取得的是追偿权，而物上代位取得的是所有权。在物上代位中，保险人取得了对保险标的的所有权益和义务。

在保险车辆被盗抢的情况下，保险人赔偿后，如被盗抢的保险车辆找回，应将该车辆归还被保险人，同时收回相应的赔款。如果被保险人不愿意收回原车，则车辆的所有权益归保险人。这是代位原则所要求的。

2.6 分摊原则

分摊原则仅适用于财产保险中的重复保险，是指在同一投保人对同一保险标的、同一保险利益、同一保险事故分别与两个以上保险人订立保险合同的情况下，被保险人在发生保险事故后，所得赔偿金，由各保险人采用适当的方法进行分摊。

在重复保险情况下，对于损失后的赔款保险人如何进行分摊，各国做法有不同。主要有以下 3 种分摊方法。

1）比例责任制

比例责任制又称保险金额比例分摊制，该分摊方法是将各保险人所承保的保险金额进行加总，得出各保险人应分摊的比例，然后按比例分摊损失金额。公式为：

某保险人责任＝某保险人的保险金额/所有保险人的保险金额之和×损失额

例如，某投保人先后分别与甲、乙、丙三家保险公司签订了一份火灾保险合同。甲、乙、丙公司承保的金额分别为 100 000 元、150 000 元、250 000 元，因发生火灾，损失 200 000 元。

甲保险人应赔付款额为：

100 000/(100 000＋150 000＋250 000)×200 000＝40 000(元)

乙保险人应赔付款额为：

150 000/(100 000＋150 000＋250 000)×200 000＝60 000(元)

丙保险人应赔付款额为：

250 000/(100 000＋150 000 ＋250 000)×200 000＝100 000(元)

2）限额责任制

限额责任制又称赔款额比例责任制，即保险人分摊赔款额不以保额为基础，而是按照在无他保的情况下各自单独应负的责任限额进行比例分摊赔款。公式为：

某保险人责任＝某保险人独立责任限额/所有保险人独立责任之和×损失额

仍引上例，在采用限额责任制计赔时其应赔付款如下。

甲保险人应赔付款额为：

100 000/(100 000＋150 000＋200 000)×200 000＝44 444(元)

乙保险人应赔付款额为：

150 000/(100 000＋150 000＋200 000)×200 000＝66 667(元)

丙保险人应赔付款额为：

200 000/(100 000＋150 000＋200 000)×200 000＝88 889(元)

3）顺序责任制

顺序责任制又称主要保险制，该方法中各保险人所负责任依签订保单顺序而定，由先订立保单的保险人首先负责赔偿，当赔偿不足时再由其他保单依次承担不足的部分。

顺序责任制对有的保险人有失公平，因而各国实务中已不采用该法，多采用前两种分摊方法。《中华人民共和国保险法》第 56 条第 2 款："除合同另有约定外，各保险人按照其保险金额与保险金额总和的比例承担赔偿保险金的责任。"可见，我国一般采用比例责任制的分摊方法。

在重复保险情况下，同样的损失用不同的分摊方法计算，各保险公司承担的赔款额是不同的，仍以上题为例，对三种分摊方法加以对比，如表 2－1 所示。

表 2－1 重复保险的分摊运用举例

单位：元

分摊方法＼公司类型	甲保险人	乙保险人	丙保险人
比例责任	40 000	60 000	100 000
限额责任	44 444	66 667	88 889
顺序责任	100 000	100 000	0

想一想 议一议

1. 汽车保险应遵循哪些原则？
2. 什么是保险利益？构成保险利益应当具备什么条件？保险利益原则在汽车保险实践中的意义何在？
3. 什么是最大诚信原则？最大诚信原则应当履行哪些义务？最大诚信原则的作用有哪些？
4. 损失补偿原则的内涵及其在汽车保险中如何运用的？
5. 何谓近因原则？近因原则在汽车保险中如何运用的？
6. 列举说明什么是代位求偿和物上代位。
7. 分摊原则有哪几种分摊方法？并分别说明是如何计算赔偿的。

第3章

汽车保险合同

3.1 汽车保险合同

3.1.1 汽车保险合同的概念及特征

1. 汽车保险合同的概念

汽车保险合同是保险人与投保人和被保险人就设立、变更、解除民事关系的协议。即根据当事人双方约定，投保人向保险人缴纳保险费，保险人在保险标的遭受约定的事故时，承担经济补偿或给付保险金义务。汽车保险合同不仅适用《保险法》、《道路交通安全法》、《机动车交通事故责任强制保险条例》等法律法规的规定，而且适用《中华人民共和国合同法》和《中华人民共和国民法通则》的有关规定。

汽车保险合同是双方当事人在社会地位平等的基础上产生的一项经济活动，是双方当事人平等、等价的一项民事法律行为，属于经济合同的一种。又由于汽车保险合同的客体不同于一般的经济合同，所以，它既具有经济合同的一般特点，同时又有自身的独特之处。

2. 汽车保险合同的特征

1）汽车保险合同的一般特征

（1）汽车保险合同是有名合同

以法律是否设有规范并赋予一个特定名称为标准，合同分为有名合同与无名合同。法律尚未确定名称和规范的合同是无名合同；法律直接赋予某种合同以名称并规定了其调整规范的合同为有名合同。汽车保险合同是典型的有名合同。目前根据我国《机动车辆保险条例》，我国的汽车保险被赋予“机动车辆保险”的名称，汽车保险合同被称为“机动车辆保险合同”。

（2）汽车保险合同是有偿合同

订立保险合同是双方当事人有偿的法律行为，保险合同的一方享有合同规定的权利的同时，必须付出一定的代价，这种相互的报偿关系称为对价。汽车保险合同的生效是以投保人交付保险费为条件，换句话说是以交付保险费作为换取保险人承担危险的代价，这种对价是相互的和有偿的。所以，汽车保险合同是典型的有偿合同。

（3）汽车保险合同是射幸合同

射幸就是碰运气、赶机会的意思。射幸合同是合同的效果在订约时不能确定的合同，即合同当事人一方并不必然履行给付义务，而只有当合同中约定的条件具备或合同约定的事件发生时才履行。汽车保险合同是一种典型的射幸合同，投保人根据保险合同支付保险费的义务是确定的，而保险人仅在保险事故发生时，承担赔偿或给付义务，即保险人的义务是否履行在汽车保险合同订立时尚不确定，而是取决于偶然的、不确定的保险事故是否发生。但是，汽车保险合同的射幸性是就单个保险合同而言的，而且也是仅就有形保障而言的。

（4）汽车保险合同是最大诚信合同

任何合同的订立，都应本着诚实、信用的原则。汽车保险合同自投保人正式向保险人提出签订合同的要约时，就必须将汽车保险合同中规定的要素如实告知保险人。作为投保人，应当将汽车本身的情况，如是否是营运车、是否重复保险等情况如实告知保险人，或者如实回答保险公司提出的问题，不得隐瞒，这一点是所有投保汽车保险的投保人应当明白的规则。因为作为保险人的保险公司如果发现投保人对汽车本身的主要危险情况没有告知、隐瞒或者错误告知，即便汽车保险合同已经生效，保险人也有权拒绝承担赔偿责任。汽车保险合同的诚信原则不仅是针对投保人而言的，也是针对保险人而言的。保险人也应将保险合同的内容及特别约定事项、免赔责任如实向投保人进行解释，不得误导或引诱投保人参加汽车保险。因此，最大诚信原则对投保人与保险人是同样适用的。

（5）汽车保险合同是对人的合同

在汽车保险中，保险车辆的过户、转让或者出售，必须事先通知保险人，经保险人同意并将保险单或保证凭证批改后方可有效，否则从保险车辆过户、转让、出售时起，保险责任即行终止。保险车辆的过户、转让、出售行为是其所有权的转移，必然带来被保险人的变更，而原被保险人在其投保前已经履行了告知义务，承担了支付保险费等义务，保险人对其资信情况也有一定了解，如果被保险人的汽车所有权发生转移，势必导致保险人对新的车辆所有者的资信情况一无所知。众所周知，在汽车保险中保险事故的发生，除了客观自然因素外，还与投保人、被保险人的责任心及道德品质有关，倘若汽车新的所有者妄想以保险图取索赔，那么汽车保险事故就成为一种必然风险。因此保险车辆所有权转移行为必须通知保险人，否则，保险人有据此解除保险合同关系的权利。所以，从这个角度说，汽车保险合同是对人的合同。

（6）汽车保险合同是双务合同

双务合同是指合同当事人双方互相承担义务、互相享有权利。汽车保险合同的投保人和保险人相互都承担义务和享有权利，投保人承担支付保险费义务，保险人承担约定事故出现后的赔款义务；投保人或被保险人在约定事故发生后有权向保险人索赔，而保险人也有权要求投保人缴纳保险费。所以，汽车保险合同是双务合同。

（7）汽车保险合同是非要式合同

要式合同是指法律要求必须具备一定形式和手续的合同，与之相对应，非要式合同是指法律不要求具备一定形式和手续的合同。两者的区别在于是否要求以一定的形式作为合同成立和生效的条件。要式合同成立和生效一般规定需要具备法律规定采用的一定形式，否则合同就不能成立和生效。非要式合同可由合同双方当事人自由决定合同的形式，无论采用何种形式都不影响合同的成立和生效。在汽车保险实务中，只要投保人如实地填写投保单，并缴纳了相应的保险费，无论保险人是否签发了其他的保险单证，法律上都认定汽车保险合同已经成立和生效。

（8）汽车保险合同是附和合同

附和合同是指合同不是双方当事人充分商议而订立的，而是由一方提出合同的主要内容，而另一方只能取与舍，即可选择接受对方提出的条件订立合同，也可拒绝，而没有修改合同内容的权利。汽车保险合同是附和性合同，汽车保险合同是保险人缮制的，通常情况下投保人无权修改合同的内容，但有权决定是否与保险人订立合同的权利。

2）汽车保险合同有别于一般保险合同的特征

汽车保险合同除了具有上述一般经济合同的特征以外，还有其有别于一般保险合同的自身特征。

（1）汽车保险合同的可保利益较大

对于汽车保险，不仅被保险人使用汽车时具有保险利益，对于被保险人允许的合格驾驶员使用保险车辆，同样具有可保利益。

（2）汽车保险合同属于不定值保险合同

保险合同中汽车的保险金额，可以由投保人和保险人约定并在保险合同中载明，也可以按照保险事故发生时汽车的实际价值确定。投保汽车保险时，车辆损失险的保险金额不能超过保险价值，超过保险价值的，超过部分无效；保险金额低于保险价值，保险人按照保险金额与保险价值的比例承担赔偿责任。这就是说，汽车保险金额定得太高，超出了保险价值，多投保的那一部分，投保人也不能多得；如果保险金额定得太低，投保人的损失将得不到足额补偿。我国现行的机动车辆保险条款中，明确规定了汽车保险合同为不定值保险合同。

（3）汽车保险合同适用代位原则

如果汽车的损毁因第三者造成的保险事故引起，保险人自向被保险人赔偿保险赔款之日起，在赔款金额范围内代位行使被保险人对第三者请求赔偿的权利。如果被保险人已经从第三者取得损害赔偿的，保险人在赔偿保险赔款时，可以相应扣减被保险人从第三者已取得的赔款金额。

3.1.2　汽车保险合同的形式

在汽车保险的具体实务工作中，汽车保险合同主要有以下几种形式。

1. 投保单

汽车保险投保单又称为“要保单”或者称为“投保申请书”，是投保人申请保险的一种书面形式。通常，投保单由保险人事先设计并印制，上面列明了保险合同的具体内容，投保人只需在投保单上按列明的项目逐项填写即可。投保人填写好投保单后，保险人审核同意签章承保，这意味保险人接受了投保人的书面要约，说明汽车保险合同已告成立。汽车投保单的主要内容包括：①被保险人的名称；②投保人的名称；③保险车辆的情况；④投保的险别；⑤保险金额；⑥保险期限等内容。

上述投保单的内容经保险人签章后，保险合同即告成立，保险人按照约定的时间开始承担保险责任。

2. 暂保单

暂保单是保险人出具正式保单以前签发的临时保险合同，用以证明保险人同意承保。暂保单的内容较为简单，仅包括保险标的、保险责任、保险金额以及保险关系当事人的权利义务等。

签订暂保单不是签订保险合同的必经程序。一般来说，使用暂保单有以下几种情况。

① 保险代理人在争取到业务但尚未向保险人办妥保险单之前，对被保险人开具的临时证明。

② 保险公司的分支机构在接受投保人的要约后，需要获得上级保险公司或保险总公司的批准。

③ 保险人和投保人在洽谈或续订保险合同时，订约双方已就主要条款达成一致，但一些条件尚未谈妥。

④ 出口贸易结汇，保险单是必备的文件之一，在保险单或保险凭证未出具之前，可出立暂保单，以证明出口货物已办理保险，作为办理结汇凭证之一。

暂保单具有与正式保单同等的法律效力。同正式保单相比，暂保单的内容相对简单、保险期限短，可由保险人或兼业保险代理机构签发；而正式保单尽管法律效力与暂保单相同，但其内容较为复杂，保险期限通常为一年，保险单只能由保险人签发。我国现行的汽车保险中提车暂保单承保车辆损失险和第三者责任险。

3. 保险单

保险单简称“保单”，是保险人和投保人之间订立保险合同的正式书面凭证。它根据汽车投保人申请，在保险合同成立之后，由保险人向投保人签发。保险单上列明了保险合同的所有内容，它是保险双方当事人确定权利、义务和在发生保险事故遭受经济损失后，被保险人向保险人索赔的重要依据。

4. 保险凭证

保险凭证也称保险卡，是保险人发给投保人以证明保险合同已经订立或保险单已经签发的一种凭证。由于机动车辆保险的标的具有流动性大、出险概率较高的特点，一旦出险需要出示保险合同。然而，被保险人与其允许的驾驶人员往往不止一人，尤其是单位投保人同时投保多辆车辆，不便也不可能随身携带保险单，因此保险人在签发保险单时还向被保险人签发机动车辆保险凭证，便于被保险人或其允许的驾驶人员随身携带，证明保险合同的存在。

保险凭证的法律效力与保险单相同，保险凭证上未列明的事项以保险单为准。

5. 批单

在保险合同有效期间，可能发生需要部分更动的情况，这时要求对保险单进行批改。保险单的批改应根据不同的情况采用统一和标准措辞的批单。批单的内容通常包括批改申请人、批改的要求、批改前的内容、批改后的内容、是否增加保险费、增加保险费的计算方式、增加的保险费，并明确除本批改外原合同的其他内容不变。

此单应该加贴在原保险单正本和副本背面上，并加盖骑缝章，使其成为保险合同的一部分。在多次批改的情况下，最后一次批改的效力优于之前的批改，手写批改的效力优于打字的批改。

6. 书面协议

保险人经与投保人协商同意，可将双方约定的承保内容及彼此的权利义务关系以书面协议形式确定下来。这种书面协议也是保险合同的一种形式。同正式保单相比，书面协议的内容不事先拟定，而是根据保险关系双方当事人协商一致的结果来签订，具有较大的灵活性和针对性，是一种不固定格式的保险单，它与保险单具有同等法律效力。

3.1.3 汽车保险合同的主体与客体

1. 汽车保险合同的主体

所谓汽车保险合同的主体是指具有权利能力和行为能力的保险关系双方，包括汽车保险合同当事人、关系人和中介人三方面内容。与汽车保险合同订立直接发生关系的人是保险合同的当事人，包括汽车保险人和汽车保险投保人；与汽车保险合同间接发生关系的人是合同的关系人，仅指被保险人。由于在保险业务中涉及的面较广，通常存在中介人，如保险代理人、经纪人、公估人等。

1）汽车保险合同的当事人

汽车保险合同的当事人包括保险人和投保人。

(1) 保险人

汽车保险人是指与投保人订立汽车保险合同，对于合同约定的可能发生的事故因其发生造成汽车本身损失及其他损失承担赔偿责任的财产保险公司。对于保险人在法律上的资格，各国保险法都有严格规定。一般来说，保险人经营保险业务必须经过国家有关部门审查认可。按我国法律规定保险人必须符合以下条件。

① 保险人要具备法定资格。

② 保险人须以自己的名义订立保险合同。

③ 保险人须依照保险合同承担保险责任。

汽车保险人应履行的义务主要表现如下。

① 承担赔偿或给付保险金的义务。承担赔偿或给付保险金是保险人最基本的义务。当保险标的遭受保险责任范围内损失时，保险人应承担赔偿或给付保险金的责任。保险人承担保险赔偿或给付的义务范围包括保险金、施救费用、争议处理费、检验费等。

② 说明合同内容的义务。订立保险合同时，保险人应当向投保人说明保险合同的条款内容，特别是对责任免除条款必须明确说明。

③ 及时签单的义务。保险合同成立后，及时签发保险单证是保险人的法定义务。保险单证是保险合同成立的证明，也是履行保险合同的依据。保险单证中应当载明保险当事人双方约定的合同内容。

④ 为投保人或被保险人保密的义务。保险人在办理保险业务中对知道的投保人或被保险人的业务情况、财产情况、家庭状况、身体健康状况等，负有保密的义务。为投保人或被保险人保密，也是保险人的一项法定义务。

作为汽车保险合同当事人之一的保险人也有自己的权利，主要表现如下。

① 决定是否承保。

② 收取保费。

③ 有权要求投保人履行如实告知义务。

④ 有权代位追偿、处理赔偿后的损余物资。

(2) 投保人

汽车保险投保人是指与汽车保险人（即保险公司）订立汽车保险合同，并按照保险合同负有支付保险费义务的人。投保人必须对汽车具有可保利益，也就是说，汽车的损毁或失窃，都将影响投保人的利益。汽车保险投保人应具备下列3个条件。

① 投保人是具有权利能力和行为能力的自然人或法人，反之，不能作为投保人。

② 投保人对汽车具有利害关系，存在可保利益。

③ 投保人负缴纳保险费的能力。

汽车保险投保人（被保险人）应履行的义务包括以下几个方面。

① 投保人应如实填写投保单并回答保险人提出的询问，履行如实告知义务。在保险期间内，保险车辆改装、加装等，导致保险车辆危险程度增加的，应当及时书面通知保险人。否则，因保险车辆危险程度增加而发生的保险事故，保险人不承担赔偿责任。

② 除另有约定外，投保人应当在保险合同成立时一次足额支付保险费；保险费付清前发生的保险事故，保险人不承担赔偿责任。

③ 发生保险事故时，被保险人应当及时采取合理的、必要的施救和保护措施，防止或者减少损失，并在保险事故发生后48小时内通知保险人。否则，造成损失无法确定或扩大的部分，保险人不承担赔偿责任。

④ 发生保险事故后，被保险人应当积极协助保险人进行现场查勘。被保险人在索赔时应当提供有关证明和资料。发生与保险赔偿有关的仲裁或者诉讼时，被保险人应当及时书面通知保险人。

⑤ 因第三方对保险车辆的损害而造成保险事故的，保险人自向被保险人赔偿保险金之日起，在赔偿金额范围内代位行使被保险人对第三方请求赔偿的权利，但被保险人必须协助保险人向第三方追偿。

2）汽车保险合同的关系人

在财产保险合同中，合同的关系人仅仅指被保险人，而人身保险合同中的关系人除了被保险人外，还有受益人。通常被保险人只是一个，而受益人可以有多个。汽车保险合同是财产保险合同的一种，应当具有财产保险合同的一般特征，因而，汽车保险合同的关系人是被保险人。所谓汽车保险被保险人是指其财产或者人身受汽车保险合同保障，享有保险金请求权的人。

（1）被保险人的特征

① 被保险人是因保险事故发生而遭受损失的人。在汽车保险合同中，被保险人是保险标的，即保险车辆的所有人或具有相关利益的人。

② 被保险人是享有赔偿请求权的人。因为被保险人是保险事故发生而遭受损失的人，所以享有赔偿请求的权利，投保人不享有赔偿请求的权利。

（2）投保人和被保险人的关系

① 投保人与被保险人是同一人。在汽车保险中，投保人为自己的汽车投保，投保人同时也就是被保险人。

② 投保人和被保险人不是同一人。投保人为他人的汽车投保，保险合同一经成立，投保人和被保险人分属两者。在这种情况下，要求投保人对于被保险人的财产损失具有直接的或间接的利益关系。

3）汽车保险合同的中介人

由于汽车保险在承保与理赔中涉及的面广，中间环节较多，因而在汽车保险合同成立及理赔过程中存在众多的中介组织，如汽车保险代理人、汽车保险经纪人、汽车保险公估人等。

（1）汽车保险代理人

是指根据汽车保险人的委托，在汽车保险人的授权范围内代为办理汽车保险业务的单位或个人。通常汽车保险代理人可分为专业保险代理人、兼业保险代理人和个人保险代理人。

① 专业保险代理人是指专门从事保险代理业务的保险代理有限责任公司。专业保险代

理人可以代理保险公司推销汽车保险产品和与汽车有关的人身保险产品，代理保险公司收取保险费，协助保险公司进行损失的勘查和理赔等。

② 兼业保险代理人是指接受汽车保险人的委托，在从事自身业务的同时，指定专人为汽车保险人代办汽车保险业务。兼业保险代理人可以代理保险公司推销汽车保险产品和与汽车有关的人身保险产品，代理保险公司收取保险费。兼业代理的形式主要有金融机构兼业代理，如商业银行代理保险公司销售贷款抵押汽车保险。

③ 个人保险代理人是指根据保险人的委托，向保险人收取代理手续费，并在保险人授权的范围内代为办理保险业务的个人。在汽车保险领域，个人保险代理人主要承担与汽车有关的人身保险产品的代理推销和车辆等财产保险产品的代理推销，以及相关保险的保险费的收取。

(2) 汽车保险经纪人

汽车保险经纪人是指基于投保人的利益，为投保人与保险人订立汽车保险合同或与汽车有关的人身保险合同提供中介服务，并依法收取佣金的单位或个人。在我国，保险经纪人的组织形式限于有限责任公司。

① 汽车保险经纪人以订立汽车保险合同为目的，为投保人提供防灾、防损或风险评估以及风险管理咨询，为投保人拟订投保方案，选择汽车保险人，办理投保手续，监督汽车保险合同的执行情况，为被保险人代为办理检验，以及向汽车保险人提出索赔等。

② 汽车保险经纪人可以根据汽车保险标的的具体情况以及相关汽车保险人的承保情况，为汽车投保人拟订最佳投保方案，代为办理投保手续，减少投保人或被保险人的保险费支出，减轻投保人投保选择的工作难度，提高投保效率。

(3) 汽车保险公估人

汽车保险公估人是指接受汽车保险人、投保人或被保险人的委托，办理汽车保险标的的勘查、鉴定、估损以及赔款的理算，并向委托人收取佣金的单位或个人，一般是指有限责任制的保险公估公司。

汽车保险公估人的存在有助于汽车保险的赔付趋于公平、合理，有利于调解汽车保险当事人之间关于汽车保险理赔方面的矛盾，避免由于汽车保险人既是承保人又是理赔人，且直接负责对汽车保险标的进行检验和定损可能带来的不公正、不公平情况的出现，体现汽车保险公估工作所具有的公平、公正、公开和合理的特性，促进汽车保险业的健康发展。

到 2005 年年底，我国共有 215 家保险公估机构，现在我国保险公估的客户相对集中，主要是各保险公司。然而在发达国家，公估公司的业务 75％来自被保险人的委托，大一点的被保险人在投保时均指定公估人。在保险公司对公估公司不完全认可、未大范围引入的情况下，一般保险公司仅对国内知名品牌的公估公司作适当引入，特别是财产险较大案件时，均向国内国际有名的公司招标。新成立的公估公司连入围竞标的资格也不具备。因此，保险公估机构在进行自身业务开拓的同时应加大对保险和保险公估知识的宣传，使客户理解保险、认识保险公估，消费保险公估产品，进而促进公估机构不断进行技术创新和服务创新，扩大保险公估市场。发挥保险公估的作用，从而更好地促进我国保险业的发展。

2. 汽车保险合同的客体

汽车保险合同的客体是指汽车保险合同当事人双方权利和义务所共同指向的对象。汽车保险合同的客体不是保险标的本身，而是投保人或被保险人对保险标的所具有的合法的经济利害关系，即保险利益，也叫可保利益。所谓合法的经济利害关系，是指因标的的完好、健在而使利害关系人获得的经济利益，或因标的的损坏、伤害而使利害关系人遭受的经济损失和痛苦。保险利益是投保人投保签约的起因，也是保险人决定是否可以承保的标准。

保险利益与保险标的含义不同，但二者又是相互依存的关系。投保人或被保险人在投保或索赔时，一般须对保险标的具有保险利益，否则保险人是不予承保或赔偿的。保险利益又以保险标的的存在为条件，体现在当保险标的存在时，投保人或被保险人对保险标的的经济利益也继续存在，当保险标的遭遇损失时，投保人或被保险人将蒙受经济上的损失。投保人或被保险人向保险人投保，要求经济保障的，不是保险标的本身，而是以对其保险标的所具有的经济上的利益。

3.2　汽车保险合同的内容与解释说明

3.2.1　汽车保险合同的内容

汽车保险合同的内容主要用来规定保险双方当事人所享有的权利和承担的义务，它通过保险条款使这种权利义务具体化，包括基本条款和附加条款（约定条款）。

基本条款是汽车保险合同中不可缺少的条款，没有基本条款也就没有汽车保险合同。基本条款中包括以下内容：保险人名称和住所，投保人、被保险人名称和住所，保险标的，保险责任和责任免除，保险期限和保险责任开始时间，保险价值，保险金额，保险费，保险赔偿办法，违约责任和争议处理等内容。上述内容便构成了汽车保险合同的基本条款。

附加条款是应投保人的要求而增加承保危险的条款。相当于扩大了承保范围，满足部分投保人的特殊要求。

汽车保险合同基本事项包括以下内容。

（1）当事人的姓名和住所

当事人是保险合同权利和义务的直接享有者和承担者，他们的行为使保险合同得以产生，所以保险合同应该首先载明当事人（保险人和投保人）的名称和住所，被保险人是保险合同保障的对象，无论与投保人是否同一，都应该在合同中载明其姓名和住所。

投保人如是单位，则载明单位全称（与公章名称一致），如是个人则载明姓名。

（2）保险标的

保险标的是作为保险对象的财产及其有关利益，是保险利益的载体。车辆损失险的保险标的是保险车辆，第三者责任险的保险标的是被保险人或其允许的驾驶员在使用保险车辆行驶过程中给他人造成财产损失或人身伤害，依法及保险合同规定应当承担的经济赔偿责任。

（3）保险责任

保险责任指保险人依据保险合同约定的必须承担赔偿或给付保险金责任的风险项目。

机动车辆保险合同中的保险责任采用列明方式，具体列明保险人承担哪些保险（责任）事故引起的损失赔偿（或责任赔偿）以及施救、救助、诉讼等费用负担的规定。

（4）责任免除

责任免除也称除外责任，是指根据法律给定或合同约定，保险人对某些风险造成的损失补偿不承担赔偿保险金的责任。责任免除条款适当限制了保险人承担的保险责任范围，意味着被保险人也要对某些风险自行承担责任。在保险合同中明确列出责任免除条款，对保险人和被保险人都十分重要。保险人在与投保人订立保险合同时，应当以十分明确的语言向投保人指明和解释责任免除条款，不得隐瞒或含糊其辞。《保险法》第17条明确规定："对保险合同中免除保险人责任的条款，保险人在订立合同时应当在投保单或者其他保险凭证上作出足以引起投保人注意的提示，并对该条款的内容以书面或者口头形式向投保人作出明确说明；未作提示或者明确说明的，该条款不产生效力。"

(5) 保险期限和保险责任开始的时间

从保险责任开始到保险责任终止的期间叫做保险合同的保险期限。它是保险合同所持有的有效时间。

保险责任开始时间也称保险合同生效时间，即保险人开始负责对被保险人发生的保险事故引起的损失赔偿的时间。比如，2009年10月1日签订的保险合同，生效时间定于2009年10月2日0时0分，保险人从这个时间开始承担保险责任。

(6) 保险金额

保险金额是保险合同约定的保险人承担赔偿的最高金额。由于机动车辆损失保险是不定值保险，所以机动车辆损失保险金额可以由投保人和保险人协商确定，但不能超过机动车辆的实际价值。由于第三者责任险中可能涉及人身伤害事故赔偿的处理，而人的生命价值其实无法用货币度量，因此只能由投保人与保险人在订立第三者责任险时协商确定保险金额，作为发生保险事故是保险赔偿（第三者人身伤亡和财产毁损）的限额。

(7) 保险费

保险费是投保人向保险人支付的、用以换取保险人承担保险责任而付出的代价。投保人向保险人支付保险费，是投保人与保险人订立保险合同应尽的首要义务。一般情况下，汽车保险投保人只有支付了保险费以后，汽车保险合同才成立。

(8) 保险金的赔偿办法

保险金赔偿办法指在保险合同中约定的、当发生保险事故时保险人向被保险人赔付保险金的计算方法。

(9) 违约责任和争议处理

违约责任指合同当事人违反合同义务时应当承担的民事责任。汽车保险合同当事人一方不履行合同义务或者履行合同义务不符合约定的，应当承担继续履行、采取补救措施或者赔偿损失等违约责任。

争议处理指合同当事人双方对保险合同发生争议或纠纷时的处理解决方式，主要有协商、调解、仲裁和诉讼等方式。一般情况下，双方当事人发生争议或纠纷时应该先采取协商的办法，在互谅的基础上寻找共同可以接受的条件，以达成和解的协议，消除争议。在协商不成的情况下，可以请第三方出面调解，请仲裁机构仲裁，直至到法院诉讼。

(10) 订立合同的年、月、日

订立保险合同的年、月、日是指保险合同双方就主要条款达成一致协议，标志保险人认可投保人对保险标的具有保险利益、了解被保险人的风险状况、确认其符合保险条件，投保人接受保险人提出的保险条件，订立合同的具体时间。汽车保险合同订立的日期并不等同于合同生效日期，汽车保险合同的生效还要以某些附加条件的满足为依据。

表3-1所示为某保险公司的保险合同样本。

表 3-1 某保险公司的保险合同样本

投保情况	投保情况	□新保 □续保		上年投保公司			
	上年保单号			到期时间			
被保险人	被保险人			身份证号码			
	通信地址			邮政编码			
	联系人			联系电话		E-mail	
投保车辆情况	车牌号码		境外号牌		号牌底色		
	厂牌型号		车辆种类		车架号		
	发动机号		排气量（L）		车辆颜色		
	VIN码		座位/吨位		初登日期		
	使用性质	□营业□非营业		防盗装置	□电子防盗装置 □机械防盗装置□无		
	所属性质	□机关□企业 □个人		固定车位	□有□无	驾驶人数	□单人 □多人
	形势区域	□省内□国内□出入港澳		安全装置	□安全气囊□ABS系统 □无安全装置		
主驾驶资料	姓名： 性别：□男□女 婚姻情况：□已婚□未婚 初领驾证时间 年 月 日 身份证号码： 出生时间： 近三年肇事记录：□无□一次□二次□三次及以上 违章记录：□无□一次□二次□三次及以上						
副驾驶资料	姓名： 性别：□男□女 婚姻情况：□已婚□未婚 初领驾证时间 年 月 日 身份证号码： 出生时间： 近三年肇事记录：□无□一次□二次□三次及以上 违章记录：□无□一次□二次□三次及以上						
基本险	车辆损失险				第三者责任险		
	新车购置价	保险金额	费率	保险费小计	赔偿限额	保险费小计	
	驾驶员座位责任险				乘客座位责任险		
	赔偿限额		保险费小计		赔偿限额：万元/座	保险费：	
附加险	险 别		保险金额（赔偿限额）		费率	保险费小计	
	全车盗抢险						
	前后挡风玻璃单独爆裂险						
	无过错损失补偿险						
	不计免赔率特约险						
	自然损失险						
	新增设备损失险						
	承运货物责任险						
	免税车辆关税责任险						
	代步车费用险						
	全车盗抢附加高尔夫球具盗窃险						
	他人恶意行为损失险						
	交通事故精神损害赔偿险						
保险期限：共 个月 自 年 月 日零时起至 年 月 日二十四时止							
特别约定：							

3.2.2 汽车保险合同在各情况下的解释说明

1. 汽车保险合同的订立与生效

1）汽车保险合同的订立

汽车保险合同订立是指保险人与投保人在平等自愿的基础上就汽车保险合同的主要条款经过协商最终达成协议的法律行为。汽车保险合同要经过要约和承诺两个步骤，要约又称为“订约提议”，是一方当事人向另一方当事人提出订立合同建议的法律行为，是合同签订的一个重要的程序。汽车保险合同通常以投保人填写的汽车投保单作为向保险公司提出投保意愿的参约形式，投保人要根据保险公司缮制的投保单，如实履行有限告知的义务。承诺又称为“接受订约提议”，是承诺人向要约人表示同意与其缔结合同的意思表示。在保险实务中，保险公司通过审核保险单决定是否接受投保人提出的保险业务，所以对于保险公司来说，承诺也就是保险公司承保的过程。通过投保人要约与保险人承诺之后，汽车保险合同即告成立，按照我国现行的法律规定，汽车保险的保险期限通常为一年，在保险期满续保时，保险公司向被保险人发出续保通知书，这即为保险人向被保险人发出要约。如果被保险人愿意继续在同一家保险公司处投保，可以看作被保险人对保险人的要约给予承诺，新的保险合同成立。

2）汽车保险合同的生效

一般情况下，保险合同自投保人与保险人就合同的主要条款达成一致协议时成立。机动车辆保险合同采用书面形式，自双方当事人签字或盖章时合同成立。

保险合同的生效与成立的时间不一定一致。保险合同双方当事人可以对合同的效力约定附生效条件或附生效期限。保险合同多为附条件合同。

机动车辆保险实践中，各家保险公司一般均以缴纳保险费作为保险合同生效的条件。例如，中国人民财产保险公司在家庭自用汽车损失保险的条款中明确规定：“投保人应当在保险合同成立时一次足额支付保险费；保险费付清前发生的保险事故，保险人不承担赔偿责任。”对于第三者责任保险以及非营业车辆和营业车辆损失保险虽然没有如此严格的规定，但是也规定：“除另有约定外，投保人应当在保险合同成立时一次足额支付保险费；保险费付清前发生的保险事故，保险人不承担赔偿责任。”平安财产保险公司虽然没有以缴清保险费作为合同生效的附加条件，但是也规定：“在保险合同签订时或在约定的期限内缴清保险费。”

关于保险合同的附生效期限，我国保险公司普遍推行“零时起保制”，把保险合同生效的时间放在合同成立日的次日零时。保险合同生效前发生的保险事故，保险人不承担赔偿责任。

2. 汽车保险合同的变更、解除、终止

1）汽车保险合同的变更

（1）保险合同变更的含义

所谓保险合同的变更是指保险合同没有履行或没有完全履行之前，当事人根据情况变化，按照法律规定的条件和程序，对原保险合同的某些条款进行修改或补充。我国《保险法》明确规定：“在保险合同有效期内，投保人和保险人经协商同意，可以变更保险合同的有关内容。变更保险合同的，应当由保险人在原保险单或者其他保险凭证上批注或者附贴批单，或者由投保人和保险人订立变更的书面协议。”

(2) 汽车保险合同变更的事项

汽车保险合同一般都是一年或者一年以上的长期保险合同，在合同的有效期内，由于情况的变化因而会产生变更合同的要求。

汽车保险合同的变更主要涉及以下几方面的内容。

① 汽车保险合同主体的变更。保险人如分立或合并时，应该变更保险人；投保人或被保险人将保险标的转让给他人的，应该变更投保人或被保险人。

② 保险标的的变更。包括保险标的的用途、危险程度的变化、保险价值明显增加或减少等情况。

③ 保险合同内容的变更。保险合同内容的变更是指当事人双方权利和义务的合同条款的变更。当投保人或被保险人提出增加或减少保险费，改变保险费的支付方式，扩大或缩小保险责任范围和条件，扩大或缩小责任免除范围和条件，延长或缩短保险期限等要求时，会导致保险合同内容的变更。保险合同标的变更时，也往往引起保险合同内容的变更。

(3) 汽车保险合同变更的形式及合同变更的效力

汽车保险合同变更必须采用书面形式，在保险双方当事人协商一致的前提下，可以由保险人在原保险单或者其他保险单证上批注，也可附贴批单，还可以就变更问题专门签订书面协议。

根据国际惯例，手写批注的法律效力优于打字批注；打字批注的法律效力优于加贴的附加条款；加贴的附加条款的法律效力优于基本条款；旁注附加的法律效力优于正文附加。变更了的部分保险合同与原保险合同中未变更的部分重新组成一份完整的保险合同，成为合同当事人享有合同权利和履行合同义务的依据。

2) 汽车保险合同的解除

汽车保险合同解除，是指保险合同成立之后，当法定或约定的事由发生时，一方当事人可以行使解除权，使保险合同效力提前消灭的一种法律行为。其解除的形式有两种：法定解除与协议解除。

(1) 法定解除

法定解除是法律赋予当事人的一种单方解除权。

(2) 协议解除

协议解除又称约定解除，是指当事人双方经协商同意解除保险合同的一种法律行为。

3) 汽车保险合同解除的条件情形

(1) 投保人解除汽车保险合同

《保险法》第15条规定："除本法另有规定或者保险合同另有约定外，保险合同成立后，投保人可以解除保险合同。"因此，只要投保人和保险人在签订合同时没有就保险合同的解除作出约定的，机动车辆保险投保人享有随时解除保险合同的权利和自由。在保险实践中，如果投保人没有在投保机动车辆损失保险的同时附加投保机动车辆失窃险，那么在保险合同有效期内保险车辆失窃时投保人就会解除保险合同。此外，当机动车辆在交通事故中被其他车辆严重损伤，肇事车辆所有人根据责任以现金的方式进行赔偿，或者肇事车辆的保险人依据第三者责任险的赔偿责任以现金的方式赔偿，受损伤车辆的价值明显减少，投保人也可以提出解除保险合同。

(2) 保险人解除汽车保险合同

保险人解除保险合同的权利一般受法律限制。《保险法》第16条规定：投保人故意或者因重大过失未履行前款规定的如实告知义务，足以影响保险人决定是否同意承保或者提高保险费率的，保险人有权解除合同。

前款规定的合同解除权，自保险人知道有解除事由之日起，超过三十日不行使而消灭。自合同成立之日起超过二年的，保险人不得解除合同；发生保险事故的，保险人应当承担赔偿或者给付保险金的责任。

4）汽车保险合同的终止

保险合同的中止，是指在保险合同存续期间内，由于某种原因的发生而使保险合同的效力暂时归于停止。引起保险合同终止的情况主要包括自然终止、因解除而终止、因义务履行而终止。

（1）自然终止

保险合同有效期限届满，保险人承担的保险责任即告终止。自然终止是保险合同终止最普遍、最基本的方式。汽车保险合同的期限通常为一年，合同到期后，投保人续保，新的保险合同成立。

（2）因解除而终止

当汽车保险合同双方当事人中的任何一方根据法律规定或者双方的约定行使合同的解除权，并以书面形式通知送达对方当事人，合同的效力即行终止。或者双方当事人通过协商，达成解除合同的协议，合同的效力也即行终止。

（3）因义务履行而终止

保险事故发生后，保险人履行了赔付保险金的全部责任，导致合同终止。这里的全部责任，是指发生了保险人应当按约定的保险金额全部赔付的保险事故。保险人承担了保险合同约定的应承担的全部责任，因此因保险人履行了全部义务而导致合同终止。如保险车辆因一次事故全部损毁或推定全损，保险人给付保险赔偿金后，汽车保险合同即行终止。

3. 汽车保险合同的解释原则和争议处理

1）保险合同的解释原则

当保险合同履行过程中，往往会出现由于保险双方当事人对合同的理解不同，在主张权利和义务时发生分歧及争议。在这种情况下，采用合适的原则对合同的内容及其用词进行解释就显得尤为重要。一般说来，对保险合同的解释遵循文义解释、意图解释、专业解释、有利于被保险人和受益人的解释等原则。

（1）文义解释的原则

文义解释是按照保险合同条款所使用文句的通常含义和保险法律、法规及保险习惯，并结合合同的整体内容对保险合同条款所作的解释。

（2）意图解释原则

意图解释是指在无法运用文字解释方式时，通过其他背景材料进行逻辑分析来判断合同当事人订约时的真实意图，由此解释保险合同条款的内容。

（3）专业解释原则

专业解释是指对保险合同中使用的专业术语，应按照其所属专业的特定含义解释。

（4）有利于被保险人的解释原则

投保人在订立合同时，对合同条款只能表示是否接受，在法律地位上相对处于弱势，而保险人则有较大的优势。对此，为平衡保险双方当事人的地位，在合同进行解释的原则上，法律做了一定的倾斜。在按照以上各种解释原则都不能对有争议的条款进行清楚解释的情况下，应当采用有利于被保险人的原则进行解释。

2）汽车保险合同的争议处理

汽车保险合同争议是指保险合同双方就保险责任的归属、赔偿金数额确定等问题，对保险条款的解释产生异议，各持己见而发生纠纷。

保险合同的争议处理通常采用如下4种方式。

（1）协商

协商是在争议发生后，双方当事人在平等、互相谅解基础上对争议事项进行协商，取得共识，解决纠纷的方法。

（2）调解

调解是指在合同管理机关或法院的参与下，通过说服教育，使双方自愿达成协议、平息争端。

（3）仲裁

仲裁是指争议双方依仲裁协议，自愿将彼此间的争议交由双方共同信任、法律认可的仲裁机构的仲裁员居中调解，并做出裁决，一裁终局。

（4）诉讼

这是指保险合同的一方当事人按有关法律程序，通过法院对另一方提出权益主张，并要求法院予以解决和保护的请求处理争议的方法。

想一想　议一议

1. 什么是汽车保险合同？它有哪些特点？它的主要形式有哪些？
2. 汽车保险合同的基本事项有哪些？
3. 汽车保险合同是如何订立与生效的？
4. 在何种情况下，保险人可以解除汽车保险合同？会产生什么样的后果？
5. 简述汽车保险合同的解释原则。

汽车保险费率

汽车保险产品作为一种特殊的商品，首先具有商品的一般属性。在经济学中，商品的价格取决于商品的内在价值，价格围绕价值上下波动，汽车保险产品也不例外。保险企业在经营过程中必须遵循市场经济的价值规律。

汽车保险产品的理论价格是指以汽车保险产品价格的内在因素为基础而形成的。汽车保险产品的理论价格由纯费率和附加费率两部分构成，也称作毛费率。

纯费率即技术费率的确定，通常是在以往一定期限内的平均保险金额损失率的基础上再加上一定数量的风险附加费率构成的，即损失成本加稳定系数。由它计算出来的保费称为纯保费，它被用于补偿经济损失，用于将来赔付和其他用途的基本金。

其中机动车辆平均保险金额损失率＝一定时期保险赔款总和/一定时期保险金额总和。

附加费率是由各财险公司根据其自身的经营水平、税赋和预期利润水平确定的，我们常常提到的保险公司给代理商保险费返还和手续费都包括其中。

纯费率的确定主要通过保险精算，即通过对一定期限内的平均保险金额损失率进行统计和分析以实现科学地确定保险价格的目的。保险精算的方法首先产生于人寿保险，在非寿险领域由于风险的不均衡特征，导致其在确定保险商品的价格时失效。但汽车保险例外，其保险业务具有满足保险精算的一些基本特征，即风险单位的差异较小，风险单位具有一定的数量集合，这些都比较符合保险精算的理论基础。这也是车险正成为逐步崛起的非寿险精算领域的原因所在。

所以，正确分析汽车保险业务在一定时期内的总体和宏观情况，综合各类保险自身特点以及各类被保险人具体情况，运用非寿险精算的方法科学地厘定费率，实现在所有险种范围内保费负担的合理性。但在具体厘定费率时，还需要进一步的细化分析，即对于不同特定类型的风险事故的损失率进行分析。不同的保险标的，不同的保障内容，不同的保险险种，不同类型的被保险人，应该具有不同的保险费率，保险费率与具体风险因素形成合理的对价关系，即费率（或者保险费）与风险因素应形成科学的函数关系。在这里关于函数关系不进行深究，仅对保险费率的确定原则和具体确定进行讲述。

4.1 汽车保险费率确定原则

根据保险价格理论，厘定保险费率的科学方法是依据不同保险对象的客观环境和主观条件形成的危险度，采用非寿险精算的方法进行确定费率的。但是，非寿险精算是一个纯技术的范畴，在实际经营过程中，非寿险精算仅仅是提供一个确定费率的基本依据和方法，而保险人确定汽车保险费率还应当遵循一些基本的原则。

4.1.1 公平合理原则

公平合理原则的核心是确保每一个被保险人的保费负担基本上反映保险标的的危险程度。这种公平合理的原则应在两个层面加以体现。

1）在保险人和被保险人之间

在保险人和被保险人之间体现公平合理的原则，是指保险人的总体收费应当符合保险价格确定的基本原理，尤其是在附加费率部分，不应让被保险人负担保险人不合理的经营成本和利润。

2）在不同的被保险人之间

在被保险人之间体现公平合理的原则是指不同被保险人的保险标的的危险程度可能存在较大的差异，保险人对不同的被保险人收取的保险费应当反映这种差异。保险人不但要根据汽车使用用途、车型的不同划分不同车的费率档次，还要体现同样的车在不同地区、不同时间和不同主体使用上所具有的风险差异性。

由于汽车保险商品存在一定的特殊性，要实现绝对的公平合理是不可能的，所以，公平合理只能是相对的，保险人在确定费率的过程中应该注意体现一种公平合理的倾向，力求实现费率确定的相对公平合理。

4.1.2 保证偿付原则

保证偿付原则的核心是确保保险人具有充分的偿付能力。汽车保险的最基本的功能是损失补偿，而损失补偿功能的实现是通过建立汽车保险基金来实现的。汽车保险基金主要由开业资金和保险费两部分构成的。保险费是保险标的的损失偿付的基本资金，是车辆投保人为获得保险人的保险补偿而支付的费用。所以，厘定的保险费率应保证保险公司具有相应的偿付能力，这是保险的基本功能决定的。保险费率过低，直接影响保险基金的实际规模，势必削弱保险公司的偿付能力，从而影响对被保险人的实际保障。

保证偿付能力是保险费率确定原则的关键，是保险公司是否具有足够的偿付能力，不仅仅影响到保险业的经营秩序和稳定，同时，也对广大的被保险人，乃至整个社会产生直接的影响。

4.1.3 相对稳定原则

相对稳定原则是指保险费率厘定之后，应当在相当长的一段时间内保持稳定，不要轻易地变动。由于汽车保险业务存在保费总量大、单量多的特点，经常变动的费率势必增加保险公司的业务工作量，导致经营成本上升。同时也会给投保人带来很多不便，投保人需要不断适应新的费率。从而影响汽车保险业务的开展。

要实现保险费率确定相对稳定的原则，在确定保险费率时就应充分考虑各种可能影响费率的因素，建立科学的费率体系，更重要的是应对未来的趋势做出科学的预测，确保费率的适度超前，从而实现费率的相对稳定。

费率的确定具有一定的稳定性是相对的，一旦经营的外部环境发生了较大的变化，保险费率就必须进行相应的调整，以符合公平合理的原则。随着汽车工业迅速发展，交通环境、市场环境、社会环境和国家的政治政策环境的变化，我国汽车保险费率已经作了相应的调整。2000 年 7 月 1 日开始实施《汽车保险条款》，采取统一费率，2003 年 1 月 1 日起汽车保险费率厘定放开，由保险公司自主制定，报保监会批准。2006 年 7 月 1 日，我国正式开展交强险业务后，机动车辆保险的保险费又趋于统一。

4.1.4 促进防损原则

防灾防损是汽车保险的一个重要功能，其内涵是保险公司在经营过程中应协调某一风险群体的利益，积极推动和参与针对这一风险群体的预防灾害和损失的活动，减少或者避免不必要的灾害事故的发生。这样不仅可以减少保险公司的赔付金额和减少被保险人的损失，更重要的是可以保障社会财富，稳定企业经营，安定人民生活，促进社会经济发展。为此，保险人在厘定保险费率的过程中应将防灾防损的费用列入成本，并将这部分费用用于防灾防损工作，在汽车保险业务中防灾防损功能显得尤为重要。一方面保险公司将积极参与汽车制造商对于汽车安全性能的改进工作，如每年都有一些大的保险公司资助汽车制造商进行测试汽车安全性能的碰撞试验。另一方面保险公司对于被保险人加强安全生产，进行防灾防损工作也会予以一定的支持，目的是调动被保险人主动加强风险管理和防灾防损工作的积极性。

4.2 汽车保险费率的确定

4.2.1 汽车保险费率基本概念及模式

1. 基本概念

① 保险费率：依照保险金额计算保险费的比例，通常以千分率（‰）来表示。

② 保险金额：简称保额，保险合同双方当事人约定的保险人于保险事故发生后应赔偿（给付）保险金的限额，它是保险人据以计算保险费的基础。

③ 保险费：简称保费，是投保人参加保险时所交付给保险人的费用。保险费由保险金额、保险费率和保险期限构成。保险费的数额与保险金额的大小、保险费率的高低和保险期限的长短成正比，即保险金额越大，保险费率越高，保险期限越长，则保险费也就越多。

在市场经济条件下，价值价格规律的核心是使价格真实地反映价值，从而体现在交易过程中公平和对价的原则。但是，如何才能够实现这个目标、从被动的角度出发，可以通过市场适度和有序的竞争来实现，但这往往需要付出一定的代价。从主动和积极的角度出发，如果保险人希望能够在市场上生存和发展，就必须探索出确定价格的科学和合理的模式。

就汽车保险而言，保险人同样希望保费设计得更精确、更合理。在不断的统计和分析研究中，人们发现影响汽车保险索赔频率和索赔幅度的危险因子很多，而且影响的程度也各不相同。每一辆汽车的风险程度是由其自身风险因子综合影响的结果，所以，科学的方法是通过全面综合地考虑这些风险因子后确定费率。

2. 汽车保险费率模式

通常保险人在经营汽车保险的过程中将风险因子分为两类：一是与汽车相关的风险因子，主要包括汽车的种类、使用的情况和行驶的区域等。二是与驾驶人相关的风险因子，主要包括驾驶人的性格、年龄、婚姻状况、职业等。由此各国汽车保险的费率模式基本上可以划分为两大类，即从车费率模式和从人费率模式。

1）从车费率模式

从车费率模式是以被保险车辆的风险因子为主作为确定保险费率主要因素的费率确定模式。目前，我国采用的汽车保险的费率模式属于从车费率模式，影响费率的主要因素是与被保险车辆有关的风险因子。

现行的汽车保险费率体系中影响费率的主要变量为车辆的使用性质、车辆生产地和车辆的种类。

① 根据车辆的使用性质划分：营业性车辆与非营业性车辆。

② 根据车辆的生产地划分：进口车辆与国产车辆。

③ 根据车辆的种类划分：车辆种类与吨位。

除了上述的三个主要的从车因素外，现行的汽车保险费率还将车辆行驶的区域作为汽车保险的风险因子，即按照车辆使用的不同地区，适用不同的费率，如在深圳和大连采用专门的费率。

从车费率模式具有体系简单，易于操作的特点，同时，由于我国在一定的历史时期被保险的车辆绝大多数是“公车”，驾驶人与车辆不存在必然的联系，也就不具备采用从人费率模式的条件。随着经济的发展和人民生活水平的提高，汽车正逐渐进入家庭，2003 年各保险公司制定并执行的汽车保险条款，已开始向从人费率模式方面进行转变。

从车费率模式的缺陷是显而易见的，因为在汽车使用过程中，对于风险的影响起到决定因素的是与车辆驾驶人有关的风险因子。尤其是对汽车保险特有的无赔偿优待与被保险车辆联系，而不是与驾驶人联系，显然不利于调动驾驶人的主观能动性，其本身也与设立无赔偿优待制度的初衷相违背。

2）从人费率模式

从人费率模式是以驾驶被保险车辆人员的风险因子为主作为确定保险费率主要因素的费率确定模式。目前，大多数国家采用从人费率模式，影响费率的主要因素是与被保险车辆驾驶人有关的风险因子。

各国采用的从人费率模式考虑的风险因子也不尽相同，主要有驾驶人的年龄、性别、驾驶年限和安全行驶记录等。

① 根据驾驶人的年龄划分：通常将驾驶人按年龄划分为三组，第一组是初学驾驶，性格不稳定，缺乏责任感的年轻人；第二组是具有一定驾驶经验，生理和心理条件均较为成熟，有家庭和社会责任感的中年人；第三组是与汽车保险与理赔第二组情况基本相同，但年龄较大，反应较为迟钝的老年人。通常认为第一组驾驶人为高风险人群，第三组驾驶人为次高风险人群，第二组驾驶人为低风险人群。至于三组人群的年龄段划分是根据各国的不同情况确定的。

② 根据驾驶人的性格划分：男性与女性。研究表明女性群体的驾驶倾向较为谨慎，为此，相对于男性她们为低风险人群。

③ 根据驾驶人的驾龄划分：驾龄的长短可以从一个侧面反映驾驶人员的驾驶经验，通常认为从初次领证后的 1～3 年为事故多发期。

④ 根据安全记录划分：安全记录可以反映驾驶人的驾驶心理素质和对待风险的态度，经常发生交通事故的驾驶人可能存在某一方面的缺陷。

从以上对比和分析可以看出从人费率相对于从车费率具有更科学和合理的特征，所以，我国正在积极探索，逐步将从车费率的模式过渡到从人费率的模式。

4.2.2 汽车保险费率的确定方法

实务中确定保险费率的方法主要有观察法、分类法和增减法。

1）观察法

观察法又被称为个别法或判断法，它就某一被保危险单独厘定出费率，在厘定费率的过程中保险人主要依据自己的判断。之所以采用观察法，是因为保险标的的数量太少，无法获得充足的统计资料来确定费率。

2）分类法

分类法是指将性质相同的风险，分别归类，而对同一类各风险单位，根据它们共同的损失概率，订出相同的保险费率。这一方法又称等级法或综合法，常用于火灾保险和意外保险。

采用分类法确定费率时其净保费的计算方法有两个。

(1) 纯保费法

纯保费法是以每一风险单位的平均损失频率乘以平均损失幅度求纯保费的方法。其计算公式为：

$$P=F\times S$$

其中，F 为每一投保单位的平均损失频率，S 为平均损失幅度，P 为纯保费。纯保费法广泛用于汽车保险及其他责任保险。

(2) 损失率法

损失率是指某一特定期间赔款与理赔费用之和与满期保费之比。现有费率只能到保险期届满后再进行调整。其调整公式为：

$$M=(A-E)/E$$

其中，M 为费率修正系数，A 为实际损失率，E 为预期损失率。

3）增减法

增减法是指在同一费率类别中，根据投保人的或投保标的的情况给以变动的费率。其变动或基于在保险期间的实际损失经验，或基于其预想的损失经验，或同时以两者为基础。增减法在实施中又有表定法、经验法、追溯法、折扣法等多种形式。

(1) 表定法

表定法以每一危险单位为计算依据，在基本费率的基础之上，参考标的物的显著危险因素来确定费率。表定法主要用于火灾保险方面。也有用于责任保险、盗窃保险的。表定法的优点如下。

① 能够促进防灾防损。若被保险人的防灾防损意识不强，可能会面临较高的保险费率，为了改变这一状况，被保险人将主动减少有关危险因素。

② 适用性较强。表定法可适用于任何大小的危险单位，而经验法和追溯法不能做到这一点。其缺点主要是使用该法成本太高，保险机构为了详细了解被保险人的情况，经常要支付大量营业费用。另外，该法只注重物质或有形的因素而忽视了人的因素，这是片面的。

(2) 经验法

该方法是根据被保险人过去的损失记录，对按分类法计算的费率加以增减，但当年的保费率并不受当年经验的影响，而是以过去数年的平均损失，来修订未来年份的保险费率。因为它是用过去的经验修正未来的费率，所以人们又称这一方法为预期法。经验法的理论基础是：凡能影响将来的危险因素，必已影响过去的投保人的经验。经验法依修正系数来增减费率，其修正系数公式为：

修正系数＝[(实际赔款－预期赔款)/预期赔款]×可信度系数

这里，实际赔款表示保险人在过去某一时间的赔款经验，这一期间通常为2～3年；预期赔款是指一般保险人将来可能发生的赔款经验。可信度系数介于0与1之间。可信度系数越接近1，则可信度越高。经验法的优点是，在决定被保险人的保费时，已考虑到若干具体影响因素，而表定法只给出了物质因素，没有包括非物质因素。与表定法相比，经验法更能全面地顾及影响危险的各项因素。经验法主要应用于汽车保险、公共责任保险、盗窃保险等。

(3) 追溯法

该法是依据保险期间的损失为基础来调整费率的。投保人起初以其他方法（如表定法或经验法）确定的费率购买保单，而在保险期届满后，再依照本法最后确定保费。如果实际损失大，缴付的保费就多；实际损失小，缴付的保费就少。其计算公式为：

追溯保费＝(基本保费＋期内发生赔款×赔款转换系数)×税负乘数

这里的基本保费包括一般管理费用、行销费用及保险费用，通常为标准保费的某一比例。标准保费是按经验法计算出来的保费。期内发生赔款是指某一特定期间所发生的赔款，包括已经赔付赔款及已经发生尚未赔付的赔款。赔款转换系数指赔款变动之费用。税负乘数备以应付课税之用。追溯法的计算方法不止一种，它视具体情况而定，追溯法计算复杂，其应用范围不广，仅局限于少数大规模投保人。

4.2.3 机动车辆险种费率表

价格体系最大限度地维护客户利益，体现产品价格向价值回归。根据不同客户的不同风险程度收取保费，对低风险优质客户，保费做相应下调。结合保险损失条款，相应有各自的费率。费率的多少各保险公司大相径庭，但都满足保监会的要求。下面就简要列出机动车辆保险费率。表4－1所示为非营业车辆基本险费率表，表4－2所示为营业车辆基本险费率表，表4－3所示为机动车附加险费率表。

表4－1 非营业车辆基本险费率表

险别	基本险（非营业）								
	车辆损失险			第三者责任险					
车辆种类	基本保费/元		费率/%	固定保费/元					
	A类	B类		限额5万	限额10万	限额20万	限额50万	限额100万	限额100万以上
1. 六座以下客车（Ⅰ类/Ⅱ类）	600	240	1.2	1 040	1 300	1 500	1 730	1 820	
2. 六座及二十座以下客车（Ⅰ类/Ⅱ类）	800	600	1.2	1 170	1 460	1 680	1 930	2 040	
3. 二十座及以上客车	880	680	1.2	1 300	1 630	1 870	2 150	2 270	
4. 油罐车、气罐车、液罐车、冷藏车	1 450	1 050	1.2	1 430	1 790	2 060	2 370	2 500	

续表

基本险（非营业）									
险别	车辆损失险			第三者责任险					
车辆种类	基本保费/元		费率/%	固定保费/元					
	A类	B类		限额5万	限额10万	限额20万	限额50万	限额100万	限额100万以上
5. 二吨以下货车、农用车	560	200	1.2	820	1 030	1 180	1 360	1 430	
6. 二吨及十吨以下货车	800	480	1.2	1 300	1 630	1 870	2 150	2 270	
7. 十吨及十吨以上货车	1 400	1 000	1.2	1 430	1 790	2 060	2 370	2 500	
8. 起重车、装卸车、工程车、监测车、邮电车、消防车、清洁车、医疗车、救护车	700	400	1.0	620	780	890	1 020	1 080	
9. 挂车	160	120		1.2	500				

注：对于责任限额为100万元以上，则保险费＝$A+A\times N\times(0.034-0.0013\times N)$ 式中A指同档次限额为100万元的第三者保险费；N＝(限额－100万)/50万元，限额必须是50万元的倍数，且不得超过1 000万元。

表4－2　营业车辆基本险费率表

基本险/营业									
险别	车辆损失险			第三者责任险					
费别	基本保费/元		费率/%	固定保费/元					
车辆种类	A类	B类		限额5万	限额10万	限额20万	限额50万	限额100万	限额100万以上
1. 六座以下客车（Ⅰ类/Ⅱ类）	1 120	480	2.0/1.6	1 560	1 950	2 240	2 580	2 710	
2. 六座及二十座以下客车（Ⅰ类/Ⅱ类）	1 160	800	1.6	1 690	2 110	2 440	2 810	2 950	
3. 二十座及以上客车	1 400	880	2.0/1.6	1 820	2 280	2 620	3 010	3 170	
4. 油罐车、气罐车、液罐车、冷藏车	2 050	1 650	1.6	2 121	2 650	3 050	3 610	3 690	
5. 二吨以下货车、农用车	760	400	1.6	1 140	1 430	1 640	1 890	1 980	
6. 二吨及十吨以下货车	1 600	960	1.6	1 890	2 360	2 720	3 130	3 290	
7. 十吨及十吨以上货车	2 000	1 600	1.6	2 050	2 560	2 950	3 390	3 580	
8. 起重车、装卸车、工程车、监测车、邮电车、消防车、清洁车、医疗车、救护车	800	500	1.2	880	1 100	1 270	1 460	1 530	
9. 挂车	240	200	1.6	700					

注：对于责任限额为100万元以上，则保险费＝$A+A\times N\times(0.034-0.0013\times N)$ 式中A指同档次限额为100万元的第三者保险费；N＝(限额－100万)/50万元，限额必须是50万元的倍数，且不得超过1 000万元。

表 4－3 机动车附加险费率表

全车盗抢险	四川省、福建省、重庆市为：1.2%；广东省、浙江省、江西省、湖北省、甘肃省、湖南省、吉林省、辽宁省、北京市、上海市、山东省为：1.0%；江苏省、安徽省、海南省、贵州省、青海省、陕西省、河北省、云南省、广西壮族自治区、西藏自治区为：0.8%；山西省、宁夏回族自治区、内蒙古自治区、天津市为：0.6%；客车：六座以下（不含），按基准费率，六座以上（含），按基准费率减去 0.2%执行；货车及其他特种车辆按基准费率减去 0.2%执行
车上责任险	车上货物：赔偿限额的 1.5%
	车上人员：选择座位投保的，按赔偿限额的 0.9%；按核定座位数投保的，按赔偿限额的 0.5%
无过失责任险	第三者责任险保险费的 20%
车载货物掉落责任险	赔偿限额的 0.6%
玻璃单独破损险	进口挡风玻璃：货车、新车按购置价的 0.15%；16 座以下客车、新车购置价的 0.2%；16 座及以上客车、新车购置价的 0.2%
	国产挡风玻璃：货车、新车购置价的 0.15%；16 座以下客车、新车购置价的 0.15%；16 座以上客车、新车购置价的 0.20%
车辆停驶损失险	约定的最高该赔偿天数乘以赔偿金额的 10%
自燃损失险	赔偿限额的 0.4%
新增加设备损失险	按车辆损失险的费率执行
不计免赔特约险	车辆损失险和第三者责任险保险费之和的 20%

4.3 保费的计算与险种选择

4.3.1 保险费的计算

根据保险条款的约定，可列明各项保险的费用问题。

1）车辆损失险

保费＝部分损失基本费＋部分损失保额×部分损失费率＋全部损失保额×全部损失费率

2）第三者责任险

保费＝固定保费

3）车辆损失险附加险

（1）玻璃单独破损险保费＝新车购置价×费率

（2）自然损失险保费＝保额×费率×(1＋已使用浮动年限相对值浮动比例)

（3）车辆停驶损失险保费＝最高赔偿天数×日赔偿金额×费率

（4）全车盗抢险保费＝保额×费率×(1＋已使用年限相对值浮动比例＋防盗装置浮动比例＋固定停放场所浮动比例)

新增设备损失险保费＝保额×对应车辆损失险部分损失费率

其他车辆损失险附加险保费＝保额×费率

4）第三者责任险附加险

（1）车上人员责任险保费＝投保座位数×每人每次事故最高赔偿限额×费率×（1＋赔偿限额浮动比例＋安全装置浮动比例）

其中，赔偿限额浮动比例根据所有投保座位的累计赔偿限额确定。

（2）车上货物责任险保费＝每次事故最高赔偿限额×费率×（1＋赔偿限额浮动比例）

（3）无过失责任险保费＝同档第三者责任险保费×费率

（4）车载货物掉落险保费＝赔偿限额×费率×（1＋赔偿限额浮动比例）

5）特约条款

（1）可选免赔特约条款

可选免赔特约条款浮动保费＝所选车辆损失险及车辆损失险附加险总浮动保费×费率（全车盗抢险、玻璃单独破损险和车辆停驶损失险保费除外）

本特约条款费率有客户所选免赔金额和保险车辆的新车购置价确定，所选免赔额应低于保险金额。

（2）换件特约条款

换件特约条款浮动保费＝所选车辆损失险及车辆损失险附加险总浮动保费×费率（全车盗抢险、玻璃单独破损险和车辆停驶损失险保费除外）

（3）基本险不计免赔特约条款

基本险不计免赔特约条款浮动保费＝车辆损失险和第三者责任险总浮动保险费×费率

（4）附加险不计免赔特约条款

附加险不计免赔特约条款浮动保费＝附加险总浮动保费×费率

（5）价值损失特约条款

价值损失特约条款保费＝新车购置价×费率（本特约条款仅针对使用年限在1年以内私人生活用车和行政用车）

（6）代步车特约条款

代步车特约条款保费＝约定天数×约定日租金额×费率（仅限私人生活用车和行政用车）

（7）指定部位赔偿特约条款

指定部位赔偿特约条款浮动保费＝所选车辆损失险及车辆损失险附加险总浮动保费×费率（全车盗抢险、玻璃单独破损险和车辆停驶损失险保费除外，且不可同时投保可选免赔特约条款和指定部位赔偿特约条款）

（8）法律服务特约条款

法律服务特约条款保费＝固定保费

（9）救援费用特约条款

救援费用特约条款保费＝固定保费

6）保单保费

首先计算各险种经行驶区域、销售渠道、无赔款奖励、指定驾驶人和一次投保车辆数浮动后的保费，称之为“浮动保费”。

车辆损失险浮动保费＝车辆损失险保费×（1＋车辆损失险保费浮动比例）

对于可选免赔额特约条款、指定部位赔偿特约条款、换件特约条款、基本险不计免赔特约条款和附加险不计免赔特约条款而言，按前述方法计算出的保费已经都是浮动后的保费。

根据是否投保了可选免赔额特约条款或指定部位赔偿条款，保单保费有两种计算方式：

① 既没有投保可选免赔额特约条款也没有投保指定部位赔偿特约条款的情况下：

保单保费＝(车辆损失险浮动保费＋车辆损失险附加险浮动保费之和＋
第三者责任险浮动保费＋第三者责任险附加险浮动保费
之和)×(1＋大额保费一次全额付款金额浮动比例)

② 投保人投保了可选免赔额特约条款或指定部位赔偿特约条款的情况下：

保单保费＝(全车盗抢险浮动保费＋玻璃单独破碎险浮动保费＋车辆停驶损失险浮动保费＋
第三者责任险浮动保费＋第三者责任险附加险浮动保费之和＋
可选免赔额特约条款或指定部位赔偿特约条款浮动保费＋
换件特约条款浮动保费＋基本险不计免赔特约调款浮动保费＋
附加险不计免赔特约条款浮动保费＋其余特约条款浮动保费之和)×
(1＋大额保费一次全额付款金额浮动比例)

7) 年费率，日费率使用标准

① 本费率是保险期限为1年的费率表，即年费率表。

② 投保时，保险期限不足1年的按日费率计收保险费：

短期保险费＝(年保险费/365)×承保天数

8) 批改保费计算

投保人申请办理保单批改，如保险车辆改装车型、变更使用性质及申请增加、降低保险金额或赔偿限额时，以未了责任天数，按日费率计算批改保费，计算公式为：

批改保费＝(批改后年保费－批改前年保费)×未了责任天数/365

如果因批改造成浮动比例的变动，应按新的浮动比例计算批改后年保费。如基本险的变动同时引起相关附加险保费的变化，也应计算在批改后年保费中。

当计算结果为正时，代表批增保费，需向投保人加收一定金额的保险费；当计算结果为负时，其绝对值代表批减保费，需向投保人退还一定金额的保险费。

9) 退保费计算

(1) 个单业务退保

退保时对每个险种单独计算退保金额。

对于车辆损失险及其附加险和特约条款，除费率另有规定或合同另有特别约定外，有下列几种情况。

① 保单有效期内已经发生赔款的险种，被保险人获取部分保险赔款后1个月内提出解除合同的，计算与保险金额扣除赔款和免赔金额后的未了责任部分相对应的剩余保险费，按日费率予以退还：

退保金额＝[基本保费＋(原保额－赔款－免赔金额)×原费率]×
(1＋原保费浮动比例)×未了责任天数/365

若出险险种系按固定保费收费，则：

退保金额＝该险种保单保费×未了责任天数/365

② 因保险赔偿致使保险合同终止时，保险人不退还出险险种的保险费。

③ 如未发生赔款，保险人按年费率的 1/365 计算日费率：

退保金额＝该险种保单保费×未了责任天数/365

对于第三者责任险及其附加险险种和特约条款，不论是否发生赔款，保险人按年费率的 1/365 计算日费率，并退还未了保险责任部分的保险费：

退保金额＝该险种保单保费×未了责任天数/365

分别计算各险种或特约条款的退保金额，加总得到总退保金额。如果退保时投保人尚未交足保单保费，应从总退保金额中扣除欠交的保费。

(2) 团单业务退保

依照个单退保方法执行，但是如果退保造成一次投保车辆数浮动比例或大额保费一次全额付款金额浮动比例的变动，应将这部分浮动差额扣除。如果退保金额不足以弥补这部分浮动差额，仍可办理退保手续，但保险人不支付任何退保费。

团单退保金额＝退保车辆个单退保金额之和－投保时总保单费×
(未了责任天数/365)×|退保前后投保车辆浮动比例差额＋
退保前后大额保费一次全额付款金额浮动比例差额|

10) 最低保费

每份保单设最低保费为 100 元，保单保费不足 100 元时按 100 元计收，合同生效后退保时实收保费不足 100 元时按 100 元计收。

4.3.2 保险险种的选择

“在哪家保险公司买车险更合适？车险怎么组合最实惠？”这是长期困扰车主的难题（见图 4－1）。

针对这一难题，不妨选择一家专业的保险代理公司进行投保，不仅能为你节约时间，还能为你选择更适合的保险公司和搭配合理的险种。

而根据对近万名车主投保情况进行分析，有以下四种车险方案最为常见，车主们不妨如法炮制：

1) 全面型

交强险＋商业三责险（30 万元)＋车损险＋车上人员责任险＋盗抢险＋玻璃单独破碎险＋不计免赔特约＋车身划痕损失险

约有 20％的车主选择此类型组合。适合于新车新手及需要全面保障的车主。

——哈哈,原来他要选择保险不赔的才保险!

图 4－1 如何购置汽车保险

2) 常规型

交强险＋商业三责险（20 万元)＋车损险＋车上人员责任险＋盗抢险＋不计免赔特约

约有 60％的车主选择此类组合。适合于有长期固定人员看守的停车场所停放的车辆，也适合于有一定驾龄、愿意自己承担部分风险的车主。

3) 经济型

交强险＋商业三责险（10 万元)＋车损险＋不计免赔特约

约有 15％的车主选择此类型组合。适用于车辆使用较长时间以及驾驶技术娴熟、愿意自己承担大部分风险的车主。

4）风险型

只购买交强险。交强险只赔付事故中第三方（受伤害一方），人员伤亡最高赔付 11 万元，住院医疗 1 万元，财产损失 2 000 元，但成都地区发生车祸造成的人员死亡赔付应在 20 万以上，住院医疗费用也是远远不够，2 000 元的车辆损失费用更是相差甚远。并且，自己的车损或被盗需自己承担。因此，此搭配风险极大。约有 5%的车主选择此类型组合。保险专家一般不建议选择此项。

另外，在车险险种中还有“自燃险”。此险种是指被保险车辆在使用过程中，因电器、线路、供油系统发生故障引起燃烧造成被保险车辆损失，依法由保险公司负责赔付。对于此险种保险专家建议如果汽车使用年限过长，机件老化，可以购买“自燃险”。另外，经常长途营运的车辆也应当购买“自燃险”。

想一想　议一议

1. 什么是汽车保险产品的理论价格？如何理解纯费率？
2. 汽车保险费率的确定原则有哪些？
3. 什么是汽车保险费率？汽车保险费率的模式有哪些？
4. 如何确定汽车的保险费率？
5. 根据文中所列四种车险方案，讨论其中各自优缺点。

第5章 汽车交通事故责任强制保险

5.1 强制汽车责任保险制度

5.1.1 强制汽车保险的产生

自1885年卡尔·本茨制成第一辆三轮汽车以来，人们经历了坐在极为嘈杂和震动非常厉害的机械上，而且还要饱受路人的嘲笑和日晒雨淋到今日全然不同的舒适和气派的汽车时代变更，与此同时，汽车生产方式也走过了手工作坊量产到流水线大批量生产时代历史。在汽车发展的一百多年历史里，正是流水线装配作业生产方式的出现，使得汽车成本大跌，汽车价格低廉，不再仅仅是贵族和有钱人的豪华奢侈品了，它开始逐渐成为大众化的商品。

尤其是第一次世界大战以后，汽车产业迅速发展，随着汽车的大量生产和销售价格的急剧下降，特别是分期付款促销方式的出现，普通平民百姓开始拥有自己的汽车，汽车迅速得到普及，正是这样的发展形势为汽车保险业的出现和发展创造了条件。由于车主在购买汽车时几乎花费了所有的积蓄，出现了许多无力购买汽车保险或用相应财产做担保的驾车人。当意外交通事故发生时，不仅车主自己的损失无法挽回，而且意外事故的受害人的人身伤亡或财产损失无法得到及时有效的赔偿。为改变这种不良状况，许多国家和地区的政府相继制订法令，强制实行汽车责任险，以确保意外交通事故受害人能够及时得到合理有效的补偿，保障受害人的合法权益。

强制汽车责任保险也称为法定汽车责任保险，是国家或地区基于公共政策的考虑，为维护社会大众利益，以颁布法律或行政法规的形式实施的汽车责任保险。无论被保险人是否愿意，都必须参加强制保险。强制汽车责任保险的目的是为看保障意外交通事故的受害者能获得合理的基本保障。在强制汽车责任保险的规定下，汽车所有人必须按照法规投保汽车责任保险。

世界上最先将车辆事故损害视为社会问题的是美国的马萨诸塞州，该州认为必须彻底改革汽车的责任保险制度，以谋求为社会大众提供保护。因为公路是为体行人而修建的，以车辆代步者，应该预先提供具有赔偿能力的证明。

1919年，美国的马萨诸塞州率先立法，规定汽车所有人必须在汽车注册登记时，提供保单或以债券作为车辆发生意外事故时赔偿能力的担保，该法案被称为《赔偿能力担保法》。1927年马萨诸塞州首先采用强制汽车责任保险，1956年纽约州也立法实行强制保险，次年，北卡罗纳州也通过相应法律。从此，强制汽车保险开始在美国盛行。

5.1.2 强制汽车责任保险的含义

1. 强制汽车责任保险的定义

所谓强制保险，是指根据国家颁布的有关法律和法规，凡是在规定范围内的单位或个人，不管愿意与否都必须参加的保险。比如，世界各国一般都将机动车第三者责任保险规定为强制保险的险种。由于强制保险某种意义上表现为国家对个人意愿的干预，所以强制保险的范围是受严格限制的。实施强制汽车责任保险的国家广泛采用“法定保险，商业经营”的模式。我国《保险法》规定，除法律、行政法规规定必须保险的以外，保险公司和其他任何单位不得强制他人订立保险合同。

机动车交通事故责任强制保险又称机动车强制三者险（简称交强险），是指由保险公司对被保险机动车发生道路交通事故造成本车人员、被保险人以外的受害人的人身伤亡、财产损失，在责任限额内予以赔偿的强制性责任保险。

2. 汽车责任强制保险的特征

与商业汽车责任保险相比汽车责任强制保险所具有的特征表现如下。

①强制性；②对第三者的利益具有基本保障性；③具有不可选择性；④建立社会保险基金，由政府专门管理和使用；⑤以无过失责任为基础；⑥具有公益性。

5.2 国外汽车责任强制保险

5.2.1 美国汽车责任强制保险

世界上推行强制责任保险最早的国家是美国。早在1927年，马萨诸塞州就颁布了保险史上举世闻名的强制机动车保险法。以此为标志，机动车保险由自愿保险向强制保险发展，迄今美国已有38个州先后立法实施强制机动车责任保险。这些立法对英、法、德、日等国机动车强制保险立法产生了积极深刻的影响。

美国机动车强制保险制度的立法模式包括绝对强制保险和相对强制保险两类。绝对强制保险是指机动车所有人在领取行驶牌照之前，必须投保最低限额的责任保险。相对强制保险，是指机动车所有人可以自愿选择投保机动车强制保险，但机动车所有人如果因使用或者允许他人使用机动车发生道路交通事故导致损害或者严重违反交通规则，经法院判决确定机动车所有人投保汽车责任保险或者提供保证金的，所有人有义务投保汽车责任保险或者提供保证金，否则机动车所有人已领取的行驶牌照予以吊销。美国大部分州实行相对强制保险。

美国各州初期实施的机动车强制保险所采用的是过失责任制，但交通事故往往发生突然，判断当事人的过失比较困难，常需通过诉讼程序来解决赔偿问题。民事损害赔偿在美国法院的诉讼程序非常复杂，诉讼时间长成本高，律师费用高达赔偿金额的25%～40%，使车祸受害者无法获得合理的保障。马萨诸塞州于1971年率先通过立法实施无过失汽车保险制度，后有近30个州相继仿效采用。

在保险费厘定问题上，各州做法不一，有的州要求采用监管部门规定的费率标准，有的州要求采用保险协会统一制定的费率，在多数情况下保险费率必须事先审批。美国各州都设有机动车第三者责任保险基金，在当事人未投保、逃逸、失去清偿能力或其保险人无力赔偿时，由各州设立的专业保险基金予以救济。

5.2.2 德国汽车责任强制保险

德国机动车强制保险采取的是绝对强制保险的立法模式，没有购买第三者责任险的车辆不能上路行驶。按照法律的规定，所有购买第三者责任险的车辆都会在车前窗贴上一个醒目的标志。德国机动车强制保险的承保范围较宽，包括人身伤害和财产损失，还包括间接损失。德国道路交通法规定，汽车持有人在责任限额内承担无过失责任；汽车驾驶人承担过失责任，可以为自己无过错抗辩，但法律要求驾驶人负最高的注意义务，使其反证极为困难，实际效果是驾驶人与持有人一样，在法定限额内负严格责任。

就保险费厘定而言，德国没有由政府统一制定的全国性或区域性的第三者责任险费率。在1994年车险改革之前，费率由各公司根据自身情况自行制定，报保险监管部门批准。车险改革之后，第三者责任险费率完全放开，保险监管部门不再干预，转为通过对偿付能力标的监管来实现监管目标。

为了保证对交通事故受害人的赔付，德国成立了第三者责任保险基金，主要负责对肇事车辆未投保、肇事车辆逃逸和驾驶人恶意行为三种情况下的赔付。基金按照一定比例从保险公司第三者责任险保费收入中提取，这个比例是可以浮动的，由保险监管部门掌握。如果基金经营出现亏损，监管部门可上调提取比例；反之，则下调。第三者责任保险基金由名为“交通事故受害者协会”的专门机构来管理，该机构独立于政府和保险行业协会。法律规定，在德国经营车险的保险公司必须加入该协会，协会通过投资来实现基金的保值增值。

5.2.3　日本汽车责任强制保险

日本在1955年通过了《机动车损害赔偿责任保障法》，以此作为实施机动车强制保险的法律依据。该法已历经多次修改。日本采取绝对强制立法模式，未依照法律规定订立保险合同的机动车不得在道路上行驶。只有经政府批准的保险公司，才能经营强制保险业务。强制保险的承保范围较窄，仅对受害人的人身伤亡提供最基本的保障。日本的机动车强制保险实行过失推定制，当受害者有“重大过失”时须依“过失相抵原则”处理赔偿，但据统计，日本实施强制汽车保险40余年来因过失相抵不予赔偿或减少赔偿金额不到已赔付金额的百分之一。日本保险业认为此制度已接近“严格责任”。

各保险公司可以使用自己的费率，但需事先申报金融监督厅长官，保险费率的审批遵循“无损失、无利润”的原则，尽量压低费率。但在实践中，保险监管机关允许保险公司有合理的利润。因此，日本财产保险公司仍然愿意承保强制保险。为了有效降低保险公司的经营风险，从而降低保险费率，日本利用国家再保险制度。保险公司所承保的强制保险业务，由政府就其承保额的60%进行再保险。政府与保险公司之间的再保险关系于保险公司和投保人签订强制保险合同时自动成立。

日本设立政府机动车损害赔偿保障事业，由交通部作为政府代表予以管理，在肇事车辆的所有人不明、被保险人以外的人肇事等情形下，由机动车损害赔偿保障事业给予受害人一定的补偿。

5.2.4　英国汽车责任强制保险

英国是世界第三保险大国，是最早开办汽车保险业务的国家，也是最早推行强制汽车责任保险制度的国家。早在1930年《道路交通法》颁布实施后，就从1931年1月1日起，正式建立了强制汽车责任保险制度。英国的汽车强制保险有以下特点。

1）保障范围广

英国汽车强制责任保险的保障范围，包括因交通事故造成的第三人的人身伤害、财产损失，特点是把机动车上的乘客列入第三人范围内，更好的转嫁了被保险人的民事责任风险。

2）实行过错责任的赔偿原则

英国是侵权行为法比较发达的国家，根据传统侵权法中行为人谨慎义务原则，对于道路交通事故造成的民事侵权行为适用过错责任。汽车强制责任保险保障被保险人在交通事故中的赔偿责任，因此也适用过错责任原则。

3）受害人享有对保险公司的直接请求权

英国在《第三方直接求偿法》中规定，若被保险人在交通事故发生后死亡、合并或失去清偿能力时，被保险人对保险人的求偿权可移转给受害人，即受害人享有保险金直接请求权。为了在立法上进一步保障第三者的求偿，英国 1972 年修订的道路交通法规定，保单上所载的某些除外条款及不负赔偿责任的一些约束条件，对第三者不产生效力。

4）保障程度高

在强制汽车保险实施之初，英国对人身伤亡并无限额规定，1989 年，英国按欧共体（现欧盟）的规定，将第三者的财产损失含在保险责任内，并规定保险限额为 25 万英镑。据预测，为充分保障受害人利益，英国将根据于 2007 年 6 月 11 日在欧盟成员国生效的第 5 号指令，进一步提高机动车第三者责任险的最低额度。第 5 号指令规定的保险责任额度如下。

（1）涉及人身伤亡的保险责任额度

人身伤亡的最低责任额度应该确保所有受到严重伤害的受害人获得全面、及时的赔偿。人身伤亡的最低责任额度是每个受害人为 100 万欧元，或者每个索赔案件为 500 万欧元，由成员国选择适用。

（2）涉及财产损失的保险金额

发生财产损失时，无论受害人有多少，财产损失最低责任额度为 100 万欧元。

5）保险费率厘定合理

英国汽车强制责任保险完全实行自由化费率，即由各保险公司根据自身经验数据及经营水平厘定相应的费率。费率厘定主要考虑从车因素和从人因素，并实行详细的无赔款优待政策。

5.3 我国的强制汽车责任保险

5.3.1 《机动车交通事故责任强制保险条例》制定的背景

我国的《道路交通安全法》规定建立机动车交通事故责任强制保险制度和救助基金制度，并由国务院制定具体办法。

《条例》作为规范机动车交通事故责任强制保险制度的具体措施，广泛受到社会各界的关注。国务院法制办、保监会经过反复研究和论证，并多次向社会各界征求意见。2004 年 12 月 2 日，国务院法制办征求以运输行业为主的北京市民代表对草案的意见。2005 年 1 月 12 日，国务院法制办将草案分别在《人民日报》、《法制日报》和中国政府法制信息网上全文公布，广泛听取社会公众的意见和建议。2005 年 2 月，保监会组织两次专题研讨会，听取国内外专家学者的意见。在征求意见过程中，社会关注的焦点主要集中在赔偿原则、责任限额、保险条款和费率、救助基金来源以及税收政策等方面。针对这些问题，国务院法制办、保监会等有关部门经过深入的分析研究，在严格遵守《道路交通安全法》有关规定的前提下，充分吸收了各方面的意见和建议，对草案进一步予以修改和完善。2006年3月1日，国务院常务会议审议通过了《机动车交通事故责任强制保险条例》，并于2006年7月1日起正式实施。

5.3.2　我国机动车交通事故责任强制保险的重大意义

机动车交通事故责任强制保险，是指由保险公司对被保险机动车发生道路交通事故造成本车人员、被保险人以外的受害人的人身伤亡、财产损失，在责任限额内予以赔偿的强制性责任保险。

我国的交强险的出台及其条例的颁布是我国政府借鉴其他国家管理、处理交通事故的成功经验，用市场的手段、保险的办法管理道路交通、化解社会矛盾的重大举措，体现了保险的社会管理功能，充分发挥了保险的作用。车祸的发生可能造成极大的社会危害，要化解社会矛盾与社会风险，保障机动车所有人或者管理人与社会不特定人群的合法权益，就必须进行事先防范，让保险公司介人，强制机动车所有人或者管理人投保，以分散风险。可见，借助交强险所具有的社会管理效用，履行了政府职责，为有效保护交通事故受害人的人身安全、财产损失，维护社会公共利益提供了法律保障。

交强险的意义具体表现为以下3个方面。

1）交强险是一项全新的保险制度

交强险制度的实施不仅关系到广大保险消费者的切身利益，关系到保险行业的健康发展，也关系到社会的和谐稳定。交强险制度有利于道路交通事故受害人获得及时的经济赔付和医疗救治；有利于减轻交通事故肇事方的经济负担，化解经济赔偿纠纷；与此同时，也有利于促进驾驶人增强交通安全意识，促进道路交通安全；有利于充分发挥保险的保障功能，维护社会稳定。交强险在构建和谐社会中发挥重要作用。

2）交强险促进了保险业的发展

交强险的实施有利于普及保险知识，增强全民保险意识，是保险业发展的重要历史机遇。保险公司要通过管理创新、经营创新、产品创新、服务创新，为社会提供全面丰富的保险保障和保险服务，树立良好的行业形象，实现又好又快地发展。

3）实施交强险制度是促进财产保险业诚信规范经营的有利契机

保险公司要根据法律法规要求，切实加强交强险的经营管理，通过转变增长方式，转换经营机制，加强内部控制管理，促进财产保险业规范管理和诚信经营。

5.3.3　我国交通事故责任强制保险的特点

1. 鲜明的强制性

我国现在实行的社会主义市场经济体制，在经济生活中倡导契约自由。但是，要防止契约自由本身无法克服的弊端，在特殊领域仍然要实行国家干预，以保护公共利益。交强险最明显的亮点在于：基于社会公共利益的需要而对契约自由的合理限制，原本是由缔约双方依照自愿原则签订合同，现在强制保险双方签订保护第三者的保险合同。

交强险第2条规定："在中华人民共和国境内道路上行驶的机动车的所有人或者管理人应当投保交强险。"交强险的"强制性"不仅体现在强制投保上，同时也体现在强制承保上。

违反强制性规定的机动车所有人、管理人或保险公司都将受到处罚。

(1) 未投保交强险的机动车不得上路

交强险规定，未投保交强险的机动车，不得登记，不得年检；机动车所有人、管理人未按照规定投保交强险的，由公安机关交通管理部门扣留机动车，通知机动车所有人、管理者依照规定投保，处依照规定投保最低责任限额应缴纳的保险费的 2 倍罚款；上道路行驶的机动车未放置保险标志的，公安机关交通管理部门应当扣留机动车，通知当事人提供保险标志或者补办相应手续，可以处警告或者 20 元以上 200 元以下罚款。

(2) 经营交强险的保险公司必须承保

具有经营交强险资格的保险公司既不能拒绝承保交强险业务，也不能随意解除交强险合同（除投保人未履行如实告知义务的外）。交强险规定，投保人在投保时可以选择具备经营交强险业务资格的保险公司，被选择的保险公司不得拒绝或者拖延承保。保险公司不得解除交强险合同，但投保人对重要事项未履行如实告知义务的除外。交强险同时规定，保险公司违反规定，有拒绝或者拖延承保交强险的行为以及违反规定解除交强险合同行为的，由保监会责令改正，并处 5 万元以上 30 万元以下罚款，可以限制业务范围、责令停止接受新业务或者吊销经营保险业务许可证。

2. 体现“奖优罚劣”的原则

利用经济上的奖惩使驾驶人员遵守法规是世界各国强制保险制度的通行做法，即安全驾驶者将享有优惠的费率，经常肇事者将负担高额保费。对有交通违法行为和发生交通事故的保险车辆提高保费，对没有交通违法行为和没有发生交通事故的保险车辆降低保费。将交通违法行为、交通事故与保费挂钩，这比单纯的行政处罚更为有效。

目前，我国道路交通安全形势依然很严峻，交强险建立“奖优罚劣”的费率浮动机制这一调节手段有多方面好处。首先，将费率和事故挂钩后，保费因人而异，遵守交通法规的汽车车主，不必为违法者增多造成的“大锅饭”涨价而买单。其次，运用费率经济杠杆这一调节手段，可以有效预防和减少道路交通事故发生，提高行人的出行安全。最后，这样政府可以利用市场机制进行道路交通安全管理，有利于其转变职能，提高道路交通安全畅通管理效率。

为了使交通违法行为、交通事故与保费挂钩得以落实，要逐步建立交强险与道路交通安全违法行为和道路交通事故的信息共享机制，保监会和公安、交通等相关部门正在进行信息共享平台的建设工作。

交强险规定，被保险人没有发生道路交通安全违法行为和道路交通事故的，保险公司应当在下一年度降低其保险费率。在此后的年度内，被保险人仍然没有发生道路交通安全违法行为和道路交通事故的，保险公司应当继续降低其保险费率。被保险人发生道路交通安全违法行为或者道路交通事故的，保险公司应当在下一年度提高其保险费率。多次发生道路交通安全违法行为、道路交通事故，或者发生严重道路交通事故的，保险公司应当加大提高其保险费率的幅度。在道路交通事故中被保险人没有责任的，不提高其保险费率。

3. 坚持社会效益原则

我国实施交强险制度，其目的是为了维护社会公共利益，将保障受害人得到及时有效的赔偿作为首要目标，而不是为保险公司拓展销售渠道、谋取公司利益提供方便。为了使公众利益得到保护，保险公司得以正常经营，交强险规定，保险公司经营交强险不以盈利为目的，并且交强险业务必须与其他业务分开管理单独核算。保监会将定期核查保险公司经营交强险业务的盈亏情况，以保护投保人的利益。依照《保险法》第136条的规定，强制保险必须由保险监督管理机构审批保险条款和保险费率，交强险作出相应规定，保监会按照交强险业务总体上“不盈利、不亏损”的原则审批保险费率。“不盈利”原则是由交强险保护社会公众利益的立法宗旨所决定的，“不亏损”原则是由保险公司是市场主体的性质所决定的。确切地说，所谓“不盈利、不亏损”原则，是指保险公司在厘定交强险费率时只考虑成本因素，不设定预期利润率，即费率构成中不含利润。也就是说，“不盈不亏”原则体现在费率制定环节，而不是简单等同于保险公司的经营结果。保险公司在实际经营过程中，可以通过加强管理、降低成本来实现微利，也可能由于新环境下赔付成本过高而出现亏损。

为便于人们了解交强险保费收入和使用情况，参与公共事务的管理，同时确保保费收入能够“取之于民，用之于民”，使保费交得明白，用得清楚，使强制保险制度得以有效实施，交强险规定，保监会应当每年对保险公司的交强险业务情况进行核查，并向社会公布。根据保险公司交强险业务的总体盈利或者亏损情况，可以要求或者允许保险公司调整保险费率。对于费率调整幅度较大的，还应当进行听证。交强险的这一规定，在一定程度上是对保险监督管理机构的制约，从一定意义上说，这对保险监督管理机构、保险公司提出了更高的要求。

由于交强险在我国还属于新生事物，对保险条款的制定、保险费率的厘定等都需要有一个认识、研究、摸索的过程，需要有一个数据收集的过程，在没有任何历史数据支持的情况下，要准确厘定强制保险费率存在一定难度，在此情况下，交强险坚持社会效益原则，更加体现了保护社会公众利益的立法思想。

4．突出以人为本，保障及时理赔

由于设立交强险制度的目的在于保障交通事故受害人依法得到及时的医疗救助及有效的经济补偿，因此，为防止保险公司拖延赔付、无理拒赔，保护交通事故受害人的利益，交强险规定了保险公司的3项义务。

(1) 及时答复义务

如被保险人或者受害人通知保险公司，保险公司应该及时答复，并告知具体的赔偿程序等有关事项。

(2) 书面告知义务

保险公司自收到赔偿要求之日起1日内，向被保险人签发书面文件，说明赔偿标准、被保险人需要向保险公司提供的与赔偿有关的证明和资料。

(3) 限期理赔义务

保险公司自收到被保险人提供的证明和资料之日起5日内，对是否属于保险责任做出核定，并将结果通知被保险人；对不属于保险责任的，书面说明理由；对属于保险责任的，在与被保险人达成赔偿保险金的协议后10日内，赔偿保险金。

与商业三者险的理赔规定相比较，交强险的理赔规定更明确、具体、严格，更能切实保障交通事故受害人的权益，使交通事故受害人能够得到及时理赔。

5．明确保障对象

交强险第3条规定，受害人中不包括本车人员及被保险人。作为被保险机动车发生道路交通事故时的受害人，是交强险合同双方以外的第三方。但是，出于防范道德风险、降低成本等考虑，对受害第三者的范围作了限制。

将被保险人排除在第三者范围之外，符合交强险的原理和多数国家的通行做法，也有利于防止道德风险。而将本车人员排除在第三者范围之外，其主要理由如下。

① 受交强险的赔偿限额、投保人的实际承受能力的限制，不能不顾现实盲目扩大范围。

② 基于乘车人与驾驶人建立了一种信任关系，对可能发生的风险有一定的预测和认识。

③ 对客运车辆出现的群死群伤事故，已通过其他制度实现了保障。2004 年 5 月发布的《道路运输条例》第 36 条规定，客运车辆从事客运服务必须购买承运人责任险，因此，本车人员相应的责任保障已得到实现，无须在交强险制度中重复规定。

6. 实行无过错责任原则

交强险第 3 条规定，机动车交通事故责任强制保险，是指由保险公司对被保险机动车发生道路交通事故造成本车人员、被保险人以外的交通事故受害人的人身伤亡、财产损失，在责任限额内予以赔偿的强制性责任保险。该规定贯彻了《道路交通安全法》第 76 条的有关规定，确立了交强险的无过错责任原则。

如果交强险规定过高的赔偿金额，则可能导致以生命换取金钱的道德风险的扩大，为此，交强险从两方面作了立法技术限制。

① 交强险规定，道路交通事故的损失是由交通事故受害人故意造成的，保险公司不予赔偿。

② 交强险在考虑我国的现实情况以及借鉴国外经验的基础上，规定在全国范围内实行统一的责任限额。责任限额分为死亡伤残赔偿限额、医疗费用赔偿限额、财产损失赔偿限额以及被保险人在道路交通事故中无责任的赔偿限额。

7. 实行救助基金制度

《道路交通安全法》第 17 条规定，国家设立道路交通事故社会救助基金制度，交强险第 24 条细化了这一具体制度。依照交强险第 25 条的规定，救助基金的来源之一，包括按照交强险的保险费的一定比例提取的资金。

道路交通事故社会救助基金是交强险的重要组成部分，担负了较大的社会职责。如果不设立救助基金，就会严重影响到的实施。救助基金可起到两个作用。

① 救助基金的数额直接影响强制保险保险费的高低，如果救助基金的数额无法确定，则将导致强制保险的费率无法确定，影响强制保险的收取。

② 救助基金，可以保证交通事故受害人得到及时、有效的赔偿。

5.3.4 机动车交通事故责任强制保险与商业第三者责任险的关系

机动车所有人、管理者按照规定投保交强险后，商业三者险是否存在取决于市场的需求。从目前情况社会负责的角度考虑，机动车所有人、管理者在投保交强险的同时，可以投保商业三者险作为补充，以有效分散风险。当然，在机动车所有人、管理者投保交强险和商业三者险两类保险的情况下，当发生交通事故时，应由交强险先行赔付，不足部分再由商业三者险赔付。这为交通事故受害人设置了双重保护，更加有利于保证交通事故受害人得到及时救助，保护受害人的利益，符合交强险的宗旨和目的。

1）相同点

机动车交通事故责任强制保险与商业第三者责任险保障的内容都是保险车辆发生交通事故给第三者无辜受害人所带来的人身伤亡和财产损失，这是它们的共同点。

2）区别

由于机动车交通事故责任强制保险还具有强制性、广覆盖性及公益性的特点，与商业第三者责任险的区别主要表现在以下 6 个方面。

(1) 机动车交通事故责任强制保险实行强制性投保和强制性承保

机动车交通事故责任强制保险其强制性一方面体现在所有上路行驶的机动车的所有人或管理人必须依法投保该险种，另一方面也要求具有经营机动车交通事故责任强制保险资格的保险公司不能拒绝承保和随意解除合同。而机动车商业第三者责任保险基于保险双方自愿。

(2) 机动车交通事故责任强制保险与商业第三者责任险的赔偿原则不同

目前实行的商业机动车第三者责任保险，保险公司是根据被保险人在交通事故中所承担的事故责任来确定其赔偿责任。机动车交通事故责任强制保险实施后，无论被保险人是否在交通事故中负有责任，保险公司均将按照《条例》以及机动车交通事故责任强制保险条款的具体要求在责任限额内予以赔偿。

(3) 机动车交通事故责任强制保险与商业第三者责任险的保障范围不同

机动车交通事故责任强制保险为有效控制风险，减少损失，商业三者险规定有不同的责任免除事项和免赔率（额）。而机动车交通事故责任强制保险除被保险人故意造成交通事故等少数几项情况外，其保险责任几乎涵盖了所有道路交通风险，且不设免赔率与免赔额。

(4) 机动车交通事故责任强制保险与商业第三者责任险的保险费率不同

机动车交通事故责任强制保险按不盈不亏原则制定保险费率。机动车交通事故责任强制保险不以盈利为目的，并实行与其他保险业务分开管理、单独核算。而商业三者险则无须与其他车险险种分开管理、单独核算。

(5) 机动车交通事故责任强制保险与商业第三者责任险的责任限额设定不同

机动车交通事故责任强制保险实行分项责任限额制，且责任限额固定；商业三者险只设定综合的责任限额，但责任限额可以分成不同的档次，由投保人自由选择。

机动车交通事故责任强制保险责任限额分为死亡伤残赔偿限额、医疗费用赔偿限额、财产损失赔偿限额以及被保险人在道路交通事故中无责任的赔偿限额。其中无责任的赔偿限额分为无责任死亡伤残赔偿限额、无责任医疗费用赔偿限额以及无责任财产损失赔偿限额。而商业三者险只设定综合的责任限额，但责任限额可以分成不同的档次，由投保人自由选择。

(6) 机动车交通事故责任强制保险与商业第三者责任险的运营管理机制不同

机动车交通事故责任强制保险实行全国统一条款和基础费率，并且费率与交通违章挂钩。在商业三者险中不同保险公司的条款费率相互存在差异。机动车交通事故责任强制保险实行统一的保险条款和基础费率。此外，“机动车交通事故责任强制保险”实行费率与交通违章及交通事故挂钩这一“奖优罚劣”的费率浮动机制。一辆车如果多次出险，来年的保费很快会涨上去，而常年不出险保费也会逐年降低。

5.3.5 我国机动车交通事故责任强制保险适用的对象

《机动车交通事故责任强制保险条款》明确要求，在中华人民共和国境内道路上行驶的机动车的所有人或者管理人应当投保机动车交通事故责任强制保险。这一规定明确了我国机动车交通事故责任强制保险的适用对象是在中国境内道路上行驶的机动车的所有人或者管理人。

机动车交通事故责任强制保险的强制性不仅体现在强制投保上，同时也体现在强制承保上。一方面，未投保机动车交通事故责任强制保险的机动车不得上道路行驶；另一方面，具有经营机动车交通事故责任强制保险资格的保险公司不能拒绝承保机动车交通事故责任强制保险业务，也不能随意解除机动车交通事故责任强制保险合同（投保人未履行如实告知义务的除外）。违反强制性规定的机动车所有人、管理人或保险公司都将受到处罚。

机动车所有人、管理人未按照规定投保机动车交通事故责任强制保险的，由公安机关交通管理部门扣留机动车，通知机动车所有人、管理人依照规定投保，处依照规定投保最低责任限额应缴纳的保险费的 2 倍罚款。

上道路行驶的机动车未放置保险标志的，公安机关交通管理部门应当扣留机动车，通知当事人提供保险标志或者补办相应手续，可以处警告或者 20 元以上 200 元以下罚款。

5.3.6 机动车交通事故责任强制保险运作主体

《机动车交通事故责任强制保险条例》规定，中资保险公司经保监会批准，可以从事机动车交通事故责任强制保险业务。未经保监会批准，任何单位或者个人不得从事交强险业务。目前保监会已经批准 22 家中资保险公司经营交强险业务并向社会公示。为了保证机动车交通事故责任强制保险制度的实行，保监会有权要求保险公司从事机动车交通事故责任强制保险业务。

由于我国加入世贸组织时未承诺允许外资保险公司经营强制保险业务，因此，目前机动车交通事故责任强制保险暂时不对外资开放。

5.3.7 机动车交通事故责任强制保险保障对象和保障内容

1. 机动车交通事故责任强制保险保障对象

机动车交通事故责任强制保险涉及全国 1 亿多辆机动车，保障全国十几亿道路和非道路通行者的生命财产安全。机动车交通事故责任强制保险保障的对象是被保险机动车致害的交通事故受害人，但不包括被保险机动车本车人员、被保险人。限定受害人范围，一是考虑到机动车交通事故责任强制保险作为一种责任保险，以被保险人对第三方依法应负的民事赔偿责任为保险标的；二是考虑到 2004 年实施的《中华人民共和国道路运输条例》要求从事客运服务的承运人必须投保承运人责任险，乘客的人身财产损害可以依法得到赔偿。

2. 机动车交通事故责任强制保险保障内容

机动车交通事故责任强制保险保障内容包括受害人的人身伤亡和财产损失。《机动车交通事故责任强制保险条例》第 21 条规定，被保险机动车发生道路交通事故造成本车人员、被保险人以外的受害人人身伤亡、财产损失的，由保险公司依法在机动车交通事故责任强制保险责任限额范围内予以赔偿。目前，从已经建立机动车交通事故责任强制保险的国家和地区看，对机动车交通事故责任强制保险的保障范围一般有两类：一类是仅保障受害人人身伤亡，对财产损害不予赔偿，如日本、韩国等；另一类对人身伤亡和财产损失均予以保障，如英国、美国等。我国的机动车交通事故责任强制保险保障内容既包括人身伤亡也包括财产损失，这贯彻了《道路交通安全法》第 76 条的有关规定，更好地维护了交通事故受害人的合法权益。

5.3.8 机动车交通事故责任强制保险的保单及统一标志

中国保监会统一规定了交通道路强制保险的保险单格式以及保险标志如表 5-1 所示为强制保险的保险单，图 5-1 为交强险标志图。

表 5-1　强制保险单

中国保险监督管理委员会监制　　　　　　　　　　　　　　　　　限在××省（市、自治区）销售

机动车交通事故责任强制保险单（正本）

LOGO　××××保险公司

（地区简称）：

保险单号：

<table>
<tr><td colspan="2">被保险人</td><td colspan="6"></td></tr>
<tr><td colspan="3">被保险人身份证号码（组织机构代码）</td><td colspan="5"></td></tr>
<tr><td colspan="2">地　址</td><td colspan="3"></td><td>联系电话</td><td colspan="2"></td></tr>
<tr><td rowspan="4">被保险机动车</td><td>号牌号码</td><td></td><td>机动车种类</td><td></td><td>使用性质</td><td colspan="2"></td></tr>
<tr><td>发动机号码</td><td></td><td>识别代码（车架号）</td><td colspan="4"></td></tr>
<tr><td>厂牌型号</td><td></td><td>核定载客</td><td>人</td><td>核定载质量</td><td colspan="2">千克</td></tr>
<tr><td>排量</td><td></td><td>功率</td><td></td><td>登记日期</td><td colspan="2"></td></tr>
<tr><td rowspan="3">责任限额</td><td>死亡伤残赔偿限额</td><td colspan="2">50 000 元</td><td colspan="2">无责任死亡伤残赔偿限额</td><td colspan="2">10 000 元</td></tr>
<tr><td>医疗费用赔偿限额</td><td colspan="2">8 000 元</td><td colspan="2">无责任医疗费用赔偿限额</td><td colspan="2">1 600 元</td></tr>
<tr><td>财产损失赔偿限额</td><td colspan="2">2 000 元</td><td colspan="2">无责任财产损失赔偿限额</td><td colspan="2">400 元</td></tr>
<tr><td colspan="8">与道路交通安全违法行为和道路交通事故相联系的浮动比率　　　　　　　　　　　　%</td></tr>
<tr><td colspan="8">保险费合计（人民币大写）：　　　　　　（¥：　　　元）其中救助基金（　　%）¥：　　　元</td></tr>
<tr><td colspan="8">保险期间自　　　年　　　月　　　日零时起至　　　年　　　月　　　日二十四时止</td></tr>
<tr><td colspan="3">保险合同争议解决方式</td><td colspan="5"></td></tr>
<tr><td rowspan="4">代收车船税</td><td>整备质量</td><td colspan="3"></td><td>纳税人识别号</td><td colspan="2"></td></tr>
<tr><td>当年应缴</td><td>¥　　　元</td><td>往年补缴</td><td>¥　　　元</td><td>滞纳金</td><td colspan="2">¥　　元</td></tr>
<tr><td colspan="7">合计（人民币大写）：　　　　　　　　　　　　（¥：　　　元）</td></tr>
<tr><td colspan="2">完税凭证号（减免税证明号）</td><td colspan="2"></td><td>开具税务机关</td><td colspan="2"></td></tr>
<tr><td>特别约定</td><td colspan="7"></td></tr>
<tr><td>重要提示</td><td colspan="7">1. 请详细阅读保险条款，特别是责任免除和投保人、被保险人义务。
2. 收到本保险单后，请立即核对，如有不符或疏漏，请及时通知保险人并办理变更或补充手续。
3. 保险费应一次性交清，请您及时核对保险单和发票（收据），如有不符，请及时与保险人联系。
4. 投保人应如实告知对保险费计算有影响的或被保险机动车因改装、加装、改变使用性质等导致危险程度增加的重要事项，并及时通知保险人办理批改手续。
5. 被保险人应当在交通事故发生后及时通知保险人。</td></tr>
<tr><td>保险人</td><td colspan="7">公司名称：
公司地址：
邮政编码：　　　　服务电话：　　　　签单日期：　　　　（保险人签章）</td></tr>
</table>

第四联：交投保人

核保：　　　　　　　　　　制单：　　　　　　　　　　经办：

图 5－1 交强险标志

机动车交通事故责任强制保险的保险单证是各种机动车交通事故责任强制保险保险单的总称，包括机动车交通事故责任强制保险保险单、机动车交通事故责任强制保险定额保险单和机动车交通事故责任强制保险批单三种。其中机动车投保机动车交通事故责任强制保险应适用计算机打印的机动车交通事故责任强制保险保险单。除摩托车和农用拖拉机可以使用机动车交通事故责任强制保险定额保险单外，其他投保车辆必须使用机动车交通事故责任强制保险保险单。机动车交通事故责任强制保险保险单和机动车交通事故责任强制保险批单必须由计算机打印出单，而机动车交通事故责任强制保险定额保险单可手工填写，但保险公司必须在 7 个工作日内补录到计算机系统内。

机动车交通事故责任强制保险标志则是保险公司向投保人核发的、证明其已经投保机动车交通事故责任强制保险的标识，分为内置型保险标志和便携型保险标志两种。具有前挡风玻璃的投保车辆应使用内置型保险标志，不具有前挡风玻璃的投保车辆（如摩托车、部分拖拉机等）则应使用便携型保险标志。

除应注意粘贴或携带保险标志外，投保人在拿到保险公司出具的机动车交通事故责任强制保险保单和保险标志后，要认真阅读保单中“重要提示”，核对机动车交通事故责任强制保险保险单和机动车交通事故责任强制保险标志中各种信息是否正确，保管好“交投保人联”和“公安交管部门留存联”，在车辆注册登记、检验时，应携带“公安交管部门留存联”。

2006 年 7 月 1 日起，机动车交通事故责任强制保险正式开始实施，从 10 月 1 日开始，没有保单或保险标志的车就要被查扣，投保商业三者险没有到期的车主、驾驶人应随车携带保单备查。机动车所有人、管理人未按照规定投保机动车交通事故责任强制保险的，由交管部门扣留机动车，除需依照规定投保外，还会被处以依照规定投保最低责任限额应缴纳的保险费的两倍罚款。上道路行驶的机动车未放置保险标志的，会被扣留机动车，当事人需提供保险标志或者补办相应手续，并被处以警告或者 20 元以上 200 元以下罚款。如果在 2006 年 7 月 1 日之前购买了商业三责险并且未到期的机动车，需要随车携带商业保险单可以享有处罚的豁免权。这些商业险保单最晚到 2007 年 7 月 30 日之前均会到期。

保单引入了防伪设计，消费者可以从四方面识别保单真伪。

① 保单本身并不平整，而是立体的由轿车和货车图案做浮雕底纹。

② 中间“SALL”字样采用了光栅效果，而文字隐藏在保单底色中。

③ 左上角的中国保险监督管理委员会监制字样以及“限在×××销售”及号码前的地区简称使用红色荧光防伪油墨，在紫外线灯光下发出荧光红色。

④ 缩文字在5～10倍以上的放大镜下清晰可辨。

5.3.9　我国的强制汽车责任保险细则

1.《机动车交通事故责任强制保险条款》的颁布

中国保监会公布了《机动车交通事故责任强制保险条款》（简称《交强险条款》）。作为交强险合同的重要组成部分，交强险条款是消费者在投保前需仔细阅读的。交强险条款包括总则、定义、保险责任、垫付与追偿、责任免除、保险期间、投保人被保险人义务、赔偿处理、合同变更与终止、附则十项内容共27条（详见附录E）。

2. 解读《机动车交通事故责任强制保险条款》

1）机动车交通事故责任强制保险的责任限额和基础费率交强险是一项全新的保险制度，具有社会性、公益性和强制性等特点

交强险的责任限额和费率水平直接涉及人民群众的切身利益，受到社会各方面的高度关注。我国的交强险制度需在实践中逐步探索、完善。伴随着国民经济的发展、全民保险意识和道路交通安全意识的增强、保险公司经营管理水平的提高，交强险制度会越来越成熟，必将真正成为促进提高交通安全意识、促进加强法制观念的利民工程。

(1) 交通事故责任强制保险的责任限额

机动车交通事故责任强制保险在全国范围内实行统一的责任限额。责任限额分为四项：死亡伤残赔偿限额、医疗费用赔偿限额、财产损失赔偿限额以及被保险人在道路交通事故中无责任的赔偿限额如下表所示。

分以下两种情况。

① 2008年2月1日以前的事故。

机动车交通事故责任强制保险责任限额如表5-2所示。

表5-2　机动车交通事故责任强制保险责任限额

被保险车辆责任情况	死亡伤残赔偿限额	医疗费用赔偿限额	财产损失赔偿限额
被保险机动车在道路交通事故中有责任的赔偿限额	50 000元	8 000元	2 000元
被保险机动车在道路交通事故中无责任的赔偿限额	10 000元	1 600元	400元

② 2008年2月1日以后的事故。

机动车交通事故责任强制保险责任限额如表5-3所示。

表5-3　机动车交通事故责任强制保险责任限额

被保险车辆责任情况	死亡伤残赔偿限额	医疗费用赔偿限额	财产损失赔偿限额
被保险机动车在道路交通事故中有责任的赔偿限额	110 000元	10 000元	2 000元

续表

被保险车辆责任情况	死亡伤残赔偿限额	医疗费用赔偿限额	财产损失赔偿限额
被保险机动车在道路交通事故中无责任的赔偿限额	11 000 元	1 000 元	100 元

（上述责任限额从 2008 年 2 月 1 日零时起实行。截至 2008 年 2 月 1 日零时保险期间尚未结束的交强险保单项下的机动车在 2008 年 2 月 1 日零时后发生道路交通事故的，按照新的责任限额执行；在 2008 年 2 月 1 日零时前发生道路交通事故的，仍按原责任限额执行。）

前三项责任限额是被保险人在交通事故中有过错的情况下，对受害人死亡伤残、医疗费用以及财产损失等不同类型的赔付项目分别设置的最高赔偿金额。实行分项限额有利于结合人身伤亡和财产损失的风险特点进行有针对性的保障，有利于减低赔付的不确定性，从而有效控制风险，降低费率水平。

后三项责任限额是对于被保险机动车在交通事故中无过错的情况下，对受害人设置的赔偿限额。这体现了对受害人的保护，无论交通事故受害人在交通事故中是否有过错，均能获得一定的经济补偿；另一方面也兼顾投保人以及社会公众的利益，体现公平性原则。

实行分项责任限额是国际上普遍采用的做法，如日本、韩国、美国、中国台湾等国家和地区均在强制保险中采用分项责任限额。

责任限额的标准设置不仅关系到道路交通事故受害人的合法权益，还关系到投保人的经济承受能力。机动车交通事故责任强制保险责任限额由保监会会同国务院公安部门、国务院卫生主管部门、国务院农业主管部门规定。保监会将会同有关部门，从保障人民生命财产安全的基本需求出发，结合中国国情和投保人经济承受能力，制定适合我国经济发展水平和人民生活需要的强制保险责任限额。

自 2004 年 5 月 1 日起，涉及交通事故赔偿的法律环境发生了较大改变。一是《道路交通安全法》第 76 条的规定使机动车交通事故责任强制保险的赔付范围扩大；二是最高人民法院《关于审理人身损害赔偿案件适用法律若干问题的解释》提高了人身损害赔偿标准，这两个法律文件的同时实施使保险赔付成本上升。此外，《机动车交通事故责任强制保险条例》规定社会救助基金的主要来源是机动车交通事故责任强制保险一定比例的保费收入，这些因素都将导致机动车交通事故责任强制保险费率水平较原商业性机动车第三者责任保险费率有所提高。

（2）机动车交通事故责任强制保险的费率

机动车交通事故责任强制保险实行统一的保险条款和基础保险费率。保监会按照总体上不盈利不亏损的原则审批保险费率。保险公司经营此项业务应当与其他业务分开管理、单独核算。条例要求逐步实现保险费率与交通违章挂钩。安全驾驶者可以享有优惠的费率，经常肇事者将负担高额保费。

① 机动车交通事故责任强制保险要实行费率与交通违章挂钩。机动车交通事故责任强制保险费率水平与交通违章行为挂钩，安全驾驶者可以享有优惠的费率，经常肇事者将负担高额保费。建立这样一种“奖优罚劣”的费率浮动机制，一方面可以利用费率经济杠杆的调节手段，提高驾驶人的道路交通安全法律意识，督促驾驶人安全行驶，有效预防和减少道路交通事故的发生；另一方面政府通过市场机制的辅助手段来进行道路交通安全管理，有利于政府职能的转变，提高道路交通安全管理效率。

实行费率与违章挂钩的费率浮动机制，首先要建立保险信息与道路交通违章信息共享机制。保监会、国务院公安部门、国务院农业主管部门以及其他有关部门应当逐步建立有关机动车交通事故责任强制保险、道路交通安全违法行为和道路交通事故的信息共享机制。目前，保监会和公安部等相关部门已着手进行信息共享平台的建设工作，北京、上海等地已经实行试点，下一步信息共享平台建设将逐步扩展到全国其他省（市、区）。

② 机动车交通事故责任强制保险的费率与风险程度相匹配。机动车交通事故责任强制保险采用的是商业化运作模式，即由保险公司自主经营，自负盈亏。因此，将条款费率的制定权交给保险公司，可以充分利用市场机制，督促保险公司进一步加强管理，提高服务意识和管理水平。我国自 2003 年开始实施机动车辆保险条款费率管理制度改革，由原来监管机关制定全国统一的条款费率改由监管机关对费率制定中应考虑的各项风险因素（如从车、从人因素等）进行指导，由保险公司根据自身经营水平和经营数据，通过精算，自主制定费率，报监管机关审批后执行。这样做，使得我们的车险费率更加准确地反映市场实际水平，更加科学。车险条款费率改革以来，市场总体反映良好，费率水平与风险程度更加匹配。

机动车交通事故责任强制保险业务总体上不盈利不亏损的原则，由保险公司制定机动车交通事故责任强制保险条款费率如表 5-4 所示。

表 5-4　机动车交通事故责任保险基础费率表

车辆类型	序号	车辆明细分类	保费
一、家庭自用车	1	家庭自用汽车 6 座以下	1 050
	2	家庭自用汽车 6 座及 6 座以上	1 100
二、非营业客车	3	企业非营业汽车 6 座以下	1 000
	4	企业非营业汽车 6～10 座	1 190
	5	企业非营业汽车 10～20 座	1 300
	6	企业非营业汽车 20 座以上	1 580
	7	机关非营业汽车 6 座以下	950
	8	机关非营业汽车 6～10 座	1 070
	9	机关非营业汽车 10～20 座	1 140
	10	机关非营业汽车 20 座以上	1 320
三、营业客车	11	营业出租租赁 6 座以下	1 800
	12	营业出租租赁 6～10 座	2 360
	13	营业出租租赁 10～20 座	2 580
	14	营业出租租赁 20～36 座	3 730
	15	营业出租租赁 36 座以上	3 880
	16	营业城市公交 6～10 座	2 250
	17	营业城市公交 10～20 座	2 520
	18	营业城市公交 20～36 座	3 270
	19	营业城市公交 36 座以上	4 250
	20	营业公交客运 6～10 座	2 350
	21	营业公交客运 10～20 座	2 620
	22	营业公交客运 20～36 座	2 420
	23	营业公交客运 36 座以上	4 690
四、非营业货车	24	非营业货车 2 吨以下	1 200
	25	非营业货车 2～5 吨	1 630
	26	非营业货车 5～10 吨	1 750
	27	非营业货车 10 吨以上	2 220

续表

车辆类型	序号	车辆明细分类	保费
五、营业货车	28	营业货车 2 吨以下	1 850
	29	营业货车 2～5 吨	3 070
	30	营业货车 5～10 吨	3 450
	31	营业货车 10 吨以上	4 480
六、特种车	32	特种车一	6 040
	33	特种车二	2 430
	34	特种车三	1 320
	35	特种车四	5 660
七、摩托车	36	摩托车 50 cc 及以下	120
	37	摩托车 50 cc～250 cc（含）	180
	38	摩托车 250 cc 以上及侧三轮	400
八、拖拉机	39	农用型拖拉机 14 kW 及以下	待定
	40	农用型拖拉机 14 kW 以上	待定
	41	运输型拖拉机 14 kW 及以下	待定
	42	运输型拖拉机 14 kW 以上	待定

（1. 座位和吨位的分类都按照“含起点不含终点”的原则来解释；2. 特种车一：油罐车、汽罐车、液罐车、冷藏车；特种车二：用于牵引、清障、清扫、清洁、起重、装卸、升降、搅拌、挖掘、推土等的各种专用机动车；特种车三：装有固定专用仪器设备从事专业工作的监测、消防、医疗、电视转播等的各种专用机动车；特种车四：集装箱拖头。）

2）机动车交通事故责任强制保险的赔偿范围

现行 6 万元的交强险赔偿，只是一个最基本的保障，消费者可根据自身情况，补充购买商业车险，以获得更高水平的保险保障。

① 在 5 万元死亡伤残赔偿限额项下保险公司负责赔偿丧葬费、死亡补偿费、受害人亲属办理丧葬事宜支出的交通费用、残疾赔偿金、残疾辅助器具费、护理费、康复费、交通费、被扶养人生活费、住宿费、误工费，以及被保险人依照法院判决或者调解承担的精神损害抚慰金。6 万元是每次事故的赔偿上限，并不是多次事故的累计赔偿总额。这共计 6 万元的赔偿限额中，死亡伤残赔偿限额 5 万元，医疗费用赔偿限额 8 000 元，财产损失赔偿限额 2 000 元。

② 在 8 000 元医疗费用赔偿限额项下保险公司负责赔偿医药费、诊疗费、住院费、住院伙食补助费、必要的合理的后续治疗费、整容费、营养费。对于符合规定的抢救费用，保险公司在医疗费用赔偿限额内垫付。

③ 交强险不负责赔偿和垫付情况：

(a) 受害人故意造成的交通事故的损失。

(b) 被保险人所有的财产及被保险机动车上的财产遭受的损失。

(c) 被保险机动车发生交通事故，致使受害人停业、停驶、停电、停水、停气、停产、通信或者网络中断、数据丢失、电压变化等造成的损失以及受害人财产因市场价格变动造成的贬值、修理后因价值降低造成的损失等其他各种间接损失。

(d) 产生的仲裁或者诉讼费用以及其他相关费用。

3）机动车交通事故责任强制保险的赔付问题

① 交强险是对第三者造成损失的赔偿，在事故发生过程中，将实行交强险先行，商业三者险补充的原则。

② 精神赔偿写入《条例》中。条款规定，在 5 万元死亡伤残赔偿限额项下，保险公司

负责赔偿丧葬费等 n 项费用，以及被保险人依照法院判决或者调解承担的精神损害抚慰金。

③ 醉酒驾驶也管赔。在《机动车交通事故责任强制保险条款》中，“酒后驾车”并没有排除在保险公司赔偿范围之外。在以往的商业三者险条款中，“酒后驾车”通常被列为免除责任，也就是说，如果车主酒后驾车造成事故，是不能获得保险公司赔偿的。但与商业三者险相比，交强险有一个明显变化，它并没有将“酒后驾车”列为免除责任。

在条款列举的四种特殊情形中，酒后驾车被“宽限”为“醉酒”驾驶。如何界定“酒后”和“醉酒”呢？所谓饮酒驾车，指驾驶员血液中的酒精含量大于或者等于 20 mg/100 mL、小于 80 mg/mL 的驾驶行为。所谓醉酒驾车，指驾驶员血液中酒精含量大于或者等于 80 mg/100 mL 的驾驶行为。驾驶员每百毫升血液或呼吸中，所含酒精量在 0～100 mg 算“酒后”，再高算是“醉酒”。

此外，并不是任何情况下都能由保险公司垫付抢救费用，只在一些特殊情况下保险公司才垫付：如驾驶人未取得驾驶资格或醉酒的、被保险机动车被盗抢期间肇事的、被保险人故意制造道路交通事故的，垫付的费用限额为 8 000 元。对于垫付的抢救费用保险公司有权向致害追偿。

4) 交强险投保人享有六项权利

按照交强险条例的规定，在保险事故发生后获得赔付以外，还享受以下这些权利：

① 投保人在投保时应该选择具备从事交强险业务资格的保险公司。保险公司一般情况下不得拒绝或者拖延承保。

② 签订交强险合同时，保险公司不得强制投保人订立商业三者险合同或者其他商业保险合同以及其他附加险条件。

③ 保险公司不得解除交强险合同，除投保人或者被保险人有重要事项未履行如实告知的义务。

④ 被保险机动车辆发生道路交通事故，被保险人或者受害人通知保险公司，保险公司应当立即给予答复，告知被保险人或者受害人具体赔偿程序等有关事项。

⑤ 被保险机动车辆发生道路交通事故时，由被保险人向保险公司申请赔偿金，保险公司应当在收到赔偿申请之日起，1 日之内书面告知被保险人保险公司需要哪些证明和资料。

⑥ 保险公司在收到被保险人证明资料 5 天之内，对是否作出赔偿作出核定，并将结果及时通知保险人，对属于保险责任的，应当在被保险人达成赔偿金额协议 10 天之内把保险赔款送到被保险人手中。

5.4　机动车交通事故责任保险承保

汽车承保是保险人与投保人签订保险合同的过程，包括投保、核保、签发单证、续保与批改等程序。首先，个人或单位根据自身保险利益的风险情况，向保险人提出保险要求，填写投保单、协商确定保险费交付办法；然后，保险人审查投保单，向投保人询问有关保险标的和被保险人的各种情况，从而决定是否接受投保。如果保险人接受投保，则在保险单上签章并收取投保人缴纳的保险费，保险人向投保人出具保险单或保险凭证，保险合同即告成立。保险期满后，根据投保人意愿可以重新办理续保。在保险合同生效期间，如果保险标的所有权改变，或者投保人因某种原因要求更改或取消保险合同，都需要进行批改作业。本章以我国机动车辆保险为主，详述汽车保险的承保实务。

5.4.1 承保实务规程

1. 说明和告知

1）保险人向投保人介绍条款、履行明确说明义务

① 向投保人介绍条款，主要包括：保险责任、各项赔偿限额、责任免除、投保人义务、被保险人义务、赔偿处理等内容。

② 向投保人明确说明强制保险各分项赔偿限额。

③ 向投保人明确说明，保险人按照国务院卫生主管部门组织制定交通事故人员创伤临床诊疗指南和国家基本医疗保险标准进行审核医疗费用。

④ 告知投保人不要重复投保“机动车交通事故责任强制保险”（以下简称“交强险”），即使投保多份也只能获得一份保险保障。

⑤ 提醒有挡风玻璃的机动车的投保人将保险标志贴在车内挡风玻璃右上角；摩托车、拖拉机的驾驶人要随身携带。

⑥ 告知投保人如何查询交通安全违法行为、交通事故和交强险赔偿记录。

2）提醒投保人履行如实告知义务

（1）投保人应提供以下资料

① 首次投保交强险的，投保人应提供投保机动车行驶证复印件，指定驾驶人的还需提供驾驶证复印件。

② 对于续保业务，投保人需要提供上期交强险保险单原件或其他能证明上年已投保交强险的书面文件。投保人不能提供机动车上年交通安全违法行为、交通事故及交强险赔偿记录的，保险人不给予相应的费率优惠。

（2）要求投保人对重要事项履行如实告知义务

重要事项包括以下内容。

① 机动车种类、厂牌型号、识别代码、牌照号码、使用性质。

② 机动车所有人或者管理人的姓名（名称）和指定驾驶人姓名、性别、年龄、住址、身份证或驾驶证号码（组织机构代码）。

③ 续保前该机动车交通安全违法行为、交通事故及交强险赔偿记录等影响费率水平的事项（交强险实施第一年不需要提供）。

④ 保监会规定的其他事项。

（3）要求投保人提供联系电话、地址、邮政编码等

方便保险人提供保险服务

（4）强制保险合同解除后，投保人应当及时将保险单、保险标志交还保险人核销

若标志残损只要可辨认，即可核销

3）投保人未履行如实告知义务的，须致函投保人（通知书详见附件式样1）

在5个工作日之内，与公司联系，履行告知义务。

2. 投保单填写

① 保险人应指导投保人正确填写投保单，投保单至少应当载明机动车的种类、厂牌型号、识别代码、号牌号码、使用性质，投保机动车所有人或者管理人的姓名（名称）、性别、年龄、住所、身份证或者驾驶证号码（组织机构代码），以及续保前投保机动车交通安全违

法行为、交通事故、交强险赔偿记录等影响费率水平的事项。

② 要求投保人真实、准确填写交强险投保单的各项信息，并在投保单上签字或加盖公章。

③ 投保人提供的资料复印件附贴于投保单背面。

④ 保险期间的起期必须在保险人接受投保人的投保申请日之后，保险期间开始前保险人不承担赔偿责任。

⑤ 交强险的保险期间为1年，但有下列情形之一的，投保人可以投保短期保险

(a) 临时入境的境外机动车；

(b) 距报废期限不足1年的机动车；

(c) 临时上道路行驶的机动车（例如：领取临时牌照的机动车，临时提车，到异地办理注册登记的新购机动车等）；

(d) 保监会规定的其他情形。

3. 保险费计算

① 保险人必须按照保监会审批的交强险费率计算、收取保险费。

② 投保短期保险的，按照短期月费率计算保费。

③ 保险费必须一次全部收取，不得分期收费。

④ 除保监会审批的交强险费率规定的优惠外，保险人不得给予投保人任何返还、折扣和额外优惠。

4. 出具保险单、保险标志

① 保险人必须在收取保险费后方可出具保险单、保险标志。

② 保险单必须单独编制保险单号码并通过业务处理系统出具。

③ 交强险必须单独出具保险单、保险标志、发票。保险单、保险标志必须使用保监会监制的交强险保险单、保险标志，不得使用商业保险单证代替。

④ 投保人因交强险保险单、保险标志发生损毁或者遗失申请补办的，保险人应在收到补办申请及报失认定证明后的5个工作日内完成审核，补发相应的交强险保险单、保险标志；并通过业务系统重新打印保险单、保险标志，新保险单、保险标志的印刷流水号码与原保险单号码能够通过系统查询到对应关系。

⑤ 对于业务分散的摩托车、非运输型拖拉机业务可以使用定额保险单，定额保险单可以手工出单，但必须在出具保险单后的7天内，准确补录到业务处理系统中。

对于运输型拖拉机不使用定额保险单。

5. 保险合同变更和终止

1）保险人解除合同

投保人对重要事项未履行如实告知义务，保险人解除合同前，应当书面通知投保人（解除合同通知书详见附件样式2），投保人应当自收到通知之日起5日内履行如实告知义务；投保人在上述期限内履行如实告知义务的，保险人不得解除合同。

保险人解除合同的，保险人应收回保险单、保险标志，并书面通知机动车管理部门。

2）除下列情况外，不得接受投保人解除合同的申请

① 被保险机动车被依法注销登记的。

② 被保险机动车办理停驶的。

③ 被保险机动车经公安机关证实丢失的。

④ 投保人重复投保交强险的。

办理合同解除手续时，投保人应填写《解除合同申请书》（见附件样式3），提供相应的证明材料。保险人收回交强险保险单、保险标志后，方可办理交强险退保手续，并书面通知机动车辆管理部门（解除合同通报书见附件样式4）。

对于已办理停驶手续并解除交强险合同的机动车，应在重新办理交强险后，方可办理恢复行驶。

投保人因重复投保解除交强险合同的，只能解除保险起期在后面的保险合同，保险人全额退还起期在后面的保险合同的保险费，出险时由起期在前的保险合同负责赔偿。

3）发生以下变更事项时，保险人应对保险单进行批改，并根据变更事项增加或减少保险费

① 被保险机动车转卖、转让、赠送他人。

② 被保险机动车变更使用性质。

③ 增加、减少或变更指定驾驶人。

④ 变更其他事项。

禁止批改交强险的保险期间。

4）发生下列情形时，保险人应对保险单进行批改，并按照保单年度重新核定保险费，上浮10%计收

① 投保人未如实告知重要事项，对保险费计算有影响的，并造成按照保单年度重新核定保险费上升的。

② 在保险合同有效期限内，被保险机动车因改装、加装、使用性质改变等导致危险程度增加，未及时通知保险人，且未办理批改手续的。

在解除交强险合同或其他涉及保险费的批改时，保险人按保单年度重新核定的保险费办理退保或批改，不考虑上浮10%的部分。

5.4.2 理赔实务规程

1. 接报案和索赔

① 接到被保险人或者受害人报案后，应询问有关情况，并立即告知被保险人或者受害人具体的赔偿程序等有关事项。涉及人员伤亡或事故一方没有投保交强险的，应提醒事故当事人立即向当地交通管理部门报案。

② 保险人应对报案情况进行详细记录，并统一归档管理。

③ 被保险机动车发生交通事故的，应由被保险人向保险人申请赔偿保险金。保险人应当自收到赔偿申请之日起1日内，以索赔须知的方式书面告知被保险人需要向保险公司提供的与赔偿有关的证明和资料。保险人应当自收到被保险人提供的证明和资料之日起5日内，对是否属于保险责任作出核定，并将结果通知被保险人；对不属于保险责任的，应当书面说明理由；对属于保险责任的，在与被保险人达成赔偿协议后10日内赔偿保险金。

2. 查勘和定损

① 事故各方车辆的保险人在接到客户报案后，均有责任进行查勘，对受害人的损失进行核定。

② 事故任何一方的估计损失超过交强险赔偿限额的，应提醒事故各方当事人依法进行责任划分。

③ 事故涉及多方保险人，但存在一方或多方保险人未能进行查勘定损的案件，未能进行查勘定损的保险人，可委托其他保险人代为查勘定损。接受委托的保险人，应向委托方的被保险人提供查勘报告、事故/损失照片和损失情况确认书。损失情况确认书一车一份，并由事故各方签字确认。

3. 垫付和追偿

1）抢救费用垫付条件

① 符合交强险条款第9条规定的四种情形。

② 接到公安机关交通管理部门要求垫付的通知书。

③ 致害人向医疗机构支付的抢救费用不足。

④ 受害人必须抢救，且抢救费用已经发生，抢救医院提供了抢救费用单据和明细项目。

⑤ 不属于应由道路交通事故社会救助基金垫付的抢救费用。

2）垫付标准

① 按照交通事故人员创伤临床诊疗指南和抢救地的国家基本医疗保险的标准，在强制保险医疗费用赔偿限额或无责任医疗费用赔偿限额内，对致害人支付不足的部分垫付抢救费用。

② 被抢救人数多于一人且在不同医院救治的，在医疗费用赔偿限额或无责任医疗费用赔偿限额内按人数进行均摊；也可以根据医院和交警的意见，在限额内酌情调整。

3）垫付方式

自收到交警部门出具的书面垫付通知、伤者病历/诊断证明、抢救费用单据和明细之日起，及时向抢救受害人的医院出具《承诺垫付抢救费用担保函》（见附件样式1），或将垫付款项划转至抢救医院在银行开立的专门账户，不进行现金垫付。

4）追偿

对于所有垫付的案件，保险人垫付后有权向致害人追偿。追偿收入在扣减相关法律费用（诉讼费、律师费、执行费等）、追偿费用后，全额冲减垫付款。

4. 赔偿处理

1）赔偿原则

① 交通事故被保险车辆属于保险责任的，保险人在交强险责任限额内负责赔偿被保险机动车因交通事故造成的对受害人的损害赔偿责任。

② 被保险车辆在交通事故中有证据证明无过错的，保险人在交强险责任限额内承担20%的赔偿。

2）抢救费用支付

交通事故属于保险责任，因抢救受害人需要保险人支付抢救费用的，保险人在接到公安机关交通管理部门的书面通知和医疗机构出具的抢救费用清单后，按规定范围及标准进行支付。

交通事故不属于保险责任或者应由道路交通事故社会救助基金垫付的抢救费用，保险人不予以支付。

3）赔款计算

① 保险人在交强险各分项赔偿限额内，对受害人人身伤亡、财产损失分别计算赔偿。

基本计算公式为：

$$总赔款 = \sum 各分项损失赔款 = 受害人死亡伤残赔款 + 受害人医疗费用赔款 + 受害人财产损失赔款$$

各分项损失赔款＝各分项核定损失金额

各分项核定损失金额超过各分项赔偿限额的，按各分项赔偿限额计算赔偿。

② 下列情况下，保险人按以下方式计算赔偿：

(a) 两辆及两辆以上机动车交通事故的赔偿。

交通管理部门未确定保险事故各方车辆在交强险项下所承担的赔偿责任时，按照以下方式进行赔偿。

各分项核定损失金额＝交通事故中被保险机动车以外的所有受害人的各分项核定损失金额之和÷$(N-1)$

N 为交通事故肇事机动车的数量。

交通管理部门已确定保险事故各方车辆在交强险项下所承担的赔偿责任时，按照以下方式进行赔偿。

各分项核定损失金额＝交通管理部门确定的被保险机动车对事故中所有受害人承担的各分项损失之和。

肇事车辆中有未投保交强险的，视同投保车辆计算赔款。

(b) 机动车与非机动车、行人的交通事故的赔偿。

事故中所有受害人的分项核定损失之和在交强险分项赔偿限额之内的，按实际损失计算赔偿。

事故中所有受害人的分项核定损失之和超过交强险分项赔偿限额的，按分项赔偿限额计算赔偿。

交通管理部门已确定保险事故各方车辆在交强险项下所承担的赔偿责任时，按照以下方式进行赔偿。

各分项核定损失金额＝交通管理部门确定的被保险机动车对事故中所有受害人承担的各分项损失之和。

多辆被保险机动车碰撞非机动车或行人的，各被保险机动车的保险人分别在交强险的责任限额内承担赔偿责任，若交通管理部门未确定事故各方车辆应承担的赔偿责任，各被保险机动车的保险人对各受害人的各分项损失平均分摊，并在对应的分项赔偿限额内计算赔偿。

(c) 两辆及两辆以上机动车与多个非机动车、行人的交通事故，参照本节上述规定计算赔偿。

(d) 受害人财产损失需要施救的，财产损失赔款与施救费累计不超过财产损失赔偿限额。

(e) 主车和挂车连接使用时发生道路交通事故，赔偿金额的总和不超过一份交强险合同的责任限额。主车与挂车均投保交强险的，由承保主车的保险人先行赔付，提供完整的赔案材料复印件后，与承保挂车的保险人结算，分别承担50%的赔款。

(f) 被保险机动车投保一份以上交强险的，保险期间起期在前的保险合同承担赔偿责任，起期在后的不承担赔偿责任。

③ 赔偿顺序。

(a) 保险事故造成受害人财产损失，同时涉及受害人的车辆损失、受害人车辆以外的财产损失、受害人车上财产损失时，优先赔偿受害人车辆损失以外的其他财产的损失。

(b) 精神损害抚慰金。对被保险人依照法院判决或者调解承担的精神损害抚慰金，在其他赔偿项目足额赔偿后，在死亡伤残赔偿限额内赔偿。

④ 死亡伤残费用和医疗费用的核定标准。

按照《最高人民法院〈关于审理人身损害赔偿案件适用法律若干问题的解释〉》规定的赔偿范围、项目和标准，公安部颁布的《道路交通事故受伤人员伤残评定》（GB 18667—2002），以及交通事故人员创伤临床诊疗指南和交通事故发生地的基本医疗标准核定人身伤亡的赔偿金额。

5. 支付赔款

1）支付赔款

未建立交强险信息平台的，保险人支付赔款后应在保险单正本上加盖“××××年××月××日出险，××（有无）责任，赔款（垫付）×××（金额）元已付”条形章。

2）单证分割

如果交强险和商业三者险在不同的保险公司投保，如损失金额超过强制保险责任限额，由交强险承保公司留存已赔偿部分发票或费用凭据原件，将需要商业保险赔付的项目原始发票或发票复印件，加盖保险人赔款专用章，并提供由交强险保险人盖章的赔款理算书复印件，交被保险人办理商业险索赔事宜。

6. 直接向受害人支付赔款的赔偿处理

1）发生受害人人身伤亡，且符合下列条件之一的，保险人可以受理受害人的索赔

① 被保险人出具书面授权书。

② 人民法院签发的判决书或执行书。

③ 被保险人死亡、失踪、逃逸、丧失索赔能力或书面放弃索赔权利。

④ 法律规定的其他情形。

2）受害人索赔时应当向保险人提供以下材料

① 人民法院签发的判决书或执行书或交警部门出具的交通事故责任认定书和调解书原件。

② 受害人的有效身份证明。

③ 受害人人身伤残程度证明以及有关损失清单和费用单据。

④ 其他与确认保险事故的性质、原因、损失程度等有关的证明和资料。

⑤ 受害人委托其他人领取赔款的，须提供领取赔款授权书（见附件式样7）经被保险人书面授权的，还应提供被保险人书面授权书。

3）赔款计算

保险事故涉及多个受害人的，在所有受害人均提出索赔申请，且受害人所有材料全部提交后，保险人方可计算赔款。

① 事故中所有受害人的分项核定损失之和在交强险分项赔偿限额之内的，按实际损失计算赔偿。

② 事故中各分项赔偿限额下核定损失之和超过交强险各分项赔偿限额的，保险人在分项赔偿限额之内按以下方式计算赔偿。

某一受害人得到的被保险人交强险项下的分项赔偿金额＝各分项赔偿限额×(事故中某一受害人的分项核定损失金额/事故中所有受害人的分项核定损失金额之和)。

7. 结案和归档

1）理赔单证

保险人向被保险人或受害人支付赔款后，将赔案所有单证按赔案号进行归档。必备单证

包括：

① 保单抄件。

② 报案记录、被保险人书面索赔申请。

③ 查勘报告、现场照片及损失项目照片、损失情况确认书、医疗费用原始票据及费用清单、赔款计算书。以上原始票据，由查勘定损公司留存。

④ 行驶证及驾驶证复印件，被保险人和受害人的身份证明复印件（如直接支付给受害人）。

⑤ 公安机关交通管理部门或法院等机构出具的合法事故证明、有关法律文件及其他证明，当事人自行协商处理的协议书。

⑥ 其他能够确认保险事故性质、原因、损失程度等的有关证明、协议及文字记录。

⑦ 赔款收据、领取赔款授权书。

2）有关赔付情况应于赔付后3个工作日内上传至交强险信息平台

交强险简要业务流程图如图5-2所示。

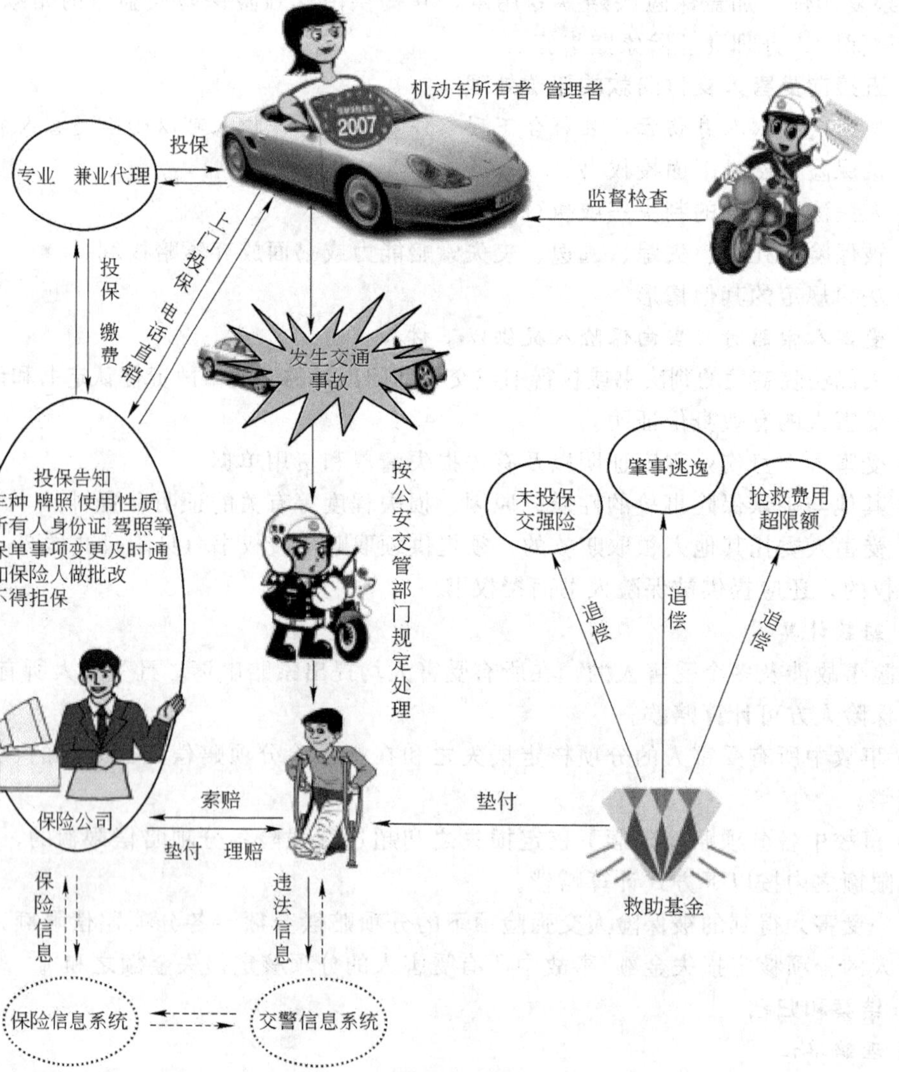

机动车所有者 管理者
2007
投保
专业 兼业代理
监督检查
上门投保 电话直销
投保 缴费
发生交通事故
按公安交管部门规定处理
投保告知
车种 牌照 使用性质
所有人身份证 驾照等
保单事项变更及时通知保险人做批改
不得拒保
未投保交强险
肇事逃逸
抢救费用超限额
追偿
追偿
追偿
保险公司
索赔
垫付 理赔
垫付
救助基金
保险信息
违法信息
保险信息系统
交警信息系统

图5-2 交强险简要业务流程图

附件：

式样 1：未履行如实告知义务通知书

未履行如实告知义务通知书

投保人：__________

您于____年____月____日在__________公司投保的__________（牌照号码）车辆，保险单号____________，因未履行如实告知义务，为了保证您能及时获得保险保障，请于 5 日内与我公司联系，履行如实告知义务。因您方原因未能于 5 日内履行如实告知义务，根据《机动车交通事故责任强制保险条例》，我公司将解除本保险合同。

保险人签章：

年　月　日

联系人：

联系电话：

式样 2：机动车交通事故责任强制保险合同解除通知书

机动车交通事故责任强制保险合同解除通知书

投保人：__________

您于____年____月____日在__________公司投保的__________（牌照号码）车辆，保险单号__________，因未能履行如实告知义务，根据《机动车交通事故责任强制保险条例》规定，我公司将与您解除本保险合同。

被保险人签收：　　　　　　　　保险人（签章）：

日期：　年　月　日　　　　　　日期：　年　月　日

式样 3：机动车交通事故责任强制保险合同解除申请书

机动车交通事故责任强制保险合同解除申请书

保险人：__________

本人投保的__________（牌照号码）车辆，保险单号__________，因______________________________（原因），向你公司申请办理解除机动车交通事故责任强制保险合同。

特此申请

投保人签章：

年　月　日

式样 4：机动车交通事故责任强制保险合同解除通报书

机动车交通事故责任强制保险合同解除通报书

＿＿＿＿＿（机动车管理部门）：

＿＿＿＿＿（投保人名称/姓名），于＿＿年＿＿月＿＿日在＿＿＿＿＿公司投保的＿＿＿＿＿（牌照号码）车辆，保险单号＿＿＿＿＿，因＿＿＿＿＿（原因），已办理解除机动车交通事故责任强制保险合同。

特此通报

保险人签章：

年　月　日

式样 5：承诺支付医疗费用担保函

承诺支付医疗费用担保函

＿＿＿＿＿（医院名称）：

我公司＿＿＿＿＿（保险单号码）项下承保的车辆＿＿＿＿＿（牌照号码），于＿＿年＿＿月＿＿日发生事故，致＿＿＿＿＿（受害人）受伤，在你院抢救。我公司承诺，依据《道路交通事故人员创伤诊疗指南》和国家基本医疗保险标准，在医疗费用赔偿限额内支付＿＿＿＿＿（受害人）的抢救费用。

保险人签章：

年　月　日

式样 6：机动车交通事故责任强制保险拒赔通知书

机动车交通事故责任强制保险拒赔通知书

被保险人：＿＿＿＿＿

非常遗憾地通知您，根据有关法律和保险合同的规定，我公司保险单＿＿＿＿＿（号码）项下承保的＿＿＿＿＿（牌照号码）机动车辆于＿＿年＿＿月＿＿日在＿＿＿＿＿（出险地点）发生的事故损失不属于保险责任赔偿范围。对此我公司不能给予赔付，请予理解。

欢迎您对我公司的工作提出意见。

此致

敬礼

被保险人签收：　　　　保险人（签章）：

日期：　年　月　日　　　　日期：　年　月　日

式样 7：受害人领取赔款授权书

受害人领取赔款授权书

保险人：__________

本人授权__________（受害人名称/姓名），到你公司办理__________（保险单号码）项下的__________

（车辆厂牌型号、牌照号码）于__________（出险时间）所发生保险事故的领取赔款手续，请予办理。“支票收款人名称”请填写为：__________。

此致

被保险人签章：

签字人身份证号码：

日期：　　年　月　日

受害人签章：

受害人身份证号码：

日期：　　年　月　日

想一想　议一议

1. 强制汽车责任保险制度是如何产生的？
2. 强制汽车责任保险的含义。
3. 交强险与商业三者险的相同点和区别。
4. 交强险有哪些意义？
5. 交强险的费率和限额是如何规定的？

第6章 汽车保险条款与说明

6.1 汽车损失保险

汽车损失保险简称车损险，主要承保车辆因发生保险责任事故所导致的损毁、灭失，它属于财产保险中的运输保险范畴。汽车损失险本质上是不定值保险，即在保险合同中，当事人双方事先不确定保险标的实际价值，而将保险金额作为最高赔偿限额的保险。

车损险有全部车损险和部分车损险之分。全部车损险承担车辆由于保险责任事故而导致的一切损失，赔偿额取决于车辆的实际价值；部分车损险只对约定原因导致的车辆损失负责赔偿，如自然灾害、盗窃、自燃等原因，因其发生的可能性较小，所以其保险费率较低。

目前在世界上的大多数国家，车损险都不是强制性保险，投保与否取决于车辆所有者或使用者的个人意愿。但国外有些保险公司也设计了一种综合汽车保险、车损险和第三者责任险放在一起，顾客需同时购买。其特点是保费较高，但便于保险管理和降低成本。我国的车辆损失险是机动车辆保险的基本险种之一，由用户任意选择投保，其相应的保险合同包括被保险人、保险标的、保险责任、责任免除、保险金额、保险费率、保险期限、赔偿方式、争议处理、被保险人义务、无赔款优待、附加险等主要内容。

6.1.1 美国的汽车损失险

美国是世界上汽车保有量最多的国家，被称为是“轮子上的国家”。汽车保险已成为美国财产保险中最大的险种，约占保险公司保费收入的40%左右，对减少社会财富的损失，维护人民生命安全，稳定社会秩序起到了积极的作用。

目前美国各家保险公司虽然推出了多种形式的汽车保险供投保人选择，但涉及的汽车损失险一般都包括碰撞险（Collision Coverage）和非碰撞险（other than Collision Coverage）两种。有的保险公司也将车损险与法定责任保险设计在一起，形成综合损失险（Comprehensive Coverage）。碰撞险和非碰撞险所承保的内容互不包括、相互独立。碰撞险仅适用于保险车辆在意外事故中发生碰撞和倾覆的情形，而非碰撞险则涵盖了碰撞以外的其他形式的破坏损失，包括火灾、水害、地陷、故意破坏或偷盗、与动物相撞，以及自然灾害如地震、冰雹、飓风和洪水等。汽车损失险在美国不是法定保险，但如果汽车是采取分期付款的消费贷款方式购买的，贷款银行或其他金融机构往往作为贷款的条件，要求购车人必须购买汽车保险。

6.1.2 我国的车辆损失险

在我国，汽车损失保险称为车辆损失保险，简称车损险，其保险标的为机动车辆。我国的车辆损失险是一种综合险，即包括碰撞在内。而另外针对盗抢、车辆停驶损失、车辆自燃、玻璃破碎和新增设备损失等，特别设计了附加险。只有购买了车损险以后，才能购买相应的附加险。

我国的车辆损失险为不定值保险，是车辆保险的基本险之一。根据《中华人民共和国保险法》和中国保监会颁发的［2000］16 号文件《机动车辆保险条款》规定，除了深圳地区以外，我国的车辆损失险包括下述主要内容。

1）保险标的

我国车辆损失险的保险标的是指汽车、电车、电瓶车、摩托车、拖拉机、各种专用机械车、特种车。

双燃料汽车（又称清洁燃料车辆）归属汽车范畴，大型联合收割机属专用机械车，摩托车包括两轮或三轮摩托车、轻便摩托车、残疾人三轮、四轮摩托车。

只有企业自行编号、仅在特定区域内使用的其他车辆，视其使用性质和车辆用途，确定其是属于汽车还是专用机械车、特种车范畴。

2）保险责任

(1) 保险事故责任被保险人或其允许的合格驾驶员在使用保险车辆过程中，因下列原因造成保险车辆的损失，保险人负责赔偿

① 碰撞、倾覆（见图 6－1）。碰撞是指保险车辆与外界静止的或运动中的物体意外撞击。这里的碰撞包括两种情况：一是保险车辆与外界物体的意外撞击造成的本车损失；二是保险车辆按《中华人民共和国道路交通管理条例》关于车辆装载的规定载运货物（当车辆装载货物不符合装载规定时，须报请公安交通管理部门批准，并按指定时间、路线、时速行驶），车与货即视为一体，所装货物与外界物体的意外撞击造成的本车损失。同时，碰撞应是保险车辆与外界物体直接接触。保险车辆的人为划痕不属本保险责任。

图 6－1 碰撞与倾覆

倾覆是指保险车辆由于自然灾害或意外事故，造成本车翻倒，车体触地，使其失去正常状态和行驶能力，不经施救不能恢复行驶。

② 火灾、爆炸（见图 6－2）。火灾是指在时间或空间上失去控制的燃烧所造成的灾害。此处指车辆本身以外的火源，以及车辆损失险的保险事故造成的燃烧导致保险车辆的损失。

爆炸是指物体在瞬间分解或燃烧时放出大量的热和气体，并以很大的压力向四周扩散，形成破坏力的现象。对于发动机因其内部原因发生爆炸或爆裂、轮胎爆炸等，不属本保险责任。

③ 外界物体倒塌、空中运行物体坠落、保险车辆行驶中平行坠落（见图 6－3）。外界物体倒塌是指保险车辆自身以外由物质构成并占有一定空间的个体倒下或陷下，造成保险车辆损失。如：地上或地下建筑物坍塌，树木倾倒，致使保险车辆受损，都属本保险责任。

图 6-2 汽车发生火灾、爆炸

图 6-3 外界物体倒塌压倒汽车

空中运行物体坠落是指陨石或飞行器等空中掉落物体所致保险车辆受损，属本保险责任。吊车的吊物脱落以及吊钩或吊臂的断落等，造成保险车辆的损失，也视为本保险责任。但吊车本身在操作时由于吊钩、吊臂上下起落砸坏保险车辆的损失，不属本保险责任。

行驶中平行坠落是指保险车辆在行驶中发生意外事故，整车腾空（包括翻滚 360 度以上）后，仍四轮着地所产生的损失。

④ 雷击、暴风、龙卷风、暴雨、洪水、海啸、地陷、冰陷、崖崩、雪崩、雹灾、泥石流、滑坡（见图 6-4）。

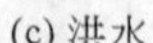
(a) 雪崩

(b) 泥石流

(c) 洪水

(d) 雷击

(e) 地陷

(f) 冰陷

(g) 崖崩

(h) 雹灾

图 6-4　各种自然灾害下汽车受险

雷击是指由雷电造成的灾害。由于雷电直接击中保险车辆，或通过其他物体引起保险车辆的损失，均属本保险责任。

暴风是指风力速度 28.5 米/秒（相当于 11 级大风）以上的大风。龙卷风是一种范围小而时间短的猛烈旋风，平均最大风速一般在 79～103 米/秒，极端最大风速一般在 100 米/秒以上。

暴雨指每小时降雨量达 16 毫米以上，或连续 12 小时降雨量达 30 毫米以上，或连续 24 小时降雨量达 50 毫米以上。

洪水是指凡是江河泛滥、山洪暴发、潮水上岸及倒灌，致使保险车辆遭受泡损、淹没的损失，都属于本保险责任。

海啸是由于地震或风暴而造成的海面巨大涨落现象，按成因分为地震海啸和风暴海啸两种。由于海啸以致海水上岸泡损、淹没、冲失保险车辆都属本保险责任。

地陷是指地表突然下陷，由其造成的保险车辆的损失，属本保险责任。冰陷是指在公安交通管理部门允许车辆行驶的冰面上，保险车辆通行时，冰面突然下陷造成保险车辆的损失，属本保险责任。

崖崩是指石崖、土崖因自然风化、雨蚀而崩裂下塌，或山上岩石滚落，或雨水使山上沙土透湿而崩塌，致使保险车辆遭受的损失，属本保险责任。

雪崩泛指大量积雪突然崩落的现象。

雹灾是指由于冰雹降落造成的灾害。

泥石流是指山地突然暴发饱含大量泥沙、石块的洪流。

滑坡是指斜坡上不稳的岩体或土体在重力作用下突然整体向下滑动。

⑤ 载运保险车辆的渡船（见图 6-5）遭受自然灾害（只限于有驾驶员随车照料者）。保险车辆在行驶途中因需跨过江河、湖泊、海峡才能恢复到道路行驶而过渡，驾驶员把车辆开

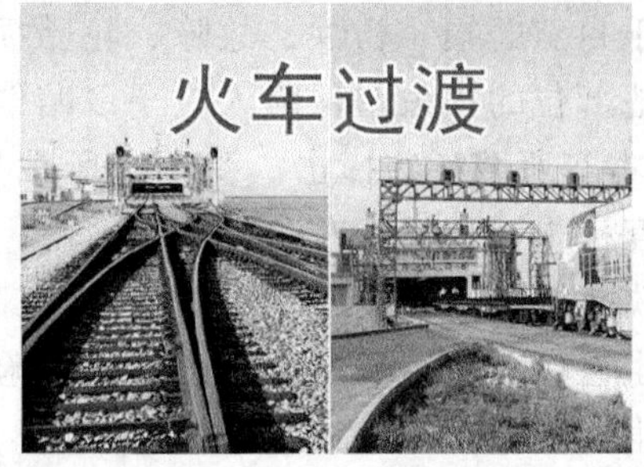

图 6-5　车辆渡船

上渡船，并随车照料到对岸，这期间因遭受 4 项所列的自然灾害，致使保险车辆本身发生损失，保险人予以赔偿。但由货船、客船、客货船或滚装船等运输工具承载保险车辆的过渡，不属于本保险责任。

(2) 事故的施救责任发生保险事故时，被保险人或其允许的合格驾驶员对保险车辆采取施救、保护措施所支出的合理费用，保险人负责赔偿

此项费用的最高赔偿金额以保险金额为限。

施救措施是指当发生保险责任范围内的事故或灾害时，被保险人为减少和避免保险车辆损失所实施的抢救行为。保护措施是指保险责任范围内的事故或灾害发生时，被保险人为防止保险车辆损失扩大和加重而采取的措施。合理费用是指采取施救、保护措施实施时的直接的和必要的费用。

如保险车辆因洪水而倾覆在水中，被保险人雇人将其拖到陆地上，就是为减少损失而采取的积极施救措施；当保险车辆被拖到陆地以后，由于受损不能行驶，为防止损失扩大，被保险人雇人看守就是合理的保护措施。上述费用支出根据有关部门出具的相应证明，保险人予以赔偿。

3) 责任免除

我国现行的《机动车辆保险条款》第 3 条、第 5 条至第 7 条规定的车辆损失险的责任免除如下。

(1) 不可抗拒因素造成的车辆损失责任

① 地震。地震是因地壳发生急剧的自然变异，影响地面而发生震动的现象。无论地震使保险车辆直接受损，还是地震造成外界物体倒塌所致保险车辆的损失，保险人都不负责赔偿。

② 战争、军事冲突、暴乱、扣押、罚没、政府征用。战争是指国家与国家、民族与民族、政治集团与政治集团之间，为了一定的政治、经济目的而进行的武装斗争；军事冲突是指国家或民族之间在一定范围内的武装对抗；暴乱是指破坏社会秩序的武装骚动。

战争、军事冲突、暴乱以政府宣布为准。

扣押是指采用强制手段扣留保险车辆；罚没是指司法或行政机关没收违法者的保险车辆，作为处罚；政府征用特指政府利用行政手段有偿或无偿占用保险车辆。

(2) 车辆自身原因导致的车辆损失责任

① 车辆的自然磨损、朽蚀、故障或轮胎单独损坏。自然磨损是指车辆由于使用造成的机件损耗；朽蚀指机件与有害气体、液体相接触，被腐蚀损坏；故障是指由于车辆某个部件或系统性能发生问题，影响车辆的正常工作；轮胎单独损坏是指保险车辆在使用过程中，不论何种原因造成轮胎的单独破损。

但由于自然磨损、朽蚀、故障、轮胎损坏而引起保险事故（如碰撞、倾覆等），造成保险车辆其他部位的损失，保险人应予以赔偿。

② 受本车所载货物撞击。受本车所载货物撞击的损失是指保险车辆行驶时，车上货物与本车相互撞击，造成本车的损失。

③ 自燃以及不明原因产生火灾。本保险合同约定的自燃是指没有外界火源，保险车辆也没有发生碰撞、倾覆的情况下，由于保险车辆漏油或电器、线路、供油系统、载运的货物等自身发生问题引起的火灾。

不明原因产生火灾是指在公安消防部门的《火灾原因认定书》中认定的起火原因不明的

火灾。

④ 玻璃单独破碎。是指不论任何原因引起的玻璃单独破碎。玻璃包括挡风玻璃、车窗玻璃。

⑤ 车辆所载货物掉落、泄漏。车辆所载货物掉落是指保险车辆装载的货物从车上掉下砸伤他人或砸坏他人财产；车辆所载货物泄漏是指保险车辆装载液体、气体因流泻、渗漏而对外界一切物体造成腐蚀、污染、人畜中毒、植物枯萎，以及其他财物的损失。例如：保险车辆漏油造成对路面的损害。

(3) 驾驶员责任

① 操作责任。

- 人工直接供油、高温烘烤造成的损失。人工直接供油是指不经过车辆正常供油系统的供油；高温烘烤是指无论是否使用明火，凡违反车辆安全操作规则的加热、烘烤升温的行为。
- 两轮及轻便摩托车停放期间翻倒的损失，是指两轮摩托车或轻便摩托车停放期间由于翻倒造成的车辆损失。
- 受保险责任范围内的损失后，未经必要修理继续使用，致使损失扩大的部分。保险车辆因发生保险事故遭受损失后，没有及时进行必要的修理，或修理后车辆未达到正常使用标准而继续使用，造成保险车辆损失扩大的部分。
- 保险车辆在淹及排气管的水中起动或被水淹后操作不当致使发动机损坏。保险车辆在停放或行驶的过程中，被水淹及排气管或进气管，驾驶员继续起动车辆或利用惯性起动车辆；以及车辆被水淹后转移至高处，或水退后未经必要的处理而起动车辆，造成的发动机损坏。
- 被保险人或其允许的合格驾驶员的故意行为。被保险人或其允许的合格驾驶员明知自己为或不为可能造成损害的结果，而仍希望或放任这种结果的发生，属于被保险人或其允许的合格驾驶员的故意行为。
- 保险车辆肇事逃逸。是指保险车辆肇事后，为了逃避法律法规制裁，逃离肇事现场的行为。

② 驾驶员驾驶资格问题。

- 非被保险人或非被保险人允许的驾驶员使用保险车辆。非被保险人或非被保险人允许的合格驾驶员，是指被保险人或其允许的驾驶员以外的其他人员。
- 驾驶员饮酒、吸毒、被药物麻醉。驾驶员饮酒指驾驶员饮酒后开车。可根据下列情形之一来判定：公安交通管理部门处理交通事故时做出的酒后驾车结论；有饮酒后驾车的证据。

吸毒是指驾驶员吸食或注射鸦片、吗啡、海洛因、大麻、可卡因，以及国家规定管制的其他能够使人形成瘾癖的麻醉药品和精神药品。

被药物麻醉是指驾驶员吸食或注射有麻醉成分的药品，在整个身体或身体的某一部分暂时失去控制的情况下驾驶车辆。

- 没有驾驶证。
- 驾驶与驾驶证准驾车型不相符合的车辆。
- 持军队或武警部队驾驶证驾驶地方车辆；持地方驾驶证驾驶军队或武警部队车辆。

- 持学习驾驶证学习驾车时，无教练员随车指导，或不按指定时间、路线学习驾车。
- 实习期驾驶大型客车、电车、起重车和带挂车的汽车时，无正式驾驶员并坐监督指导。
- 实习期驾驶执行任务的警车、消防车、工程救险车、救护车和载运危险品的车辆。
- 持学习驾驶证及实习期在高速公路上驾车。
- 驾驶员持审验不合格的驾驶证，或未经公安交通管理部门同意，持未审验的驾驶证驾车。
- 使用各种专用机械车、特种车的人员，无国家有关部门核发的有效操作证。
- 公安交通管理部门规定的其他属于无有效驾驶证的情况。

(4) 其他责任

① 竞赛、测试、在营业性修理场所修理期间。竞赛指保险车辆作为赛车直接参加车辆比赛活动；测试是指对保险车辆的性能和技术参数进行测量或试验；在营业性修理场所修理期间是指保险车辆进入维修厂（站、店）保养、修理期间，由于自然灾害或意外事故所造成的保险车辆损失。其中，营业性修理场所指保险车辆进入以盈利为目的的修理厂（站、店）；修理期间指保险车辆从进入维修厂（站、店）开始到保养、修理结束并验收合格提车时止，包括保养、修理过程中的测试。

② 未按书面约定履行缴纳保险费义务。

③ 除本保险合同另有书面约定外，发生保险事故时，保险车辆没有公安交通管理部门核发的行驶证和号牌，或未按规定检验或检验不合格。发生保险事故时，保险车辆必须具备以下两个条件：

- 保险车辆须有公安交通管理部门核发的行驶证或号牌。
- 保险车辆达到国标 GB 7258—2004《机动车运行安全技术条件》的要求，并在规定期间内经公安交通管理部门检验合格。

但保险合同另有书面约定的情况下，保险人应承担保险责任。其中，“另有书面约定”是指保险合同中所做出明示的、与该条文内容相反的约定。如：保险合同中特别约定承保的、在特定区域内行驶的、没有公安交通管理部门核发的正式号牌的特种车（矿山机械车、机场内专用车等）；或政府部门规定需先保险后检验核发号牌的新入户车辆等。

④ 保险车辆发生意外事故，致使被保险人停业、停驶、停电、停水、停气、停产、中断通信及其他各种间接损失。本规定意指：保险车辆发生保险事故受损后丧失行驶能力，从受损到修复这一期间，被保险人停止营业或不能继续运输等损失，保险人均不负责赔偿。

⑤ 因保险事故引起的任何有关的精神损害赔偿，是指无论是否依法应由被保险人承担的任何精神损害赔偿。

⑥ 因污染引起的任何补偿和赔偿。本规定是指不论是否发生保险事故，保险车辆本身及保险车辆所载货物泄漏造成的保险车辆损失，保险人都不负责赔偿。

⑦ 直接或间接由于“计算机 2000 年问题”引起的损失。计算机 2000 年问题，指因涉及 2000 年日期变更，或此前、期间、期后任何其他日期变更，包括闰年的计算，直接或间接引起计算机硬件设备、程序、软件、芯片、媒介物、集成电路及其他电子设备中的类似装置的故障，进而直接或间接引起和导致保险财产的损失或损坏问题。包括：

- 不能正确识别日期。

- 由于不能正确识别日期，以读取、存储、保留、检索、操作、判别、处理任何数据或信息，或执行命令和指令。
- 在任何日期或该日期之后，由于编程输入任何计算机软件的操作命令引起的数据丢失，或不能读取、储存、保留、检索、正确处理该类数据。
- 因涉及2000年日期变更，或任何其他日期变更，包括闰年的计算，而不能正确进行计算、比较、识别、排序和数据处理。
- 因涉及2000年日期变更，或任何其他日期变更，包括闰年的计算，对包括计算机、硬件设备、程序、芯片、媒介物、集成电路，以及其他电子设备中的类似装置进行预防性的、治理性的或其他性质的更换、改变、修改。

⑧ 保险车辆全车被盗窃、被抢劫、被抢夺，以及在此期间受到损坏或车上零部件、附属设备丢失所造成的损失。

全车被盗窃、被抢劫、被抢夺期间是指保险车辆被盗窃、被抢劫、被抢夺行为发生之时起，至公安部门将该车收缴之日止；附属设备是指购买新车时，随车装备的基本设备。随车工具、新增加设备等，不属于附属设备。

⑨ 其他不属于保险责任范围内的保险车辆损失和费用。本规定是指所有的不属于车辆损失险责任范围的损失和费用。

4）保险金额

车辆损失险的保险金额，由投保人和保险人选择以下三种方式之一协商确定。

① 按新车购置价确定本条所称新车购置价是指保险合同签订时，在签订地购置与保险车辆同类型新车（含车辆购置附加费）的价格。

② 按投保时的实际价值确定实际价值是指同类型车辆市场新车购置价，减去该车已使用年限折旧金额后的价格。折旧按每满一年扣除一年计算，不足一年的部分，不计折旧。折旧率按我国的汽车报废标准执行。但最高折旧金额不超过新车购置价的80%。

③ 由投保人与保险人协商确定保险金额不得超过同类型新车购置价，超过部分无效。

投保人和保险人可根据实际情况选择。原则上新车按第一种方式承保，旧车可以在三种方式中由投保人和保险人双方自愿协商确定，但保险金额的不同确定方式直接影响和决定了发生保险事故时保险赔偿的计算原则。保险人根据保险金额的不同确定方式承担相应的赔偿责任。

5）赔偿限额、赔偿处理和保险期限

（1）赔偿限额

① 全部损失。保险金额高于实际价值时，以出险时的实际价值计算赔偿；保险金额等于或低于实际价值时，按保险金额计算赔偿。

② 部分损失。以新车购置价确定保险金额的车辆，按实际修理及必要、合理的施救费用计算赔偿；保险金额低于新车购置价的车辆，按保险金额与新车购置价的比例计算赔偿修理及施救费用。

保险车辆损失赔偿及施救费用分别以不超过保险金额为限。如果保险车辆部分损失一次赔偿金额与免赔金额之和等于保险金额时，车辆损失险的保险责任即行终止。但保险车辆在保险期限内，不论发生一次或多次保险责任范围内的部分损失或费用支出，只要每次赔款加免赔金额之和未达到保险金额，其保险责任仍然有效。

③ 如果施救的财产中含有本保险合同未保险的财产，应按本保险合同保险财产的实际价值占总施救财产的实际价值比例分摊施救费用。

（2）赔偿处理

① 被保险人索赔时，应当向保险人提供保险单、事故证明、事故责任认定书、事故调解书、判决书、损失清单和有关费用单据。

② 保险人依据保险车辆驾驶员在事故中所负责任比例，相应承担赔偿责任。

③ 保险车辆因保险事故受损，应当尽量修复。修理前被保险人须会同保险人检验，确定修理项目、方式和费用。否则，保险人有权重新核定或拒绝赔偿。

④ 保险车辆损失后的残余部分，应协商作价折归被保险人，并在赔款中扣除。

⑤ 根据保险车辆驾驶员在事故中所负责任，车辆损失险在符合赔偿规定的金额内实行绝对免赔率；负全部责任的免赔20%，负主要责任的免赔15%，负同等责任的免赔10%，负次要责任的免赔5%。单方肇事事故的绝对免赔率为20%。单方肇事事故是指不涉及与第三方有关的损害赔偿的事故，但不包括自然灾害引起的事故。

⑥ 本条明确自然灾害导致的事故不属于单方肇事事故，即保险车辆发生前述的保险事故发生责任的条例所列的自然灾害造成的损失，保险人不扣除免赔。

⑦ 保险车辆发生保险责任范围内的损失应当由第三方负责赔偿的，确实无法找到第三方的，保险人予以赔偿，但在符合赔偿规定的范围内，实行5%的绝对免赔率。

⑧ 被保险人提供的各种必要的单证齐全后，保险人应当迅速审查核定。赔款金额经保险合同双方确认后，保险人在10天内一次赔偿结案。

（3）保险期限为一年。除法律另有规定外，投保时保险期限不足一年的按短期月费率计收保险费。保险期限不足一个月的按月计算。

6）其他规定

（1）无赔款优待我国的《机动车辆保险条款》

对无赔款优待规定如下。

① 保险车辆在上一年保险期限内无赔款，续保时可享受无赔款减收保险费优待，优待金额为本年度续保险种应交保险费的10%。被保险人投保车辆不止一辆的，无赔款优待分别按车辆计算。上年度投保的车辆损失险、第三者责任险、附加险中任何一项发生赔款，续保时均不能享受无赔款优待。不续保者不享受无赔款优待。

② 上年度无赔款的机动车辆，如果续保的险种与上年度不完全相同，无赔款优待则以险种相同的部分为计算基础；如果续保的险种与上年度相同，但保险金额不同，无赔款优待则以本年度保险金额对应的应交保险费为计算基础。不论机动车辆连续几年无事故，无赔款优待一律为应交保险费的10%。

所以，无赔款优待的条件应为保险期限必须满一年；保险期限内无赔款；保险期满前办理续保。

具体在确定无赔款优待时应注意以下几点。

- 同时投保车辆损失险、第三者责任险和附加险的，只要其中任一险种发生赔款，被保险人续保时就不能享受无赔款优待。
- 保险车辆发生保险事故，续保时案件未决，被保险人不能享受无赔款优待。但事故处理后，保险人无赔款责任，则退还无赔款优待应减收的保险费。

- 在一年保险期限内，发生所有权转移的保险车辆，续保时不享受无赔款优待。
- 无赔款优待仅限于续保险种，即上年度投保而本年度未续保的险种和本年度新投保的险种，均不享受无赔款优待。

（2）条款适用的范围

我国的《机动车辆保险条款》，适用于全国范围内除深圳所属的和在深圳特区内行驶的同时挂深圳、香港两地牌照的机动车辆外的所有机动车辆。深圳所属的和在深圳特区内行驶的同时挂深圳、香港两地牌照的机动车辆保险，应遵循《深圳市机动车辆保险条款》的规定。

（3）保险合同的解除

我国的《机动车辆保险条款》规定："被保险人在保险责任开始前，要求解除合同的，保险人应退还保险费，并按照《中华人民共和国保险法》的有关规定，扣减保险费金额3%的退保手续费。"

（4）合同的争议处理

合同争议的解决方式由被保险人与保险人约定从下列两种方式中选择一种。

① 因履行本合同发生的争议，由当事人协商解决，协商不成的，依合同约定提交仲裁委员会仲裁。

② 因履行本合同发生的争议，由当事人协商解决，协商不成的，依法向人民法院起诉。

6.2　机动车第三者责任保险

广义的机动车第三者责任保险分为机动车第三者责任强制保险和非强制的第三者责任保险两类。前者即前面所说的交强险，而后者即为商业机动车第三者责任保险。狭义的机动车第三者责任保险就是指商业机动车第三者责任保险。本部分将对商业机动车第三者责任保险展开探讨（见图6－6）。

图6－6　第三者责任险

6.2.1　机动车第三者责任保险的保险责任

被保险人或其允许的合法驾驶人在使用被保险机动车过程中发生意外事故，致使第三者遭受人身伤亡或财产直接损毁，依法应当由被保险人承担的损害赔偿责任，保险人依照保险合同的约定，对于超过机动车交通事故责任强制保险各分项赔偿限额以上的部分负责赔偿。

这里的第三者是指因被保险机动车发生意外事故遭受人身伤亡或者财产损失的人，但不包括被保险机动车本车车上人员、投保人、被保险人和保险人。

6.2.2 机动车第三者责任保险的责任免除

（1）被保险机动车造成下列人身伤亡或财产损失，不论在法律上是否应当由被保险人承担赔偿责任，保险人均不负责赔偿

① 被保险人及其家庭成员的人身伤亡、所有或代管的财产的损失。

② 被保险机动车本车驾驶人及其家庭成员的人身伤亡、所有或代管的财产的损失。

③ 被保险机动车本车上其他人员的人身伤亡或财产损失。

（2）下列情况下，不论任何原因造成的对第三者的损害赔偿责任，保险人均不负责赔偿

① 地震、战争、军事冲突、恐怖活动、暴乱、扣押、收缴、没收、政府征用。

② 竞赛、测试、教练，在营业性维修、养护场所修理、养护期间。

③ 利用被保险机动车从事违法活动。

④ 驾驶人饮酒、吸食或注射毒品、被药物麻醉后使用被保险机动车。

⑤ 事故发生后，被保险人或其允许的驾驶人在未依法采取措施的情况下驾驶被保险机动车或者遗弃被保险机动车逃离事故现场，或故意破坏、伪造现场、毁灭证据。

⑥ 驾驶人有下列情形之一者：

- 无驾驶证或驾驶证有效期已届满；
- 驾驶的被保险机动车与驾驶证载明的准驾车型不符；
- 实习期内驾驶公共汽车、营运客车或者载有爆炸物品、易燃易爆化学物品、剧毒或者放射性等危险物品的被保险机动车，实习期内驾驶的被保险机动车牵引挂车；
- 持未按规定审验的驾驶证，以及在暂扣、扣留、吊销、注销驾驶证期间驾驶被保险机动车；
- 使用各种专用机械车、特种车的人员无国家有关部门核发的有效操作证，驾驶营业；
- 驾驶营业性客车的驾驶人无国家有关部门核发的有效资格证书；
- 依照法律法规或公安机关交通管理部门有关规定不允许驾驶被保险机动车的其他情况下驾车；
- 非被保险人允许的驾驶人使用被保险机动车；
- 被保险机动车转让他人，未向保险人办理批改手续；
- 除另有约定外，发生保险事故时被保险机动车无公安机关交通管理部门核发的行驶证和号牌，或未按规定检验或检验不合格；
- 被保险机动车拖带未投保机动车交通事故责任强制保险的机动车（含挂车）或被未投保机动车交通事故责任强制保险的其他机动车拖带。

（3）以下损失和费用，保险人不负责赔偿

① 被保险机动车发生意外事故，致使第三者停业、停驶、停电、停水、停气、停产、通信或者网络中断、数据丢失、电压变化等造成的损失以及其他各种间接损失。

② 精神损害赔偿。

③ 因污染（含放射性污染）造成的损失。

④ 第三者财产因市场价格变动造成的贬值、修理后因价值降低引起的损失。

⑤ 被保险机动车被盗窃、抢劫、抢夺期间造成第三者人身伤亡或财产损失。

⑥ 被保险人或驾驶人的故意行为造成的损失。

⑦ 仲裁或者诉讼费用以及其他相关费用。

⑧ 应当由机动车交通事故责任强制保险赔偿的损失和费用，保险人不负责赔偿。保险事故发生时，被保险机动车未投保机动车交通事故责任强制保险或机动车交通事故责任强制保险合同已经失效的，对于机动车交通事故责任强制保险各分项赔偿限额以内的损失和费用，保险人不负责赔偿。

(4) 关于免赔率的规定

保险人在依据保险合同约定计算赔款的基础上，在保险单载明的责任限额内，按下列免赔率免赔：

① 负次要事故责任的免赔率为5%，负同等事故责任的免赔率为10%，负主要事故责任的免赔率为15%，负全部事故责任的免赔率为20%。

② 违反安全装载规定的，增加免赔率10%。

③ 投保时指定驾驶人，保险事故发生时为非指定驾驶人使用被保险机动车的，增加免赔率10%。

④ 投保时约定行驶区域，保险事故发生在约定行驶区域以外的，增加免赔率10%。

6.2.3　机动车第三者责任保险的责任限额

每次事故的责任限额，由投保人和保险人在签订保险合同时按保险监管部门批准的限额档次协商确定。机动车第三者责任保险的责任限额见附录中的“机动车商业保险费率表”。主车和挂车连接使用时视为一体。发生保险事故时，由主车保险人和挂车保险人按照保险单上载明的机动车第三者责任保险责任限额的比例，在各自的责任限额内承担赔偿责任，但赔偿金额总和以主车的责任限额为限。

6.2.4　保险期间

除另有约定外，保险期间为一年，以保险单载明的起讫时间为准。

6.2.5　保险人及被保险人的义务

1) 保险人的义务

① 保险人在承保时，应向投保人说明投保险种的保险责任、责任免除、保险期间、保险费及支付办法、投保人和被保险人义务等内容。

② 保险人应及时受理被保险人的事故报案，并尽快进行查勘。保险人接到报案后48小时内未进行查勘且未给予受理意见，造成财产损失无法确定。

③ 保险人收到被保险人的索赔请求后，应当及时做出核定。

(a) 保险人应根据事故性质、损失情况，及时向被保险人提供索赔须知。审核索赔材料后认为有关的证明和资料不完整的，应当及时通知被保险人补充提供有关的证明和资料。

(b) 在被保险人提供了各种必要单证后，保险人应当迅速审查核定，并将核定结果及时通知被保险人。

(c) 对属于保险责任的，保险人应在与被保险人达成赔偿协议后10日内支付赔款。

④ 保险人对在办理保险业务中知道的投保人、被保险人的业务和财产情况及个人隐私，负有保密的义务。

2）投保人、被保险人义务

① 投保人应如实填写投保单并回答保险人提出的询问，履行如实告知义务，并提供被保险机动车行驶证复印件、机动车登记证书复印件，如指定驾驶人的，应当同时提供被指定驾驶人的驾驶证复印件。在保险期间内，被保险机动车改装、加装或者被保险家庭自用汽车、非营业用汽车从事营业运输等，导致被保险机动车危险程度增加的，被保险人应当及时书面通知保险人。否则，因被保险机动车危险程度增加而发生的保险事故，保险人不承担赔偿责任。

② 除另有约定外，投保人应当在保险合同成立时交清保险费。保险费交清前发生的保险事故，保险人不承担赔偿责任。

③ 发生保险事故时，被保险人应当及时采取合理的、必要的施救和保护措施，防止或者减少损失，并在保险事故发生后48小时内通知保险人。否则，造成损失无法确定或扩大的部分，保险人不承担赔偿责任。

④ 发生保险事故后，被保险人应当积极协助保险人进行现场查勘。被保险人在索赔时应当提供有关证明和资料。引起与保险赔偿有关的仲裁或者诉讼时，被保险人应当及时书面通知保险人。

6.2.6 机动车第三者责任保险的赔偿处理

① 被保险人索赔时，应当向保险人提供与确认保险事故的性质、原因、损失程度等有关的证明和资料。被保险人应当提供保险单、损失清单、有关费用单据、被保险机动车行驶证和发生事故时驾驶人的驾驶证。

属于道路交通事故的，被保险人应当提供公安机关交通管理部门或法院等机构出具的事故证明、有关的法律文书（判决书、调解书、裁定书、裁决书等）及其他证明。

属于非道路交通事故的，应提供相关的事故证明。

② 因保险事故损坏的第三者财产，应当尽量修复。修理前被保险人应当会同保险人检验，协商确定修理项目、方式和费用。否则，保险人有权重新核定或拒绝赔偿。

③ 保险人依据被保险机动车驾驶人在事故中所负的事故责任比例，承担相应的赔偿责任。被保险人或被保险机动车驾驶人根据有关法律、法规的规定选择自行协商，或者公安机关交通管理部门未确定交通事故责任比例的，保险人按照下列规定确定事故责任比例。

- 被保险机动车驾驶人负主要事故责任的，事故责任比例为70%
- 被保险机动车驾驶人负同等事故责任的，事故责任比例为50%
- 被保险机动车驾驶人负次要事故责任的，事故责任比例为30%

④ 保险事故发生后，保险人按照国家有关法律、法规规定的赔偿范围、项目和标准以及保险合同的约定，在保险单载明的责任限额内核定赔偿金额。保险人按照国家基本医疗保险的标准核定医疗费用的赔偿金额。未经保险人书面同意，被保险人自行承诺或支付的赔偿

金额，保险人有权重新核定。不属于保险人赔偿范围或超出保险人应赔偿金额的，保险人不承担赔偿责任。

⑤ 被保险机动车重复保险的，保险人按照保险合同的责任限额与各保险合同责任限额的总和的比例承担赔偿责任。其他保险人应承担的赔偿金额，保险人不负责赔偿和垫付。

⑥ 保险人受理报案、现场查勘、参与诉讼、进行抗辩、向被保险人提供专业建议等行为，均不构成保险人对赔偿责任的承诺。

⑦ 保险人支付赔款后，对被保险人追加的索赔请求，保险人不承担赔偿责任。

⑧ 被保险人获得赔偿后，保险合同继续有效，直至保险期间届满。

6.2.7　保险费调整

保险费调整的比例和方式以保险监管部门批准的机动车保险费率方案的规定为准。

6.2.8　合同的变更和终止

① 保险合同的内容如需变更，须经保险人与投保人书面协商一致。

② 在保险期间内，被保险机动车转让他人的，投保人应当书面通知保险人并办理批改手续。

③ 保险责任开始前，投保人要求解除保险合同的，应当向保险人支付应交保险费5%的退保手续费，保险人应当退还保险费。

保险责任开始后，投保人要求解除保险合同的，自通知保险人之日起，保险合同解除。保险人按短期月费率收取自保险责任开始之日起至合同解除之日止期间的保险费，并退还剩余部分保险费。表6－1为短期月费率。

表6－1　短期月费率表

保险期间/月	1	2	3	4	5	6	7	8	9	10	11	12
短期月费率/%	10	20	30	40	50	60	70	80	85	90	95	100

注：保险期间不足一个月的部分，按一个月计算。

6.2.9　相关术语的解释

(1) 家庭自用汽车

指在中华人民共和国境内（不含港、澳、台地区）行驶的家庭或个人所有，且用途为非营业性运输的核定座位在9座以下的客车。

(2) 非营业用汽车

指在中华人民共和国境内（不含港、澳、台地区）行驶的党政机关、企事业单位、社会团体、使领馆等机构从事公务或在生产经营活动中不以直接或间接方式收取运费或租金的自用汽车，包括客车、货车、客货两用车。

6.3　汽车保险附加险

自2006年汽车保险条款和费率进一步放开后，各保险公司为了满足汽车保险客户的需求，扩大市场份额，提高市场占有率和服务质量，纷纷推出新的附加险品种，使汽车保险附加险由原来的 9 种增加到现在的 30 余种。值得注意的是 2007 版机动车商业保险行业基本条款中规定，车上人员责任险和机动车盗抢险既可以作为主险，也可以作为附加险。

6.3.1 汽车车身险的附加险

汽车车身险的附加险包括：全车盗抢险、玻璃单独破碎险、车辆停驶损失险、自燃损失险、火灾、爆炸、新增设备损失险、救助特约条款等（以下只列部分进行说明）。未投保汽车车身险的，不得投保上述相应的附加险。所投保的附加险必须在保单上列明。

汽车车身险的保险责任终止时，相应的附加险的保险责任同时终止。

1. 全车盗抢险

1）保险责任

① 保险车辆被盗窃、抢劫、抢夺，经出险当地县级以上公安刑侦部门立案证明，满 60 天未查明下落的全车损失。

保险车辆被盗窃、抢劫、抢夺：指保险车辆全车（含投保的挂车）在停放中被他人偷走，或在停放和行驶中被劫走或被夺走，下落不明。

经县级以上公安刑侦部门立案证明：指经县级以上（含县级）独立的刑事侦察部门立案并出具书面证明。

满 60 天：指自保险车辆被盗窃、抢劫、抢夺之日起满 60 天。

抢劫：指用暴力把别人的东西夺过来，据为己有。

抢夺：指用强力把别人的东西夺过来。

② 保险车辆全车被盗窃、抢劫、抢夺后，受到损坏或车上零部件、附属设备丢失需要修复的合理费用。

③ 保险车辆在被抢劫、抢夺过程中，受到损坏需要修复的合理费用。

2）责任免除

① 非全车遭盗窃，仅车上零部件或附属设备被盗窃或损坏。

② 保险车辆被诈骗、罚没、扣押造成的损失。

保险车辆被他人诈骗或被保险人因违反政府有关法律、法规被有关国家机关罚没、扣押期间造成的全车或部分损失，保险人不负责赔偿。

③ 被保险人因民事、经济纠纷而导致保险车辆被抢劫、抢夺。

无论公安部门是否出具保险车辆被抢劫、抢夺的书面证明，只要是被保险人与他人因民事或经济纠纷而导致保险车辆被抢劫、抢夺，保险人均不负赔偿责任。

④ 租赁车辆与承租人同时失踪。

⑤ 全车被盗窃、抢劫、抢夺期间，保险车辆造成第三者人身伤亡或财产损失。

指保险车辆在全车被盗窃、抢劫、抢夺期间，无论任何人驾驶该车辆肇事，导致第三者的人员伤亡或财产损失，保险人不赔偿。

⑥ 被保险人及其家庭成员、被保险人允许的驾驶人的故意行为或违法行为造成的损失。

3）保险金额

保险金额由投保人和保险人在投保时根据保险车辆的实际价值协商确定。

当保险车辆的实际价值高于购车发票金额时，以购车发票金额确定保险金额。

上述内容规定了全车盗抢险保险金额的确定方式，保险金额在投保时车辆的实际价值内协商确定，最高不得超过实际价值。

4）赔偿处理

① 被保险人知道保险车辆被盗窃、抢劫、抢夺后，应在24小时内向出险当地公安刑侦部门报案，并通知保险人。

被保险人得知或应当得知保险车辆被盗窃、抢劫、抢夺后，应在24小时内（不可抗力因素除外）向当地公安部门报案，同时通知保险人，并登报声明；登报声明：指被保险人在通知保险人后，在保险人指定的报纸上登载其保险车辆被盗窃、抢劫、抢夺的声明。

② 被保险人索赔时，须提供保险单、汽车行驶证、汽车登记证书、汽车来历凭证、车辆购置税完税证明（车辆购置附加费缴费证明）或免税证明、车辆停驶手续以及出险当地县级以上公安刑侦部门出具的盗抢立案证明。

被保险人向保险人索赔时，还须提供购车原始发票、车钥匙等。

③ 全车损失，在保险金额内计算赔偿，并实行20%的免赔率。被保险人未能提供汽车行驶证、汽车登记证书、汽车来历凭证、车辆购置税完税证明（车辆购置附加费缴费证明）或免税证明的，每缺少一项，增加1%的免赔率。

部分损失，在保险金额内按实际修复费用计算赔偿。

保险车辆在被盗窃、抢劫、抢夺期间受到损坏或车上零部件，附属设备丢失的损失，按实际修复费用计算赔偿，最高不超过全车盗抢险保险金额。

④ 被保险人索赔时，未能提供车辆停驶手续或出险当地县级以上公安刑侦部门出具的盗抢立案证明，保险人不承担赔偿责任。

⑤ 保险人确认索赔单证齐全、有效后，被保险人签具权益转让书，保险人赔付结案。

⑥ 保险车辆全车被盗窃、抢劫、抢夺后被找回的：保险人尚未支付赔款的，车辆应归还被保险人。

保险人已支付赔款的，车辆应归还被保险人，被保险人应将赔款返还给保险人；被保险人不同意收回车辆，车辆的所有权归保险人，被保险人应协助保险人办理有关手续。

上述规定了全车盗抢险的赔偿处理方式，需要说明的是：

保险车辆全车损失的，按本附加险载明的保险金额赔偿，即：

赔款＝保险金额×(1－免赔率)

保险车辆部分损失的，按实际修复费用赔偿。

被盗抢的保险车辆找回后处理方法的规定：如被盗抢的保险车辆找回，保险人尚未赔偿的，应将该车辆归还被保险人，保险人只按本附加险有关赔偿的保险责任进行赔偿；保险人已赔偿的，应将该车辆归还被保险人，同时收回相应的赔偿。如果被保险人不愿意收回原车，则车辆的所有权益归保险人，被保险人应协助保险人做好该车的善后工作。

2. 玻璃单独破碎险

1）保险责任

保险车辆风挡玻璃或车窗玻璃的单独破碎，保险人负责赔偿。

投保了本保险的汽车在使用过程中，发生本车玻璃单独破碎，保险人按实际损失计算赔偿。

2）投保方式

投保人与保险人可协商选择按进口或国产玻璃投保。保险人根据协商选择的投保方式承担相应的赔偿责任。

投保人在与保险人协商的基础上，可自愿按进口风挡玻璃或国产风挡玻璃选择投保。

3）责任免除

除安装、维修车辆过程中造成的玻璃单独破碎之外，还包括：

① 灯具、车镜玻璃破碎，保险人不负责赔偿。

② 被保险人或驾驶人的故意行为，造成的玻璃破碎，保险人也不负赔偿责任。

玻璃单独破碎险条款可从以下 5 个方面来理解：

① 本附加险所称玻璃，仅指保险车辆的风窗玻璃和车窗玻璃。

② 汽车灯具玻璃、车镜玻璃破碎等均不属本附加险责任。

③ 发生玻璃单独破碎后，保险人按受损玻璃的实际修复费用给予赔偿。

④ 选择进口风挡玻璃投保的，按进口风挡玻璃的价格予以赔偿。选择国产风挡玻璃投保的，按国产风挡玻璃的价格予以赔偿。

⑤ 本附加险不计免赔。

4）其他

本附加险在保险期限内发生赔款、续保时，不影响除本附加险以外的其他险种的无赔款保险费优待。

3. 车辆停驶损失险

1）保险责任

因发生车辆损失保险的保险事故，致使保险车辆停驶，保险人在保险单载明的保险金额内承担赔偿责任。

投保了本保险的汽车在使用过程中，因发生基本险保险责任范围内的保险事故，造成车身损毁，致使车辆停驶，保险人按以下规定承担赔偿责任。

① 部分损失的，保险人在双方约定的修复时间内，按保险单约定的日赔偿金额乘以从送修之日起至修复竣工之日止的实际天数计算赔偿。

② 全车损毁的，按保险单约定的赔偿限额计算赔偿。

③ 在保险期限内，上述赔款累计计算，最高以保险单约定的赔偿天数为限。

2）责任免除

① 被保险人或驾驶人未及时将保险车辆送修或拖延修理时间造成的损失。

② 因修理质量不合格，返修造成的损失。

另外，保险人对车辆被扣押期间的停驶损失不负责赔偿。

3）保险金额

保险金额按照投保时约定的日赔偿金额乘以约定的赔偿天数确定；约定的日赔偿金额最高为 300 元，约定的赔偿天数最长为 60 天。

赔偿限额以投保人与保险人在投保时约定的赔偿天数乘以约定的日赔偿金额为准，但本保险的最高约定赔偿天数为 60 天。

4）赔偿处理

全车损失，按保险单载明的保险金额计算赔偿；部分损失，在保险金额内按约定的日赔偿金额乘以从送修之日起至修复之日止的实际天数计算赔偿，实际天数超过双方约定修理天数的，以双方约定的修理天数为准。

在保险期限内，赔款金额累计达到保险单载明的保险金额，本附加险保险责任终止。

车辆停驶损失险可从以下4个方面来理解。

① 投保本附加险时，由保险双方在保险单上约定日赔偿金额和赔偿天数。约定赔偿天数最高为60天。

② 赔款的计算公式为：

部分损失赔款＝日赔偿金额×实际修理天数

全车损毁赔款＝日赔偿金额×约定赔偿天数

③ 在保险期限内，每次赔偿后要冲减约定的赔偿天数，赔偿天数一次或多次累计达到约定赔偿天数时，本附加险的保险责任即行终止。

④ 本附加险的保险期限到期时，无论赔偿天数一次或多次累计是否达到约定天数，本附加险的保险责任即行终止；但如本附加险的保险期限到期时，保险车辆尚未修复完毕，保险人在约定的赔偿天数内继续承担保险责任。

4. 自燃损失险

1）保险责任

① 因保险车辆电器、线路、供油系统发生故障或所载货物自身原因起火燃烧造成本车的损失。

② 发生保险事故时，被保险人为防止或者减少保险车辆的损失所支付的必要的、合理的施救费用。

投保了本保险的汽车在使用过程中，因本车电器、线路、供油系统发生故障及运载货物自身原因起火燃烧，造成保险车辆的损失，以及被保险人在发生本保险事故时，为减少保险车辆损失所支出的必要合理的施救费用，保险人在保险单该项目所载明的保险金额内，按保险车辆的实际损失计算赔偿；发生全部损失的按出险时保险车辆实际价值在保险单该项目所载明的保险金额内计算赔偿。

2）责任免除

① 自燃仅造成电器、线路、供油系统的损失。

② 所载货物自身的损失。

对下列原因造成的损失，保险人不负责赔偿：

① 被保险人在使用保险车辆过程中，因人工直接供油、高温烘烤等违反车辆安全操作规则造成的损失。

② 被保险人的故意行为或违法行为造成保险车辆的损失。

3）保险金额

保险金额由投保人和保险人在投保时保险车辆的实际价值内协商确定。

4）赔偿处理

① 全部损失，在保险金额内计算赔偿；部分损失，在保险金额内按实际修理费用计算赔偿。

② 施救费用在保险金额内按实际支出计算赔偿。

③ 每次赔偿实行20％的免赔率。

自燃损失险的几个具体问题：

① 自燃：指保险车辆因本车电器、线路、供油系统、货物自身等发生问题造成的火灾。

② 发生部分损失，按照实际修复费用赔偿。

③ 无论部分损失还是全部损失，每次赔款均实行20%的绝对免赔率。

5. 火灾、爆炸、自燃损失险

1）保险责任

① 火灾、爆炸、自燃造成保险车辆的损失。

② 发生保险事故时，被保险人为防止或者减少保险车辆的损失所支付的必要的、合理的施救费用。

2）责任免除

① 自燃仅造成电器、线路、供油系统的损失。

② 所载货物自身的损失。

③ 轮胎爆裂的损失。

3）保险金额

保险金额由投保人和保险人在投保时保险车辆的实际价值内协商确定。

4）赔偿处理

① 全部损失，在保险金额内计算赔偿；部分损失，在保险金额内按实际修理费用计算赔偿。

② 施救费用在保险金额内按实际支出计算赔偿。

③ 每次赔偿实行20%的免赔率。

6. 新增加设备损失险

1）保险责任

投保了本保险的汽车在使用过程中，发生基本险条款所列的保险事故，造成车上新增加设备的直接损毁，保险人在保险单该项目所载明的保险金额内，按实际损失计算赔偿。

2）保险金额

保险金额：以新增加设备的实际价值确定。

3）赔偿处理

本保险每次赔偿均实行绝对免赔率，绝对免赔率的比例按照基本险的规定确定。

4）其他事项

本保险所指的新增加设备，是指保险车辆出厂时原有各项设备以外，被保险人另外加装的设备及设施。办理本保险时，应列明车上新增加设备明细表及价格。

新增加设备损失险可从以下5个方面来理解。

① 本保险所指的新增加设备：是指除保险车辆出厂时原有各项附属设备以外，被保险人另外加装或改装的设备与设施。如在保险车辆上加装制冷、加氧设备、清洁燃料设备、CD及电视录像设备、检测设备、真皮或电动座椅、电动升降器、防盗设备、CPS等。

② 未发生保险事故，而新增加设备单独损毁，如被盗窃、丢失、故障、老化、被破坏等，保险人不负赔偿责任。

③ 实际价值：指在投保时新增加设备的市场价格，保险金额在实际价值内由保险人和被保险人协商确定。

④ 发生部分损失，按照实际修复费用赔偿。

⑤ 办理本保险时，应列明车上新增加设备明细表及价格。未列明的新增加设备，保险

人不负责赔偿。

7. 救助特约条款

投保了车辆损失保险的车辆，可附加本特约条款。

1）保险责任

保险车辆在行驶过程中发生事故或故障，保险人给予下列赔偿或救助：

（1）下列情况下，被保险人为防止或者减少保险车辆的损失所支付的必要的、合理的施救费用，应由被保险人承担的部分，保险人负责赔偿

① 车辆损失保险中，因不足额保险而由被保险人自己承担的施救费用。

② 根据车辆损失保险条款的约定，按驾驶人在保险事故中所负责任比例应予免赔而由被保险人自己承担的施救费用。

③ 应由第三方承担的施救费用，被保险人支付后又无法追回的。

（2）在约定的救助区域内，因保险车辆发生意外事故或故障致使保险车辆无法行驶，经被保险人申请，保险人提供下列救助

① 拖车（将车辆拖至距出险地点最近的修理场所）。

② 简单故障现场急修。

③ 保险车辆因缺油、缺电而无法行驶时，保险人提供送油（每次以 10 L 为限）、充电。

④ 更换轮胎。

2）责任免除

① 因车辆损失保险条款责任免除中约定的情况造成的车辆救助费用，保险人不负责赔偿。

② 非保险人提供的救助所产生的费用，保险人不负责赔偿。

③ 油料和更换的零配件、轮胎等成本费用，保险人不负责赔偿。

④ 法律或国家有关部门规定不允许进入的区域，保险人不负责救助。

⑤ 其他不属于本特约条款责任范围内的损失和费用，保险人不负责赔偿。

3）在保险期限内仅发生过本特约条款保险责任第 2 条的赔款的

续保时，不影响本特约条款以外险种的无赔款保险费优待。

6.3.2 第三者责任险的附加险

在投保了第三者责任险的基础上方可投保车上人员责任险、车上货物责任险、无过失责任险、车载货物掉落责任险。

1. 车上人员责任险

1）保险责任

发生意外事故，造成保险车辆上人员的人身伤亡，依法应由被保险人承担的经济赔偿责任，保险人负责赔偿。

投保了本保险的汽车在使用过程中，发生意外事故，致使保险车辆上人员的人身伤亡，依法应由被保险人承担的经济赔偿责任，以及被保险人为减少损失而支付的必要的、合理的施救、保护费用，保险人在保险单所载明的该保险赔偿限额内计算赔偿。

2）责任免除

① 违章搭乘人员的人身伤亡。

② 车上人员因疾病、分娩、自残、殴斗、自杀、犯罪行为造成的人身伤亡或在车下时遭受的人身伤亡。

由于以下原因引起的损失，保险人不负责赔偿。

① 凡由于违章搭乘直接导致事故发生，造成人员伤亡，保险人不负赔偿责任。

违章搭乘的人员：是指客货混载或超核定载客数载客等。

② 由于驾驶人的故意行为或本车上的人员因疾病、分娩、自残、殴斗、自杀、犯罪行为所致的人身伤亡，以及车上人员在车下时所受的人身伤亡。

3）责任限额

车上人员每人责任限额和投保座位数由投保人和保险人在投保时协商确定。投保座位数以保险车辆的核定载客数为限。保险事故发生时，如车上人员伤亡数多于投保座位数，保险人仅承担其中的投保座位数部分的赔偿责任。

核定载客数：指汽车行驶证所载明的载客数。

4）赔偿处理

车上人员的人身伤亡按《道路交通事故处理程序规定》规定的赔偿范围、项目和标准以及保险合同的约定赔偿，每人赔偿金额不超过保险单载明的每人责任限额，赔偿人数以投保座位数为限。

① 车上人员伤亡的赔偿范围、项目和标准以《道路交通事故处理程序规定》的规定为准，在此基础上根据保险单载明的每座赔偿限额及投保座位数计算赔偿金额。

② 每次赔偿均实行相应的免赔率，免赔率及办法与基本险对免赔率的规定相同。

2. 车上货物责任险

1）保险责任

发生意外事故，致使保险车辆所载货物遭受直接损毁，依法应由被保险人承担的经济赔偿责任，保险人负责赔偿。

2）责任免除

① 哄抢、自然损耗、本身缺陷、短少、死亡、腐烂、变质造成的货物损失。

② 违法、违章载运或因包装不善造成的损失。包括因包装、紧固不善，装载、遮盖不当造成的货物损失。违章载货：是指所载货物超过公安交通管理部门核定的长度、宽度、高度等。

③ 车上人员携带的私人物品。

3）责任限额

责任限额由投保人和保险人在投保时协商确定。

4）赔偿处理

被保险人索赔时，应提供运单、起运地货物价格证明等相关单据。保险人在责任限额内按起运地价格计算赔偿。每次赔偿实行 20%的免赔率。

承运的货物发生保险责任范围内的损失，保险人按起运地价格在赔偿限额内负责赔偿。

3. 无过失责任险

1）保险责任

保险车辆与非汽车或行人发生交通事故，造成对方的人身伤亡或财产直接损毁，保险车辆方无过失，且被保险人拒绝赔偿未果，对被保险人已经支付给对方而无法追回的费用，保险人按照《道路交通事故处理程序规定》和出险当地的道路交通事故处理规定标准，在责任限额内计算赔偿。每次赔偿实行20%的免赔率。

2）责任限额

责任限额由投保人和保险人在5万元以内协商确定。

4. 车载货物掉落责任险

1）保险责任

被保险人或其允许的合格驾驶人在使用保险车辆过程中，所载货物从车上掉落致使第三者遭受人身伤亡或财产的直接损毁，依法应当由被保险人承担的经济赔偿责任，保险人在保险单所载明的本保险赔偿限额内负责赔偿。车载货物分为固体、液体和气体。本附加险所承担的保险责任，指投保了本保险的汽车在正常使用过程中，装载在保险车辆上的固体货物（对盛装液体和气体的容器视同固体货物对待），从保险车辆掉下，砸伤（亡）他人或砸毁他人的财产，应由被保险人承担的经济赔偿责任，保险人在保险单所载明的赔偿限额内计算赔偿。

2）责任免除

① 被保险人及其家庭成员的人员伤亡、财产损失。

② 在装卸过程中货物掉落所造成的损失。

③ 车载货物掉落造成保险车辆及货物本身的损失。

④ 车上所载气体、液体泄漏所造成的第三者人身伤亡或财产损毁。

3）赔偿限额

每次事故最高赔偿限额由投保人投保时与保险人协商确定。

4）赔偿处理

本保险每次赔偿均实行20%的绝对免赔率，无论保险事故损失大小。

6.3.3 特约责任险

只有在同时投保了汽车车身险和第三者责任险的基础上方可投保本附加险，当汽车车身险和第三者责任险中任一险别的保险责任终止时，本附加险的保险责任同时终止。

1. 不计免赔特约条款

1）保险责任

经特别约定，保险事故发生后，按对应的投保险种，应由被保险人自行承担的免赔金额，保险人负责赔偿。

办理本项特约保险的汽车发生保险事故造成赔偿，对其在符合赔偿规定的金额内按基本险条款规定的免赔金额，保险人负责赔偿。

不计免赔是指根据基本险条款的规定，保险人负责赔偿车辆损失险和第三者责任险所实行的免赔金额。

在保险期限内，不论保险车辆发生一次或多次基本险保险事故，本附加险均承担相应的不计免赔责任。

2）责任免除

下列应由被保险人自行承担的免赔金额，保险人不负责赔偿：

① 车辆损失保险中应当由第三方负责赔偿而确实无法找到第三方的。

② 因违反安全装载规定增加的。

③ 同一保险年度内多次出险，每次增加的。

④ 非约定驾驶人使用保险车辆发生保险事故增加的。

⑤ 附加盗抢险或附加火灾、爆炸、自燃损失险或附加自燃损失险中约定的。

对于各附加险项下规定的免赔金额，保险人不负责赔偿。

2. 车身划痕损失险

1）适用范围

适用于已投保车辆损失保险的家庭自用或非营业用、使用年限在 3 年以内、9 座以下的客车。

2）保险责任

无明显碰撞痕迹的车身划痕损失，保险人负责赔偿。

3）责任免除

被保险人及其家庭成员、驾驶人及其家庭成员的故意行为造成的损失。

4）保险金额

保险金额为 5 000 元。

5）赔偿处理

在保险金额内按实际修理费用计算赔偿。

在保险期限内，赔款金额累计达到保险金额，本附加险保险责任终止。

3. 沿海气象灾害险

1）保险责任

(1) 保险车辆在保险期限内，因下列列明原因造成保险车辆腾空、翻倒、泡损、淹没或下落不明的损失，保险人负责赔偿

① 台风：是发生在太平洋西部极猛烈的热带气旋。按我国规定：中心附近地面（或海面）风速在 32.6 m/s 以上（11 级以上）为台风。

② 热带风暴：是发生在太平洋西部极猛烈的热带气旋。按我国规定：中心附近地面（或海面）风速在 17.2～32.6 m/s（风力 8～11 级）为热带风暴。

③ 海啸：是由于地震或风暴而造成的海面巨大涨落现象。

(2) 发生保险事故时，被保险人或其代表对保险车辆采取施救、保护措施所支出的合理费用，保险人负责赔偿

但此项费用的最高赔偿金额以保险金额为限。

2）保险金额

按保险车辆投保时的实际价值确定。

3）赔偿处理

保险人在保险单该项目所载明的保险金额内，按保险车辆的实际损失赔偿。

4. 地陷险

1）保险责任

① 被保险人或其允许的合格驾驶人在使用保险车辆过程中，因地表突然下陷造成保险车辆的直接损毁，保险人负责赔偿。

本款中保险车辆的直接损毁包括由于地表突然下陷造成建筑物倒塌致保险车辆损毁等，

按近因原则应归属于本责任范围内的损失。

② 发生保险事故时，被保险人或其代表对保险车辆采取施救、保护措施所支出的合理费用，保险人负责赔偿。但此项费用的最高赔偿金额以保险金额为限。

2）保险金额

按保险车辆投保时的实际价值确定。

3）赔偿处理

保险人在保险单该项目所载明的保险金额内，按保险车辆的实际损失赔偿。

5. 地质灾害险

1）保险责任

(1) 被保险人或其允许的合格驾驶人在使用保险车辆过程中，因下列列明原因造成保险车辆的直接损毁，保险人负责赔偿

① 崖崩：是指石崖、土崖因自然风化、雨蚀而崩裂下塌，或山上岩石滚落，或雨水使山上沙土透湿而崩塌。

② 滑坡：是指斜坡上不稳的岩体或土体在重力作用下突然整体向下滑动。

③ 泥石流：是指山地突然暴发含大量泥沙、石块的洪流。

本款中保险车辆的直接损毁是指崖崩、滑坡、泥石流使保险车辆遭受撞击、冲击、翻倒、泡损、淹没、下落不明等按近因原则应归属本责任范围内的损失，伴随地震、洪水、暴雨等自然灾害发生的崖崩、滑坡、泥石流不属于本保险责任。

(2) 发生保险事故时，被保险人或其代表对保险车辆采取施救、保护措施所支出的合理费用，保险人负责赔偿

但此项费用的最高赔偿金额以保险金额为限。

2）保险金额

按保险车辆投保时的实际价值确定。

3）赔偿处理

保险人在保险单该项目所载明的保险金额内，按保险车辆的实际损失赔偿。

6. 冰雪灾害险

1）保险责任

(1) 被保险人或其允许的合格驾驶人在使用保险车辆过程中，因下列列明原因造成保险车辆的直接损毁，保险人负责赔偿

① 雪崩：是指大量积雪突然崩裂。

② 冰陷：是指公安交通管理部门允许车辆行驶的冰面突然下陷。

③ 雪灾：因每平方雪压超过建筑结构规范规定的荷载标准，以致压塌房屋、建筑物造成保险车辆的损失。

④ 冰凌：即气象部门称的凌汛，春季江河解冻期时冰块漂浮遇阻，堆积成坝，堵塞江道，造成水位急剧上升，以致冰凌、江水溢出江道，蔓延成灾。冰雪在物体上结成冰或冰块掉落致使保险车辆遭受损失，也属于本保险责任。

(2) 发生保险事故时，被保险人或其代表对保险车辆采取施救、保护措施所支出的合理费用，保险人负责赔偿

但此项费用的最高赔偿金额以保险金额为限。

2）责任免除

保险车辆在非交通管理部门允许的冰面上行驶时造成的车辆损毁，保险人不负赔偿责任。

3）保险金额

按保险车辆投保时的实际价值确定。

4）赔偿处理

保险人在保险单该项目所载明的保险金额内，按保险车辆的实际损失赔偿。

7. 过渡险

1）保险责任

① 被保险人或其允许的合格驾驶人在使用保险车辆过程中，因跨越江河、湖海、海峡的需要，驾驶人把车辆开上渡船并随车照料到对岸，在此期间因发生意外事故或遭受自然灾害，造成保险车辆车身损毁，保险人负责赔偿。

② 发生保险事故时，被保险人或其代表对保险车辆采取施救、保护措施所支出的合理费用，保险人负责赔偿。但此项费用的最高赔偿金额以保险金额为限。

2）保险金额

按保险车辆投保时的实际价值确定。

3）赔偿处理

保险人在保险单该项目所载明的保险金额内，按保险车辆的实际损失赔偿。

8. 可选免赔额特约条款

只有在投保了车辆损失险基础上方可特约本条款。当车辆损失险的保险责任终止时，本保险责任同时终止。

特约了本条款的投保人在投保时可以与保险人协商确定一个绝对免赔额。按保险合同其他条款计算的保险人应负赔偿额度低于该绝对免赔额时，保险人不承担赔偿责任；高于该绝对免赔额时，保险人在扣除该免赔额后，对高出部分予以赔偿。选择了本特约条款后，赔款计算式为：

赔款＝按车辆损失险计算的赔款－选定的免赔额

投保了本条款的投保人可以依其所选定免赔额的不同享受相应的费率优惠。被保险人发生保险事故后，应及时进行施救并避免损失的进一步扩大，如被保险人未尽到合理施救的义务致使损失扩大时，保险人有权对损失或扩大的损失部分予以拒赔。

本条款不适用于玻璃单独破碎险、全车盗抢险及车辆停驶损失险。

特约了本条款后，主条款的免赔规定不发生改变。

9. 里程变额特约条款

只有在投保了车辆损失险基础上方可特约本条款。当车辆损失险的保险责任终止时，本保险责任同时终止。

特约了本条款的投保人，可在投保时与保险人协商：当按国家规定的行驶里程数计算的折旧率低于按年计算的折旧率时，按已行驶里程数计算的折旧率确定保险车辆全部损失的保险金额。按行驶里程折旧率计算公式为：

折旧率＝投保时已行驶里程累计数/国家规定的最高累计行驶里程数

特约了本条款后，主条款的免赔规定不发生改变。

10. 价值损失特约条款

只有在投保了车辆损失险基础上使用年限在 1 年以内的私人生活用车及行政用车方可特约本条款。当车辆损失险的保险责任终止时，本保险责任同时终止。

特约了本条款的保险车辆发生车辆损失险责任范围内的部分损失时，保险人对由于车辆损毁引起的车辆贬值按以下方式进行补偿：

① 当保险车辆的实际修复费用大于或等于新车购置价的 10%（含 10%）时，按新车购置价的 10%给予补偿。

② 当保险车辆的实际修复费用小于新车购置价的 10%时，按实际修复费用给予补偿。

保险人对保险车辆的价值损失进行一次补偿后，本保险责任自动终止。

本条款所指新车购置价不含车辆购置税。

本特约条款项下的赔偿不实行免赔。

11. 换件特约条款

只有在投保了车辆损失险基础上方可特约本条款。当车辆损失险的保险责任终止时，本保险责任同时终止。

特约了本条款的保险车辆发生车辆损失险责任范围内的事故，造成保险车辆损坏需要修理时，保险人按被保险人的要求对应予修理的配件给予更换，被更换的配件归保险人所有。

特约了本条款后，主条款的免赔规定不发生改变。

12. 指定部位赔偿条款

只有在投保了车辆损失险基础上方可特约本条款。特约了本条款的保险车辆发生保险事故后，保险人仅对保险事故造成投保人指定的下列车辆部位的损失予以赔偿。

① 发动机。

② 底盘。

③ 车身。

④ 电器部分。

⑤ 车饰：指被保险人自行添加或改造的用于增加车辆舒适或美观的车体内的配置。

特约了本保险后，保险人对投保人指定部位以外的车体损失均不负赔偿责任。

特约了本条款后，主条款的免赔规定不发生改变。

13. 救援费用特约条款

只有在投保了车辆损失险基础上方可特约本条款。当车辆损失险的保险责任终止时，本保险责任同时终止。

特约了本条款的保险车辆在行驶过程中，在合同约定的救援范围内因发生故障或事故而丧失行驶能力时，可要求保险人给予救援，或在征得保险人事先同意后自行安排施救，对由此支出的救援费用保险人负责赔偿，但每次事故最高赔偿限额不超过 3 000 元。

保险人对保险车辆的救援以保险车辆能够脱离困境为限，若需更换零配件或加装燃油超过 10 L 以上时，保险人按成本价另行收取费用。

如果保险车辆因保险事故而致救援时，保险人不在本条款项下进行赔付。

本特约条款项下的赔偿不实行免赔。

14. 代步车特约条款

只有在投保了车辆损失险基础上方可特约本条款。当车辆损失险的保险责任终止时，本保险责任同时终止。

特约了本条款的保险车辆因发生车辆损失险责任范围内的事故，造成车辆损毁，致使车辆需要修理时，保险人按下列规定计算为被保险人提供代步车租金的额度。

① 部分损毁时，自被保险人报案之日起至修复竣工之日止的实际天数乘以保险单约定的日租金额。

② 全车损毁时，按保险单约定天数乘以保险单约定的日租金额。

③ 在车辆损失险约定的保险期限内，上述累计支付的代步车租金天数最高不超过30天，日租金额最高不超过300元。

保险人对下列情况不承担代步车租金的支付：

① 非因车辆损失险约定的保险事故而致车辆需要修理。

② 非在保险人指定的修理厂修理时，因车辆修理技术不合要求造成返修，在返修期间的代步车费用。

③ 保险车辆在扣押、罚没期间及被保险人或其驾驶人拖延车辆送修期间的代步车费用。

15. 基本险不计免赔特约条款

只有在同时投保了车辆损失险及第三者责任险基础上方可特约本条款。当车辆损失险和第三者责任险中任一险别的保险责任终止时，本保险责任同时终止。

特约了本条款的汽车发生保险事故造成赔偿，对其在符合赔偿规定的金额内按基本险规定计算的按责免赔金额，保险人负责赔偿。

下列各项免赔金额，保险人不负责赔偿。

① 各附加险项下规定的免赔金额。

② 保险合同中规定的由于被保险人索赔时未提供必要单证而增加的免赔金额。

③ 保险合同中规定的由于投保人、被保险人未履行或未完全履行义务而增加的免赔金额。

④ 保险合同中规定的由于保险车辆在1个保险年度内4次及以上索赔而增加的免赔金额。

16. 附加险不计免赔特约条款

只有在同时投保了车辆损失险及第三者责任险基础上方可特约本条款。当车辆损失险和第三者责任险中任一险别的保险责任终止时，本保险责任同时终止。

特约了本条款的保险车辆发生保险事故造成赔偿，对其在符合赔偿规定的金额内按其所投保附加险种的规定计算的免赔金额，保险人负责赔偿。

但下列各项免赔金额，保险人不负责赔偿。

① 基本险项下规定的免赔金额。

② 保险合同中规定的由于被保险人索赔时未提供必要单证而增加的免赔金额。

③ 保险合同中规定的由于投保人、被保险人未履行或未完全履行义务而增加的免赔金额。

④ 保险合同中规定的由于保险车辆在1个保险年度内4次及以上索赔而增加的免赔金额。

17. 法律服务特约条款

只有在同时投保了车辆损失险及第三者责任险基础上方可特约本条款。当车辆损失险和第三者责任险中任一险别的保险责任终止时，本保险责任同时终止。

特约了本条款的保险车辆发生保险事故，与第三方产生纠纷后可要求保险人提供以下法律服务。

① 保险事故在按行政程序处理阶段，保险人提供事故处理的任何方面的法律咨询。

② 保险事故在按仲裁程序或司法程序处理阶段，可授权保险人代为处理各种法律事宜，并由保险人承担因此引起的交通费、住宿费、人工费、诉讼费、仲裁费、评估费、鉴定费。如赔偿纠纷涉及的金额超过按本保险单保险人应承担的赔偿金额，保险人按本保单应承担的赔偿金额与赔偿纠纷所涉及的总金额的比例承担本例列明的各项费用。

下列法律事务或费用，保险人不予负责。

① 被吊扣、吊销证件、扣押、罚没等事宜。

② 罚金及交通事故处理费及其他行政费用。

③ 与保险事故无关的法律事务。

④ 具有人身处罚性质的法律事务。

被保险人向保险人委托有关事宜时，应与保险人在立场、观点等方面达成一致；在事务处理过程中，如被保险人确实需要与事故的第三方接触，应事先通知保险人，但不得私下对他方作出任何承诺，否则保险人有权中断对代理事务的处理并不承担相关费用；保险人不对法律服务的结果作出承诺。

保险人对每次事故的处理以仲裁机构的仲裁或法院的终审判决或调解为止，对在此以后发生的任何事务或费用，保险人均不再负责处理或承担。

本特约条款项下的赔偿不实行免赔。

18. 指定行驶区域条款

只要投保了车辆损失险或第三者责任险即可特约本条款。当车辆损失险或第三者责任险的保险责任终止时，本保险责任同时终止。

特约了本条款的保险车辆，投保人可在投保时与保险人在下列范围内约定行驶区域，作为本保险合同的保障范围，保险人仅当保险车辆行驶于约定区域内发生保险事故时进行赔偿，行驶出约定区域时，不论发生任何事故，保险人均不负赔偿责任。

① 出入境：指保险车辆的行驶范围超出中华人民共和国境内（不含港、澳、台地区）。

② 境内：指保险车辆仅在中华人民共和国境内（不含港、澳、台地区）行驶。

③ 省内：指保险车辆仅在合同约定的省、自治区、直辖市内行驶。

④ 指定区域：指保险车辆不在公路、城市街道和胡同（里巷），以及公共广场、公共停车场等供车辆、行人通行的地方行驶，仅在工地、机场、工厂、码头等固定范围内使用。

保险人根据投保人指定范围的不同执行不同的费率标准。特约了本条款后，主条款的免赔规定不发生改变。

19. 非常事故损失特约险

非常事故损失特约险是专门针对酒后驾车行为推出的附加险，不能单独投保，只有投保了相关主险后，才可投保这一险种。费率为0.8%，每份保费2 000元。如果驾车者在酒后驾驶，导致第三者受到伤害或财产损失，保险公司最高可赔偿25万元。非常事故损失特约险的内容如下。

1）保险责任

在交通事故责任认定书载明的驾驶人饮酒驾车肇事，致使第三者人身伤亡或财产直接损失以及本车乘客遭受伤亡，依法应由被保险人负责赔偿的，保险人依据本条款的约定承担保险责任。

2）保险金额

每次事故损失的责任限额为人民币 25 万元。

3）赔偿处理

本附加险实行 30％的绝对免赔率。

6.4　2007 版商业车险

2007 年 3 月 11 日，中国保险监督管理委员会（以下简称“保监会”）对外公布了 2007 版商业车险。此车险统一了包括盗抢险、车上人员责任险等在内的 6 个附加险，这意味着车主将在不同保险公司看到更多相同的条款，而不用费心在各家公司间比较后再决定了。

据了解，这三款商业车险是在中国保险行业协会牵头下，由中国人保财险、中国平安保险和太平洋保险三家公司联合制定的。即将统一的 6 个附加险种包括盗抢险、车上人员责任险、玻璃单独破碎险、不计免赔率特约险、车身划痕损失险和可选免赔额特约险。各家保险公司将于 4 月 1 日启用新版商业车险条款。

目前，市场上的商业机动车辆保险共分 A、B、C 三款主险产品，各家保险公司可以从中选择一款开展业务，主险产品间的差异微乎其微。而现行的附加险是保险公司各自推出的个性产品，投保人选择起来比较麻烦。同样名为“盗抢险”，但在不同保险公司的赔付有可能完全不同：有的保险公司 100％不计免赔，即全额赔付，而有的只赔 80％，最少的只赔 50％。但大多数车主投保时只关注是否上了盗抢险，却很少留意是否有条款“差异”。6 款附加险统一后，将与以上三款商业车险配套使用。各公司可自主选择，而选择相同类别产品的公司，将执行统一的条款。

某车主表示，附加险统一后，将使车主在投保时更加方便，并不需因为一些烦琐的条款内容而头昏脑涨。同时，发生事故后各家公司由于条款不一，容易发生理赔纠纷，统一后将大大缓解纠纷的发生。

有专家分析，一旦将附加险条款费率统一，对于消费者而言，意味着今后各公司车险产品几乎如出一辙，加上折扣最低都只能打 7 折，今后车险的价格将趋同。

此外，新版车险条款还将盗抢险和车上人员责任险升格为主险，车主可单独购买该险种。以盗抢险为例，此险种以前是车损险的附加险，车主只有购买车损险后才能买该险种。新版车险条款启用后，车主不买车损险也能买盗抢险。

新版商业车险的折扣也进一步统一。其中“无赔款折扣”都统一分为上年发生 5 次及 5 次以上赔款、上年发生 4 次赔款、上年发生 3 次赔款、新保或上年发生 3 次以下赔款、上年无赔款、连续 2 年无赔款、连续 3 年及 3 年以上无赔款等 7 个档次，系数分别为 1.3、1.2、1.1、1、0.9、0.8、0.7。

车主续保及投保车辆平均年行驶里程不到 3 万公里的，三款产品提供的优惠均为 9 折；而年平均行驶 5 万公里以上，保费要提高 10％至 30％；上年无交通违法，保费打 9 折；属于老、旧、新、特车型的，保费上涨 30％至 100％。

6.4.1　主要内容与变化

新版车险行业条款仍然为 A、B、C 三套，保障范围、费率结构、费率水平和费率调节系数基本一致、略有差异。制定过程中充分考虑了消费者的风险水平与保险保障需求，以及各保险公司的经营管理实际和操作性。主要变化包括：

一是进一步扩大了覆盖范围。涵盖了车辆损失险、商业三者险、车上人员责任险、盗抢险、不计免赔率特约险、玻璃单独破碎险、车身划痕损失险和可选免赔额特约险等8个险种。

二是对费率调节系数进行了简化和规范。取消了与风险关系不紧密的系数，实现了与交强险的进一步衔接，还原了费率调节系数，反映消费者真实风险的真正作用。

三是完善条款约定。新版车险行业条款结合运行实际，对于条款约定不明确、实务中易引起纠纷的内容，在文字表述上进行了修改、完善，使条款约定更为严谨和通俗易懂，既方便投保人理解，也便于各保险公司规范操作。

6.4.2 行业条款与各保险公司自有产品的关系

行业条款是由中国保险行业协会制定的，各经营商业车险业务的保险公司可选择使用车险行业条款或自主开发车险条款，如果选择使用行业条款，则不得对行业条款进行任何修改。

同时，行业条款与各保险公司的个性化产品并不矛盾，在选择使用行业条款后，各保险公司仍然可以在行业条款基础上开发补充性车险产品和其他特色车险产品。最终将形成交强险与商业车险产品互为补充、紧密衔接，行业产品与各保险公司个性化产品相结合的车险产品体系，消费者将面对更为丰富的车险产品和更多的选择，实现保障的充分性和差异化。

6.4.3 实施新行业条款，对消费者的一些建议

一是应结合自身实际情况，充分考虑自身风险保障需求，在此基础上决定投保的险种。

二是不必过度关注价格和保障范围。行业产品为消费者提供了基本保障和标准产品，各家公司保障范围、费率结构、价格和费率调整系数基本一致、略有差异，因此，如果只是购买行业产品覆盖范围内的险种，在投保时不必过多关注价格水平的高低。

三是应注重保险公司的服务能力。由于保障和价格已经基本一致，消费者购买车险产品的价值就主要体现在服务方面，尤其是保险业本身就是服务行业，服务对消费者而言更加重要，因此，购买车险产品时首要考虑的因素就是服务，包括购买的便利性和出险后的理赔服务，尤其是理赔服务，应当选择服务网点多，服务优质、便捷的保险公司投保。

四是注重保险公司的品牌、信誉和综合实力。购买保险本来就是购买一种保障和安心，因此，在不必考虑价格因素的情况下，投保时应注重保险公司的品牌、实力和信誉，这样才能获得可靠、充分、及时的保障和全面、优质、高效、快捷的服务。

想一想 议一议

1. 何谓汽车损失保险？请说明汽车损失险的主要内容。
2. 何谓机动车第三者责任保险？请说明机动车第三者责任保险的主要内容。
3. 何谓汽车保险附加险？请说明汽车保险附加险的主要内容。
4. 试说明2007版商业车险的主要内容与变化。

第7章 汽车的投保与承保实务

汽车承保是保险人与投保人签订保险合同的过程，包括投保、核保、签发单证、续保与批改等程序。首先，个人或单位根据自身保险利益的风险情况，向保险人提出保险要求，填写投保单，协商确定保险费交付办法；其次，保险人审查投保单，向投保人询问有关保险标的和被保险人的各种情况，从而决定是否接受投保。如果保险人接受投保，则在保险单上签章并收取投保人缴纳的保险费，保险人向投保人出具保险单或保险凭证，保险合同即告成立。原保险合同期满后，投保人根据自己的意愿可以重新办理续保。再保险合同生效期间，如果保险标的所有权改变，或者投保人因某种原因要求更改或取消保险合同，都需要进行批改。

7.1 投保实务

7.1.1 机动车辆保险的选择

车险改革后，各保险公司根据车辆类型和客户群体的不同自主制定、修改和调整了机动车辆保险条款费率，推出了众多的机动车辆保险产品。我国保险市场进一步向多元化方向发展，保险市场竞争也越来越激烈。在保险公司细分市场需求、客户群体、风险特征，量体裁衣，实行个性化产品、差别费率的“超市型”保险产品的服务环境下，各保险公司的保险产品在条款、费率上都有一定差异。因此，投保人有了更大的选择余地，可以根据实际情况合理地选择保险公司的产品。

机动车辆保险的选择，是机动车辆所有人基于自己的风险需要，利用已掌握的保险知识及信息材料，进行对比分析，选择最佳的保险公司、投保险种及投保方式的行为过程。机动车辆保险的选择权也是法律赋予投保人的一项重要权利。《保险法》第11条规定：投保人和保险人订立保险合同，应当协商一致、遵循公平原则。除法律行政法规规定必须保险的以外，保险人可以自由选择自己信赖的保险公司进行投保，并选择自己满意的机动车辆保险产品和投保方式。目前，就机动车辆保险而言，根据《道路交通法》第17条规定：国家实行第三者责任强制保险制度。只有机动车第三者责任保险属于强制必保险种，单投保人仍然可以自由选择在哪家公司以何种方式进行投保。

投保人向保险人表示缔结保险合同的意愿，即为投保。因为保险合同的要约一般要求为书面形式，所以汽车保险的投保需要填写投保单。

7.1.2 投保单的性质

投保单是投保人向保险人要约的意思表示的书面文件，也是投保人要求投保的书面凭证。保险人接受了投保单，投保单就成为保险合同的要件之一。按保单原则上应载明订立保险合同所涉及的主要条款，投保单经过保险人审核、接受，就成为保险合同的组成部分。在我国汽车保险实务中，投保单经保险人接受并在其上签章后，保险合同即告成立。在保险合同履行时，投保人在投保单上填写的内容是投保人是否履行告知义务、保证义务、遵守最大诚信原则的重要凭证。如果对于投保单，保险人未签字承保，保险合同不成立，投保单不发生法律效率，发生保险责任事故，保险人不承担赔偿责任。表 7－1 是某汽车保险公司的保险单。

表 7－1　某保险公司的汽车保险单

投保人/被保险人					
个人身份证号码			组织机构代码		
联系人姓名					
联系地址				邮政编码	
行驶证车主					
投保险种	□商业车险　□交通事故责任强制保险		加强险承保公司	其保单号	写入备注
车辆类型			厂牌型号	排量	
新车购置价格			购置时间	车身颜色	
发动机号			车架号（VIN）		
核定座位或载重质量			车牌号码		
车辆制造/登记年月		□国产　□进口　□改装或组装			
指定驾驶员	主　姓名	性别	年龄	准驾车型	驾龄
	副　姓名	性别	年龄	准驾车型	驾龄
	投 保 险 种		保险金额/赔偿限额（万元）		保费（元）
车辆损失险（□事故责任免赔率 1　□事故责任免赔率 2　□不计免赔率）					
商业第三责任险（□事故责任免赔率 1　□事故责任免赔率 2　□不计免赔率）					
全车盗抢险（绝对免赔率□0　□10%　□50%）					
玻璃单独破碎险（□国产　□进口）					
自燃损失险					
新增设备损失险					
车上货物责任险					
车上人员责任险	驾驶员				
	前排乘客	（座位数　）			
	后排乘客	（座位数　）			
车载货物掉落责任险					
交通事故精神损害赔偿险					
附加第三方没投保第三者责任险					
代步车费用险（□10 天　□15 天　□20 天　□30 天）					
车身划痕损失险（限额□人民币 2 000 元　□人民币 5 000 元　□人民币 10 000 元）					
全车盗抢附加高尔夫球具盗窃险（限额　□人民币 2 000 元　□人民币 5 000 元　□人民币 15 000 元　□人民币 20 000 元					
车辆损失保额确定方式：					□6‰　□9‰
	按照□新车购置价　□新车购置价扣减		月折旧率		□12‰
折旧□特别约定确定					
往年保险索赔记录	□上三年无赔款记录　□上两年无赔款记录　□上年无赔款记录　□初次投保　□上年发生一次赔款　□上年发生两次赔款　□上年发生三次赔款　□上年发生四次赔款　□上年发生五次赔款　□上年发生五次以上赔款				
使用性质	□非营业	□个人用车　□企业用车　□机关用车　□货车　□特种车一　□特种车二　□特种车三　□挂车			
	□营业	□出租、租赁　□城市公交　□公路客运　□货车　□特种车一　□特种车二　□特种车三　□特种车四　□挂车			
摩托车	□50 cc 及以下　□50～250 cc（含）　□250 cc 以上及侧三轮				

续表

拖拉机 □农用 14.7 kW 以上 □农用 14.7 kW 以下 □运输型 14.7 kW 及以下 □运输型 14.7 kW 以上
行驶区域 □省（市）内 500 公里单程内 □中国境内 货物装载质量 □化工易燃易爆 □建筑材料 □其他
保养状况 车辆年行驶里程 公里/年
车辆损失绝对免赔率 □0 □300 □500 □800 □2 000 □5 000 （单位：人民币元）
投保方式 □直接业务 □代理业务 投保年度 □首年投保 □续保
商业车险保费金额合计 （单位：人民币元）
交强险与交通安全违法行为和道路交通事故相联系的浮动比率
交强险保费金额 （单位：人民币元）
总保费金额合计（人民币大写）：
保险期间：自 年 月 日 零时起，至 年 月 日 二十四时止，共 个月
本合同发生争议，双方应协商解决，如经双方协商未达成协议的，采取下列之一方式解决：
□向仲裁委员会申请仲裁，但为达成仲裁协议的可以向法院起诉；□向人民法院提起诉讼
付费约定：
特别约定：

投保人声明：
1. 上述所填内容和提供的其他相关资料全部属实；
2. 已认真阅读了保险合同条款的所有内容，了解了有关权利和义务，并充分注意到其中的责任免除条款，对此均无异议；
3. 同意按照上述条件投保。

投保人全名（盖章）： 年 月 日

7.1.3 填写投保单的基本要求

1）告知

投保时，保险人需要履行告知义务，其告知内容主要包括以下内容。

① 依据《中华人民共和国保险法》和《机动车辆保险条款》以及保监会的有关要求，向投保人告知保险险种的保障范围，特别声明是责任免除级被保险人义务等条款内容。

② 对于车辆基本险和附加现款解释产生异议时，特别是对保险责任免除部分的异议，应通过书面或其他方式给予明确说明。当保险条款发生变更时，应急时地明确说明。

③ 应主动提醒投保人履行如时告知义务，尤其对涉及保险人是否同意承保、承保时的特别约定、可能的费率变化等情况要如实报告知，不能为了争取保险业务故意误导投保人。

④ 对于摩托车与拖拉机保险，应向投保人解释采用定额保单与采用普通保单承保的不同之处。

2）车辆检验

各保险公司对此规定不一，有的将车辆检验过程与投保单填写工作同时进行，属于承保阶段的实务。有的则将其放在核保阶段与检查车辆一起进行。

① 车辆行驶证检验。投保时，应检验车辆行驶证或临时牌照是否与投保标的相符，车辆是否为已经办理有效年检的合格车辆，核实投保车辆的使用性质和车辆初次登记日期等。

② 车辆检验。投保时要重点检验下述车辆：首次投保的车辆；未按期续保的车辆；在投保第三者责任险后，又申请加保车辆损失险的车辆；盛情增加投保附加险，如盗抢险、自然损失险及玻璃单独破碎险；使用年限较长且接近报废年限的车辆；特种车辆；发生重大交通事故后修复的车辆。

车辆检验时，应重点检验车辆的牌照号码、发动机号和车架号是否与车辆行驶证的记录

一致，车辆技术状况是否适合运行，消防装备配备是否齐全、投保到抢险的汽车要拓印车架与发动机号码并将其附在保险单的正面，或拓印牌照留底并将照片贴在保险单背面，查验保险汽车是否装有防盗装置等。

7.1.4　投保单的填写内容

投保单的内容包括被保险人、投保人的基本情况；保险车辆和驾驶员的基本情况；投保险种；保险金额；保险期限等内容。投保业务人员应指导投保人正确填写，如果投保车辆较多，投保单容纳不下，则应填写《机动车辆保险投保单附表》。填写时，应字迹清楚，如应更改，投保人或其他代表人在更正处签章。保险单填写的具体要求如下。

1. 投保人的基本情况

投保人是指与保险人订立保险合同，并按照保险合同负有支付保险费义务的人。投保人可以与被保险人不同，但投保人对保险车辆必须具有保险利益。因此，投保人应当在保单上填写自己的姓名，以便保险人核实其资格，避免出现保险纠纷。

一方面，被保险人必须是保险事故发生时遭受损失的人，即受保障的人；另一方面，被保险人必须是有保险金请求权的人。因此，投保单上必须注明被保险人的姓名。

2. 被保险人的基本情况

保单上需要填具被保险人的详细地址、邮编、电话及联系人，以便于联系和作为确定保险费率的参考因素。首先，保险人接到投保人填写的投保单后需要进行核保。保险合同生效后，保险人需要定期或不定期地向客户调研自身的服务质量或通知被保险人有关信息。为便于及时联系，需要填写被保险人的准确地址、邮编、电话及联系人等信息。其次，不同地区的汽车保有量、道路状况、治安状况都不尽相同，危险因素不一样，这是立定保险费率的重要依据，因此，也需要被保险人的详细地址和邮编的信息。

3. 驾驶员的基本情况

我国现行的汽车保险以从车主义为主，投保单没有要求填具驾驶员基本情况的内容。采用从人主义为主的汽车保险，投保单需要提供驾驶员的基本情况，如驾驶员的住址、性别、年龄与婚姻状况、驾龄、违章情况等，这是确定保险费的重要依据。

4. 保险汽车的基本情况

1）保险汽车有关资料

无论是采用从车主义保险，还是采用从人主义保险，投保单要求说明保险汽车的有关情况，一般包括号牌号码、厂牌号码、发动机号、车架号、座位/吨位、车辆颜色初次登记年月等资料内容。

因在从车保险制度下，车辆价值对保险费影响较大，所以较为详细的保险汽车有关资料，可以帮助保险人核实保险汽车的价值，以及确定保险金额的多少。如我国的《机动车辆保险条款》规定“保险金额不能超过同类型的新车购置价，超过部分无效”。显然，提供上述保险汽车的基本资料为保险人核保提供了依据。

2）汽车的所有与使用情况大多数投保单涉及的类似问题

① 该汽车所属性质是什么？

② 该汽车是否为分期付款购买的？如果是，卖方是谁？

③ 该汽车的行驶证所列明的车主是谁？

④ 该汽车的使用性质是什么？行驶区域如何？

提出上述问题主要是为保险人核保时，确定保险标的保险利益和保险费率提供依据，以免日后发生不必要纠纷。

如果是分期付款购买的汽车，保险人一般会要求投保人选择保险范围较宽的险种，以保障财产的安全。在美国，分期付款的汽车必须购买包括汽车损失险在内的综合险。

一般情况下，营业用和非营业用汽车的保险费率差别较大。我国由于汽车保险起步较晚，保险费率尚处于完善发展阶段，除了深圳地区以外，目前我国仍执行统一的费率标准。

5. 投保险种及保险期限

① 车辆险中包括车辆损失险、第三者责任险、车上人员险、全车盗抢险、玻璃单独破碎险、车辆划痕险、自燃险、不计免赔险等。在投保单上，需要选择投保险种，填写保险金额或赔偿限额，这是保险人在核保时确定保险费的基本依据。

② 我国的保险期限一般为一年。

6. 投保人签章

投保单必须由投保人亲笔签名认可方能生效，其主要作用如下。

① 提供保险凭证所需要的信息。投保人签章就视同其确认了投保单上所提供信息，保险人在签发保险证和保险单时，可以依据这些信息填写。

② 便于保险人核保。保险人核保时，需要甄别承保风险和确定保险适合的条款。只有投保人签章后，才能确认投保单所提供的信息，便于保险人核保。

③ 获得投保人对保险合同信息的确认。投保人在投保单上签字后，保险人受理同意，投保单就构成保险合同的要件。如果核保后所填信息没有变化，保险人据此认为投保人已经确认了保险合同的信息。

7.1.5 选择保险的原则

1）国内投保的原则

《保险法》第 7 条规定：“在中华人民共和国境内的任何法人或组织需要办理境内保险的，应当向中华人民共和国境内的保险公司投保。”所以，我国境内的法人和其他组织需要办理境内机动车辆保险业务的，应当向我国境内开办机动车辆保险业务的公司投保。当然，国外的保险公司，以独资或合资方式进入我国保险市场，并经保监会批准“有效经营车险业务”的，也可以承接车险业务。

2）信誉第一、服务便捷的原则

保险公司作为经营风险转嫁业务，提供损失补偿的信誉企业，其自身的诚信和服务质量，对投保人或被保险人来说至关重要。因为投保人交付保险费后，得到的仅是损失补偿的承诺。但是由于风险的客观性和不确定性，一旦不幸的事情降临自己头上，这种承诺能否兑现则取决于保险公司的赔付能力和信誉度。因此，要想得到可靠的经济补偿和完善的服务，就要坚持信誉第一、服务便捷的原则，到资产雄厚、经营稳健、信誉好、服务体系完善的保险公司去投保。

3）性价比最佳的原则

目前，各保险公司已经开办的车险险种很多，投保人选择的空间也很大，投保时要精心挑选具有最佳性价比的产品。所谓最佳性价比就是所选的保险产品缴费较少而保险范围较大，既能充分满足风险保障的需要，又不造成经济上的浪费。也就是说，根据自身对风险保障的需要以及同类保险产品在价格上的差异，合理地挑选产品，进行投保。

7.1.6　对汽车投保方式的选择

目前，在我国，保险人向投保人提供的可供投保人选择的汽车投保方式主要有以下几种。

(1) 上门投保

上门投保，即由保险公司派业务人员前往投保人处上门服务。这是目前在保险市场竞争激烈的情况下最为普遍的投保方式之一。由业务员上门对条款进行解释并接受咨询，帮助投保人进行投保方案设计，指导投保人填写投保单，并且可以提供代送保险单、发票及代收保险费等其他服务。

(2) 到保险公司投保

投保人亲自到保险公司的营业网点办理投保等一系列手续。这样可以直接与保险公司取得联系，安全、可靠，但要耽误一些时间和精力。

(3) 电话投保

保险公司开通专门的服务电话，投保人打个电话就可完成购买车险的全过程。保险公司有专门的人员接听电话，解答各种问题，协助办理投保手续。同时跨过了中间渠道，电话投保安全、周到、省事，一举数得。现在已开通的有人保 95 518、人寿 95 511 、平安 95 512 等。

(4) 网上投保

目前许多保险公司提供了网上投保服务。网上投保是指利用网络完成投保业务，这种方式可大大降低保险公司的经营成本。网上投保代表着发展的前沿，受到全世界汽车保险界的关注。

(5) 通过保险中介投保

近几年，随着我国汽车销售市场的火暴，保险中介机构正处于蓬勃发展的势头。保险中介机构的发展会带动我国保险市场的健康发展，会给投保人带来更多的方便，能为投保人提供优质的保险服务。

(6) 新增渠道

为了方便车主投保，人保财险在原有投保渠道的基础上，新增了银行、邮政网点两大渠道。工商银行秉承客户至上的理念，充分利用其强大的网上银行功能，与保险公司合作推出“在线投保交强险”业务，为投保人提供最便捷的投保途径。

7.1.7　汽车投保的流程

投保人选择确定了保险公司、保险产品以及投保方式后即可以进行投保了。

1) 投保前的准备

机动车辆的投保前准备是根据机动车辆保险的投保条件以及要求所做的工作，包括准备好证件，保养好车辆，协助业务员验车，以及如实告知相关情况等。

(1) 机动车辆的投保条件

① 有公安交管部门核发的车辆号码。对于新车投保，在车辆上牌照的同时办理保险业务。对于购买的新车开往异地时，投单程提车保险的，需有公安交管部门核发的临时车辆号牌。

② 有公安交管部门颁发的《机动车辆驾驶证》。

③ 有车辆检验合格证。新车须有出厂前的检验合格证；旧车行驶证上须有年检合格章。投保车辆必须达到 GB 7258—2004《机动车辆安全运行技术条件》的要求。否则，即视为质量不合格或报废车辆，也就无投保资格。

(2) 备好证件

投保人在投保前应备齐证件，以便投保时保险公司的业务人员验证时用。

① 被保险人为“法人或其他组织”的新保险业务需要提供《车辆行驶证》、被保险人的组织机构代码复印件、投保经办人身份证明原件。

② 被保险人为“自然人”的新保险业务需要提供投保车辆《车辆行驶证》、被保险人身份证明复印件、投保人身份证明原件。

③ 被投保人与车主不一致时，应提供有车子出具的能够证明被保险人与投保车辆关系的证明或契约。

④ 约定驾驶人员时，需要提供约定驾驶人员的《车辆行驶证》复印件。

⑤ 投保人为“自然人”且不是由投保人本人办理手续时，或投保人为“法人或其他组织”时，应由投保人出具“办理投保委托书”并载明“授权某某以本投保人名义办理某某车辆的所有投保事宜”。投保人为“法人或其他组织”时，在委托书上加盖单位公章；投保人为“自然人”时，有投保人签名并提供身份证明原件。办理投保的经办人应同时提供本人身份证明原件。

(3) 保养好车辆

应按规定保养好车辆，清洗干净，使其处于良好状态，以备投保时保险公司业务人员验车。

2) 汽车投保的流程

汽车的投保，就是投保人购买汽车保险产品，办理保险手续，与保险人正式签订汽车保险合同的过程。投保人要积极配合保险业务员办理有关手续，履行应尽的义务。投保人办理汽车保险的基本流程如下。

① 选择保险公司。先了解经营机动车辆保险业务的各家保险公司的服务情况，并考察就近是否有正式的保险公司营业机构，从而确定一家既信得过又方便的保险公司。选择的保险公司应满足以下要求：投保的公司应该在中国境内合法成立、守法经营、有车险业务经营权；经营稳健、财务状况良好、偿付能力充足、信誉良好；具有健全的组织机构、完善的服务体系，尤以机构网点遍布全国大公司为佳，以便异地出险时，能够得到保险公司在现场查勘及理赔等方面的及时处理；专业技术力量强大，服务内容丰富、质量好。

② 仔细阅读机动车保险条款，尤其对于条款中的责任免除款和义务条款要认真研究。同时，对于条款中不理解的条文要记下来，以便投保时向保险业务人员咨询。

③ 选择投保险种。根据对条款的初步了解和自身的情况，选择适合自己的投保险种；对私家车而言，除投保交强险外，一般还投保机动车车辆损失险、第三者责任险以及附加全车盗抢险、玻璃单独破碎险、自燃损失险、车上人员责任险和不计免赔险等几个险种较为合适，这种选择可以得到较为全面的保险保障。

④ 填写投保单。携带行车执照、购车发票、车主身份证等相关证件，并把要投保的车辆开到保险公司（网上投保、电话投保除外）。在保险公司业务人员详细介绍了机动车辆保险条款和建议投保的险种后，如果对条款中还有不理解的地方可以向保险公司业务人员仔细咨询。

已经完全清除后，请认真填写《机动车辆保险投保单》，将有关情况向保险公司如实告知。

⑤ 核交保险费。保险公司业务人员对投保单及投保车辆核对无误并出具保险单正式本后，首先要核对一下保险单正式本上的内容是否准确，其次检查保险卡是否填写齐全，理赔报案电话、地址是否清晰明确，最后就是要缴纳保险费。

⑥ 领取保险单。投保人拿到保险单后，应该妥善保管。因为保险单就是保险合同，是参加保险的凭证。在投保人或被保险人向保险公司索赔、申请变更保险合同内容或申请其他服务时，都必须提交保险单。保险单还应随车携带，以便一旦发生保险事故后，在报案时能够及时、准确地说明被保险人，保险车辆及保险单号等有关情况，便于保险公司保险受理人员迅速处理报案并安排理赔人员及时进行现场勘查。

7.2 核保实务

保险人在承保时必须经过核保过程。核保是指保险人在承保前，对保险标的各种风险情况加以审核与评估，从而决定是否承保、承保条件与保险费率的过程。核保是保险经营过程中十分重要的环节，保险公司除了要大量承揽业务以外，还要保证业务的质量，否则就会出现风险，使公司赔付率上升，不仅影响公司正常的经营，严重的还会影响公司的偿付能力，对经营者和保险人甚至社会带来危害。

7.2.1 核保的原则

核保工作原则上采取两级核保体制。现有展业人员、保险经纪人、代理人进行初步核保，然后由核保人员复核决定是否承保、承保条件及保险费率等。因此，核保实务包括审核保险单、查验车辆、核定保险费率、计算保险费、核保等必要程序。

7.2.2 核保的意义

1）防止逆选择，排除经营的道德风险

保险公司通过建立核保制度，有资深人员运用专业技术和经验对投保标的进行风险评估，通过风险评估最大限度地解决信息不对称及逆向选择的问题，排除道德风险。

2）保证业务质量，实现经营的稳定

保险公司是经营风险的特殊行业，它经营的是社会的风险，所以，保险公司经营情况良好与否不仅仅是保险公司自身的问题，同时也关系到整个社会的稳定。保险公司要实现经营的稳定，关键的环节是控制承保业务的质量。但是，在实际工作中，发展与管理始终是一对矛盾。其主要表现如下。

① 为了拓展业务而急剧扩充业务人员，这些新进人员的素质有限，无法认识和控制承保业务的风险。

② 保险公司为了扩大保险市场占有份额，稳定与保户的业务关系，放松了对承保风险的控制。

③ 保险公司为了拓展新的业务领域，开发了一些不成熟的新险种，签署了一些未经详细论证的保险协议，增加了风险的因素。

3）实现经营目标，确保持续发展

在我国保险市场的发展过程中，保险公司要在市场上争取和赢得主动，就必须确定自己的市场营销方针和政策，包括选择特定的业务和客户作为自己发展的主要对象，确定对于各类风险的承保态度，制定承保业务的原则、条款、费率等条件。通过核保制度实现风险选择和控制的功能，保险公司能够有效地实现其既定的经营目标，并保持业务的持续发展。

4）为客户提供高质量的专业服务

核保工作的核心是对称保风险的专业评估，因而保险公司可以通过核保为客户提供全面、专业的风险管理意见和建议，设计风险处理的最佳方案，从而提供高质量的专业服务。

5）扩大保险市场规模，与国际惯例接轨

随着我国市场经济体制改革的深入和加入国际经济一体化的进程，以及保险市场主体的增加和完善，外国的保险中介组织对于中国市场表现出极大的兴趣，纷纷要求进入中国市场。加入 WTO 以来，我国逐步向国外的保险中介机构开放，同时我国的保险中介力量也在不断壮大。

7.2.3　审核投保单、查验车辆

业务人员在接到投保单以后，首先根据保险公司内部制定的承保办法决定是否接受此业务。如果不属于拒保业务应立即加盖公章，载明收件日期。

1）审查投保单

首先审查投保单所填写的各项内容是否完整、清楚、准确。

2）验证

结合投保车辆的有关证明，如车辆行驶证、介绍信等，进行详细审核。首先，检查投保人称谓与其签章是否一致。如果投保人称谓与投保车辆的行驶证标明的不符，投保人需要提供其对投保车辆拥有可保利益的书面证明。其次，检验投保车辆的行驶证是否与保险标的相符，投保车辆是否年检合格。核实投保车辆的合法性，确定其使用性质。检验车辆的牌照号码、发动机号码是否与行驶证一致等。

3）查验车辆

根据投保单、投保单附表和车辆行驶证，对投保车辆进行实际查验。查验的内容主要包括以下几个方面。

① 确定车辆是否存在和有无受损，是否有消防和防盗设备等。

② 车辆本身的实际牌照号码、车型及发动机号、车身颜色等是否与行驶证一致。

③ 车辆的操纵安全性与可靠性是否符合行车要求，重点检查转向、制动、灯光、喇叭、刮雨器等涉及操纵安全性的因素。

④ 检查发动机、车身、底盘、电气等部分的技术状况。

根据检验结果，确定整车的新旧成数。对于私有车辆一般需要填具验车单，附于保险单副本上。

7.2.4　核定保险费率

应根据投保单上所列的车辆情况和保险公司的《机动车辆保险费率标准》，逐辆确定投保车辆的保险费率。我国统一的保险费率核定办法如下。

1. 车辆的使用性质

车辆使用性质分为营业车辆与非营业车辆。对于兼有两类使用性质的车辆，按高档费率计费。

根据车辆使用性质的不同，营业性客车划分为Ⅰ、Ⅱ两类。

1) 6座以下客车

Ⅰ类：具有国家有关部门核发的营运证的出租汽车。

Ⅱ类：除Ⅰ类外的具有营业性的其他车辆。

2) 20及20座以上客车

Ⅰ类：属于下述A类车辆，并主要在国道、省道、高等级公路行驶和使用性质为营业类的客车。

Ⅱ类：除Ⅰ类外的使用性质为营业性的客车。

2. 车辆种类A、B类车辆种类划分标准

1) A类车辆

① 整车进口的一切机动车辆。

② 主要零配件由国外进口，国内组装的套牌车辆。

③ 合资企业生产的16座以上（含16座）的客车。

④ 外资、合资企业生产的摩托车。

⑤ 下列车辆品牌和车型：北京切诺基V6、广州本田、上海别克、上海帕萨特、湖北雷诺、长春奥迪系列、天津丰田；其他合资企业生产的国产化率低于70%的机动车辆。

2) B类车辆是指除A类车辆以外的机动车辆，车辆种类分为客车、货车、挂车、专用车辆、摩托车等

(1) 客车

客车的座位（包括驾驶员座位）以公安交通管理部门核发的机动车行驶证载明的座位为准，不足标准座位的客车按同型号客车的标准座位计算。

(2) 货车

所有通用载货车辆、厢式货车、集装箱牵引车、电瓶运输车、简易农用车、装有起重机械但以载重为主的起重运输车等，均按其载重量分档计费。客货两用车按客车或货车中相应的高档费率计费。

(3) 挂车

挂车指没有机动性能，需用机动车拖带的载重车、平板车、专用机械设备车、超长悬挂车等。

(4) 专用车辆

① 油罐车、气罐车、液罐车、冷藏车。适用于各类装载油料、气体、液体等专用罐车，或适用于装有冷冻或加温设备的厢式车辆。普通载重货车加装罐体都按此档计费。

② 起重车、装卸车、工程车、监测车、邮电车、消防车、清洁车、医疗车、救护车。适用于各种有起重、装卸、升降、搅拌等工程设备或功能的专用车辆；同时适用于车内固定装有专用仪器设备，从事专业工作的监测、消防、清洁、医疗、救护、电视转播、雷达、X光检查等车辆；邮电车辆也按此档计费。

（5）摩托车

适用于二轮、三轮、轻便及残疾人专用三轮电动车等各类摩托车。载货的三轮摩托车，其载重吨位小于 0.5 t 的按此档计费。

3. 费率说明

1）“机动车辆保险费率表”中车辆种类Ⅰ、Ⅱ类使用说明

① 车辆单独投保第三者责任险，或投保第三者责任险及其附加险时，保险费应根据基本险费率表对应的档次计算。

② 同时投保车辆损失险和第三者责任险时，第三者责任险的保险费在基本险费率表对应档次的固定保险费基础上优惠 10%。但投保后不论保险合同是否生效，投保人（被保险人）要求退保车辆损失险时，应补交第三者责任险优惠部分的保险费。

③ 第三者责任险保险费的计算说明。

（a）机动车辆第三者责任险的固定保险费，是指按不同车辆种类和使用性质对应的第三者责任险，每次最高赔偿限额为 5 万元、10 万元、20 万元、50 万元、100 万元时的保险费。

（b）第三者责任险的保险费，按投保时确定的每次事故最高赔偿限额对应的固定保费收取。

④ 上海、广东、福建、浙江、江苏五省的第三者责任险费率，在基本险费率表基础上上浮 20%。

⑤ 集装箱专用运输车辆的车辆损失险和第三者责任险的费率，在基本险费率表对应档次基础上上浮 20%。

⑥ 大连市车辆损失险费率在基本险费率基础上上浮 20%。

⑦ 同时挂粤澳号牌的车辆和在深圳特区以外行驶的同时挂粤港号牌的车辆，其车辆损失险和第三者责任险费率，在基本险费率表对应档次基础上上浮 20%。

2）摩托车、拖拉机保险单、费率使用说明

（1）摩托车、拖拉机保险单使用说明

① 在单独投保第三者责任险或第三者责任险及其附加险时，由投保人与保险人协商确定选择普通保险单或定额保险单。

② 投保车辆损失险时一律使用普通保险单。

③ 摩托车、拖拉机责任险定额保险单，仅适用于使用性质为非营业的。营业性摩托车、拖拉机一律使用普通保险单。

（2）第三者责任险赔偿限额的确定方法

摩托车、拖拉机第三者责任险的赔偿限额分为 2 万元、5 万元、10 万元、20 万元四个档次。

（3）摩托车、拖拉机责任险定额保险单分为 A、B、C 三类

① A 类定额保单：排气量 50 cc 以上的摩托车，或发动机功率大于 14.7 kW 的拖拉机，赔偿限额最低档次为 5 万元。

② B 类定额保单：排气量 50 cc 以上的摩托车，或发动机功率大于 14.7 kW 的拖拉机，赔偿限额最低档次为 2 万元。

③ C 类定额保单：排气量在 50 cc 以下的摩托车，或发动机功率小于 14.7 kW 的拖拉机，赔偿限额最低档次为 2 万元。

(4) 摩托车、拖拉机责任险定额保险单销售区域划分

① A类定额保单销售区域为广东、福建、浙江、江苏四省，直辖市、计划单列市及各省、自治区省会城市。

② B类定额保单销售区域为A类定额保单销售区域以外的地区。

③ C类定额保单销售区域为全国。

3) 对其他特种类型车辆按费率表中选择相应档次计费

如啤酒罐车按罐车档计费，大于0.5 t的载货三轮车按“二吨以下货车”档计费。

4) 年费率、月费率与日费率使用标准

① 机动车辆保险基本险费率表和机动车辆保险附加险费率表，适用于保险期限为一年的保险费率计算。

② 投保时，保险期限不足一年的按短期月费率计收保险费，保险期限不足一个月按整月计算。短期费率表如表7-2所示。

表7-2　短期费率表

保险期限/月	1	2	3	4	5	6	7	8	9	10	11	12
短期月费率/%	10	20	30	40	50	60	70	80	85	90	95	100

7.2.5　计算保险费

1. 一年期保险费计算

表7-3　机动车损失保险费率表

家庭自用汽车与非营业用车		机动车损失保险			
		1年以下		1～2年	
		基础保费/元	费率	基础保费/元	费率
家庭自用汽车	6座以下	539	1.28%	513	1.22%
	6～10座	646	1.28%	616	1.22%
企业非营业客车	6座以下	305	1.01%	290	0.96%
	6～10座	365	0.96%	348	0.91%
	10～20座	365	1.03%	348	0.98%
	20座以上	381	1.03%	363	0.98%

根据费率表插定的费率及相应的固定保费，各种险别的一年期保险费按照下列公式计算：

车辆损失险保险费=基本保险费+保险金额×费率

第三者责任险保险费=相应档次固定保险费

盗抢险保险费=盗抢险保险金额×费率

车上人员责任险保险费=每座赔偿限额×投保座位数×费率

车上货物责任险保险费=货损限额×费率

无过失责任险保险费=第三者责任险保险费×费率

车载货物掉落责任险保险费=此险赔偿限额×费率

玻璃单独破碎险保险费=车辆保险价值×费率

车辆停驶损失险保险费＝日赔偿金额×约定的最高赔偿天数×费率
自燃损失险保险费＝此险保险金额×费率
新增设备损失险保险费＝此险保险金额×车辆损失险费率
不计免赔特约险保险费＝(车辆损失险保险费＋第三者责任险保险费)×费率
以下是个别保险公司的计费方法。
太平洋公司：
1）车辆损失险

保费＝部分损失基本保费＋部分损失保额×部分损失费率＋全部损失保额×全部损失费率

2）第三者责任险

保费＝固定保费

3）保费浮动系数
人保公司：
1）车辆损失险
(1) 按新车购置价确定保额

保费＝基础保费＋(新车购置价－新车购置价分段起点价)×费率

(2) 未按新车购置价确定保额

保费＝足额投保时的保费×(0.05＋0.95×保额/新车购置价)

新车购置价分：
未投保新增设备　为新车购置价
投保新增设施　为新车购置价＋新增设备实际价值（有折旧）
2）第三者责任险
责任限额≤100 万元，保费＝固定保费
责任限额＞100 万元，保费＝$A+A\times N\times(0.05-0.00125\times N)$
A——同档次限额为 100 万元时的三责险保费
N——(限额－100 万元)/50 万元，限额须为 50 万元的倍数
平安公司：
1）车辆损失险

保费＝车辆损失险实际保费＝基准保费$\times C_1\times C_2\times C_3\times\cdots\times C_n$

2）第三者责任险

保费＝基准保费$\times C_1\times C_2\times\cdots\times C_n$

2. 短期保险费计算

保险期限不足一年，按照短期费率计算保险费。

1）按日计算保险费此种计费办法适用于已参加保险的、被保险人新增车辆的投保，或同意保险车辆新增其他险种，为了统一终止时间而签订的短期保险合同

其计算方法为：

短期保险费＝年保险费×保险天数/365

2）按月计算保险费此种计费办法适用于应投保人要求签订的短期保险合同。保险期限不足一个月的按照整月计算

其计算方法为：

短期保险费＝年保险费×短期月费率

3. 合同解除时的保险费计算

① 保险合同生效后，且未发生保险事故的情况下，被保险人要求解除保险合同的，则保险人应按照下述方式计算日费率，收取保险合同生效日起至保险合同解除日止期间的保险费，并退还剩余部分保险费：

(a) 保险合同有效期不足或等于 8 个月的，按年费率的 1/300 计算日费率。

(b) 保险合同有效期超过 8 个月且不足一年的，按年费率的 1/365 计算日费率。

② 除法律另有规定或合同另有特别约定外，保险车辆发生车辆损失险保险事故，被保险人获取部分保险赔偿后一个月内提出解除合同的，则保险人应当根据保险合同有效期的长短，按第①项所列方法计算日费率，并将保险金额扣除保险赔款和免赔金额后的未了责任部分的剩余保险费退还被保险人。

③ 被保险人在单独投保第三者责任险时，因保险车辆发生灭失，且保险人未支付任何保险赔款情况下，保险人应按年费率的 1/365 计算日费率，并退还未了保险责任部分的保险费。

④ 因保险赔偿致使保险合同终止时，保险人不退还保险费。

4. 机动车辆提车暂保单承保的机动车辆

新车购置价在 10 万元以内的，固定保险费为 300 元；新车购置价在 10 万元以上，30 万元以内的，固定保险费为 400 元；新车购置价在 30 万元以上的，固定保险费为 500 元。

7.2.6　核保

计算保险费工作完成后，应进行核保。

1. 本级核保

① 审核保险单是否按照规定内容与要求填写，有无错漏；审核保险价值与保险金额是否合理。对不符合要求的，退给业务人员指导投保人进行相应的更正。

② 审核业务人员或代理人是否验证和查验车辆，是否按照要求向投保人履行了告知义务，对特别约定的事项是否在特约栏内注明。

③ 审核费率标准和计收保险费是否正确。

④ 对于高保额和投保盗抢险的车辆，审核有关证件、实际情况是否与投保单填写一致，是否按照规定拓印牌照存档。

⑤ 对高发事故和风险集中的投保单位，提出限制性承保条件。

⑥ 对费率表中没有列明的车辆，包括高档车辆和其他专用车辆，视风险情况提出厘订费率的意见。

⑦ 审核其他相关情况。

核保完毕后，核保人应在投保单上签署意见。对超出本级核保权限的，应上报上级公司核保。

2. 上级核保

上级公司接到请示公司的核保申请以后，应有重点地开展核保工作。

① 根据掌握的情况考虑可否接受投保人投保。

② 接受投保的险种、保险金额、赔偿限额是否需要限制与调整。

③ 是否需要增加特别的约定。

④ 协议投保的内容是否准确、完善，是否符合保险监管部门的有关规定。

上级公司核保完毕后，应签署明确的意见并立即返回请示公司。

核保工作结束后，核保人将投保单、核保意见一并转业务内勤据以缮制保险单证。

7.3 缮制与签发单证

7.3.1 缮制保险单

业务内勤接到投保单及其附表以后，根据核保人员签署的意见，即可开展缮制保险单工作。

保险单原则上应由计算机出具，暂无计算机设备而只能由手工出具的营业单位，必须得到上级公司的书面同意。

计算机制单的，将投保单有关内容输入到保险单对应栏目内，在保险单“被保险人”和“厂牌型号”栏内登录统一规定的代码。录入完毕检查无误后，打印出保险单，图 7-1 所示为某机动车辆投保单。

机动车辆保险投保单

PICC 中国人保财险

被保险人：

行驶证车主：

▸ 被保人信息			
姓名		证件号码	35042119830
性别	女	出生年月日	1983-02-03
联络地址	上海普陀	联络手机	1590
固定电话		邮政编号	
电子邮件	@hotmail.com		
▸ 被保汽车信息			
牌照号码	沪CC	核定座位数	5座
汽车型号	上海通用别克凯越 SGM7163LEAT	新车购置价	￥110520
车辆使用性质	家庭自用汽车		

▸ 保险责任及保费				
投保项目	投保内容	保费	现金回馈	备注说明
车辆损失险	保额：110520	1,839.39	275.91	详情内容 下载条款
自燃损失险	保额：按规定折旧后的车价	140.89	21.13	详情内容 下载条款
玻璃单独破碎险	玻璃类型：国产	179.54	26.93	详情内容 下载条款
车辆损失不计免赔险		275.91	41.39	详情内容 下载条款
机动车第三者责任险	保额：5万	535.23	80.28	详情内容 下载条款
第三者不计免赔险		80.28	12.04	详情内容 下载条款
	保险费合计	￥3,051.24	￥457.68	
	实付金额	￥2,593.56		
希望保单生效日期	2009-04-12 零时起至 2010-04-11 二十四时止			

具体保险内容请以保险公司实际出单为准（若非电子保单以上内容仅供您参考）

如果需要帮助，请咨询 4006-765-618

确认付款

图 7-1 某机动车辆投保单

手工填写的保险单，必须是保监会统一监制的保险单，保险单上的印制流水号码即为保险单号码。将投保单的有关内容填写在保险单对应栏内，要求字迹清晰、单面整洁。如有涂改，涂改处必须有制单人签章，但涂改不能超过3处。制单完毕后，制单人应在“制单”处签章。

缮制保险单时应注意以下事项。

① 双方协商并在投保单上填写的特别约定内容，应完整地载明到保险单对应栏目内，如果核保有新的意见，应该根据核保意见修改或增加。

② 无论是主车和挂车一起投保，还是挂车单独投保，挂车都必须单独出具具有独立保险单号码的保险单。在填制挂车的保险单时，“发动机号码”栏统一填写“无”。当主车和挂车一起投保时，可以按照多车承保方式处理，给予一个合同号，以方便调阅。

③ 特约条款和附加条款应印在或加贴在保险单正本背面，加贴的条款应加盖骑缝章。应注意，责任免除、被保险人义务和免赔等规定的印刷字体，应该与其他内容的字体不同，以提醒被保险人注意阅读。

保险单缮制完毕后，制单人应将保险单、投保单及其附表一起送复核人员复核。

7.3.2　复核保险单

复核人员接到保险单、投保单及其附表后，应认真对照复核。复核无误后，复核人员在保险单“复核”处签章。

7.3.3　收取保险费

收费人员经复核保险单无误以后，向投保人核收保险费，并在保险单“会计”处和保险费收据的“收款人”处签章，在保险费收据上加盖财物专用章。

只有被保险人按照约定缴纳了保险费，该保险单才能产生效力。

7.3.4　签发保险单证

汽车保险合同实行一车一单（保险单）和一车一证（保险证）制度。投保人缴纳保险费后，业务人员必须在保险单上注明公司名称、详细地址、邮政编码及联系电话，加盖保险公司业务专用章。根据保险单填写《汽车保险证》并加盖业务专用章，所填内容应与保险单有关内容一致，险种一栏填写总颁险种代码，电话应填写公司报案电话，所填内容不得涂改。

签发单证时，交由被保险人收执保存的单证有保险单正本、保险费收据（保户留存联）、汽车保险证。

对已经同时投保车辆损失险、第三者责任险、车上人员责任险、不计免赔特约险的投保人，还应签发事故伤员抢救费用担保卡，并做好登记。

7.3.5　保险单证的补录

手工出具的汽车保险单、提车暂保单和其他定额保单，必须按照所填内容录入到保险公司的计算机车险业务数据库中。补录内容必须完整准确。补录时间不能超过出单后的第十个工作日。

单证补录必须由专人完成，由专人审核，业务内勤和经办人不能自行补录。

7.3.6 保险单证的清分与归档

对投保单及其附表、保险单及其附表、保险费收据、保险证，应由业务人员清理归类，投保单的附表要加贴在投保单的背面，保险单及其附表需要加盖骑缝章。清分时，应按照送达的部门清分。

(1) 财务部门留存的单证：保险费收据（会计留存联）、保险单副本。

(2) 业务部门留存的单证：保险单副本、投保单及其附表、保险费收据（业务留存联）。

留存业务部门的单证，应由专人保管并及时整理、装订、归档。每套承保单证应按照保险费收据、保险单副本、投保单及其附表、其他材料的顺序整理，按照保险单（包括作废的保险单）流水号码顺序装订成册，并在规定时间内移交档案部门归档。

7.4 续保与批改

7.4.1 续保

保险期满以后，投保人在同一保险人处重新办理保险汽车的保险事宜称为续保。汽车保险业务中有相当大的比例是续保业务，做好续保工作对巩固保险业务来源十分重要。

在汽车保险实务中，续保业务一般在原保险期到期前一个月开始办理。为防止续保以后至原保险单到期这段期间发生保险责任事故，在续保通知书内应注明："出单前，如有保险责任事故发生，应重新计算保险费；全年无保险责任事故发生，可享受无赔款优待"等字样。

7.4.2 批改

在保险单签发以后，因保险单或保险凭证需要进行修改或增删时，所签发的一种书面证明称为批单，也成背书。批改作业的结果通常用这种批单表示。

一般在保险合同主体及内容变更的情况下，保险合同需要进行相应变更。当汽车保险合同生效后，如果保险汽车的所有权发生了变化，汽车保险合同是否继续有效，取决于申请批改的情况。如果投保人或被保险人申请批改，保险人经过必要的核保，签发批单同意，则原汽车保险合同继续有效。如果投保人或被保险人没有申请批改，汽车保险不能随着保险汽车的转让而自动转让，汽车保险合同也不能继续生效。

保险车辆在保险有效期内发生转卖、转让、赠送他人；变更使用性质；调整保险金额或每次事故最高赔偿额；增加或减少投保车辆；终止保险责任等，都需申请办理批改单证，填具批改申请书送交保险公司。保险公司审核同意后，出具批改单给投保人存执。存执粘贴于保险单正本背面。保险凭证上的有关内容也将同时批改异动，并在异动处加盖保险人业务专用章。

为此，我国《机动车辆保险条款》也规定："在保险合同有效期内，保险车辆转卖、转让、赠送他人、变更用途或增加危险程度，被保险人应当事先书面通知保险人并申请办理批改。"同时，一般汽车保险单上也注明"本保险单所载事项如有变更，被保险人应立即向本公司办理批改手续，否则，如有任何意外事故发生，本公司不负赔偿责任"的字样，以提醒被保险人注意。

批改作业的主要内容包括以下几个方面。

① 保险金额增减。

② 保险种类增减或变更。

③ 车辆种类或厂牌型号变更。

④ 保险费变更。

⑤ 保险期间变更。

当办理保险车辆的过户手续时，应将保险单、保险费收据、新的车辆行驶证和有原被保险人签章的批改申请书等有关资料交送保险人，保险人审核同意后，将就车辆牌照号和被保险人姓名和住址等相关内容进行批改。批改涉及的保险费返还，应根据相应规定执行。

想一想　议一议

1. 投保单的性质是什么？
2. 投保单中应填写的项目有哪些？
3. 在查验车辆的过程中，查验的主要内容是什么？
4. 核保的概念是什么？核保的目的是什么？
5. 核保有什么意义？
6. 什么是核保？核保工作的具体要求有哪些？
7. 什么是续保？怎样办理续保手续？
8. 什么是批改？批改的内容有哪些？
9. 汽车保险的保险费率如何来核定？

第8章

汽车保险理赔实务

怎么办啊?

8.1　汽车理赔概述

8.1.1　汽车保险理赔含义

车险理赔：汽车发生保险责任范围内的损失后，保险人依据保险合同的约定解决保险赔偿问题的过程。

汽车事故损失有的属于保险责任，有的属于非保险责任，即使属于保险责任，因多种因素制约，被保险人的损失不一定等于保险人的赔偿额，所以说，汽车保险理赔涉及保险合同双方的权利与义务的实现，是保险经营中的一项重要内容。

1）通过汽车保险理赔，被保险人所享受的保险利益得到实现

汽车保险的基本职能是损失补偿。正是基于这种职能，被保险人通过与保险人签订汽车保险合同来转移自己可能遇到的风险。如交通事故，即通过签订保险合同的方式，在缴纳一定的保险费后，一旦车祸发生造成车辆损失、人员伤亡时即可享有损失补偿的权利。汽车保险理赔，是保险补偿功能的具体表现，是保险人依约履行保险责任和被保险人或受益人享受保险权益的实现形式。

2）通过汽车保险理赔，使人民生活安定，社会再生产过程得到保障

汽车保险企业的经营方针是通过收取保险费，积累保险基金并将其用于支援经济建设，稳定人民的生活。保险理赔正是实现这一经营方针的中心环节。汽车保险理赔使车祸的伤亡者得到保险金给付，使他们本人或家属得到心灵上的慰藉；使车祸的受损车辆得到损失补偿，使他们本人、家庭能够重建家园，安定生活，充满信心，对社会的稳定发挥积极作用；汽车保险理赔使企业经济损失得到补偿，从而保证了再生产过程的持续进行，为社会创造出更多的物质财富。所以，汽车保险的作用能否得到充分发挥，汽车保险经营方针能否得到贯彻，在保险理赔方面体现得最明显、最突出。

3）通过汽车保险理赔，汽车保险承保的质量得到检验

汽车保险产业是否深入，承保手续是否齐全，保险费率是否合理，保险金额是否恰当，平时不易察觉。一旦发生赔偿案件，上述问题就清楚地暴露出来了。从这个意义上讲，汽车保险理赔过程是对承保质量的检验。一次，保险经营企业对汽车保险理赔过程中暴露出来的问题必须认真研究，及时处理，才有利于承保工作的改进和业务质量的提高。

4）通过汽车保险理赔，汽车保险的经济效益得到充分反映

汽车保险经济效益高低，在很大程度上取决于保险经营成本的大小，而在汽车保险经营成本中最大的成本项目是赔款支出。因此，赔款支出成本对保险经济效益具有决定性影响。一般来说，一定时期内，保险赔款支出少，在其他条件不变的情况下，保险经济效益就好；反之，保险赔款支出多，经济效益就差，或者无效益可言。

8.1.2 汽车保险理赔的原则

为确保汽车保险理赔的快捷与高效，在汽车保险理赔时，应遵循如下原则。

1. 满意性原则

在保险事故发生后，被保险人往往因惊恐而处于心理上的失衡状态。而被保险人对保险理赔工作的处理方式和处理意见是否满意，直接关系到保险人的信誉和经营效果。如果被保险人对理赔过程和处理结果满意，则有助于通过被保险人的宣传而扩大保险经营的规模；如果被保险人对此不满，往往导致当事双方诉诸法律。如果保险人败诉会导致诋毁其经营信誉的结果，对保险人的后续经营造成不利的社会影响。即使保险人胜诉，也难免导致当事双方伤了和气，被保险人会另寻其他保险人投保，从而也影响到保险人的经营。所以保险人在理赔时所采取的处理方式和处理态度非常重要，保险理赔工作应首先遵循满意性原则。

2. 迅速性原则

从保险功效来说，保险的作用在于使被保险人在损失发生后，能尽快恢复到损失发生前的状况，从而确保其经济生活的安定。因此，汽车保险理赔的速度直接关系到被保险人能否获得及时补偿。所以，保险人在汽车保险理赔时应遵循迅速性原则。保险人接到被保险人的事故报案以后，应该迅速做出反应。这种迅速体现为两个方面：一方面，查勘定损应力求迅速，以确保保险人掌握第一手的事故资料，防止被保险人为利益而隐瞒实情，实施欺骗。另一方面，案件处理应迅速。如果案件清楚明了，就应该迅速支付赔款结案；如果案情复杂但可确定属于保险责任且符合预付赔款要求的，现场查勘之后应预付部分赔款，以解被保险人的燃眉之急；如果事故确属于责任免除范畴，应有理有据地出具拒赔通知书，并做好安抚工作。

3. 准确性原则

涉及责任免除的确定、被保险人义务的遵守、免赔的计算方法等许多有关保险合同的专业性问题，并不是每一个被保险人都清楚无误，所以需要保险人在计算赔付时应力求准确，遵循准确性原则，不能因保险人具有专业知识而刻意压低赔款或欺骗被保险人。因此，在汽车保险理赔时，应对事故导致的直接损失费用计算准确，依据保险合同的约定，合理地确定各项损失费用，这是确保被保险人满意的基础。

4. 公平性原则

根据保险分摊性质，如果赔付过多，虽然个别被保险人受益，将导致广大被保险人承担

过多的保险费，同时也会影响到保险人的偿付能力。如果赔付过低，虽然保险人暂时受益，但因被保险人不满意将导致保险人的保险信誉下降，从而影响到保险的经营稳定性。所以，在保险理赔时，应遵循公平性原则，尽量做到理赔结果对保险当事双方都公平。对于不应赔付的案件，一定不赔付；对于应赔付的，不可多赔，亦不可少赔。

8.1.3 汽车保险理赔工作人员应具备的条件

汽车保险理赔工作技术性强，涉及面广，直接关系到保险公司的信誉和车险业务的发展。因此车险理赔人员应加强学习，从而提高自己的业务水平，认真遵守公司对理赔人员的各种规范和要求。从事汽车保险理赔的工作人员应具备以下条件。

1）汽车保险理赔工作人员要精通汽车保险法规、保险条款和有关业务规定

汽车保险条款和有关业务规定是处理汽车保险赔案的理论依据，又是保险合同双方当事人权利和义务顺利实现的具体保证。因此，作为理赔人员首先必须熟悉保险条款的内容和有关保险业务的具体规定，以免理赔时出现误差。

2）汽车保险理赔工作人员要掌握相关专业知识

汽车保险理赔是一项涉及面广、专业技术性较强的工作，而且汽车保险标的即车辆的性质和种类多而各异，因此，从事汽车保险理赔的工作人员，除有汽车保险方面的专业知识外，还必须懂得有关汽车的构造、维修、故障诊断等汽车技术方面的知识；必须懂得汽车的有关法律和法规方面的知识。例如《道路交通管理条例》、《机动车报废标准》及各种运输法规等；必须懂得其他法律和法规方面的知识。理赔工作人员还应尽可能地学习如《民法》、《经济法》等各种相关法律规定，以便在处理赔案时有法可依。

3）汽车保险理赔工作人员要掌握相关财务会计知识和资产评估等方面的专业知识

汽车保险理赔工作人员还应掌握一些财务会计知识和资产评估等方面的专业知识。懂得划分固定资产和流动资产的标准，懂得各种财产价格构成的依据，以及如何计算折旧、估计损失价值、查阅资产负债表、总分类账及明细科目卡片等。

4）汽车保险理赔工作人员要有高度的责任感

在处理赔案中应做到"主动、迅速、准确、合理"，对保户热情、诚恳。不能拖拉、刁难，更不得以权谋私，尽可能把结案率控制在保险公司规定的限度之内。

5）汽车保险理赔工作人员要避免道德风险的产生

为避免车险理赔过程中出现的道德风险要坚持双人查勘，双人定损失制度，尽可能堵塞理赔中出现的漏洞。

6）汽车保险理赔工作人员要树立廉洁奉公、以身作则的工作作风

汽车保险工作人员不得收取任何形式的佣金，不得以滥赔作为条件接受客户及业务人员任何形式的礼品和礼金。由于理赔人员代表保险公司处理各种案件，涉及大量的钱财，因此要求理赔人员必须树立廉洁奉公和以身作则的工作作风，坚决杜绝理赔工作人员与汽车修理厂串通一气坑害保险公司的违法现象的发生。

7）汽车保险理赔工作人员要严格执行条款计算赔款，树立风险管理意识

汽车保险理赔人员应能最大限度缩小预估偏差，降低损失率，保证公司车险盈亏统计的真实性，使其能够及时掌握车险的经营状况。

8）汽车保险理赔工作人员要严格执行复审、逐级上报制度

坚决杜绝理赔中的错、乱、滥现象，维护保险公司的合法权益。汽车保险理赔工作人员应严格执行该制度。

汽车保险理赔工作关系到保险企业的信誉，体现着国家的保险方针和政策，同时，理赔工作牵涉面广、情况复杂。因此，汽车保险理赔工作人员应严格按照上述要求去做。

8.2 汽车保险理赔的处理程序

汽车保险的理赔工作过程是从接受被保险人的出险报案开始，通过现场查勘，确定保险责任和赔偿金额，直至给付赔款的整个过程，是一项复杂而繁重的工作。理赔人员不仅需要有较强的专业技术知识、相应的业务知识和政策水平，而且还要有高度的事业心、责任心和实事求是的工作作风。汽车保险理赔的处理程序包括受理案件、现场查勘与定损、赔付结案等三个主要过程。在理赔时，根据保险合同的约定，始终贯彻“满意性、迅速性、准确性、公平性”的理赔原则，严格按照理赔的处理程序认真办案。

8.2.1 受理案件

1. 受理案件的操作流程

受理案件的操作流程图如图 8－1 所示。

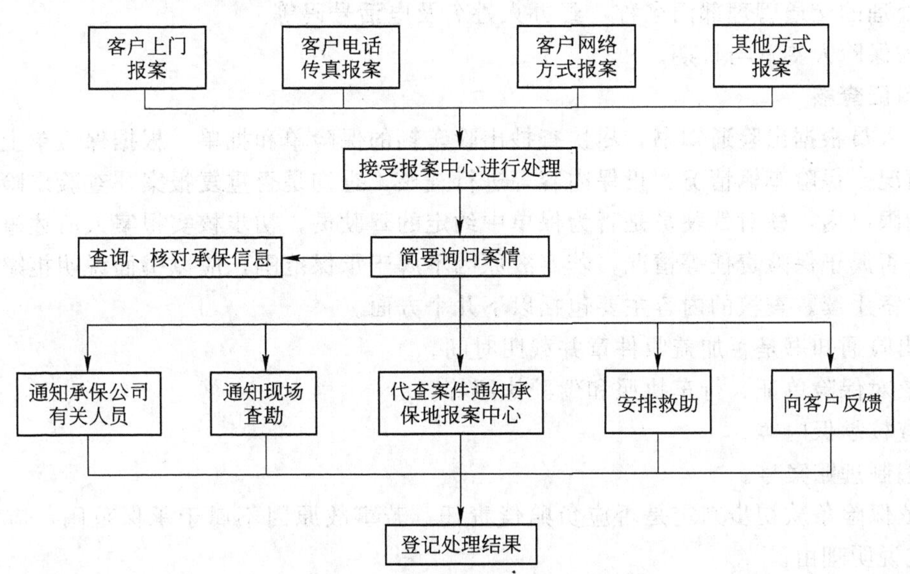

图 8－1 受理案件的操作流程图

2. 接受报案

保险汽车出险后，被保险人一般是先以口头或电话、电报等方式向保险人报案，然后再补交书面的出险通知。

1）报案记录

理赔人员在接到报案时，应详细询问报案人姓名及联系方式、被保险人名称、驾驶员情

况、厂牌车型、牌照号码、保险单号码、出险险别、出险日期、出险地点、出险原因和预估损失金额等情况，并进行报案记录，迅速通知业务人员。同时指导被保险人尽快填报“出险通知书”。如果是电话报案，则要求其事后补填出险通知书。

2）出险通知

一般出险通知应包括如下内容：

① 保险单证号码。

② 被保险人名称、地址及电话号码。

③ 保险汽车的种类及厂牌型号、生产日期、第一次申领牌照日期、牌照号码、发动机号码等。

④ 驾驶员情况，包括姓名、住址、年龄、婚否、驾驶证号码、驾龄和与被保险人的关系等。

⑤ 出险时间、地点。

⑥ 出险原因及经过，包括事故形态，如正面碰撞、侧面碰撞、追尾碰撞、倾覆、火灾、失窃等；事故原因，如超速、逆向行车、倒车不当等；发生事故前车辆的动态，如行驶方向、行驶速度、超车、转弯等；撞击部位，如车头、车中、车尾等。

⑦ 涉及的第三者情况。第三者的财产损失包括其姓名、住址、电话号码，以及第三者车辆损失情况（车牌号码、保险单号码、受损情形及承修场所），或其他财产损失情况；涉及第三者伤害的，包括伤亡者姓名、性别、受伤情形和所救治的医院名称、地址等。

⑧ 处理的交通管理部门名称，经办人姓名及电话号码等。

⑨ 被保险人签章与日期。

3. 单证查核

业务人员根据出险通知书，尽快查抄出险车辆的保险单和批单。根据保险单上载明的被保险人情况、保险车辆情况、投保内容等进行查核，查询是否重复报案，查验出险时间是否在保险期限以内，核对驾驶员是否为保单中约定的驾驶员，初步核实报案人所述事故的原因与经过是否属于保险责任等情况，若事故原因不属于承保范围，应以书面说明拒赔理由。然后办理立案手续。查核的内容主要包括以下几个方面。

① 出险通知书是否加盖收件章并载明时间。

② 核对保险单证、行车执照和驾驶执照等。

③ 查核承保内容。

④ 编制理赔案号。

⑤ 依保险条款初步判定是否应负赔偿责任。若事故原因不属于承保范围，应拒赔并以书面形式说明理由。

4. 立案

① 对于在承保范围且属于保险责任的理赔案件，业务人员应进行理赔登记。

② 对于不在保险有效期或明显不属于承保责任的理赔案件，应在出险通知书和立案登记簿上签注“因×××原因不予立案”的字样，并向报案人做出耐心解释。

③ 承保车辆在外地出险，需要代查勘的，应立即安排代查勘公司，并将其名称登载在立案登记簿上。

受理案件结束后，由查勘定损人员进行现场查勘与定损。

8.2.2　安排查勘与定损

对属于保险责任范围内的事故和不能明确确定拒赔的案件，应立即调度查勘定损人员赶赴现场开展查勘工作，并为其打印“机动车辆保险报案记录（代抄单）”。对于需要提供现场救援的案件，应立即安排救援工作，接到保险车辆在外出险的信息，登记后，可视情况立即安排人员赶赴现场查勘或委托保险人在当地的分支机构代为查勘定损，转入“双代”案件处理程序。接到外地保险车辆在本地出险的信息，登记后，按照“双代”案件的处理程序进行处理，并通知承保公司。表 8－1 是一张保险案件报案记录。

表 8－1　保险案件记录表

保险单号：　　　　　　　　　　　　　　　　　　　　报案编号：
被保险人：　　　　　　　　　　车牌号码：　　　　　牌照底色：
厂牌型号：　　　　　　　　　　报案方式：□电话　□传真　□上门　□其他
报案人：　　报案时间：　　　　联系人：　　　　　　联系电话：
出险时间：　出险原因：　　　　是否第一现场报案：□是　　□否
出险地点：　　　　　　　　　　驾驶员姓名：　　　　准驾车型：
驾驶证初次领证日期：　　　　　驾驶证号码：□□□□□□□□□□□□□□□□□□□□
处理部门：□交警　□其他事故处理部门　□保险公司　□自行处理　承保公司：　客户类型：
VIN 码：　　　　　　　　　发动机号：　　　　　　车架号：
被保险人单位性质：　　　　车辆初次登记日期：　　已使用年限：
新车购置价：　　　　　　　车辆使用性质：　　　　核定载客 人　核定载质量 千克
保险期限：　　　　　　　　车辆行驶区域：　　　　车辆种类：
基本条款类别：　　　　　　争议解决方式：　　　　保险费：
约定驾驶人员　主驾驶人员姓名：　驾驶证号码：　　初次领证日期：
　　　　　　　从驾驶人员姓名：　驾驶证号码：　　初次领证日期：

序号	承保险种（代码）	保险金额/责任限额	序号	承保险种（代码）	保险金额/责任限额
1			7		
2			8		
3			9		
4			10		
5			11		
6			12		

特别约定：

保险单批改信息
保险车辆出险信息
本单批改次数：　　车辆出现次数：　　赔款次数　　赔款总计：
被保险人住址：　　　　　　　　　　　　　　　　邮政编码：
联系人：　　　　　固定电话：　　　　　　　　　移动电话：
　　　签单人：　　　　　　经办人：　　　　　　核保人：
　　　抄单人：　　　　　　抄单日期：　　　　　年　月　日

8.2.3　现场查勘与定损

1. 现场查勘操作步骤

如图 8－2 所示为现场查勘操作流程。

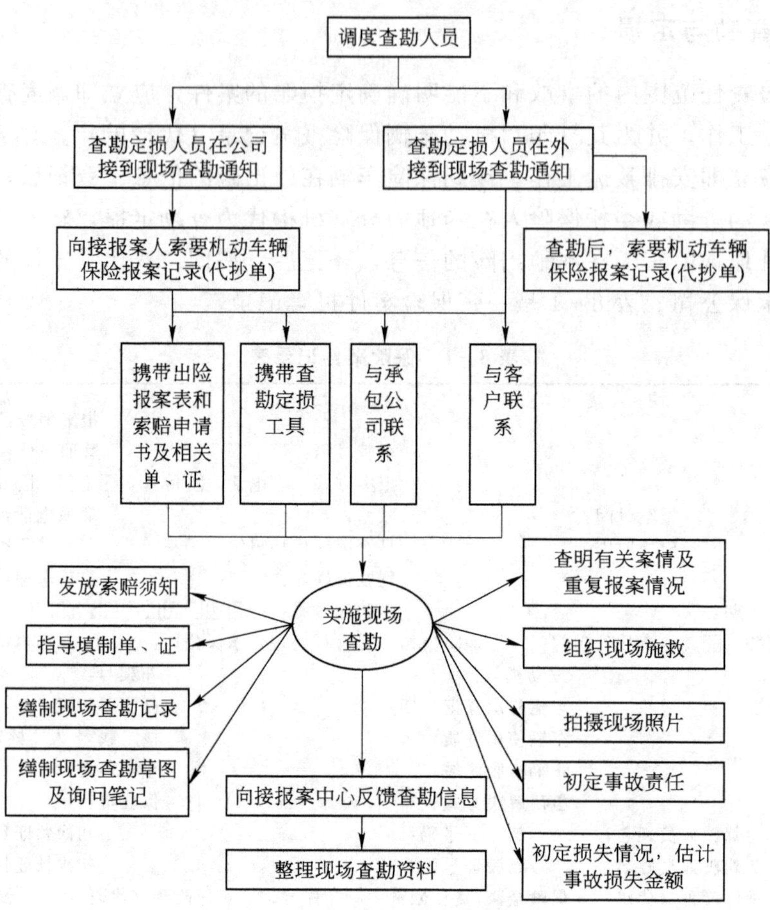

图 8－2　现场查勘操作流程图

2. 查勘准备

查勘人员赶赴现场开始查勘工作之前，应做好以下工作。

① 查勘人员接到查勘通知后，向接报案人员索要“机动车辆报案记录（代抄单)”并根据报案记录，了解报案标的出险时间、地点、原因、经过、事故类别、大致的损失情况以及事故当事人的情况，对事故有一个基本了解，做到心中有数，以便在查勘过程中有针对性地调查取证，争取主动。如查勘定损人员在外接到现场查勘通知，查勘后，索取“机动车辆报案记录（代抄单)”，全面深入地了解情况。

② 携带“出险报案表”、“索赔申请表”和查勘定损工具如照相机、皮尺等，赶赴现场。并及时与承保公司取得联系。

③ 查勘定损人员到达事故现场及时向接报案中心报告。如果事故尚未控制或人员及车辆尚处于危险中，应尽力协助被保险人和有关机构部门采取有效的施救和保护措施，避免损失的扩大。

3. 现场查勘

现场查勘是指用科学的方法和现代技术手段，对交通事故现场进行实地验证和查询，将所得的结果完整而准确地记录下来的工作过程。现场查勘是查明交通事故真相的根本措施，是分析事故原因和认定事故责任的基本依据，也为事故损害赔偿提供证据。所以，现场查勘应公正、客观、严密地进行。

现场查勘工作必须由两位以上查勘定损人员参加，尽量查勘第一现场。如果第一现场已经清理，必须查勘第二现场，调查了解有关情况。现场查勘的主要内容如下。

(1) 查验客户提供的保险证或保险单

进行保险情况的确认。

(2) 查明出险时间

确切查明出险时间是否在保险期范围内。对接近保险起止时间的案件应特别注意查实。为核实出险时间，应详细了解车辆启程或返回的时间、行驶路线、伤者住院治疗的时间，如果涉及车辆装载货物出险的，还要了解委托运输单位的装卸货物时间等。

(3) 查明出险地点

要准确地查明出险地点。对擅自移动出险地点或谎报出险地点的，要查明原因。

(4) 查明出险车辆情况

查明出险车辆的车型、牌照号码、发动机号码、车架号码、行驶证，并与保险单或批单核对是否相符，查实车辆的使用性质是否与保险单记载的一致；如果是与第三方车辆发生事故，应查明第三方车辆的基本情况。

(5) 查清驾驶员情况

查清驾驶员姓名、驾驶证号码、准驾车型、初次领证时间等。注意检查驾驶证的有效性，是否为被保险人或其允许的驾驶员；特种车出险要检查是否具备国家有关部门合法的有效操作证；对驾驶营业性车辆的驾驶人员应检查其是否具有营运驾驶员从业资格证书。

(6) 查明车辆的使用性质

查明保险车辆出险时使用性质和保单载明的是否相符，以及是否运载危险物品。车辆结构有无改装或加装。

(7) 查明事故原因

这是现场查勘的重点，要深入调查，根据现场查勘技术进行现场查勘，索取证明，收集证据，全面分析。凡是与事故有关的重要情节，都要尽量收集以反映事故全貌。当发现是酒后驾车、驾驶证与所驾车型不符等嫌疑时，应立即协同公安交通管理部门获取相应证人证言和检验证明等。

对于重大复杂或有疑问的理赔案件，要走访有关现场见证人或知情人，了解事故真相，做好询问记录，载明询问日期和被询问人地址并由被询问人确认签字。

对于所查明的事故原因，应说明是客观因素还是人为因素，是车辆自身因素还是车辆自身以外的因素，是违章行驶还是故意违法行为。

对于造成重大损失的保险事故，如果事故原因存在疑点难以断定的，应要求被保险人、造成事故的驾驶员、受损方对现场查勘记录内容确认并签字。

(8) 施救整理受损财产

① 现场查勘人员到达事故现场后，如果险情尚未控制，应立即会同保险人及其有关部门共同研究，确定施救方案，采取合理的措施施救，以防损失进一步扩大。

② 保险车辆受损后，如果当地的修理价格合理，应安排就地修理，不得带故障行驶。如果当地修理费用过高需要拖回本地修理的，应采取防护措施，拖拽牢固，以防再次发生事

故。如果无法修复的，应妥善处理汽车的残值部分。

(9) 核实损失情况

查清受损车辆、承运货物和其他财产的损失情况及人员伤亡情况，注意查清投保新车出厂时的标准配置以外是否新增设备，查清事故各方所承担的事故责任比例，确定损失程度。同时应核查保险车辆有无重复保险情况，以便理赔计算时分摊赔款。

图 8-3 现场查勘图

现场查勘结束后，查勘人员应按照上述内容及要求认真填写现场查勘记录。如果可能，应力争让被保险人或驾驶员确认签字。如图 8-3 所示为现场查勘图。

4. 代查勘

代查勘限于本保险公司各分支机构所承保的汽车在异地出险的情形，出险当地的保险分支机构均有代查勘并提供各种协助的义务。具体程序如下。

① 出险地保险公司业务人员接到外地保险车辆在本地出险的通知以后，应查验保险证或保险单。确认是保险公司承保的车辆后，询问并记录报案日期、报案人、保险单号、保险类别、被保险人、承保公司、出险时间、地点、原因、牌照号码等。同时向报案人出示出险通知书并交代填写事项，督促其按期交回。

② 应立即安排现场查勘，并尽快通知承保公司。

③ 查勘人员到达事故现场以后，应视同保险公司的赔案处理，认真开展现场查勘工作，按照要求填写查勘记录并由代查勘的公司领导签章。

④ 业务人员应将该案登录代查勘登记簿，并按照规定开具代查勘收据一式两联。一联连同出险通知书、查勘记录及现场照片、草图、询问记录及有关证明材料等发送承保公司，一联连同出险通知书、查勘记录等材料在代查勘公司留存备查。

此外，如果承保公司同意并委托进行代定损，应按照规定的定损程序处理。处理完毕后，应将全部案件材料移交承保公司，并在代查勘登记簿上注明移交时间。

5. 审定保险责任

审定保险责任是理赔过程中一项十分谨慎的工作，关系到被保险人的切身利益和保险人的信誉。所以在审定保险责任时，业务人员应根据现场查勘记录、事故证明、事故调解书等有关材料，结合机动车辆保险条款及其解释等有关文件，全面分析事故的主客观原因。

审定保险责任应注意以下事项。

① 业务部门对于现场查勘记录及其相关材料应进行初审，按照规定的核赔权限，召集相关人员会议，听取查勘定损人员的详细汇报及其分析意见，研究审定保险责任。

② 审定保险责任一定要以机动车辆保险条款及其解释为依据，领会条款精神，尊重客观事实，掌握案情的关键。尤其对不属于保险责任的案件，要认真讨论，反复推敲。对于属于责任范围的，应进一步确定被保险人对事故承担的责任和有无代位追偿的问题。认为是责任免除范畴应拒赔的案件，要有充分的、有说服力的依据和理由。拒赔前，应向被保险人耐心解释，倾听意见。

③ 当赔偿责任确定后，对被保险人所报的损失清单及其费用单证，应根据现场查勘的实际损失记录，逐项进行审核，确定赔偿项目和赔付范围。

④ 应妥善处理疑难案件。对于责任界限不明，难以掌握的疑难案件和拒赔后可能引起诉讼的，或经反复研究仍无法定论的理赔案件，应将《拒赔案件报告书》连同有关材料报上级公司审定。经上级公司批准后，应填具《拒赔通知书》送交被保险人并进行耐心解释。

对于确定无异议属于保险责任的理赔案件，应立即开展定损和计算赔款工作。

6. 确定损失与赔款

1）保险车辆出险后的定损核损项目

定损核损项目包括车辆定损、人员伤亡费用的确定、施救费用的确定，其他财产损失确定和残值处理等内容。定损核损流程如图 8－4 所示。

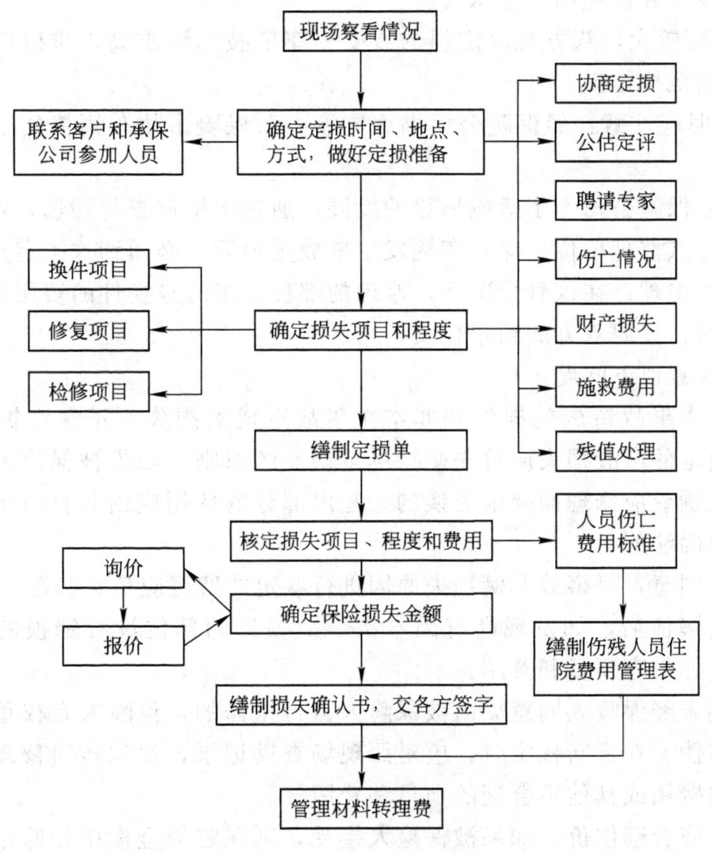

图 8－4 定损核损流程

2）确定损失

（1）车辆定损

保险人应会同被保险人和第三者车损方一起进行车辆定损。在整个过程中要体现“一保险公司为主”的原则。车辆定损的基本程序如下。

① 保险人必须指派两名定损员一起参与定损。定损时，根据现场勘查记录，详细核对本次事故造成的损失部位和修理项目，逐项列明修理工时费、损坏程度、换件项目及金额。

② 对更换的零部件属于本级公司询价、报价范围的，要将换件项目清单交报价员进行审核，报价员应根据标准价或参考价核定所更换的配件价格；对于估损金额超过本级处理权限的，应及时报上级公司并协助定损。首先，按照《汽车零配件报价实务》的规定缮制询价

单，通过传真或计算机网络向上级公司询价。其次，上级公司接到下级公司询价单后应立即查询，对询价金额在本身权限范围的，进行核准操作。对询价金额高于本身报价金额的，上级公司应逐项报价，并将核准的报价单或询价单传递给询价公司。

③ 定损员接到核准的报价单后，再与被保险人和第三者车损方协商修理、换件项目和费用。协商一致后，三方共同签订《汽车保险定损确认书》。

④ 受损车辆原则上应一次定损。定损完毕后，由被保险人自选修理厂修理或到保险人推荐的修理厂修理。保险车辆修复后，保险人可根据被保险人的委托与修理商结算修理费用，明确区分应由被保险人自己负担的部分费用，并在《汽车保险定损确认书》上注明，并由被保险人、保险人和修理商签字认可。

⑤ 对损失金额较大，双方难以定损的或受损车辆技术要求高，难以确定损失的，可聘请专家或委托公估机构定损。

⑥ 车辆定损时应注意：经保险公司书面同意。对保险事故车辆损失原因进行鉴定的费用可以负责赔偿。

近年来，有些保险公司为了适应形势的发展，通过严格审查与筛选，在本地区修理行业确定了许多保险定点修理单位。保险车辆发生事故受损后，必须到这类定点修理单位修理才能定损，否则不予受理。在这种情况下，修理的部位、工时与换件的费用由承修方和保险人协商确定。定损时，按照双方的约定核实。

车辆定损应注意以下问题：

- 应注意本次事故造成的损失和非本次事故造成的损失，正常维护与事故损失的界限。对确定的事故损失应首先坚持尽量修复的原则。如果被保险人或第三者提出扩大修理范围或应修理而要求更换的，超出部分的费用应由其自行承担，并在定损确认书上明确注明。
- 经保险人同意，对事故车辆损失原因进行鉴定的费用应负责赔偿。
- 受损车辆解体后，如发现尚有因本次事故损失的部位没有定损的，经定损员核实后，可追加修理项目和费用。
- 受损车辆未经保险人同意而由被保险人自行送修的，保险人有权重新核定修理费用或拒绝赔偿。在重新核定时，应对照现场查勘记录，逐项核对修理费用，剔除其扩大修理的费用或其他不合理的项目和费用。
- 换件残值应合理作价，如果被保险人接受，则在定损金额中扣除；如果被保险人不愿意接受，保险人拥有处理权。
- 如果被保险人要求自选修理厂修理的，必须先确定保险责任和损失金额。

（2）施救费用的确定

当保险车辆或其所涉及的财物或人员在遭遇保险责任范围内的车祸时，被保险人采取措施进行抢救，以防止损失的扩大。其中因采取施救措施而支付的费用即为施救费用。施救费用必须是及时的、必要的、合理的，是按照国家有关政策规定为施救行为付出的费用。施救费用的确定应严格按照保险条款的有关规定进行，并注意以下原则。

① 保险车辆发生火灾时，应当赔偿被保险人或其允许的驾驶员使用他人非专业消防单位的消防设备、施救保险车辆所消耗的合理费用及设备损失。

② 保险车辆出险后，失去正常的行驶能力，被保险人雇用吊车及其他车辆进行抢救的

费用，以及将出险车辆拖运到修理厂的运输费用，保险人应按当地物价部门核准的收费标准予以负责。

③ 在抢救过程中，因抢救而损坏他人的财产，如果应由被保险人赔偿的，可予以赔偿。但在抢救时，抢救人员个人物品的丢失，不予赔偿。

④ 抢救车辆在拖运受损保险车辆途中，发生意外事故造成保险车辆的损失扩大部分和费用支出增加部分，如果该抢救车辆是被保险人自己或他人义务派来抢救的，应予赔偿；如果该抢救车辆是受雇的，则不予赔偿。

⑤ 保险车辆出险后，被保险人或其允许的驾驶员，或其代表奔赴肇事现场处理所支出的费用，不予负责。

⑥ 保险人只对保险车辆的施救保护费用负责。例如，保险车辆发生保险事故后，受损保险车辆与其所装货物同时被施救，应按保险车辆与货物的实际价值进行比例分摊赔偿。

⑦ 保险车辆为进口车或特种车，发生保险事故后，当地确实不能修理，经保险人同意后去外地修理的移送费，可予适当负责。但护送保险车辆者的工资和差旅费，不予负责。

⑧ 施救、保护费用与修理费用应分别理算。但施救前，如果施救、保护费用与修理费用相加，估计已达到或超过保险金额时，则可推定全损予以赔偿。

⑨ 保险车辆发生保险事故后，对其停车费、保管费、扣车费及各种罚款，保险人不予负责。

(3) 人员伤亡费用的确定

事故处理应“一责论处，一责分担”的原则。说明承担费用的标准，应符合现行道路交通事故处理的有关规定。凡被保险人自行承诺或支付的赔偿金额，定损人员应重新核定，对不合理的部分应予以剔除。

涉及第三者责任险和车上人员责任险的人员伤亡费用，应根据保险合同的约定和有关法律法规的规定处理。

① 事故结案前，所有费用均由被保险人先行支付。待结案后，业务人员应及时审核被保险人提供的事故责任认定书、事故调解书、伤残证明及各种有关费用单据，填写费用清单。在确定伤亡费用时，应根据道路交通事故处理的有关规定，向被保险人说明费用承担的标准。凡是被保险人自行承诺或支付的费用，业务人员应重新核定，对不合理的部分应予以剔除。

按照现行的《道路交通事故处理办法》规定，保险可以负责的合理费用包括：医疗费(限公费医疗的药品范畴)、误工费、护理费(住院护理人员不超过两人)、就医交通费、住院伙食补助费、残疾生活补助费、残疾用具费、丧葬费、死亡补偿费、被抚养人生活费、伤亡者直系亲属或合法代理人参加事故调解处理的误工费、交通费、住宿费。对于伤者需要转院赴外地治疗的，须由所在医院出具证明并经事故处理部门同意，保险人方可负责；伤残鉴定费需要经保险人同意方可负责赔付。不符合保险赔偿范围的费用包括：受害人的精神损失补偿费、困难补助费、被保险人处理事故时的生活补助费和招待费、事故处理部门扣车后的看护费、各种罚款、其他超过规定的费用等。

② 对车上及第三方人员伤亡的情况应进行实际调查，重点调查被抚养人的情况及生活费、医疗费、伤残鉴定证明等的真实性、合法性和合理性。

伤亡费用审核结束后，应在人员伤亡费用清单上“保险人复核意见”栏内签署意见，并注明提出项目及其金额。

(4) 其他财产损失的确定

第三者责任险涉及的除了第三者车辆损失以外的财产损失，以及车上货物责任险的财产损失，保险人应会同被保险人、第三者及相关人员逐项核对，确定损失数量、损失程度和损失金额，填写财产损失清单。要求被保险人提供有关货物、财产的原始发票。审核后，制作“机动车辆保险财产损失确认书”，由被保险人签字认可。定损员在清单上签署审核意见。对于车上货物责任险中的货物损失。在确定损失金额，进行赔偿处理时，需要被保险人提供运单、起运地货物价格证明以及第三方向被保险人索赔的函件等单证材料。

3) 计算赔款

根据被保险人提供的有关费用单证经审核无误后，理算人员对车辆损失险、第三者责任险、附加险及施救费用等分别计算赔偿金额。

在进行赔款理算之前，保险公司相关人员要核对有关的索赔单证材料和发生事故的驾驶员的“机动车辆驾驶证”及保险车辆“机动车辆行驶证”的原件和复印件，核对无误后留存复印件。在审核索赔单证材料时，对于不符合规定的项目和金额应予以剔除；对于有关的证明和资料不完整的，及时通知被保险人补充提供有关的证明和材料。

对被保险人提供的各种必要单证审核无误后，理赔人员根据保险条款的规定，迅速审查核定，对车辆损失险、第三者责任险、附加险、施救费用等分别计算赔款金额，并将核定计算结果及时通知本人。保险人应在与被保险人达成协议十天内支付赔款。

在进行赔款理算时，由于保险费率的放开，各家保险公司的理算结果会有所不同，但都严格按照有关保险条款和保险单的合同要求进行。

4) 缮制赔款计算书

计算完赔款以后，要缮制赔款计算书。赔款计算书应该分险别项目计算，并列明计算公式。赔款计算应尽量用计算机出单，应做到质目齐全、计算准确。手工缮制的，应确保字迹工整、清晰，不得涂改。业务负责人审核无误后，在赔款计算书上签署意见和日期，然后送交核赔人员。

8.2.4 核定赔款

1. 核定赔款的意义

在经过赔款理算之后，要根据有关单证缮制理赔计算书。首先由相关工作人员制作“机动车辆保险理赔计算书”和“机动车辆保险结案报告书”。“机动车辆保险理赔计算书”各栏要详细录入，项目要齐全，数字要准确，损失计算要分险种、分项目计算且列明计算公式，并注意免赔率要分险种计算。“机动车辆保险结案报告书”一式两份，经办人员要盖章并注明缮制日期。业务负责人审核无误后，在“机动车辆保险结案报告书”上签注意见和日期，送交核赔人。

核赔是在授权范围内独立负责理赔质量的人员，按照保险条款及保险公司内部的有关规章制度对赔案进行审核的工作。

2. 核定赔款的主要内容

(1) 审核单证

① 审核被保险人提供的单证、证明及相关材料是否齐全、有效，有无涂改、伪造等。

② 审核经办人员是否规范填写有关单证，必备的单证是否齐全等。

③ 审核相关签章是否齐全。

(2) 核定保险责任

核定保险责任时，应重点审核下列事项。

① 被保险人与索赔人是否相符。

② 出险车辆的厂牌型号、牌照号码、发动机号码、车架号与保险单证是否相符。

③ 出险原因是否为保险责任。

④ 出险日期是否在保险期限内。

⑤ 赔偿责任是否与保险险别相符。

⑥ 事故责任划分是否准确合理。

(3) 核定车辆损失及赔款

① 车辆损失项目、损失程度是否准确合理。

② 更换的零部件是否按照规定进行了询报价，定损项目与报价项目是否一致。

③ 换件部分拟赔款金额是否与报价金额相符。

④ 残值确定是否合理。

(4) 核定人身伤亡损失与赔款

核赔人员根据现场查勘记录、调查证明和被保险人提供的“事故责任认定书”、“事故调解书”和伤残证明等材料，按照国家有关道路交通事故处理的法律、法规规定以及其他相关规定审核人员伤亡损失与赔款是否合理。应重点核定以下内容。

① 伤亡人员数、伤残程度是否与调查情况和证明相符。

② 人员伤亡费用是否合理。

③ 被抚养人口、年龄是否属实，生活费计算是否合理。

(5) 核定其他财产损失

核定其他财产损失时，应根据照片和被保险人提供的有关货物、财产发票、有关单证，核实所确定的财产损失和损失物资残值等是否合理。

(6) 核定施救费用

根据案情和对施救费用的有关规定，对涉及施救费用的有关单证和赔付金额进行审核。

(7) 审核赔付计算

审核赔付计算是否准确，免赔率使用是否正确，残值是否扣除等。

如果是上级公司对下一级进行核赔，应侧重审核：普通赔案的责任认定和赔款计算的准确性；有争议赔案的旁证材料是否齐全有效；诉讼赔案的证明是否有效；保险公司的理由是否充分等。

属于保险公司核赔权限的，审核完成后，核赔人员签字并报领导审批。属于上级公司核赔的，核赔人员提出核赔意见，经领导签字后，报上级公司核赔。在完成各种核赔和审批手续后，转入赔付结案程序。

3. 核赔的操作流程

核赔的主要内容包括审核单证、核定保险责任、审核赔款计算、核定车辆损失及赔款、核定人员伤亡及赔款、核定其他财产损失及赔偿、核定施救费用等。核赔是对整个赔案处理过程进行控制。核赔对理赔质量的控制体现在：核赔师对理赔案的处理过程，一是及时了解出险原因、损失情况，对重大案件，应参与现场勘查；二是审核、确定保险责任；三是核定损失；四是核定赔款计算。核赔操作流程如图 8－5 所示。

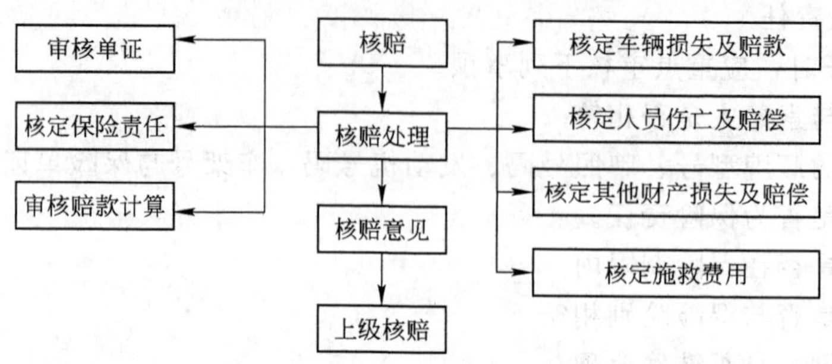

图 8-5 核赔操作流程

8.2.5 赔付结案

1. 结案登记与单据清分

① 业务人员根据核赔的审批金额，填发《赔款通知书》及赔款收据，被保险人在收到《赔款通知书》后在赔款收据上签章，财会部门即可支付赔款。在被保险人领取赔款时，业务人员应在保险单正、副本上加盖“××××年××月××日出险，赔款已付”字样的印章。

② 赔付结案时，应进行理赔单据的清分。一联赔款收据交被保险人；一联赔款收据连同一联赔款计算书送会计部门作付款凭证；一联赔款收据和一联赔款计算书或赔案审批表，连同全案的其他材料作为赔案案卷。

③ 被保险人领取赔款后，业务人员按照赔案编号，输录《保险车辆赔案结案登记》，同时在《报案、立案登记簿》备注栏中注明赔案编号与日期，作为续保时是否给付无赔款优待的依据。

2. 理赔案卷管理

理赔案卷应按照一案一卷整理、装订、登记、保管。赔款案卷应单证齐全，编排有序，目录清楚，装订整齐，照片与原始单证应粘贴整齐并附必要的说明。一般的理赔案卷单证包括赔款计算书、赔案审批表、出险通知书、汽车保险单及批单的抄件、事故责任认定书、事故调解书、判决书或其他出险证明文件、现场查勘报告、保险车辆定损协议书及其财产损失清单、询报价单、第三者及车上人员伤亡的费用清单、照片、有关原始单据、权益转让书，以及其他有关的证明与材料等。

未决赔案的处理办法：未决赔案是指截止到规定的统计日期，已经完成估损、立案，尚未结案的配送案件，或被保险人尚未领取赔款的案件。处理原则是：定期进行案件跟踪，对可以结案的案件，须敦促被保险人尽快交齐索赔材料，赔偿结案；对尚不能结案的案件，应认真核定、调整估损金额；对超过时限，被保险人不提供手续或找不到被保险人的未决赔案，按照“注销案件”处理。

8.2.6 典型的专项案件处理程序

1. 简易赔案

1）简易赔案应具备的条件

理赔案件具备下述条件方可按照简易赔案处理。

① 不涉及第三者，只是保险人单方车辆损失的案件。

② 案情简单，出险原因清楚，保险责任明确。

③ 一次事故损失金额在5 000元以下的。

④ 车损部位可以一次核定，且受损的零部件按照价格目录可以准确确定价格。

2）处理程序

(1) 接到报案后，查勘定损人员应双人赶赴第一现场查勘、拍照、定损。

(2) 逐项确定损失费用和金额，填写《简易赔案协议书》，并由被保险人签字。

(3) 经核赔人员审核后，交领导审批签字。

(4) 开具《赔款通知书》，交财会部门及时支付赔款。

(5) 将《简易赔案协议书》相关内容录入计算机，进行结案登记。

3）赔付结案必备的单证

简易赔案案件在赔付结案时，必备的单证包括保险单抄件、出险通知书、简易赔案协议书及其定损清单、现场查勘报告、事故现场与车损照片、赔款收据及其他有关单证。

2. 逃逸案件

根据现行的《道路交通事故处理办法》的规定，在实行机动车辆第三者责任法定保险的行政区域发生机动车交通事故逃逸案件的，由当地保险公司预付伤者抢救期间的医疗费和死者的丧葬费。但如果在案发当地有多家保险公司经营汽车保险业务，对逃逸案件是否垫付，由各保险公司自定或按照国务院的相关规定执行。

1）垫付程序

① 保险公司接到当地公安交通管理部门出具的垫付通知书后，应迅速查勘核实，登入《逃逸案件登记表》。

② 伤者抢救期结束时，根据公安交通管理部门提供的医院抢救费用单据或死亡证明，办理垫付手续，并由公安交通管理部门出具垫付款收据。

③ 按照规定填写赔款计算书，连同垫付通知书、垫付款收据、有关医院费用单据或死亡证明等归入理赔案卷。垫付金额直接作为赔款支出核算。

④ 每一逃逸案件垫付的最高金额以5万元为限。

⑤ 垫付赔款应做好统计，年底按照当地其他保险公司保险费收入所占比例进行分摊，分摊回的金额应冲减赔款。

2）垫付赔款的追偿

逃逸案件破案后，应向逃逸者及其所在单位或汽车所有人追偿垫付的所有款项，并要求公安交通管理部门协助追偿，追偿回的金额应冲减赔款。

3. 代位追偿案件

1）处理原则

① 只有车辆损失险适合于代位追偿。

② 代位追偿必须是发生在保险责任范围内的事故。

③ 代位追偿是法定的保险人应履行的责任，根据权利义务对等的原则，代位追偿的金额应在保险金额范围内，根据实际情况接受被保险人全部或部分权益转让。

④ 履行代位追偿以后，追偿工作必须注意债权债务的法律实效问题。

2）处理程序

对涉及第三方责任导致的车辆损失险赔付案件，被保险人在索赔过程中，如遇第三方不予支付的情况，应向人民法院提起诉讼。经人民法院立案后，被保险人书面请求保险人先予赔偿的，同时应向保险人提供人民法院的立案证明。保险人可按保险条款有关规定和保险合同载明的条件先行赔付。具体处理程序如下。

① 被保险人需要出具法院的立案证明和权益转让书，以及各种有效证据，保险人受理代位追偿案件。

② 保险人按照保险合同和有关规定理算赔款。

③ 业务部门缮制赔款计算书和赔款通知书，履行赔付结案手续。

④ 赔偿后，在结案登记时注明“代位追偿”的字样，并要求被保险人积极配合追偿工作。

⑤ 对代位追偿的案件数和赔偿金额进行统计，已经追回的追偿款应冲减赔款。

4. 预付赔款案件

汽车保险赔付原则上不能预付赔款，对于特殊案件确需要预付赔款时，应从严掌握。属于下列情况的可以预付赔款。

① 被保险人因特殊原因提出预付赔款请求，必须提交有关证明与材料。经审核确属于保险责任的，方可预付。

② 保险责任已经确定，但因保险赔偿金额暂不能确定而难以尽快结案的，可以根据已有的证明材料，按照能确定的最低数额先行预付，待最终确定赔偿金额后，再支付相应的差额。

③ 对于伤亡惨重、社会影响面大，被保险人无力承担损失的重大案件，经审核确定为保险责任但赔偿金额暂不能确定的，可在估计损失的50%内先行支付。待最终确定赔偿金额后，支付相应差额。

预付赔款时，应由被保险人填写《预付赔款申请书》，按照规定要求报上级公司审核批准后支付。

8.3 现场查勘的程序与方法

现场查勘就是对事故现场进行实地、仔细、深入的调查。通过现场查勘采集与事故有关的物证，为保险责任认定准备证据。查勘定损人员所采用的现场查勘技术是否科学、合理，是现场查勘工作成功与否的关键，直接关系到事故原因的分析与事故责任的认定，是计算事故损害赔偿的基础。因此，要求查勘定损人员坚持实事求是、秉公办事的原则，遵循保险条款，确定保险责任范围，熟练掌握现场查勘方法，妥善解决和处理现场查勘过程中的实际问题。

8.3.1 出险现场分类

出险现场是指发生交通事故地点上遗留的车辆、树木、人、畜等与事故有关的物体以及其痕迹与物证等所占有的空间。所有交通事故都会有出险现场存在，它是推断事故过程的依据和分析事故原因的基础。根据出险现场的实际情况，一般可以分为原始现场、变动现场和恢复现场三类。

1. 原始现场

原始现场也称第一现场，是指现场的车辆和遗留下来的一切物体、痕迹，仍保持事故发生后的原始状态而没有任何改变和破坏的出险现场。由于原始现场完整地保留着事故发生后的现场状态，可以较好地为事故原因的分析与责任鉴定提供依据，所以是现场查勘最理想的出险现场。

2. 变动现场

变动现场也称移动现场，是指由于自然或人为的原因，致使出险现场的原始状态发生改变的事故现场。它包括正常变动现场、伪造现场、逃逸现场等。

1）正常变动现场

下述原因导致的出险现场变动均属于正常变动现场。

① 为将伤者送医院抢救而移动车辆，致使伤者倒卧的位置发生了变化。

② 事故现场的痕迹因保护不善，导致被过往的车辆、行人碾踏、触动而变得模糊或消失。

③ 由于风吹、雨淋、日晒、下雪等自然因素，导致的出险现场的痕迹消失或被破坏。

④ 执行任务的消防、救护、警备、工程救险车，以及首长、外宾、使节等乘坐的汽车，在发生事故后因任务的需要而驶离现场等特殊情况，致使出险现场发生变化。

⑤ 在一些主要交通干道或城市繁华地段发生交通事故，造成交通堵塞，需要立即排除时，因移动车辆或其他物体而导致出险现场变化。

⑥ 其他正常原因导致的出险现场变化的，如车辆发生交通事故后，当事人没有发觉而驶离现场。

对于上述正常变动现场，必须注意识别和查明变动的原因，以利于辨别事故发生的过程，从而正确分析事故原因和责任。

2）伪造现场

这是指当事人为了逃避责任、毁灭证据或达到嫁祸于人的目的，有意或唆使他人改变现场遗留物原始状态，或故意布置的现场。伪造现场的特征是现场的状态不符合事故发生的客观规律、物体的位置与痕迹方向与客观事实有明显的矛盾。

3）逃逸现场

交通事故的当事人为了逃避责任而驾车逃逸，导致事故现场变动的出险现场称为逃逸现场。其性质类似于伪造现场，一般都会留下与事故有关的痕迹和物证。

3. 恢复现场

恢复现场是指事故现场因某种原因撤离后，基于事故分析或复查案件的需要，为再现出险现场的面貌，根据现场调查记录资料重新布置恢复的现场。

在特殊情况下，需要根据目击人和当事人的指定，重新将出险现场恢复到原始状态。为与前述的原始现场相区别，这种现场一般称为原始恢复现场。

8.3.2　现场查勘程序

查勘定损人员接到报案后，应迅速做好查勘准备，尽快赶到事故现场，会同被保险人及有关部门进行现场查勘工作。现场查勘工作必须由两个以上查勘定损人员参加，尽量查勘原始现场。如果原始现场已经清除，必须查勘变动现场，调查了解有关情况。如果保险车辆仍处于危险中，应立即协助客户采取有效的施救措施、保护措施以避免损失的扩大。

1）尽快赶赴出险现场

除了属于前述的代查勘案件以外，查勘定损人员在接到出险通知后，应立即赶赴出险现场进行现场查勘，这样有利于第一手资料的掌握。

2）现场查勘

查勘定损人员赶到出险现场以后，所涉及的现场查勘主要内容很多，包括收集材料、摄影、丈量、绘制草图、车辆检查、道路鉴定等，均要求较强的时间性和技术性。现场查勘要收集的主要物证包括以下几个方面。

① 首先应丈量车辆制动印痕的长短，这是判断车辆事故前行驶速度的主要依据。

② 根据轮胎的印痕，确定轮胎的宽度与花纹形状，这是判定和追查肇事车辆的主要依据之一。

③ 车体上的泥土及其他易碎装置的落下位置，据以判断相撞的地点。

④ 车门把手和转向盘上的指纹，这是判定当事人的主要依据。

3）调查证人

调查证人工作非常重要。如果条件允许，最好取得证人的文字证明材料，将证人目击时的位置和事情发生经过绘制成草图，标明各方的位置、行驶方向和估计的速度，作为确定事故责任人的参考。第一证人应该是保险车辆的驾驶员。他的证明极其重要，要尽量创造条件让驾驶员心平气和和客观地回忆事故发生时的有关情况。当车辆与人发生碰撞时，应查询行人穿越道路的原因，未穿越前有谁与受害人在一起；当车辆之间相撞时，应访问对方车辆驾驶员，了解对方车辆行驶的位置、动态及所采取的措施等。

4）现场复核

当现场丈量、摄影和绘制草图等工作结束后，应复核一遍，做到准确无误。

8.3.3 现场查勘工作

现场查勘工作主要包括收取物证、现场摄影、现场丈量、绘制现场图、车辆检查等。

1. 现场查勘方法

现场查勘所采用的主要方法如下。

(1) 沿车辆行驶路线查勘法

当事故发生地点痕迹清楚时，可以采用此种查勘方法。查勘时，沿着车辆的行驶路线进行取证、摄影与丈量，并绘制现场图，进行事故原因分析与责任认定。

(2) 由内向外查勘法

当出险现场范围不大、痕迹与事故遗留物集中、事故中心点明确时，可以采用此种查勘方法。查勘时，由事故中心点（接触点）开始，由内向外进行取证、摄影与丈量，并绘制现场图，进而分析事故原因和认定事故责任。

(3) 由外向内查勘法

当出险现场范围较大、痕迹较为分散时，宜采用此种查勘方法。查勘时，沿着事故现场外围向事故接触点的方向进行取证、摄影与丈量，并绘制现场图，分析事故原因和认定事故责任。

(4) 分片分段查勘法

当现场范围大或者伪造现场时，应采用此种查勘方法。查勘时，将事故现场按照现场痕迹、散落物等特征分成若干的片或断，分别进行取证、摄影与丈量，绘制现场图，并分析事故原因和认定事故责任。

2. 现场查勘工作

1）收取物证

物证是再现交通事故发生过程和分析事故原因与责任的最为客观的依据，收取物证是现场查勘的核心工作。各种查勘技术、方法、手段均为收取物证服务。物证的收取过程实际上就是认识物证、发现物证和用科学的方法与手段取得物证的过程。

2）现场摄影

事故现场摄影是指事故发生地点及有关场所，用照相这种纪实方法，将现场的状况、痕迹、物证、物与物之间的位置和相互关系按照现场勘查的要求，迅速、准确、真实、无误地拍摄下来的过程。事故现场摄影具有野外操作、时间要求紧迫、真实客观的特点。

（1）现场摄影的原则

现场摄影一般应遵循以下拍摄原则：先拍原始，后拍变动；先拍重点，后拍一般；先拍容易的，后拍困难的；先拍易消失与被破坏的，后拍不易消失与被破坏的。

（2）现场摄影要求

① 由于事故现场摄影条件的特殊，必须要有适应“全天候”摄影要求的特殊器材和拥有技术精湛的拍摄人员。

② 要求用科学的方法如实地记录物体的颜色、形状和细节特征。必须做到中心突出、主题明确、比例正确、影像清晰，不得采用任何艺术手段加工，严格按照比例摄像。

③ 事故现场摄影要严格执行政策，按照法律程序办事，保证拍摄出来的相片与现场实际相互印证。

（3）现场摄影的步骤

① 了解和观察事故现场，确定拍摄计划。

② 拍摄原始现场。进行现场方位照相，反映事故现场的位置和周围环境的关系，要求使人看到照片就能认出或明了事故发生的地点；进行现场概貌拍摄，反映现场的整体情况。

③ 拍摄详细勘查物。对现场的物体和痕迹进行细目照相，特别要反映出保险车辆与其他受损财物变形的程度、范围、深度等细微特征。

④ 一般拍摄顺序。先拍原始现场，后拍移动现场；先拍要点，后拍一般；先从地上拍，后拍高处；先拍易破坏的、易消失的，后拍不易破坏、不易消失的。

（4）现场摄影的方式

一般现场摄影包括方位摄影、中心摄影、细目摄影和宣传摄影等四种摄影方式。

① 方位摄影。当拍摄事故现场的全貌时，一般采用此种摄影。方位摄影是指根据事故车辆为中心的周围环境，采用不同的方位拍摄现场的位置、全貌以反映事故现场轮廓的摄影。采用方位摄影应反映出事故现场的地形、地貌、路况，以及事故车辆与人畜、建筑物、道路、山、树木、周边的其他物体之间的相互关系，也应反映出事故的时间、气候等。

② 中心摄影。当拍摄现场的中心地段时，宜采用中心摄影方式，即以事故接触点为中心，拍摄事故接触的各部位及其相关部位，以反映与事故相关的重要物体的特点、状态和痕迹。中心摄影重点应在被事故破坏的地方和遗留痕迹及物证的地方进行。

③ 细目摄影。当需要拍摄事故现场的各种痕迹、物证，以反映其大小、形状、特征时，需要采用细目摄影。细目摄影的部位包括以下几个方面。

- 事故车辆和其他物体接触部分的表面痕迹，用以反映事故原因。
- 物体痕迹，如事故车辆的制动拖印痕迹、伤亡人员的血迹、机械故障的损坏痕迹等。
- 事故车辆的牌号、厂牌型号等。
- 事故的损失、伤亡与物资的损坏等。

④ 宣传摄影。有时为了宣传和收集资料的需要，通过宣传摄影，运用技巧突出反映某一侧面，如车辆损伤、伤亡者以及事故责任者等。

(5) 现场摄影的方法

① 相向拍摄法。采用此方法进行现场摄影时，应从两个相对的方向对现场中心部分进行拍摄，可以较为清楚地反映现场中心情况，如图 8-6 所示。

② 十字交叉拍摄法。采用此方法进行现场摄影时，应从四个不同的地点对现场的中心部分进行交差拍摄，可以准确反映现场中心情况，如图 8-7 所示。

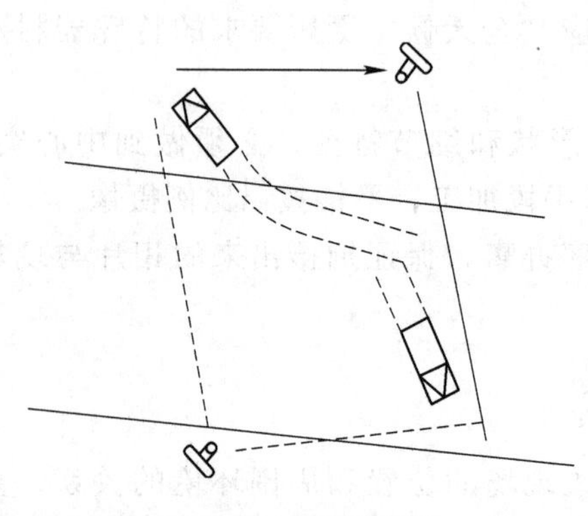

图 8-6 相向拍摄法

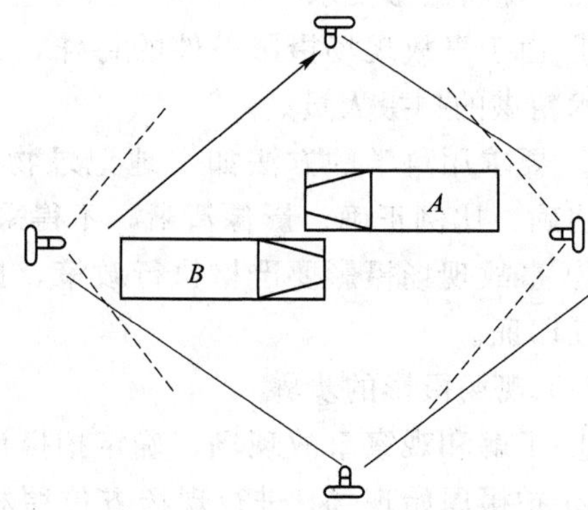

图 8-7 十字交叉拍摄法

③ 连续拍摄法。这是将现场分段进行拍摄，然后将分段照片拼接为完整的照片的方法。此种拍摄方法适合于事故现场面积较大，一张照片难以包括全部情况。此方法一般分为回转连续拍摄法和平行连续拍摄法。

回转连续拍摄法是将相机固定在一处，通过转动相机的角度进行分段拍摄。此方法用于距离较远的拍摄对象。

平行连续拍摄法是将同一物距的平行直线分成几段，移动镜头逐段拍摄，每个摄影地点要求与被摄对象的距离相等，如图 8-8 所示。此方法适合于拍摄狭长的平面物体，如车厢栏板和客车侧面较长的刮痕等。

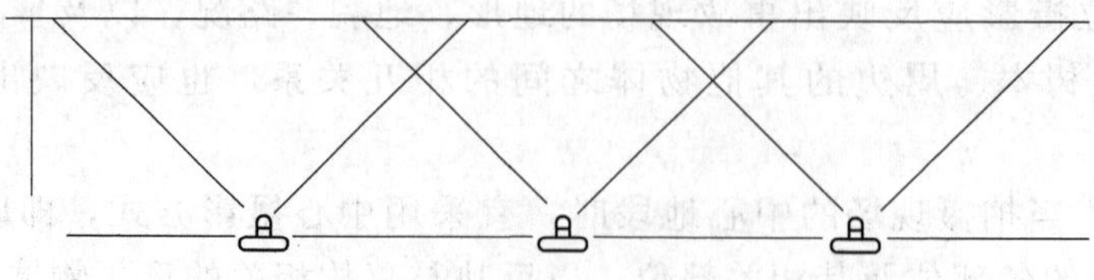

图 8-8 平行连续拍摄法

④ 比例拍摄法。此法是将尺子或其他参照物放在被损物体旁边进行摄影，如图8-9所示。常常在痕迹、物证以及碎片、微小物摄影的情况下采用此法，以便根据照片确定被摄物体的实际大小和尺寸。

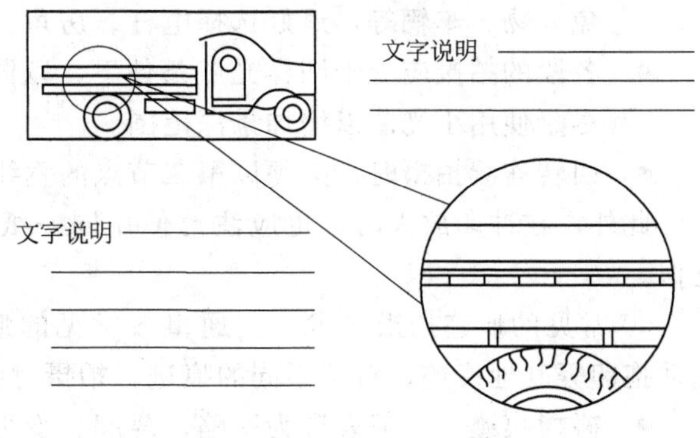

图8-9 比例拍摄法

(6) 现场摄影的技术问题

现场摄影存在的技术问题，一般包括现场摄影的取景、接片技术和常见的痕迹拍摄技术等。

① 取景。所谓取景就是根据摄影的目的与要求，确定拍摄范围、拍摄重点，选择拍摄角度和拍摄距离的过程。拍摄距离、拍摄角度和各种光照方向对摄影效果的影响十分重要。现场查勘时，应根据事故现场的实际情况，选择合适的拍摄距离、角度和合理的光照方向拍摄，力求所要表达的主体物突出、明显和准确。

- 拍摄距离。是指拍摄立足点与被拍摄物体的远近。拍摄距离远则拍摄范围大，但所拍的物体影像小，适合于事故现场较大情况下的摄影。由于拍摄距离的不同，所拍摄的图像分别称为远景、中景、近景和特写。远景与中景一般用于表现现场的概貌，而近景与特写则用于表现局部的较小物体及某些痕迹等。
- 拍摄角度。这是指拍摄立足点与被拍摄物体的方位关系。这种拍摄角度的方位关系一般分为上下关系与左右关系。
- ◆ 上下关系：拍摄角度的上下关系分为俯拍、平拍与仰拍三种。俯拍是指在比被拍摄物高的位置向下拍摄。它能反映较为宽阔的地面情况，有利于表达事故车辆及其他车辆、人畜、物的相互关系及其所处的位置。平拍是指拍摄点在物体的中间位置，镜头平置的拍摄。此种拍摄方法的效果就是人两眼平视的效果，一般用于拍摄垂直平面物体上的痕迹、无俯拍条件下现场全貌的拍摄等场合。仰拍是指相机放置在较低部位，镜头由下向上仰置的拍摄。这种拍摄效果易产生变形，一般在现场摄影中应用较少。
- ◆ 左右关系。拍摄角度的左右关系一般根据拍摄者确定的拍摄方位，分为正面拍摄和侧面拍摄两种。正面拍摄是指面对被拍摄的物体或部位的正面进行拍摄。侧面拍摄是相对于正面拍摄而言的。如果确定事故车辆的左侧为正面拍摄方向，那么从事故车辆的前、后方向拍摄就是侧面拍摄。在现场查勘时，采用正面拍摄还是侧面拍摄应根据事故现场的实际需要，以充分反映要拍摄的部位及其周围特征为前提。
- 光照方向。是指光线与相机拍摄方向的关系，一般分为正面光、侧面光和逆光三种，在现场查勘时应根据不同的需要合理选择。

② 接片技术。现场查勘采用连续拍摄法进行现场摄影时，需要将分段的照片拼接在一起，组成一幅连续照片以反映所拍摄的全景，这就是所谓的接片。拍摄时的接片应注意以下问题。

- 取景时，在相邻两幅画面的衔接处应略有重叠，以便照片衔接。在衔接处应尽量避免人物、车辆等，最好选择电杆、房角、树木等，以利于衔接。

- 各段的拍摄应处于同样光照条件下，以同样的距离、光圈、速度拍摄。拍摄时，应尽量使用小光圈以增加景深范围。
- 回转连续拍摄时，必须以第二节点的垂线为轴，转动相机角度，以利于拼接工作。

此外，在冲印放大时，也应注意使用同一纸型、同一感光时间等，以便保证影像反差近似。

③ 常见的痕迹拍摄技术。交通事故常见的痕迹包括碰撞痕迹、刮擦痕迹和断裂痕迹、制动拖印等其他痕迹。对于不同的痕迹，拍摄时的要求也不同。

- 碰撞痕迹。一般表现为凹陷、隆起、变形、断裂、穿孔、破碎等特征。只要拍摄角度合适，大多可以准确表述出来。对于较小、较浅的凹陷痕迹一般则较难拍摄，需要掌握光线的规律，一般要采用侧面光，也可以采用反光板、闪光灯等进行拍摄。
- 刮擦痕迹。一般表现为被刮擦的部位表皮剥脱，互相粘挂，如接触点有对方车辆的漆皮或受伤者的衣物纤维、皮肉、毛发等。如果刮擦痕迹为有颜色物质，可选择滤色镜拍摄，突出被粘挂物。
- 其他的痕迹。

◆ 机件断裂痕迹。机件断裂痕迹一般都有陈旧裂痕存在。能在现场拍摄应立即拍摄，不能在现场拍摄，可解体后拍摄。

◆ 血迹。拍摄血迹时，应先判断血迹遗落在何种颜色的物体上，确定是否用滤色镜和用何种滤色镜。如血迹滴落在黄土上或泥土的油路上，可用黄色滤色镜拍摄；血迹在黑色发亮的油路上，需加蓝色或绿色的滤色镜拍摄。

◆ 制动拖印。制动拖印对判断事故车辆的事故位置、行驶速度、制动效能以及驾驶员是否采取适当措施等具有重要的作用。因其易被破坏，现场摄影时应优先拍摄。拍摄重点放在制动拖印的起止点及其特征上，特别要反映起点与道路中心线或路边的关系，可以对拖印起点用白灰或树枝等进行标记。此外，对于小物体或细小痕迹，可采用加近拍镜或镜头接筒的方法进行拍摄。

3）现场丈量

现场丈量必须准确，必要的尺寸不能缺少。现场丈量前，要认定与事故有关的物体和痕迹，然后逐项进行并做好相应记录。

(1) 确定方位、选定坐标与现场定位

确定方位就是确定公路的走向，通常用道路中心线与指北方向的夹角来表示，可以用袖珍经纬仪测得。如果事故路段为弯道，可以用进入弯道的直线与指北方向的夹角和转弯半径表示。

选定坐标就是在事故现场附近选择一个永久性的固定点，作为固定现场的基准点。这个坐标可以用里程碑、电线杆等表示，但必须注明相应的里程或号码，这是恢复现场所必需的。

现场定位就是通过一定的方法将现场固定在一个特定的位置上。其主要方法包括：

① 三点定位法。三点定位法如图 8-10 所示，是从选定的坐标点 A 向道路中心线作垂线，交点为 B，B 点再与事故车辆某一点 C 连起来，量出各边的距离，用形成的 $\triangle ABC$ 固定现场的位置。

② 垂直定位法。垂直定位法如图 8－11 所示，是从事故车辆上选取一个主要点 C，向道路的边线作垂线，再由选定的坐标点 A，作道路边线的平行线；两条直线的交点为 B，通过直线 AB 和 CB 的距离，就可以固定现场的位置。

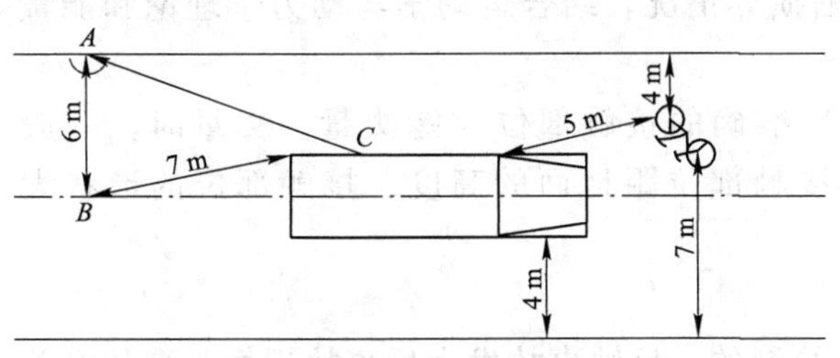

图 8－10　三点定位法

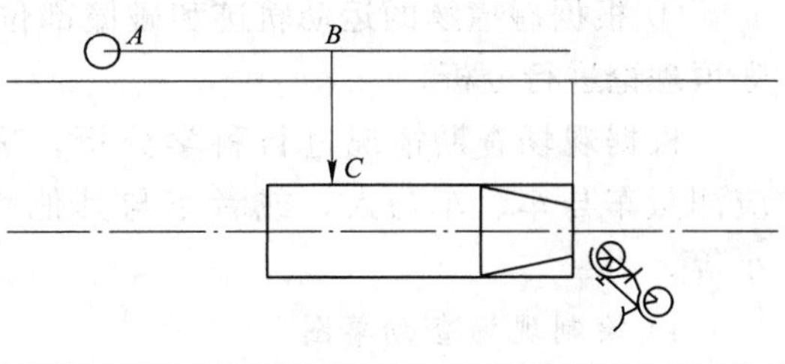

图 8－11　垂直定位法

③ 极坐标定位法。将选定的坐标点 A 与事故车辆上的某一点 C 连接起来，通过直线 AC 的距离和与道路边线垂直方向的夹角来定位现场的方法为极坐标定位法，如图 8－12 所示。

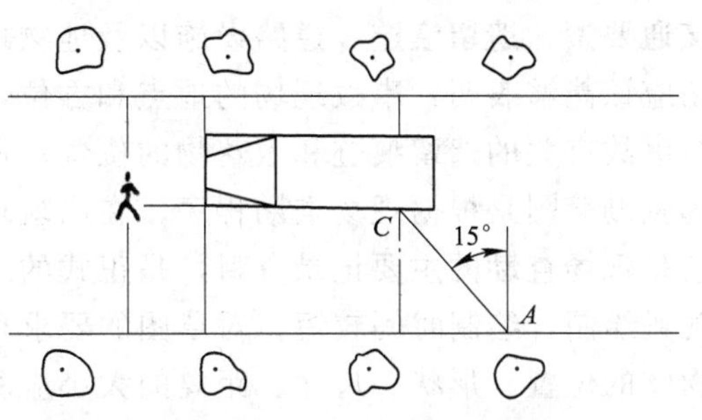

图 8－12　极坐标定位法

(2) 丈量道路

丈量道路包括勘查道路的走向、附近的交通标志、安全设施、行车视距以及丈量路面、路肩及边沟的宽度和深度。

(3) 丈量主要物体及痕迹位置

① 车辆位置及行驶方向。为了固定事故车辆的停放位置，一般以其停放地点为准，丈量四个距离，即车辆的四个轮胎外缘与地面接触中心点到道路边缘的垂直距离。

可以根据现场遗留的痕迹判断车辆行驶的方向。如果车辆压折树枝、草棍等物，那么它们的断端所指的方向一般与车辆行驶的方向相反；如果从车上滴落油点、水点，一般其尖端的方向为车辆的行驶方向；如果车辆经过水沟或有污泥的地方，常会将水和污泥带到干燥、清洁的路面上留下痕迹，依次可以判断行驶方向；车辆行驶时，轮胎滚动常常带动尘土、沙尘等在其侧面形成扇面，其展开面与车辆行驶的方向相反。

② 制动印痕。车辆制动时，轮胎与地面摩擦留下炭黑的拖印痕迹。一般的拖印距离比较好测量，但当制动印痕为弧形时，应在印痕起止间等分四个距离，找出五个点，分别丈量各点至道路一边的垂直距离，再量出制动印痕的长度。如果有压印痕迹，丈量时也要一并测量。

③ 测量车辆与车辆、人畜或与其他物体接触后双方留下的痕迹、位置。

④ 测量事故现场的微小痕迹，如指纹、毛发、血皮、纤维，或其他不易发现的微小印痕。

⑤ 对现场的其他遗留物，如轮胎花纹、车身漆皮、玻璃碎片、脱落的车辆零部件、泥土、物资等进行测量。

(4) 丈量事故接触部位

事故的接触部位是形成事故的焦点，也是判定事故责任的重要依据。交通事故的接触部位具有多样性，但都有其特定的空间位置和平面位置，对事故的接触部位首先应进行科学分析，认真判断。判定接触部位的依据一般包括：

① 事故现场的物理现象，包括运动和受力，双方损坏的部位和受力情况。

② 事故现场的散落物，如车体下的泥土、玻璃碎片等。

③ 车辆的制动拖印。

④ 根据碰撞物的运动轨迹和碰撞部位凹陷损坏情况，结合运动学与动力学理论和能量守恒理论进行分析。

根据现场查勘情况进行科学分析，确定出准确的接触部位才能丈量。丈量时，一般应测量车与车、车与人，或者车与其他物体接触部位距地面的高度、接触部位的形状大小等。

4）绘制现场查勘草图

事故现场查勘草图是以正投影原理的方法绘制的，反映事故发生后事故现场与事故有关的物体和痕迹的相对位置及状态的平面图。根据现场查勘要求必须迅速地把事故现场的各种交通要素、遗留痕迹、道路设施以及地物地貌，以一定比例展示在图纸上。事故现场查勘草图应该能够表明：事故现场的地点和方位，现场的地物地貌和交通条件；各种交通要素以及与事故有关的遗留痕迹和散落物的位置；通过痕迹显示的事故过程，人、车、畜的动态。现场查勘草图是根据现场查勘程序，在出险现场边绘制边标注，当场完成的出险现场示意图。它是现场查勘的主要记录资料，是正式的现场查勘图绘制的依据。由于现场查勘草图在查勘现场绘制，绘制时间较短，对草图的要求可以不工整，但内容必须完整，尺寸数字要准确，物体的位置、形状、尺寸、距离的大小应基本成比例。

(1) 现场查勘草图的基本内容

现场查勘草图实际上是保险汽车事故发生地点和周围环境的小范围地形图。所表现的基本内容包括：

① 能够表明事故现场的地点与方位，现场的地形地貌和交通条件。

② 表明各种交通元素，以及与事故有关的遗留痕迹和散落物的位置。

③ 表明各种事物的状态。

④ 根据痕迹表明事故的过程、车辆及人畜的动态。

(2) 现场查勘草图的绘制过程

① 根据出险情况，选用适当比例进行草图的总体构思。绘制前，应首先对出险现场进行总体观察，对车辆、人、物品、痕迹、道路状况、地形地貌、建筑设施等要有总的轮廓。根据图纸大小和对现场的感性认识，选用合适比例，进行图面构思。

② 按照近似比例画出道路边缘线和中心线。确定道路走向，在图的右上方绘制指北标志。标注道路中心线与指北线的夹角。

③ 用同一近似比例绘制出险车辆，再以出险车辆为中心绘制各有关图例。有关图例的绘制按照规定执行。

④ 根据现场具体条件，选择基准点和定位法，为现场出险的车辆和主要物品、痕迹定位，标注尺寸，必要时加注文字说明。

⑤ 根据需要绘制立体图、剖面图和局部放大图。

⑥ 核对、检查现场草图是否与现场实际情况相符，尺寸有无遗漏和差错。经核对无误后签字。

立体图通常用以表述事故车辆及其与事故有关的建筑物、电杆等固定设施的正面、侧面和后面的外形轮廓、痕迹、遗留物等在空间的位置及其状态。剖面图分为纵剖面图和横剖面图。纵剖面图主要表示现场道路纵向构成空间几何线型，包括坡度大小、坡道长短、坡道的分配、坡道转折处、缓和曲线的长度、半径和视距等，如图 8-13 所示。横剖面图是沿着道路横向的垂直剖面，主要用于表示道路的横向构成、路拱、超高、周围地形及车辆的位置关系，如图 8-14 所示。

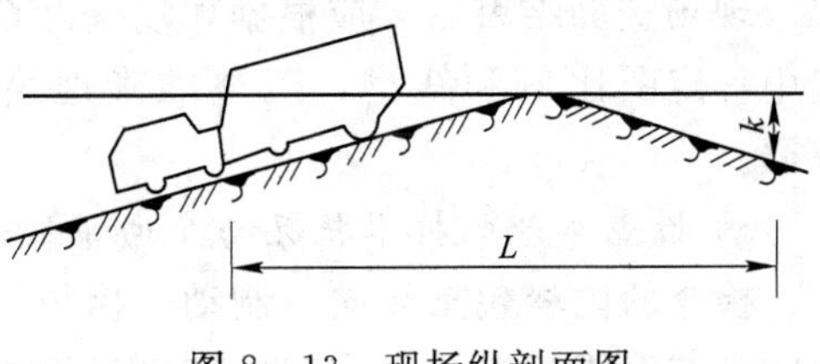

图 8-13　现场纵剖面图

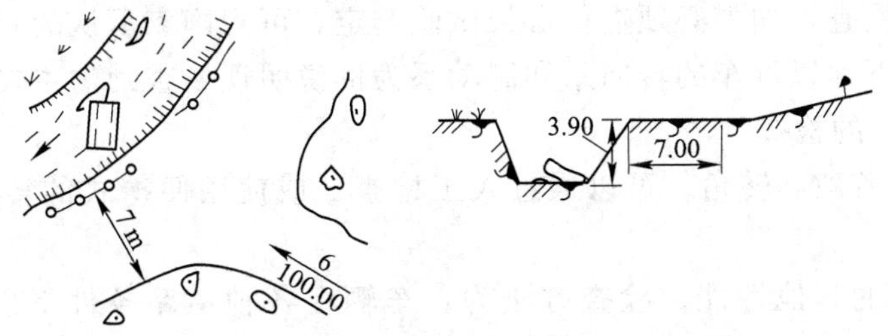

图 8-14　现场图及其横剖面图

根据出险现场的情况，剖面图可以有多个，其位置并不一定局限于纵、横两个方向，所做的剖面位置应在图中用剖切线标注。局部放大图主要用于受比例限制而无法在现场查勘草图上表达的细小物体和痕迹形状等的放大，一般在图纸的空余部分放大画出并标注其在现场中的位置。最后，应对所完成的现场查勘草图进行核对，核对无误后，由现场查勘人员、见证人、绘图人和校核人等签名。如图 8-15 所示为某一起交通事故的现场查勘草图。

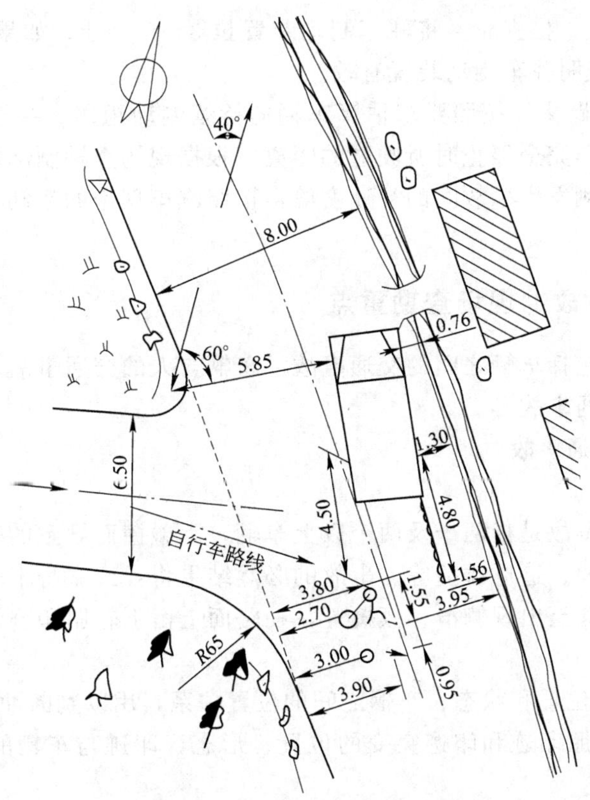

图 8-15　某一起交通事故的现场查勘草图

现场查勘结束后，应根据现场查勘草图所标明的尺寸和位置，按照正投影的绘图原理，选用一定图比例和线型，工整准确地绘制出正式的现场查勘图，它是理赔和申请诉讼的依据。

5）检查车辆的技术状况与交通事故是否有直接的关系，必须认真地进行检查和鉴定

检查的内容包括转向、制动、档位、轮胎、喇叭、灯光、后视镜、刮水器等，以及车辆的成员与载重情况。因在现场查勘时没有台架检查的设备条件，所以在事故车辆允许的情况下，一般进行路试检查。如果必须进行台架试验鉴定，可到国家承认的有关车辆性能鉴定机构进行鉴定检查。下面以汽车的转向系和制动系为例说明现场查勘的主要检查内容。

（1）车辆转向系的检查

① 检查转向盘游隙和转角。可以通过人工检查，或使用便携式的转向盘游隙和转角检测仪检查。

② 检查转向系的其他性能。检查方法为：车辆在各种道路条件下以任何速度行驶时，转向均应灵活可靠，不得出现卡住、转向沉重、行驶跑偏或轮胎与车架、翼子板擦碰等现象。

（2）车辆制动系的检查

① 车辆制动装置检查。

- 行车制动装置。检查行车制动装置时，应停车检查制动踏板的反应，检查低速行驶时制动性能是否有效、制动距离是否符合国家相关规范要求，以及制动是否出现跑偏，依次判断行车制动装置是否有效。
- 驻车制动装置。检查时，将驻车制动装置拉 3～5 个牙，如果停在 20％坡度的车道上不溜车，表明驻车制动装置有效。

② 估算持续制动距离。按照要求估算车辆的持续制动距离。持续制动距离是指从踏下制动踏板开始，到汽车完全停止时所驶过的距离。根据现场查勘制动拖印的长度、制动系统的协调时间、估算车辆发生事故时的初速度等，按照汽车理论的运动学特性，估算车辆的持续制动距离。

8.3.4 典型交通事故的现场查勘重点

典型的交通事故包括车辆之间的交通事故、车辆与人的交通事故、车辆与自行车的交通事故和车辆自身的交通事故等。

1. 车辆之间的交通事故

1）事故一般情况

车辆之间的交通事故是指两个及两个以上车辆，因碰撞而导致的事故。这种碰撞一般包括正面碰撞、侧面碰撞、追尾碰撞等。事故的必然结果将导致车身不同程度的损毁和车辆原有运动方向的改变，甚至出现侧滑、倾覆等，在路面上留下轮胎印迹和印迹突变等现象。

2）现场查勘重点

① 确定车辆停止位置和状态、车辆之间的位置关系，用以判断冲突角度。

② 检查路面上轮胎印迹和印迹突变的位置、形态，印迹与车辆的关系，以判断行驶路线和接触点。

③ 检查事故散落物及其位置，分别丈量散落物掉落处的高度、抛出距离和散落物之间

的距离，用以判断碰撞接触点和速度。

④ 观察确定车体第一次碰撞破损痕迹所在部位、破损程度、着力方向、痕迹、表面异物或颜色；并分别丈量痕迹的面积、离地高度和与前、后端角的水平距离，用以判断接触部位、碰撞角度及碰撞前后车辆运动的趋势。

3）访问重点

① 在交通复杂路段或岔路口、弯道处采取的安全措施及当时车辆的速度。

② 发现对方车辆时彼此的位置、距离、动态，如何判断有无危险的感觉，采取的措施。

③ 碰撞的地点和部位。

④ 如果有占线行驶的情形发生，要查明原因。

4）其他调查

① 有关车辆方面的调查。包括车辆外廓尺寸、轴距、轮距、最小转弯半径、最小通过通道宽度以及车辆的灯光设备是否齐全有效等。

② 有关道路方面的调查。包括路面宽度及路况、岔路口形式，弯道及纵坡道的几何线型、视线及标志设施等。

2. 车辆与人的交通事故

1）事故一般情况

车辆与人的交通事故，常见的是行人横穿城市街道或公路被过往的车辆碰撞与碾压的情形。事故的主要原因包括以下几个方面。

① 车辆驾驶员反应迟钝，判断错误或采取的措施不当造成的。

② 未按照规定速度和路线行驶，违反交通法规。

③ 行人违反交通规则，在车辆制动的非安全区内横穿城市街道或公路，驾驶员采取措施而无法避让的。

在车辆与人的事故中，行人是弱者，被车辆撞压时，车辆的运动状态几乎不受影响。一般由于需要抢救伤者而移动车辆位置，造成出险现场变动，给现场查勘工作带来难度。

2）现场查勘重点

① 查勘现场变动情况，确定现场原始状态与变动后状态的位置关系。

② 检查鉴别轮胎印迹，丈量制动拖印长度及其起止点至基准线的距离，明确位置和形状，以及与车辆停止处的方位关系，用以判断车辆行驶路线、速度和制动措施。

③ 人体位置或血迹位置与车辆、有关痕迹、物体的距离及方位关系，用以判断接触点和车辆的速度。

④ 确定行人横穿道路前所在的位置，横穿路线及与接触点或人体血迹处的距离，用以判断穿过这段距离所需时间及同一时刻的车辆位置。

⑤ 检查车辆上有无毛发、皮屑、衣服纤维、血迹、手印等，并测量其所在位置，以判断刮碰点。

3）访问重点

① 查询行人横穿道路的原因，未横穿道路前有谁和当事人在一起。

② 查清驾驶员最初发现行人横穿的地点、感到危险的地点、采取紧急措施的地点。

4）其他调查

① 车辆的制动性能。

② 自然条件，如光线、风向等。

③ 人体损伤鉴定与衣物上的痕迹。

④ 行人心理和生理方面的影响因素。

3. 车辆与自行车的交通事故

1）事故一般情况

自行车与车辆的交通事故多发生在各种道路口。有的由于自行车的争道抢行，驾驶员采取措施不及而造成碰撞或碾压；有的由于车辆在交通拥挤或道路狭窄路段，超越自行车或与自行车交会时，没有保持一定的安全距离而撞刮自行车，或由于路面不平、骑车人紧张而使得自行车摇晃、倾倒而被碾压。

车辆与自行车的交通事故易在车辆的接触部位留下刮擦碰撞的痕迹，自行车产生明显变形，撞刮部位往往留下车辆的油漆痕迹，地面也会留下相应的印迹和沟槽等。

2）现场查勘重点

① 确定车辆、自行车停止位置和骑车人躺卧位置、状态，以及三者间在路面上的位置关系。

② 检查路面上车辆和自行车的轮胎印迹、沟槽痕迹的位置，以及相互间的关系，用以判断行车速度和安全间隔。

③ 检查事故车辆上的痕迹、形状以及其所在部位距离车前端的距离和高度，用以判断碰撞接触位置。

④ 自行车受力变形部位、方向、形状及离地高度，以判断自行车碰撞部位及方向。

⑤ 如果自行车载有货物，应确定所载物品的重量、尺寸，碰撞后物品的散落位置，用以判断自行车行驶的稳定性及其对事故的影响。

3）访问重点

① 事故车辆与自行车的行驶方向。

② 相互发现对方的距离、位置、动态，以及采取的避让措施。

③ 碰撞与碾压的形式。

4）其他调查

① 交通环境调查，包括车辆、行人的动态等。

② 岔道口形式、视线及路面平整情况。

③ 事故车辆和自行车的制动性能。

4. 车辆自身的交通事故

1）事故一般情况

车辆自身原因造成的交通事故，包括驶出路外的车辆倾覆和在路内倾覆等。驶出路外的车辆倾覆，一般是驾驶员受到某一外因影响，导致操作失误或车辆失去控制造成的。如转弯时速度过快、制动时车辆跑偏、前轮胎爆破、转向节折断、转向机构故障等。路内倾覆一般多由于车辆侧滑时车轮受阻，车身的惯性作用引起的。车辆倾覆的现场一般留有轮胎印迹和沟槽痕迹。

2）现场查勘重点

① 检查鉴别路面上遗留的轮胎印迹有无突变现象、突变的位置和原因等，用以判断车辆的行驶路线与倾覆原因。

② 检查路面沟槽痕迹位置、形状、深度，以判断受力的方向和形成的原因。

③ 检查散落物的散落方向、抛出位置和抛出距离，以判断车辆倾覆前的速度。

3）访问重点

① 车辆的行驶速度和操作情况。

② 车辆行驶中有无异常的感觉，怎样感知这种异常。

③ 事故前是否出现紧急情况，采取了什么措施。

4）其他调查

① 有关车辆方面的调查。包括转向机构连接部分有无脱落、部件有无断裂、断口的形状特征，是否为自然断裂；制动系统的性能、有无故障及故障原因；转向轮的新旧程度等。如果是载货汽车，还要调查车辆的额定载重量。

② 有关道路方面的调查。包括路面材料、路面情况、转弯半径等道路条件，以及超高标志、护栏等设施情况。

③ 车辆的装载情况调查。包括车辆的实际载重量、装载物品性质、装载高度、重心位置等。

想一想 议一议

1. 汽车保险理赔的重要意义是什么？
2. 保险公司汽车保险的理赔程序，对汽车保险理赔工作人员有什么特殊要求？
3. 汽车保险理赔过程中接受报案的主要工作内容有哪些？
4. 车辆定损的程序及注意事项是什么？
5. 现场查勘的方法有哪些？
6. 现场摄影时应注意哪些事项？
7. 典型的交通事故有哪些？

第9章 汽车保险与理赔案例分析

9.1 车辆损失险案例

案例 9-1 点火照亮引起火灾，应否赔偿？

案情介绍：某大型公司于2006年购置了一辆公务小客车，一直在当地某保险公司参加保险，并由驾驶员秦某负责其日常维护保养。由于秦某精心维护，几年来从未出现大的事故。对于车辆经常出现的小故障，秦某凭着对该车情况的熟悉，一般都能自己动手解决。2009年5月，秦某外出时车辆意外抛锚，因当时天色已晚，秦某急于赶路，便下车打开机器盖检查。他隐隐嗅到一股燃油味，但看不清来自何处，遂从兜中摸出打火机照亮（见图9-1）。突然，一股火苗从发动机下部蹿起，迅速蔓延到全车。秦某虽奋力抢救，但车辆最终被全部烧毁。事后经当地消防中队认定，系车辆供油管道渗漏，遇外来火源起火。

图9-1 汽车自燃

案例分析：目前国内行驶的许多车辆的前部机器盖内都没有装置照明设备，给驾驶员在昏暗的光线下检修增添了障碍，尤其是户外发生故障时，检修起来就更加困难。该案中秦某怀疑车辆供油系统渗漏，为防止出现更大事故，急于强行检修。但他忽略了应远避火源的原则，反而用明火照亮，这是引起火灾的主要原因。无疑，秦某对起火负有严重过失责任。但严重过失并不是保险的除外责任。本起事故应属于保险责任中的“火灾”，保险公司应按照保险合同的规定予以赔偿。

在《机动车辆保险条款》中，被保险人及驾驶员的故意行为所导致的保险事故和损失被列为保险人的责任免除。但“故意”行为与被保险人的“过失”是两种完全不同的心理状态。故意是指行为人已预见到自己的行为会造成某种后果，而追求或放任该结果发生；过失则是指行为人能够或应当预见到其行为会造成某种后果，但由于疏忽大意没有预见到或虽已预见到却因过于自信而未能避免。被保险人及驾驶员的故意行为由于存在着极大的道德风险，不属于不可预见的风险，因此绝大多数的险种都将其从承保风险中剔除。而在大多数保险车辆发生的意外事故中，被保险人或驾驶员都或多或少地存在着诸如违章、处理措施不当之类的过失，除某些过失违反被保险人义务或因风险较大而被列为责任免除的情形外，其他状况下由于被保险人或驾驶员的过失而引发的保险事故，保险人均应当依据保险合同的规定予以赔偿。

案例 9-2 轿车降价后是否按保险金额赔偿？

案情介绍：刘某 2007 年 8 月新购一辆桑塔纳轿车，市场价为 10 万元，并以此向保险公司投保了车损险，期限一年。2008 年 5 月刘某在高速公路上驾车，因跟车过近，不慎撞上前面一辆集装箱货车，造成桑塔纳车全车报废，刘某当场死亡。公安交通管理部门鉴定刘某负主要责任。刘某的继承人持保险合同向保险公司提出索赔。保险公司认定事故属于保险责任，但双方在具体赔偿金额上未达成协议。原因在于桑塔纳轿车的价格于 2007 年的 10 万元降至 8.2 万元。刘某家属要求按车损险保险金额 10 万元赔偿。保险公司则坚持按调整后价值 8.2 万元计算赔偿。分析应如何赔偿？依据是什么？并计算出应该赔偿的金额是多少？

案例分析：保险条款中明确规定，机动车辆在全部损失的情况下，按保险金额计算赔偿，但保险金额高于实际价值时，以不超过出险当时的实际价值计算赔偿。根据保险的损失补偿原则，保险人应当在责任范围内对被保险人所受的损失进行补偿，其目的在于通过补偿使保险标的恢复到保险事故发生前的状况，被保险人不能获得多于或少于损失的补偿。本案中保险人按调整后价值 8.2 万元计算赔偿，足以使被保险人的遗属在当时的市场上购买与保险车辆同型号的新车，已经使被保险人的损失得到了充分、有效的损失补偿，因此保险公司是正确和合理的。

$$\text{赔偿金额}=8.2\times(1-15\%)=6.97(\text{万元})$$

$$\text{或赔偿金额}=(8.2-\text{残值})\times(1-15\%)(\text{万元})$$

案例 9-3 车辆过户未告知，保险公司拒赔。

案情介绍：蒋某于 2006 年 7 月份在北京某保险公司为其购置的奇瑞 QQ 投保了车辆损失险、第三者责任险，缴纳保险费 1 700 元。同年底，蒋某经汽车交易市场将奇瑞 QQ 车卖给金某，蒋某未告知保险公司。2007 年 1 月，金某驾车行驶至北京市车公庄路口与同方向王某驾驶的桑塔纳 2000 型轿车相撞，交警大队认定金某负全责。金某支付王某修车费 5 800 元。金某在向保险公司索赔时遭到拒赔，金某遂诉至北京西城法院，法院驳回了金某的诉讼请求，并判决诉讼费由金某负担。

案例分析：北京西城法院认为，本案争议的焦点是保险合同的标的转让是否应当通知保险人。本案保险标的是肇事车辆奇瑞 QQ。投保人是蒋某。《保险法》第 33 条规定：保险标的的转让应当通知保险人，经保险人同意继续承保后，依法变更合同。因为保险公司只对保险标的具有法律上承认的保险利益的人提供保险保障。蒋某作为奇瑞 QQ 的所有人，可以投保财产保险合同，但其将奇瑞 QQ 所有权转移给金某时，则相应的保险利益亦随之转移给金某，即蒋某已没有在该财产保险合同中作为投保人的资格。本案中，由于蒋某和金某未通知保险公司保险标的的权利已转移，致使保险公司未就投保人和被保险人变更为金某办理变更手续，故金某因不能依法取得奇瑞 QQ 所有权而自然无法取得保险赔偿请求权。

案例 9-4 车主不满保险公司延迟赔付，退保怎么处理？

案情介绍：2004 年 2 月 3 日某大型公司与某保险公司签订了 9 份机动车辆保险合同，合同约定保险期限自 2004 年 2 月 4 日 0 时起至 2005 年 2 月 3 日 24 时止；合同签订同日，该大型公司向保险公司缴纳了保险费 65 599.20 元。

同年 4 月 5 日至 10 月 22 日期间，上述保险合同项下的机动车辆先后 7 次出险，该大型公司及时将出险事实通知了保险公司，保险公司对出险车辆进行了定损。其后，该公司与保险公司达成了自修协议，该公司依此协议对受损车辆进行了维修，并将维修费发票交付给保险公司，保险公司未及时向该大型公司支付保险赔款。2004 年 11 月 10 日、27 日保险公司通知该大型公司，双方签订的 9 份保险单真实并在保险期限内有效，同时请求该大型公司协助核实保费去向，提供证明。2004 年 12 月 25 日该大型公司向法院提起诉讼，要求解除合同、退还保费 57 520.8 元，并赔偿其所缴保费的存款利息损失 405.67 元。2004 年 12 月 28 日法院通知保险公司应诉。保险公司依据《保险法》第 38 条规定，同意与该大型公司解除保险合同，但不同意退还全部保费，只同意退还合同解除后至到期日止的保险费。

审理结果，法院经审理有如下观点。

① 该大型公司就其所有的机动车向保险公司提出保险要求，经保险公司同意承保，并就保险条款达成协议，保险合同为有效合同。保险合同成立后，该大型公司按约缴纳了保险费，保险合同即产生法律效力，对于已生效的合同，合同双方当事人均应严格履行合同义务。保险公司应按约定的时间开始承担保险责任。该大型公司在投保车辆发生保险事故后，履行了通知、协助等应尽义务。

② 保险公司亦对保险事故造成的损失进行定损，并就受损车辆的修理与该大型公司达成自修协议，应视为部分履行了义务。保险公司在收到该大型公司索赔请求后，因内部原因未及时进行理赔，存在过错。该大型公司要求解除其与保险公司签订的 9 份保险合同的诉讼请求，因该解除权系法定任意解除，当事人可随时行使，法院予以支持；但其行使单方解除权应通知对方，合同自通知到达时解除。该大型公司未能举证证明其曾通知保险公司解除合同，故合同解除的日期应自保险公司收到法院送达的该大型公司要求解除合同的诉状之日计算。

③ 保险合同作为特定的合同，已开始的保险责任不因保险公司未能及时履行赔偿保险金责任、投保人该大型公司解除合同而消灭。保险公司的保险责任自该大型公司支付保险费后，即依合同约定时间开始，至该大型公司解除通知到达时止。据此法院认定本案涉及的 9 份保险合同，保险责任已经开始。保险公司有权收取自保险责任开始之日起至合同解除之日止的保险费，剩余部分应予以退还。该大型公司在保险公司迟延履行赔偿义务时，如认为丧失信赖利益，可随时解除合同。其未能及时行使解除权，由此造成的法律后果应由其自担。在该大型公司未解除合同前，保险公司对保险标的发生的保险事故，仍应承担保险责任。该大型公司要求保险公司退还 9 份保险合同项下的全部保险费及自缴纳之日起的利息的诉讼请求，法院认为缺乏事实与法律依据，不予以支持。

④ 最后，北京市西城区人民法院依据《中华人民共和国合同法》第 44 条、第 96 条，《中华人民共和国保险法》第 12 条、第 13 条、第 14 条、第 38 条之规定判决，北京该大型公司与保险公司签订的 9 份保险合同自 2004 年 12 月 28 日起解除。保险公司退还北京该大型公司保险费 5 814.94 元。

案例评析：通过本案的审理可以说明以下问题。

① 投保人对保险合同依法享有任意解除权。投保人订立保险合同的目的在于，当保险标的发生保险事故时，保险公司依合同约定承担保险责任，赔偿投保人的损失或给付保险费。如果保险事故发生后，保险公司拒绝理赔，依合同法规定应视为债务人（保险公司）明确表示拒绝履行主要债务，投保人可以解除合同。就本案讲，当保险公司迟延履行赔偿义务时，投保人享有两种权利，一是行使请求权，诉至法院寻求救助，要求保险公司承担赔偿责任和延期赔付的责任；二是自己行使解除权，自力救济，要求解除合同，退还剩余保费。如果行使了解除权，投保人可以获得解除后至合同期间届满的保费。当投保人认为保险公司不

能正确履行保险责任时，应及时通知保险公司解除合同，以减少自己的损失。

② 合同解除并不消灭已经开始的保险责任。《保险法》规定，投保人提出保险要求，经保险公司同意承保并就合同条款达成协议时，保险合同成立。投保人缴纳保险费后，保险合同生效。保险公司应当依据合同约定的时间开始承担保险责任。在合同解除前保险责任依然存在。本案中，投保人缴纳保费后，保险责任开始。合同的解除并不消灭已开始的保险责任，在合同解除前，保险合同继续生效，保险责任依然存在。保险人对解除合同前的保险事故继续承担保险责任。本案中保险公司对投保人的保险事故，应当承担赔偿责任。其业务员挪用保险费，应属其内部管理不善，不能以此拒不履行合同义务。故保险公司应赔付投保人在合同解除前7次保险事故造成的损失，并承担延期赔付的责任。

案例9-5　车辆出险后是否修复的理赔案例。

案情介绍：彭女士将其一辆奔驰车向某保险公司投保车辆损失险80余万元，并支付了保险费1万余元。半年后，驾驶员因违反交通规则，与一大型客车相撞，造成车毁人亡。彭女士在处理善后过程中，与保险公司在保险车辆的估损和理赔上发生争执。保险公司在未通知彭女士的情况下，委托了一家修理厂对该车辆进行鉴定，鉴定的结论为：该奔驰车尚可修复，费用44万元。彭女士提出异议，并向法院提起了诉讼，认为车辆已经全损，修理也无必要，应当赔款。

案情分析：此案例是机动车辆损失险理赔中经常会遇到的典型案例。保险车辆因发生保险事故，需要确定损坏程度和研究定价方案，习惯上称之为“估损”。机动车辆保险条款对估损有明确要求，即“保险车辆因保险事故受损或致使第三者财产损坏，应当尽量修复。修理前被保险人应会同保险人检验，确定修理项目、方式和费用。否则，保险人有权重新核定或拒绝赔偿”。

根据这个条款，估损中应遵循两个原则：一是尽量修复原则；二是协商定价原则。如果是未经协商或协商不成的话，保险人有核定或拒赔权。因此，与保险人协商进行“估损”是解决问题的基本方法。

但在理赔实务中，各有关方面由于各自不同的利益、立场，会产生一些争议。修理价格过高，对保险人当然是损失，而对被保险人同样是损失。即使你投保了附加的“不计免赔特约险”而不需支付5%～20%的免赔额，但到下一年年度投保，保险费可能就要增加。当然修理价格过低，汽车修理厂无利润，车辆也难以恢复到损坏以前的状态和使用性能，对被保险人而言，也是一个损失，并且又会使被保险人对保险公司的诚信发生怀疑。

不同的修理厂对同一损失的鉴定结论和修理费用会有差异。因此，如果对保险人的估损结果有疑问，可以选定一个专业的中立的权威鉴定机构仲裁解决。近年来，先后由保险监督管理委员会批准设立的专门从事保险标的估损、鉴定等的保险评估机构，以及一些保险的进口车型的特约维修部门，都是可以考虑的鉴定机构。

案例结论：法院受理此案后，指定德国奔驰公司在当地的一家特约修理厂对该车进行鉴定。鉴定结论为：该车虽可修复，但因修理费用在76万元以上，该车的修理价值不大。后法院判决，保险公司支付彭女士76万元及承担诉讼费、鉴定费等。

案例9-6　定额保险的理赔案例。

案情介绍：蒋某于2006年7月6日与保险公司订立了一份《机动车辆保险合同》。保险标的为奥迪A4L 1.8T轿车，险种为车辆损失险、第三者责任险及车上责任险、玻璃破碎险、盗抢等附加险，保险金额总计 220 万元，其中车辆损失险为 150 万元。蒋某向保险公司支付保险费 29 140 元。2007 年 5 月 14 日晚 9 时许，被保险人驾驶承保车辆发生事故，汽车坠入山涧并起火烧毁。蒋某在返回后报案，保险公司和公安局在次日上午进行了现场勘查。被保险人于 2007 年 8 月 6 日提出索赔，保险公司以“不属于保险责任”为理由拒赔。被保险人遂提起诉讼。

被告保险公司认为原告欺诈骗赔，理由如下。

① 原告以 20 万元购买的奔驰轿车却投保 150 万元的车辆损失险，为未履行如实告知的义务，故意隐瞒事实。

② 原告没有履行法定程序向公安交通部门和消防部门报案。

③ 被告有所在地的科技咨询中心鉴定，结论为“该车起火不是由于车辆驶出公路沿山体坡道行驶时发生的碰撞引起的”。

法院同意被告的意见，认为原告违反了最大诚信原则，未能及时报案，事后拒绝向被告提供该车的实际价值，原告不能举出汽车起火的直接证据，并根据被告的鉴定，判决原告败诉，被告胜诉。

原告不服上诉。省高级人民法院将此案发回重审。

重审时，法院认为：保险合同中约定了承保车辆的可保价值为 150 万元，保险金额也是 150 万元，为“定额保险”；科技咨询中心的经营和业务范围不包括鉴定职能，其结论不予采用；“被告提出的原告骗保问题”证据不足。

因此，重审判决原告胜诉，被告败诉。

案情分析：本案涉及如下的法律原则。

① 如何确定保险欺诈的标准和证据。保险欺诈和保险欺诈罪不同，保险欺诈属于民事纠纷，保险欺诈罪则属于刑事犯罪。因此，它们适用不同的证据原则。作为民事诉讼的保险欺诈，只要证据占优就可能打赢官司。而确定保险欺诈罪的证据必须确凿，不存在任何合理的疑问。

本案例中，要想确定被保险人投保骗赔，保险人必须证明被保险人是否出于欺诈的动机投保和存在故意造成损失的欺诈行为。诉讼中，保险人恰恰没能证明这两点。首先，被保险人为 20 万元购买的轿车投保 150 万元的车辆损失险确实令人产生疑问，但保险人仅仅以此作为存在欺诈动机的理由显然是不充分的。如果被保险人接受他人馈赠的汽车，是否就不能购买保险呢？其次，保险人提供的鉴定指出“该车起火不是由于车辆驶出公路沿山体坡道行驶时发生的碰撞引起的”，但该鉴定并未得出汽车起火是由于被保险人纵火造成的结论。

在民事诉讼中，谁主张谁举证。在保险中，火灾是属于结果的承保危险。在发生属于结果的承保危险时，被保险人只需要证明发生了这种结果，而保险人在引用除外责任拒赔时，负有要首先举证的责任。因此，一审认为“原告不能举出汽车起火的直接证据”的理由是不能成立的。只有当保险人证明汽车起火是由于被保险人纵火造成的时候，被保险人才负有证明自己并未纵火的责任。

② 对保险中最大诚信原则的理解保险合同是最大诚信合同，被保险人和保险人均应履行如实告知的义务，尽管事实上的如实告知的责任主要是落在被保险人一方。由于承保技术的进步和保险公司经济实力的增强，现代各国《保险法》都不同程度地放宽了被保险人严格履行如实告知的义务。例如，被保险人故意不告知可以成为保险人解除保险合同的理由。不

过，保险人负有证明被保险人故意不告知的举证责任。保险人为了加重被保险人的责任，减轻自己的负担，最简便的方法就是增加询问的内容，因为凡是询问的都是重要的事实。在本案例中，被保险人投保时，如果保险人询问了汽车的购买价格，被保险人没有如实回答就可能构成不实陈述，进而成为保险人解除保险合同的理由。相反，如果保险人认为汽车的购买价格属于重要事实，是保险人承保的基础，而保险人不去询问这样的重要事实，就构成了保险人自己的疏忽或错误。以保险人的疏忽或错误作为拒绝赔偿被保险人的理由显然是不公平的。此外，如果保险人认为汽车的购买价格属于重要事实，被保险人的不告知可以作为拒赔的理由，而又有意不去询问，那么，保险人的最大诚信则无从体现。

如前所述，汽车保险合同是不定值合同，保险人的最高赔偿限额之一是承保汽车的实际现金价值。实际现金价值的定义是汽车的重置成本减去折旧。无论新车或旧车，其市场价格是保险人已知或应知的事实，在一般情况下是被保险人无须告知的事实。

案例结论：综上，由于保险公司并不能举证被保险人的保险欺诈的动机，重审法院的判决是没有错误的。

尽管在这个案例中，被保险人在投保和索赔中存在着许多疑点，被保险人有明显的骗赔动机，事故现场又没有明显的意外事故痕迹，他却打赢了官司。这种情况在目前的汽车保险理赔中不是个别现象。随着保险业的快速发展，保险欺诈有增无减。从保险人的角度看，应该研究相应的对策。

① 必须提高承保技术并科学地订立保险合同在被保险人投保时，如果保险人询问了投保车辆的购买价格，核实了车辆的实际车况，了解了投保人当时的经济状况，认为投保人有骗赔的可能，保险人有权决定只接受第三者责任险而拒绝承保车辆损失险。也可以将询问的内容书面记录于投保单中，构成保险合同的一部分。

此外，在这个案例中，即使科技咨询中心可以进行某种技术鉴定，其鉴定结果也不一定能够构成法庭所接受的证据。在一般情况下，交通事故的证据应该由国家的交通执法部门出具。对于损失金额的确定，则可以由保险合同双方当事人在合同中约定。

② 理赔必须技术化，诉讼必须重证据。在处理保险赔案中，必须重视科学分析、取证和举证。假如在这个案例中，保险人能够证明车没有翻滚，因车的油箱在尾部，在发生前部碰撞的情况下，油箱不可能起火；或油箱起火是由外部引燃的；或虽然山崖很陡峭，车辆呈90度角直立，但被保险人毫发无伤，或转向盘和仪表盘无任何血迹等，保险人显然就有了占优势的证据。保险人还应该学会充分利用专家证词，因为欺诈骗赔通常都是经过了诈骗者精心策划的，但仍然会留下蛛丝马迹，这就需要刑事侦查方面的专家和各种技术专家提供旁证。有时，旁证和间接证据与直接证据同样重要。保险公司也应该拥有自己的法庭科学专家，或者与法庭科学研究机构和刑事侦查研究单位进行合作。

③ 保险的发展有赖于社会环境的改善。保险公司在对付保险骗赔时，除了加强制度内的研究外，还必须注意对制度外问题的研究。例如，地方保护主义、司法腐败、黑社会恶势力等。

案例9－7　少缴保险费当然少给赔偿金。

案情介绍：2008年11月29日，投保人与营业部签订了一份《机动车辆保险单》，将其一辆厦门金龙中巴投了保，保险期限一年，保险范围包括车辆损失险、第三者责任险和附加险（不计免赔特约险），应缴纳保险费5 634元。投保人分两次共缴纳保费5 050元，仍欠保险费 584 元未交。

2009 年 4 月 17 日，投保车辆在湖里区出险，营业部及时组织查勘定损。按照保险条款和《道路交通事故处理办法》的有关规定，营业部向投保人出具了《机动车辆保险赔款计算书》，如一次性足额缴纳保险费，应付保险赔款 31 278.92 元，但因投保人未缴全保费，便扣减了赔款 3 126.82 元，故向投保人实际支付保险赔款 28 152.10 元。

投保人认为营业部未全部支付保险赔款，引发纠纷，最终双方诉至法院。

审理结果：经过法院的调解，诉讼双方最终达成协议：该个体司机放弃要营业部赔付扣减的 3 126.8 元保险赔款的诉讼请求，营业部放弃对该个体司机欠 584 元保险费的追索权。

案例评析：该案例反映了人们对保险的误解，认为保险就是签保险单，而缴多少保费并不重要，有的投保人根本不看保单后的保险条款。而《保险法》第 14 条明确规定：保险合同成立后，投保人应按照约定缴付保险费，保险单才有效力。保监会颁布的车险条款也明确规定：被保险人应如实申报保险车辆的情况，并在签订保险合同时，一次缴清保险费。同时还规定：如果被保险人不履行该义务，保险人有权拒绝赔偿，已赔偿的，有权追回已付保险赔款。

保险费主要是依据保险金额确定的，只有足额投保，保险公司才能承担对应的保险责任。所以除开保险除外责任和被保险人不履行义务的因素，如果投保人没有将车辆足额投保，发生全损时保险公司没有责任进行全部赔偿。

案例 9-8　进口车按国产标准缴费赔偿纠纷案。

案情介绍：某旅游公司以一宝马轿车向四川省成都市郊区某保险代办处投保机动车辆保险。承保时，保险代理人误将该车以国产车计收保费，少收保费 482 元。保险公司发现这一情况后，遂通知投保人补缴保费，但遭拒绝。无奈下，保险公司单方面向投保人出具了保险批单，批注："如果出险，我司按比例赔偿。"合同有效期内，该车不幸出险，投保人向保险公司申请全额赔偿。问此案该如何赔偿？

案例分析：如果本着保险价格与保险责任相一致的精神，此案宜按比例赔偿，但依法而论，本案只能按全额赔偿。理由如下。

1）最大诚信原则使然

保险合同是最大诚信合同。如实告知、弃权、禁止反言系保险最大诚信原则的内容。本案投保人以宝马轿车为标的投保系履行如实告知义务。保险合同是双务合同即一方的权利为另一方的义务。在投保人履行合同义务后，保险公司依法必须使其权利得以实现，即依合同规定金额赔偿保险金。保险代理人误以国产车收取保费的责任不在投保人，代理人的行为在法律上应推定为放弃以进口车标准收费的权利即弃权。保险公司单方出具批单的反悔行为是违反禁止反言的，违背了最大诚信原则，不具法律效力。

2）保险公司单方出具保险批单不影响合同的履行

法律上，生效合同只有双方在其中重要问题上均犯有同样错误才影响其法律效力。一方的错误即单方错误不属合同的错误，不影响合同效力。本案中，保险代理人错用费率系单方错误，不影响合同效力。保险公司出具批单系变更合同行为。保险合同是经济合同，其一经订立即发生法律效力，双方当事人必须自觉遵守合同条款，严格履行合同义务。除法定原则外，任何一方不得随意变更，否则，其行为视为违约。

3）该合同自始至终具有法律约束力

保险合同依法成立可概括为要约和承诺。本案投保方已向保险方要约，保险方就投保方的要约也作了承诺，该合同依法成立。《合同法》规定合同依法成立，即具有法律约束力。因此，本案保险合同自成立起即具有法律约束力。

4）保险公司不得因代理人承保错误推卸赔偿责任

《民法通则》第63条规定："代理人在代理权限内，以被代理人的名义实施民事法律行为，被代理人对代理人的行为承担民事责任。"《保险法》第127条规定："保险代理人根据保险人的授权代为办理保险业务的行为，由保险人承担责任。"据此，本案应全额赔偿。

案例结论：保险费率是保险代理人在业务操作中所必须准确掌握的，保险代理人具有准确适用费率的义务。法律上，保险公司少收保费的损失应当由负有过错的保险代理人承担，不能因投保人少缴保费而按比例赔偿。保险公司在收取补偿保费无结果的情况下，只能按照宝马进口车的全额给付，而不是按比例赔付。否则，有违民事法律过错责任原则，使责任主体与损失承担主体错位。

案例9-9 保险赔款可否按出资比例分配？

二人共同拥有的财产投保后，一方未被列为被保险人。一旦风险发生时，还能享有保险赔偿金的请求权么？共有人对共有财产的保险利益应该如何认定呢？

案情介绍：蓝女士与朋友刘先生于2001年5月共同出资购得东风牌大卡车一辆，其中蓝女士出资3万元，刘先生出资5万元。二人约定，蓝女士负责卡车驾驶，刘先生负责联系业务，所得利润按双方出资比例分配。赵某（某保险公司的业务员）在得知蓝女士购车跑运输后，即多次上门推销车辆保险，并表示可以先帮蓝女士垫付第一年的保险费。在赵某多次劝说下，蓝女士碍于情面，表示同意投保车损险和第三者责任险，但保险费先由赵某垫付。随后，赵某为蓝女士填写了投保单并垫付了保险费，某保险公司也向蓝女士签发了保险单，保险单中蓝女士被列为投保人和被保险人。2001年10月，蓝女士驾驶的卡车与他人的车辆发生碰撞，卡车全部毁损，蓝女士也当场死亡。刘先生在事故发生后，从赵某处了解到蓝女士曾向保险公司投保，于是与蓝女士的家人一起向某保险公司提出索赔。保险公司认为，根据保单记载，蓝女士是投保人与被保险人，保险公司只能向蓝女士进行赔付。刘先生并非保险合同当事人，无权要求保险公司赔偿。并且，因投保车辆属蓝女士与刘先生共有，蓝女士仅对其应得的份额部分有保险利益，所以保险公司不能全额赔付，而只能赔偿蓝女士应得份额部分价值。刘先生与蓝女士的家人均表示不能接受，于是向人民法院起诉。法院经审理认为，由于蓝女士负责投保车辆的驾驶及实际运营，因此可以认定蓝女士对投保车辆具有完全的保险利益，保险公司部分赔付的主张不能成立。同时，投保车辆属蓝女士与刘先生共有，蓝女士仅对投保车辆享有部分所有权，因此蓝女士不能获得全部赔款，而应将保险赔款按出资比例进行分配。

案例分析：本案的焦点问题有三个，一是共有人刘先生未在保单中被列明为被保险人，可否享有保险赔偿金请求权？二是共有人对共有财产的保险利益如何认定？三是共有财产受损，共有人如何分配保险赔款？根据我国《保险法》的规定："被保险人是指其财产或者人身受保险合同保障，享有保险金请求权的人。"并且，按照《保险法》第18条的规定："被保险人的名称和住所必须在保险单中载明。"未载明为被保险人的任何人，不得享有保险金请求权。因此，本案中，刘先生虽是投保车辆的共有人，但因未在保单中载明为被保险人，不能享有保险金请求权，刘先生不能成为本案的共同原告，法院应当裁定驳回刘先生的起诉。应注意的是，在国外的若干保单中，有所谓"额外被保险人"的说法，即除保单中列明的被保险人外，还包括其他在保险财产上有保险利益的人，或其损失亦包括于承保范围内的人。例如在火灾保险中，除保单列明的被保险人外，如有抵押权人条款，则被保险财产之抵押权人，可为额外被保险人。但在我国的保险实践中，则不存在所谓“额外被保险人”的做法，只有保单中列明的被保险人，才可享有保险金请求权。我国《保险法》第 12 条还规定：“人身保险的投保人在保险合同订立时，对被保险人应当具有保险利益。财产保险的被保险人在保险事故发生时，对保险标的应当具有保险利益。人身保险是以人的寿命和身体为保险标的的保险。财产保险是以财产及其有关利益为保险标的的保险。被保险人是指其财产或者人身受保险合同保障，享有保险金请求权的人。投保人可以为被保险人。保险利益是指投保人或者被保险人对保险标的具有的法律上承认的利益。”理论上一般认为，财产保险的保险利益，包括现有利益、基于现有利益而产生的期待利益和基于某一法律上的权利基础而产生的期待利益三种。财产的所有人、抵押权人、保管人、占有人、承租人等均可认为有保险利益。本案中，蓝女士虽仅对投保车辆享有部分所有权，但其实际保管和经营该车辆，应当认为蓝女士有完全的保险利益。当然，蓝女士的家人在获得保险公司的保险赔款后，无权全部占为己有，而应与共有人刘先生按各自对共有财产享有的份额分配保险赔款。赵某为蓝女士垫付的保险费，也有权要求蓝女士的家人及刘先生按财产份额合理分担。

在财产保险中，许多人对被保险人和保险利益的概念没能正确理解，从而产生认识上的误区，并直接导致了实践中的一些错误做法。本案就从一定程度上反映了这一问题，应当引起足够的重视。

案例 9-10 实习司机上高速驾车出险难获赔。

案情介绍：2007 年 3 月 11 日，朱先生将其自有的车辆向某保险公司投保，保险期限自 2007 年 3 月 16 日起至 2008 年 3 月 15 日止，投保人及时缴付了保险费。2007 年 3 月 29 日，朱先生的司机叶某持实习驾驶证驾驶该保险车辆在高速公路上行驶时，因与邻车过近和采取措施不当，致使与同向行驶的两辆汽车相撞，导致车辆损毁，造成经济损失达 8 万元的交通事故（见图 9-2）。经交通警察大队认定：实习驾驶员叶某在交通事故中负全部责任。车主朱先生在支付了上述款项后，要求保险公司依据保险合同支付保险赔偿金。

图 9-2 高速驾车

保险公司认为，被保险人违反了《高速公路交通管理办法》第 4 条第 3 款的规定，即实习驾驶员不准驾驶车辆进入高速公路。《机动车辆保险条款》第 5 条约定：因“无有效驾驶证”的原因造成保险车辆的损失或第三者的经济赔偿责任，保险公司不负赔偿责任。依据当时的保险监管部门对该条款的解释第 12 条中规定，持学习、实习驾驶证在高速公路上驾车属“无有效驾驶证”。因此，本案属于“无有效驾驶证”的情形，属于保险合同中的除外责任，保险公司不予赔偿。经多次协商未果，引起诉讼。

一审法院认为，车辆有效驾驶证是驾车人员能在公路上行驶的资格证明。被保险人的司机叶某持实习驾驶证在高速公路上行驶，应知道《高速公路交通管理办法》第 4 条“实习驾驶员不准驾驶车辆进入高速公路”的规定，故其驾车进入高速公路行驶的行为，属于保险合同中约定的“无有效驾驶证”，驾驶的免赔责任范围，保险公司拒付保险赔偿金并无不当，判决驳回朱先生的诉讼请求。

案例分析：本案的争议焦点在于：原保险监管机关中国人民银行的《机动车辆保险条款解释》中对“无有效驾驶证”的解释对被保险人是否有效？应认定为有效，理由如下。

① 本案的《机动车辆保险条款解释》是保险合同内容的组成部分。本案中，保险人为了证明自己在承保时已履行了除外责任的告知义务，在投保单中设置“投保人签名确认”栏，投保人一经签名或盖章，即被视为保险人已履行了除外责任的告知义务。本案车主朱先生在投保时，已在投保单声明栏目中签名确认，同意按投保单所列内容和机动车辆保险条款、条款解释以及保险单所载明的特别约定向保险公司投保机动车辆保险，并对保险人关于责任免除的告知明白无误。因此，当时的保险监管机关对该机动车辆保险条款的解释，对投保人朱先生具有法律约束力。保险公司依据保险合同约定拒赔合理合法。

②《高速公路交通管理办法》由公安部制定并颁发，属于行政规章。其第 4 条明确规定，实习驾驶员不准驾驶车辆进入高速公路，又属行政规章的禁止性规定，任何实习驾驶员都不得违反。但该行政法规没有规定，若违反该条规定应承担何种法律责任。而该案保险合同条款解释将违反这一禁止性规定的行为，作为保险合同的除外责任也合理合法，并且该约定内容也经投保人签名确认，因此，法院认定该内容对被保险人具有法律约束力。

案例的启示：一是投保人仔细阅读投保单、保险单、保险条款以及条款解释上的内容后再签名。因为投保人一旦在投保单“投保人签名确认”栏中签名或盖章，就证明保险人履行了保险条款除外责任的告知义务，必须慎重对待。二是保险人应真实履行保险条款除外责任的明确说明义务。在承保时应认真向投保人或被保险人讲解保险条款的内容，尤其是除外责任，若有条款解释的，还应将保险条款解释的内容与保险条款粘贴在一起，并加盖骑缝章；或者将条款解释附在相应的条款后面。这样，保险条款解释就成为保险合同的组成部分，对被保险人具有法律约束力。

9.2　第三者责任险案例

案例 9－11　被保险人无过错责任导致的理赔案例。

案情介绍：1999 年 3 月 12 日，湖北省荆门市某货运公司司机郑某，驾驶公司东风牌汽车行至某公司仓库门口时，因车辆左后轮碾轧到路上一节断砖，断砖飞出，将路边行人张某的右膝骨打碎，经当地交警支队勘查、处理，认定双方均不承担责任，只作经济调解，由车方赔偿伤者医疗费、护理费等 1 500 元。由于该车已投保了车身险和第三者责任保险，此案处理后，货运公司持有关单证、材料向保险公司提出索赔。

分歧意见：保险公司在受理此案后，就如何处理这起机动车辆第三者责任保险赔付案，存在几种不同的意见。

① 拒赔理由是货运公司司机郑某虽开车碾轧路上断砖造成张某受伤害，但根据《中华人民共和国道路交通事故处理办法》第 44 条规定：“机动车与行人发生交通事故，造成对方死亡或者重伤，机动车一方无过错的，也应分担对方百分之十的损失。”司机郑某在此案中既无过错责任，对行人张某又没造成重伤，事故不属于保险责任范围内，由此产生的车方损失，保险公司不予赔付。

② 赔付一半理由是此事故的发生虽然司机郑某无过错责任，但事故的发生是由郑某

驾车造成的，有因果关系，考虑到张某的伤情及此事故的特殊性，保险公司可以按50%赔付。

③ 全额赔付理由是在这起事故中，司机郑某虽然没有过错责任，但行人张某的受伤是由其造成的，郑某对此要负赔偿责任，因此保险公司应按郑某的赔偿金额全额赔付保险金。

案情分析：这是一起"无责有关"的第三者责任赔偿案。

① 在此案中，司机郑某虽然没有过错责任，但根据《中华人民共和国民法通则》关于民事责任的一般规定："虽当事人没有过错，但造成对方的人身伤害依法应承担的民事责任，也应承担民事赔偿责任。"所以，可以断定郑某应承担民事赔偿责任。

② 第三者责任保险承保的是被保险人依法应承担的民事赔偿责任，而根据当时的机动车辆保险条款规定："被保险人或其允许的合格驾驶人员在使用保险车辆过程中发生意外事故，致使第三者遭受人身伤亡或财产的直接损毁，被保险人依法应当支付的赔偿金额，保险公司依照保险合同的规定给予补偿。"因此，此案保险公司应当赔付保险金。

案例结论：由于被保险人在行驶车辆过程中，非故意地、客观地、不可预见地造成第三者直接损害的意外事故，都应该属于保险责任，因此这起"无责有关"的意外伤害事故，保险公司应予以全额赔付。

案例 9－12　非直接责任的理赔案例。

案情介绍：2003 年 3 月 21 日 10 时，林某驾驶车主赵某所有的一辆北京大客车，自安徽某城市驶往浙江温州。当车行至浙江某市，在距高速公路入口约一公里处，因车辆出现故障，林某随即将车停靠于路边，车身有 1/3 在行车道上。

在司机处理发电机故障时，有部分乘客下车方便。乘客张某在下车后，从车的前面横穿公路，被后方驶来的一辆河南籍客车当场撞死，造成事故。此事故经过当地交警部门的处理后，认定死者张某违章横穿公路是导致此次事故的主要原因，张某应负主要责任；林某违章停车是导致此次事故的间接原因，应负次要责任；河南客车方超速行驶也负次要责任，林某及河南车方分别承担本次事故赔偿费用的 20%。

事故处理完结后，赵某持交警部门出具的相关手续交到承保公司索赔。

分歧意见：在此事故的理赔过程中，保险公司内部出现两种意见。

第一种意见是：张某付钱乘坐赵某的客车，即与其达成客运合同，在张某到达目的地前，张某是赵某客车上的乘客，在保险责任中即是车上责任险的乘员险，依据《机动车辆保险条款》中车上责任险条款的规定："车上人员在车下时所受的人身伤亡属于责任免除范围。"此事故应属除外责任，应当拒绝赔偿。

第二种意见是：张某是在车外死亡，其死亡时并未与保险车辆发生接触，但此次事故交警部门认定司机林某违章停车，负有此次事故的次要责任，而本次事故并非主观故意，属于意外事故。根据《机动车辆保险条款》："被保险人或其允许的合格驾驶员在使用保险车辆过程中，发生意外事故，致使第三者遭受人身伤亡或财产的直接损毁，依法应当由被保险人支付的赔偿金额，保险人依照《道路交通事故处理办法》和保险合同的规定给予赔偿。"依照此条款，本次事故是被保险人（赵某）允许的合格驾驶员（林某）在使用保险车辆过程中发生的意外事故，据此保险公司应当给予赔偿。

案情分析：本案中，死者张某为车主赵某的乘客，即张某与赵某形成服务关系。由于事故发生时，张某仍然是赵某的乘客，并没有因车辆临时停车而解除服务关系。因此，赵某的雇员林某作为司乘人员，对于乘客负有安全责任。车辆临时停车时，司乘人员有责任保护乘客临时下车时的安全，尤其是应该意识到在位于快速路（临近高速路入口处）非正常停车可能会发生的问题。显然，对于乘客张某的死亡，司乘人员应该承担工作疏忽和过失的责任。同时，由于张某并没有和赵某解除服务关系，张某不属于“第三者”的范畴，也就不属于赵某车辆第三者责任保险的责任范围，赵某的保险公司对于赵某应对死者张某所承担的责任不予赔偿。

保险汽车因电机出现故障将车停靠于路边，在司机处理发电机故障时，有部分乘客下车方便。其中张某下车后，违章横穿马路，被后方超速行驶的河南客车撞死。从案情介绍看，电机故障导致停车，停车使乘客有机会下车方便，似乎停车是导致这起事故的原因。但是，如果仔细分析这起事故，就会发现乘客张某违章横穿马路，以及河南客车超速行驶是造成这起事故的直接原因。用保险近因的原则分析，违章横穿马路和超速行驶是造成这起事故的近因。北京大客违章停车与本事故并无直接关系，也就是说北京大客违章停车，并不是必然会造成这起事故。保险汽车系违章停车，应受到公安交通管理部门的行政处罚。

案例结论：本案应采纳第一种意见，保险公司不应赔付相应的事故损失。

案例 9－13　被盗车辆导致第三者损失的理赔案例。

案情介绍：车主金某发现其新购桑塔纳被盗，当即向公安局和保险公司报案。窃贼在盗车过程中，违规行车发生交通事故，与一辆摩托车相撞，造成摩托车报废，摩托车驾驶员死亡，同时被盗汽车自身也受损，盗贼逃逸（见图 9－3）。车主遂向保险公司索赔，保险公司对被盗车辆的损失赔付没有疑义，但对被盗车辆造成第三者伤亡和财产损失则意见不一。

图 9－3　轿车与摩托车相撞

分歧意见：第一种意见认为应该拒赔，理由是盗贼使用保险车辆致使第三者损伤的，显然不属于赔偿责任范围。

第二种意见认为应该先向被保险人赔付，待盗贼被抓后，再向其追偿。因为《机动车辆条款》没有明确规定保险车辆失窃后，盗贼驾驶时造成的第三者责任应履行赔偿义务，但也没有明确规定其属于除外责任。对于这一合同没有约定事项，根据公平互利的原则，应先向被保险人履行给付赔偿金义务，再进行代位求偿，以维护双方的利益。

案情分析：要弄清此案如何赔付，需要确定保险责任要素及其保险的本质。

(1) 保险法律关系及其责任要素

保险合同中的法律关系主体是被保险人和保险人，而非其他人，因他人造成的事故责任不属于保险合同责任范围。构成保险事故和赔偿责任必须有以下要素。

① 行为主体必须是被保险人或其允许的驾驶员使用保险车辆。

② 行为主体必须是持有效驾照开车。

③ 必须是发生意外事故。

本案中盗贼显然是保险合同关系的第三人，而非合同的行为主体，因其造成的意外事故而致使摩托车及其驾驶员的损伤责任，不应属于保险合同的责任范围。

(2) 保险本质和经营特征

从保险本质和经营特征看，保险的职能在于补偿风险事故造成的损失，以风险为经营的对象，但又不是所有风险，而是不确定的纯粹风险。对于违反法律和社会公共秩序而引发的风险不予承保。盗贼偷窃保险车辆是一种犯罪行为，他既不是被保险人，也不是被保险人允许的驾驶人员。即使是被保险人或其允许的驾驶人员，因违法造成的事故，保险人也不能负保险责任。

案例结论：综上，本案例所涉及的第三者损失不属于保险责任范围，保险公司不能予以赔偿。

案例 9-14　售票员配合驾驶员开车导致的理赔案例。

案情介绍：某日，舒兰市个体客运户张某经营的小型客车，在北京街口尾随另一小型客车排队等候乘客上车，驾驶员黄某发现点火系统有故障，便调整发动机点火，此时售票员豆某（没有驾驶证）按照驾驶员黄某的要求坐在驾驶室上，踩下离合器踏板并发动汽车。此时发动机盖已经打开，由于驾驶员黄某用手牵拉油门拉杆，豆某发现油门踏板失去作用，欲站起来。当他松开离合器踏板时，车辆突然前行，将从车辆间穿行的唐某父子二人撞成重伤，造成医疗费用等损失 18 000 余元。被保险人黄某要求保险公司对车辆造成的第三者损失给予赔偿，而保险公司对此案赔付处理存在分歧意见。

分歧意见：对于此案是否属于第三者责任险的赔偿范围，经过理赔人员的实地考察和讨论，分歧意见有如下 3 种。

1) 此事故是无证驾驶行为所致，属于责任免除范围

持此意见的人认为，此次事故的主要原因是豆某发动车辆后松开离合器，致使车辆突然前行造成的，不论豆某是否无意，均构成了驾驶行为。由于豆某没有有效驾驶证件，属于《机动车辆保险条款》中“没有驾驶证”的责任免除范围。因此，此案不在责任范围之内，不能赔偿。

2) 此事故是驾驶员黄某的过失所致，属于保险责任范围

持这种观点的人认为，在事故发生前，售票员豆某所做的一切行为都是按照驾驶员黄某的要求，车辆也没有处于行驶之中，实际上是协助驾驶员在修理车辆。因驾驶员黄某事先估计不足，致使车辆在修理过程中突然前行，造成保险事故的发生。黄某是被保险人允许的合格驾驶员，根据现行《机动车辆保险条款》第 2 条的规定：“被保险人或其允许的合格驾驶员在使用保险车辆过程中，发生意外事故，致使第三者遭受人身伤亡或财产的直接损毁，依法应当由被保险人支付的赔偿金额，保险人依照《道路交通事故处理办法》和保险合同的规定给予赔偿。”此案属于保险责任范围，应该给予赔偿。

3) 此次事故是驾驶员黄某和售票员豆某共同造成的，二人均有责任，保险公司只能赔偿黄某所承担的那一部分责任

案情分析：上述三种意见中的第一种和第二种意见为单纯的拒赔和全赔，实际上是将事故的全部责任推给共同造成事故的二人中的一人承担，这与事实不符。本案实际上是多因一果的情况。只有分清事故的责任，按照被保险人允许的合格驾驶员对事故结果所起的作用大小确定赔偿金额，才是实事求是的科学态度。

① 致使车辆突然前行的原因是豆某发动汽车，黄某用手拉动油门拉杆，豆某松开离合器这三个连贯动作所造成的。因此，事故发生前，并非豆某一人在操纵汽车，而是二人共同

操纵。

② 售票员豆某在事故前的一切行为都是遵照驾驶员的指令所做的，根据《民法通则》第 130 条："二人以上共同侵权造成他人伤害的，应承担连带责任。"造成的损失应由二人对事故责任的大小来分摊。豆某是售票员，不是车主允许的合格驾驶员，其所承担的损失不能由保险公司承担。而黄某是被保险人允许的合格驾驶员，其依法应承担的损失，依据《机动车辆保险条款》的有关规定，保险公司应给予赔偿。

案例结论：本案中，保险公司应承担被保险人张某第三者责任赔偿金 9 000 元。

案例 9－15　紧急避险造成第三者损失是否赔偿？

案情介绍：2007 年 12 月 15 日晨，刘某驾驶一辆哈飞行驶到一弯路时，由于天冷路滑，刘某在借道超车时驶入逆行道，与迎面而来的拖拉机相遇，拖拉机司机张某当即向右打轮避让哈飞，致使拖拉机侧翻，造成车辆受损、一名乘客重伤及张某轻伤的交通事故，合计损失达 1.8 万元，刘某的车安然无恙。经交警大队调解处理，刘某在此次交通事故中负全部责任。

刘某驾驶的哈飞已投保车身险和第三者责任险，事故处理结案后，刘某持其投保的保险单，以"第三者责任损失"为由，向保险公司索赔，遭到拒赔，双方遂引起纠纷。

案例分析：针对两车并未碰撞，赔不赔第三者责任险，存在两种相反的观点。

1）第一种观点主张拒赔

理由如下。

① 根据保险惯例，车身险和第三者责任险一般同时发生并同时赔付。本案中被保险车辆完整无损，如若赔付违背保险实践。

②《机动车辆保险条款》第 2 条规定："被保险人在使用保险车辆过程中发生意外事故，致使第三者遭受人身伤亡或财产的直接损毁，依法应由被保险人支付的赔偿金额，保险人依照保险合同的规定给予赔偿。"而本案中，被保险车辆并未发生意外事故，不存在给第三者造成损失的前提条件。

③ 即使按第三者责任立案，由于两车未发生碰撞，故第三者的损失属于间接损毁，而非直接损毁，因此拒赔。

2）第二种观点主张赔付

理由如下。

① 紧急避险指为了使国家、公共利益、本人或者他人的人身、财产和其他权利免受正在发生的危险，不得已采取的避险行为。由于被保险人刘某在道路拐弯处占了对方的路面，在即将发生碰撞危险时，张某不得已而采取向右打轮避让刘某，从而致使车辆侧翻，张某的行为属于紧急避险。

②《民法通则》规定："紧急避险造成损害的，由引起险情发生的人承担民事责任。"张某因紧急避险造成的损失是由引起险情的被保险人刘某的行为直接导致，理应由刘某承担责任。虽然未发生碰撞，第三者的损失仍可定为直接损毁。

③ 根据以上分析，本案具备《机动车辆保险条款》第 2 条成立的 2 个要件：

(a) 直接损毁；

(b) 被保险人依法应承担的赔偿金额。因此保险公司应依照合同规定给予赔偿。

案例结论：本案的焦点在于"两车未发生碰撞，对第三者的损失能否认定为直接损毁？"

从车险条款来看，是否发生直接接触并非是第三者责任险赔偿的限制条件。因此，刘某可以在第三者责任险的保险额度内，从保险公司得到刘某应承担张某紧急避险造成的全部损失1.8万元赔偿。

《保险法》作为《民法》中的特别法，当因其简明扼要而不能满足实际工作需要时，我们可以从《民法》或其他相关法律、法规中寻找依据，来解决实际问题。

案例 9-16　先出险后年检，保险公司该不该赔？

案情介绍：一保险轿车在出险40天后，补缴罚款，取得车辆年检合格证，并要求保险公司赔偿。这起赔案该不该赔呢？

2005年1月5日，一建筑公司将一辆普通日产轿车向保险公司投保了一年期车辆损失险及第三者责任保险，并在签单时一次缴清了保险费。投保后40天，该车在一加油站与一辆长安面包车发生碰撞，致使对方车上两人受伤，两车受损。事故发生后，交警支队认定建筑公司日产轿车驾驶员负全部责任，保险公司核定损失为4.1万元。

建筑公司提交索赔申请后，保险公司在审查该案时发现日产轿车在投保时和出险时未参加车辆管理机关的年检。几天后，建筑公司又提交了一份日产车的行驶证复印件，载明该车在投保和出险时年检合格。经查，该车2003年6月参加了年检，合格期至2004年6月，此后该车两年未参加年检。为了索赔，该建筑公司在2006年6月到车管机关缴纳了罚款后对2004年、2005年进行了年检。

案例分析：保险公司在处理此案时，主要有两种意见。一种意见是，虽然该车在订立保险合同和出险时，未参加年检，但出险后经车管机关年检合格，保险公司应该赔偿；另一种意见是，既然该车在投保和出险时未参加年检，按照《机动车辆保险条款》的规定，保险公司应拒绝赔偿，但应退还建筑公司所缴的保险费。

应该说，保险公司的第二种意见是比较合理的。

① 机动车辆是一种高风险的运输工具，国家对其实施强制年检制度，就是为了保证车辆安全技术状况良好。车辆按期参加年检并合格是车辆行驶的法定条件，但建筑公司自2003年6月参加年检合格至2004年6月后，连续两年不参加年检而继续行驶，是一种严重的违反国家法规的行为。保险公司不应对其严重违反国家法规的行为提供保险赔偿。

② 车辆管理机关按照国家法规规定，对车辆实施强制年检制度，是保证车辆安全技术状况的一种法律制度。既然建筑公司在车辆投保和出险时未按规定到车管机关对该普通日产轿车进行年检，那么在订立保险合同和出险时车辆的安全技术状况是否符合国家相关规定无法定依据。建筑公司在该车发生事故经过修复，行驶480天后的2006年6月，才到车管机关缴了罚款进行年检，并年检合格，只能证明该车在2006年6月及今后一年内安全技术状况符合国家规定，可以继续行驶一年，不能根据480天后的车辆技术状况来推定480天以前该车的技术状况符合国家相关规定。因此仅以《行驶证》上车管机关于2006年6月补签有“2005年、2006年检合格”来认定在订立保险合同和出险时该车属年检合格车辆是错误的。

③《机动车辆保险条款》第31条规定：“保险车辆必须有交通管理部门核发的行驶证和号牌，并经检验合格，否则本保险单无效。”中国保监会在解释此条款时说明如下：“保险车辆有下列情形之一，保险单无效：保险车辆达不到国标GB 7258—2004《机动车辆安全技术条件》的要求，经交通管理部门检验不合格或在规定期间内未经年检。”该车虽然在新车上户时领有行驶证和号牌，但在车辆投保时未按规定参加年检，导致保险公司与建筑公司订立

的机动车辆保险合同无效。

案例结论：根据以上分析，机动车辆只有通过年检才能达到《机动车辆保险条款》第25条规定的“安全行驶技术状态”，才能符合保险合同成立有效的基本条件。也就是说，如果在保险期间，机动车辆不处于通过年检的合格期限，那么，该保险合同是无效的。建筑公司与保险公司签订的保险合同至始无效，保险公司退还相应的保险费。

案例9－17　变更事项要及时通知保险公司。

案情介绍：1999年，李先生将自己购买的一辆东风牌汽车向保险公司投保了车辆损失险、第三者责任险和车上货物责任险，缴纳保险费2 000多元。在投保时，李先生的汽车并没有带挂车，但在后来的运输过程中，李先生又增加了挂车，但并未将此事通知保险公司。

同年，李先生在一次运送货物的过程中，不慎将一位骑自行车的人撞倒造成重伤，虽及时送医院抢救，终因伤势过重而死亡。死者的医疗及安葬费共计8 500元。于是，李先生向保险公司提出索赔。

但保险公司拒绝了李先生的索赔要求，理由是该车在投保时未带挂车，保险公司只能对未带挂车的汽车负赔偿责任。但李先生坚持认为，肇事伤人的是保了险的汽车，而不是挂车，同时，《机动车辆保险条款》中并没有规定增加挂车后发生的意外事故的损失为除外责任，保险公司的人在承保时也没有特别讲明。因此，保险公司理应予以赔偿。

案例评析：首先，保险合同中载明的保险车辆未带挂车，保险公司只能按未带挂车的车辆收费；其次，汽车加带挂车时增加了新的风险，而这种风险是保险公司承保时未考虑在内的；再者，李先生增加挂车，并未通知保险公司更改保单，也未承担挂车保险的保险费用。《中华人民共和国财产保险合同条例》第14条规定：“保险标的如果变更用途或者增加危险程度，投保方应当及时通知保险方，在需要增加保险费时，应当按规定补缴保险费。投保人如果不履行此项义务，由此引起保险事故造成的损失，保险方不负赔偿责任。”因此，保险公司对李先生的请求不能予以赔偿。

案例9－18　出示行驶证算不算如实告知？

案情介绍：1999年1月27日，某建筑业经理林某将其自有的从事营运的一辆双排客货车向中江县某保险支公司投保车损险、三责险，保险期限自1999年1月28日零时起至2000年1月27日24时止。保险人按吨位收取车损险保费720元，第三者责任险（限额20万元）保费1 370元。

1999年3月31日，该车在成都市境内与一辆摩托车相撞，致使一人死亡，一人重伤，造成车损1 500元，人员伤亡总费用75 000元。经交警部门认定：林某在车辆有故障不能行驶时，未能将车辆靠路右边停放，且夜晚未设明显标志，违反《中华人民共和国道路交通管理条例》第48条之规定，应负事故的次要责任，负该起事故40%的赔偿责任。

2000年4月12日，事故处理结束后，保户向中江县某保险支公司提出索赔，对照《机动车辆保险条款》，该起事故属碰撞责任，在车损险及第三者责任险赔偿范围内。但保险人在审核保险车辆行驶证时发现该双排客货车为1吨/6座，根据车险实务有关规定，双排客货车收费应按“就高不就低”的原则，即按吨位或座位计算，取较高者计费。该车收费时实按吨位收取，而应按座位收取，即应收取车损险保费1 120元，第三者责任险（限额20万元）保费2 030元，故投保人实际缴费不足。经向办理该项业务的人员了解：林某投保时已向其出示行驶证，且投保单背面亦附贴有该标的行驶证复印件，由于本身业务不精而导致收费不足。

案例分析：此案如何赔付，在保险人内部形成了两种意见。

1）按比例赔付

理由为：尽管由于保险人的失误而导致少收保费，但事实上保险人已承担了过多的风险。违背了权利义务对等的原则，故应根据车险条款、实务的规定，应按实缴保费与应缴保费的比例赔付，从而确保保险合同双方当事人权利义务对等。

即车损险应赔付：

1 500 元×40％×[720 元(实缴保费)/1 120 元(应缴保费)]×(1－5％)＝366.43 元

三责险应赔付：

7 500 元×40％×[1 370 元(实缴保费)/2 030 元(应缴保费)]×(1－5％)＝19 233.99 元

合计本案最终应赔偿：336.43元＋19 233.99 元＝19 600.42 元

2）足额赔付

理由为：投保人林某（亦是被保险人）在投保时，将行驶证交业务人员查看，且提供行驶证复印件，应视为已将保险标的有关情况（即该双排客货车为 1 吨/6 座）告知了保险人，即投保人主观上无过错，不能将保险人业务不精导致少收保险费的过错归责于投保人，故本案应足额赔付。

即车损险应赔付：1 500 元×40％×(1－5％)＝570 元

三责险应赔付：75 000 元×40％×(1－5％)＝28 500 元

合计本案最终应赔偿：570 元＋28 500 元＝29 070 元

《保险法》第 16 条明确规定："订立保险合同，保险人就保险标的或者被保险人的有关情况提出询问的，投保人应当如实告知。"从上述的规定中不难发现：投保人应如实告知仅限于保险人的询问，保险人未询问的，投保人则不必陈述。本案中，投保人林某向保险人出示保险车辆行驶证并且提供复印件附贴在投保单背面，也就是依《保险法》履行了告知义务，但究竟如何收费，则是保险人的事，不能将由于保险人的过错而导致收费失误的责任归于投保人，所以本案应该足额赔偿，而不能比例赔付，否则就会损害被保险人的合法权益。此案保险人最终按第二种意见做了实事求是的赔付。

案例 9－19　被保险人交通肇事逃逸保险公司能否一概拒赔？

案情介绍：苏某系挂靠于某运输公司的个体司机，驾驶中型货车从事长途运输业务。2002 年初，苏某向保险公司投保了责任限额为 5 万元的第三者责任险。同年 3 月，苏某驾车撞上了停靠于路边的一辆小货车。事故发生后，苏某企图驾车逃逸，但驶出不远便被交警截获。交警扣押了苏某及事故车辆，并对现场进行了查勘。苏某看到要承担责任，便向保险公司报了案，保险公司也派人赶到了现场。两周之后，交警部门作出处理：事故发生后苏某驾车逃逸，严重违反了《道路交通事故处理办法》，应承担本案全部责任，被撞小货车修理费 20 000 元，并处罚款 1 000 元，吊销驾驶执照。

接到上述处理决定后，苏某向保险公司提出索赔，认为本案属于第三者责任险项下的保险事故，保险公司应当补偿自己对被撞车辆所承担的赔款。保险公司认为，苏某驾驶过程中由于过失导致撞车事件的发生，并因此承担了一定的赔偿责任，属于保险事故；但是，苏某在肇事之后有逃逸行为，"肇事逃逸"构成保单规定的免责事由，保险公司可以免除赔偿责任。因此，本次事故造成的损失应由苏某自行承担。经过多次交涉双方未能达成一致，苏某向法院提起了诉讼。

法院经审理认为，苏某与保险公司之间的保险合同合法有效，双方均应按照合同行使自己的权利，履行自己的义务。苏某由于过失导致事故发生，并承担了相应的经济责任，构成第三者责任险项下的保险事故，保险公司应当予以赔偿。第三者责任险保单“责任免除”中笼统地规定了“肇事逃逸”一项，保险公司能否据此免责，不能一概而论，须结合个案作具体分析。就本案而言，苏某肇事后有逃逸行为，但未实施完毕即被交警截获，其行为没有造成事故损失的扩大，也没有影响保险公司对现场的勘查或加重保险公司的义务。根据权利义务相平衡的原则，保险公司不能一概拒赔，苏某承担的 20 000 元赔偿金，应由保险公司予以补偿。

案例分析：第三者责任险是保险人对被保险人给第三方造成的责任所承担的风险。从形式上看，是由保险公司补偿被保险人对第三者的经济责任。但从这一险种的开办目的上看，保障的却是因被保险人的责任而受到损失的第三人，使其不至于因责任人没有清偿能力而在受到损害之后得不到赔偿。由于这一险种涉及多方利益，法律要求当事人应当遵循诚实信用、公平合理的原则来设定彼此的权利义务。就本案而言，苏某肇事逃逸严重违反了道路交通管理方面的法律法规，应当受到一定的惩罚，但并不丧失自己在保险合同中的权利，苏某与保险公司的权利义务仍应依据保单和合同法加以确定。保险公司在保单中笼统地将肇事逃逸列为免责事由，没有申明具体情况，只能解释为当事人的逃逸行为客观上加重了保险人的合同义务时，保险公司才能免责。否则，如果允许保险公司一概拒赔，无形中便扩大了责任免除的范围，违反了合同法权利义务相平衡的原则。本案中法院结合案情，对保单条款作出具体的解释，较好地平衡了各方当事人的利益。

案例的启示：目前从事高风险职业的人越来越多，责任保险分散了他们的职业风险，稳定了社会秩序。为充分发挥责任保险的社会效用，法律要求保险公司应在保单中合理确定自己的权利义务，不能以笼统的约定扩大责任免除的范围。否则，根据《保险法》解释保险合同的原则，法院将作出不利于保险人的解释。

案例 9－20 责任保险赔偿构成五要件。

案情介绍：2001 年 6 月 13 日，王某将其自有的一辆解放货车投保了车损险、第三者责任险、车上人员责任险（3 座，每座限额 5 万元），保险期限自 2001 年 6 月 14 日零时起至 2002 年 6 月 13 日 24 时止。

2001 年 11 月 23 日，王某聘用的驾驶员何某在送货回来的途中，由于超车时车速过快，与正常行驶的一辆解放货车发生追尾碰撞，何某当场死亡。经交警部门认定，何某负此起事故的全部责任。被保险人王某以自己损失较大为由未对驾驶员何某亲属作任何赔偿，随后不久王某向保险公司请求赔偿车上人员责任险赔偿金 4 万元，保险公司审核后认为此起事故属于车上人员责任险保险责任，随即赔偿被保险人王某车上人员责任险赔偿金 4 万元。这是一起被保险人由于发生保险事故而产生不当得利的责任保险错赔案。

案例分析：我国《保险法》第 65 条第 4 款规定：“责任保险是指以被保险人对第三者依法应负的赔偿责任为保险标的的保险。”在我国保险市场中，责任险的快速发展已成为财产保险业务一个新的增长亮点，但在责任保险的赔偿工作中，由于多方面的原因，存在诸多错误做法，如本文中所举的案例即是被保险人没有对受害者作出赔偿，保险人却向被保险人赔偿责任险赔偿金，致使被保险人通过保险事故产生不当得利。究其根源，主要是由于理赔工作人员对责任保险赔偿的构成要件理解不清，理解掌握责任保险赔偿的构成要件是做好责任保险理赔工作的基础环节。以下的责任保险赔偿构成要件缺一不可。

① 被保险人发生属于责任保险范围内的保险事故。这是保险人履行赔偿义务的基础条件。如果被保险人发生的事故不在责任保险范围内，系除外原因、除外费用，即使被保险人因主观过错或者根据法律规定无过错行为而产生法律上的民事损害赔偿责任，保险人也不承担赔偿责任。

② 被保险人对受害者依法应负担损害赔偿责任。这是保险人履行赔偿义务的前提条件。保险人承担的损害赔偿责任产生的原因有两个方面：一是被保险人主观上有过错，即由于被保险人主观过错导致受害者遭受物质上和精神上的损害；二是被保险人根据法律规定的无过错行为产生的损害赔偿责任，此类行为法律有明确的规定，凡属于法律明确规定的无过错行为的，被保险人必须承担赔偿责任。保险人对除此之外原因产生的损害赔偿责任都不予负责。

③ 受害者向致害者（被保险人）提出损害赔偿请求。这是保险人履行赔偿义务的必要条件。由于责任保险的标的是一种无形的民事损害赔偿责任，即被保险人对受害者的损害赔偿责任。如果被保险人有侵权行为，而受害者基于多方面的原因，并没有向致害者提出赔偿请求，根据财产保险补偿原则（有损失，有补偿；损失多少，补偿多少），被保险人无损失，保险人无须承担赔偿责任。由此可见，缺少这一要件，保险人就可以不承担赔偿责任。本案例就是缺少这一必要条件，致使被保险人产生不当得利。

④ 保险人在责任保险赔偿限额内对被保险人损失予以补偿。这是保险人履行赔偿义务的限制条件。由于责任保险的标的是被保险人在法律上的损害赔偿责任，而不是具体的财产，所以责任保险合同中没有也不可能有保险金额，只规定保险人的赔偿限额。赔偿限额是保险人履行赔偿义务的最高金额，保险人对赔偿限额内的损失予以补偿，对赔偿限额外的损失不予补偿，更不是无论损失多少，一律按赔偿限额予以赔偿。由此可见，被保险人选择赔偿限额的档次直接决定着其能否得到足额补偿。

⑤ 保险人直接向受害者支付赔偿金应符合法律规定。这是保险人直接向受害者履行赔偿义务的法律条件。我国《保险法》第 65 条第 1 款规定：“保险人对责任保险的被保险人给第三者造成的损害，可以依照法律的规定或合同的约定，直接向该第三者赔偿保险金。”本条所指的合同，不仅指保险合同，还包括被保险人与受害的第三者达成的协议，如果保险人同意双方协议约定的赔偿金额，而且赔偿金额在赔偿限额之内的，就可以按协议支付赔偿金；如果双方协议约定的赔偿金额大于保险人赔偿限额的，保险人只需按赔偿限额支付保险赔偿金，其余部分由被保险人自己负责赔偿。因此在法律有规定或者合同有约定的情况下，保险人才能直接向受害者赔偿保险金，否则保险人没有直接向受害者赔偿保险金的义务。

9.3 附加险案例

案例 9－21 车上人员责任险的理赔案例。

案情介绍：2004 年 1 月，某公司某部门刘经理将其拥有的一辆三菱轿车向保险公司投保了机动车辆保险，同时附加车上人员责任险。

该车投保一个月后，由于发生交通事故，造成驾驶员刘经理及车上两名乘客秦某、李某不同程度受伤，车辆受损。经交警部门认定，刘经理负事故全部责任，承担事故造成的全部经济损失。

半个月后，刘经理带着全部单证到保险公司办理索赔。经保险公司理赔人员审核单证后，除对车损部分按保险双方达成的维修价格赔付外，对车上受伤人员的赔付产生了争议。经保险公司查抄底单得知，一该车选择座位投保一座，而且没有约定是哪一座位。由于受伤三人包括刘经理本人，在事故中受伤程度不同，各自花费的医疗费也不同，其中刘经理花费2 000元，秦某花费3 000元，李某花费4 000元。因此，保险公司选择不同的伤者作为赔付对象，赔款结果是不一样的。

分歧意见：就究竟该赔哪一个座位，保险公司的理赔人员在讨论此案时，出现分歧意见。

第一种意见认为：本案中由于被保险人对投保的座位未做约定，按惯例，应视为驾驶员座位。因此，保险公司应承担刘经理的医疗费用，即车上人员赔款＝2 000元×(1－20％)＝1 600元。

第二种意见认为：本案中既然被保险人对投保的一个座位未做约定，保险公司无法确定承保的是哪个座位。为体现公平，应将受伤三人的医疗费相加，求出平均数作为赔付金额，即车上人员赔款＝(2 000元＋3 000元＋4 000元)/3人×(1－20％)＝2 400元。

第三种意见认为：按照现行的《机动车辆保险条款》中附加险费率规定：车上人员责任险中，选择座位投保的费率为0.9％；核定座位投保的费率为0.5％，本案中被保险人按照选择座位的方式投保一座，并且按选择座位的费率缴纳了保险费。保险公司应该按所收的保险费的多少承担相应的风险，在其保险金额内将花费医疗费最高的乘客李某作为赔付对象，即车上人员赔款＝4 000元×(1－20％)＝3 200元。

案情分析：由于现行的《机动车辆保险条款》附加车上人员责任险中，并没有要求被保险人在选择座位投保时一定要约定明确投保哪一座位，因此，被保险人较多地采用了选择座位且不约定哪一座位的方式投保。这样，一旦发生保险事故造成车上人员受伤，均视为投保座位上的人员受伤；或者在车辆核定座位数内，当受伤人数多于投保座位数量时，要求将产生医疗费用高的伤者作为投保座位上的人员，而向保险公司索赔，本案就属此例。

实际上，在选择座位投保时，除了驾驶员座位可以在保单特别约定栏中约定外，其余座位均无法明确。例如，一辆45座的大客车，被保险人要求投保其中的15座（包括驾驶员座位）。保险公司在承保中除了对驾驶员座位可以特别约定外，其余的14座均无法确定。出险后，只能按照出险人数、选择的座位数和赔付金额的多少理赔。

案例结论：被保险人选择座位投保与按核定座位数投保所依据的保险费率不同，保险公司所承担的风险也不同。本案被保险人是按照选择座位缴纳的较高金额的保险费，既然没有约定，就应该以赔付金额最高的乘客作为理赔依据，因此，第三种意见是正确的。

案例9－22　驾驶员在车内中毒，是否应当赔偿？

案情介绍：一建筑公司将自有的一辆进口客车向当地的保险公司投保了车辆损失险、第三者责任险和车上人员责任险。该车由单位的驾驶员刘某驾驶，晚上停放在单位的车库内。一天晚上，驾驶员刘某和同事赵某在单位值班，由于天气炎热，刘某便建议到车里去打开空调乘凉聊天。于是二人来到车内，打开了空调，一直聊天到深夜，并不知不觉睡在了车里。第二天早晨被人发现时二人已经昏迷不醒，经送医院抢救才脱离危险。专家鉴定认为，由于车辆密闭，加之二人吸烟过多，汽车空调内释放出的气体形成了有毒气体，造成二人中毒昏迷。单位为抢救二人支付了上万元的医疗费用，并就该项费用向保险公司提出了赔偿请求。分析保险公司是否应当赔偿，原因是什么。

案例分析：人员在车内中毒，是否属于车上人员责任险的责任范围，应当严格对照保险条款对车上人员责任险的定义确定。按照条款的规定，车上人员责任险的定义是保险车辆在使用过程中发生意外事故，致使车上人员伤亡，依法应当由被保险人承担的经济赔偿责任，保险人在保险合同载明的赔偿限额内计算赔偿。就本案而言，刘某和赵某擅自脱离岗位到保险车辆内乘凉休息，所实施的完全是个人行为，造成的人身伤害后果也应当由自己承担。被保险人对于二人的中毒事件没有法律上的赔偿责任，即车上人员责任险承保的保险标的没有出险。因此，保险人对被保险人支付的医疗费不承担赔偿责任。

案例 9－23 失窃且未结案车辆无代位求偿权。

案情介绍：某国产有限公司将其合法购进的“宝马”轿车向保险公司投保了机动车辆综合险，保险期限为一年。保险期限内，该车被盗，此后不久，个体户王某买到此车。但被某工商行政管理局公平交易局没收，原因是王某提供不出购买该车的合法手续证明。事故发生后，原车主依合同条款获得 85 万元赔偿金。同时，保险公司取得前者的《权益转让书》，代位行使被保险人的一切追偿权利。一年后，案件未侦破，但保险公司获悉被盗车辆被某工商局没收，于是提供相关的凭证证明，要求工商局返还该车，但遭到拒绝。保险公司随即将工商局诉至人民法院。

审理结果：原告诉称：我公司向被保险人赔偿保险金额后依法取得该车所有权及代位追偿权，该种权利并不因该车被盗或非法转让而改变。工商局在知道该车的合法所有者后，并在所有权拥有者提出返还要求时予以拒绝，此行为侵犯了原告的合法权益。依据《民法通则》及相关法律规定，被告应承担返还财产的责任。

被告辩称：我局的处罚决定是针对没有提供合法手续的王某作出的，王某既没有申请复议，又没有提起行政诉讼，说明我们的行政处罚完全没有错。本案尚未侦破，“宝马”车不属有关退赃规定的范畴，我局不能擅自退赃。至于原告的损失应由盗车者承担而不是我局。

法院认为，工商局依法作出的对“宝马”车予以没收的处罚没有过错，被告不存在侵犯原告的合法权益。轿车失窃案尚未侦破，何人作案尚未查明，原告要求被告返还财产没有法律依据。据此认定，法院判决原告败诉。

案例分析：本案中，工商局没收轿车的行为是具有法律依据的，保险公司依法取得的代位求偿权也同样具有法律效力，受到法律保护。因此，本案的关键所在就是原告有没有对被告行使代位追偿的权利，这就牵涉到保险人行使代位求偿权时，是否会受到一定的约束的问题。在保险实务和保险法律关系中，保险人代位追偿权的行使和实现是以被代位的投保人与第三人之间的民事法律关系为基础的，保险人追偿的对象应是与投保人有民事法律关系的第三者。在本案中，窃车犯侵犯了投保人的财产所有权，保险公司因此而受到一定的损失。法律上，其行使代位求偿的对象应是造成其损失的第三者即窃车犯，保险公司无权要求工商局返还其财产。但是，本案侦破后，依照我国刑事法律的有关规定，对已查明的赃物，原则上应当退回给失主，只有在这种情况下，保险公司才可依法取得其合法的财产。

案例 9－24 汽车被盗 3 个月后复得有权向保险公司索赔吗？

案情介绍：罗女士于 2008 年 10 月 21 日购买了一辆长安铃木小轿车，购车费 6.8 万元，附加费 1.5 万元。他为该车办理了全车盗抢保险，双方确认保险金额为 8 万元，保险期限为一年。按照该合同中有关盗窃保险条款的规定，如果该机动车被盗，保险公司将按保险金额予以全额赔偿。

2009 年 4 月 24 日，该车被盗，罗女士立即向公安机关和保险公司报了案。到了 7 月 24 日，汽车仍未找到。罗女士持公安机关的证明向保险公司的办事处索赔，保险公司的办事处称要向上级公司申报。

8 月初，罗女士被盗的汽车被公安机关查获，保险公司将车取回，但这时罗女士不愿收回自己丢失的汽车，而要求保险公司按照保险合同支付 8 万元的保险金及其利息。而保险公司则认为，既然被盗汽车已经被找回，因汽车被盗而引起的保险赔偿金的问题已不存在，因此罗女士应领回自己的汽车，并承担保险公司为索赔该车所花费的开支。意见不和，双方便上诉至法院。

审理结果：法院审理后认为，罗女士与保险公司订立的保险合同符合法律规定，双方理应遵守。本案中的失窃汽车虽为公安机关查获，但已属于保险合同中约定的“失窃三个月以上”的责任范围（新条款为 60 天）。故判决罗女士的汽车归保险公司所有，保险公司在判决生效后 10 日之内向罗女士赔偿保险金：8×(1－20%)＝6.4 万元，并承担本案的诉讼费用。

案例评析：这是一起车辆被盗 3 个月后，保险公司应该赔付保险金还是还车的案例。被盗车辆虽然被追回，但如果被保险人看到车辆已不值被盗前的价格，一般愿意选择保险公司给付保险金。

另外，全车盗抢险条款第 6 条规定：“保险人赔偿后，如被盗抢的保险车辆找回，应将该车辆归还被保险人，同时收回相应的赔款。如果被保险人不愿意收回原车，则车辆的所有权益归保险人。”也就是说，被保险人具备要车或者要保险金的优先选择权。因此，罗女士要求保险公司按照保险合同支付保险金是合理的。

案例 9－25　又是自燃惹的祸。

案情介绍：原告林女士于 2000 年 5 月 19 日购得新车一辆，当日便向大众保险股份公司办理了车辆保险。2000 年 6 月 3 日，孙驾车回家停车 10 分钟后，车自燃起火烧毁，紧挨着停靠的“大宇”轿车也被殃及烧坏。事发后，林女士即向保险公司打了报案电话，提出理赔要求，该车生产厂商同意赔偿同型号的新车一辆，至于修理“大宇”轿车一事，经保险公司核定为 1 万余元，实际修理费为 6 000 元，由林女士先垫付。可在同年 10 月 11 日，保险公司书面拒赔，认为林女士的要求，不属于财产保险责任范围。但林女士认为保险公司违约，且未经过任何鉴定即拒赔，难以接受，状告保险公司赔偿第三者责任险 6 000 元，滞纳金 300 元及救火费 600 元。

案例分析：本案案情虽不复杂，但却涉及诸多条款（机动车辆保险条款）、法律、操作上的问题，颇值得探讨。

① 保险车辆是否属于自燃。自燃是车辆损失险的除外责任。虽然本案中厂方同意调换一辆新车，且从案情介绍看，原告（投保人一、被保险人）也难以证明车辆是由于其他原因着火烧毁（即非自燃），符合机动车辆保险自燃的定义。确定事故系自燃引起，当可成立。但保险人在现场查勘时未对事故原因作出界定，并由当事人确认，这是一个疏忽，因此被保险人提出“未经过任何鉴定”的责问。

② 是否属于第三者责任险承保的范围。本案原告诉请赔偿的是修理“大宇”轿车的费用，保险车辆第三者责任险是：“被保险人允许的驾驶人员在使用保险车辆过程中发生意外事故，致使第三者遭受人身伤亡或财产的直接损毁，依法应当由被保险人支付的赔偿金额，保险人按照合同的规定予以赔偿。”

本案由自燃引起的第三者财产的损失，当然可以认定是意外事故，但关键在于是否是“驾驶人员在使用保险车辆过程中发生”。从案情介绍得知：

(a) 驾驶员已离开车辆；

(b) 车辆本身未主动或被动地与“大宇”发生接触而致“大宇”受损，相反是保险车辆“自燃”引起的“大宇”受损。

因而，“大宇”受损，不符合第三者责任险的构成要件，所以不属于第三者责任险的承保范围。

③ 本案“殃及大宇”是由于保险车辆存在的缺陷。根据《中华人民共和国产品质量法》的规定，产品缺陷是指产品存在危及人身及他人的财产安全的不合理的危险。本案中保险车辆自燃殃及“大宇”，说明该保险车辆存在产品缺陷造成人身和他人财产损失，受害人可以向生产者要求赔偿，也可以向销售者要求赔偿，本案林女士垫付了“大宇”修理费用，据此可向生产商提出索赔，向保险公司提出按保险合同承担支付保险费的责任，太过牵强。

④ 保险人能否赔偿后行使代位权。本案保险人能否先行赔偿，然后按《机动车辆保险条款》第 23 条的规定向厂方索赔呢？

按照条款第 23 条的规定，保险车辆发生保险责任范围内的损失，应当由第三方负责赔偿的，才发生代位追偿的问题。本案中林女士追究的损失，是其他车辆的损失，并非是保险责任范围内的损失，而是责任免除的损失，代位权的行使是以保险人对保险标的的损害依法应当承担保险责任为前提条件的，保险人不负保险责任，也就无权行使代位追偿权。

尽管保险公司在处理此案时有些不妥，但按照条款，对照相关法律，保险公司却无义务承担第三者责任险。对自燃造成的损失，林女士可以受害人身份状告车辆生产商或销售商。

9.4　综合险案例

案例 9-26　一辆车投保 19 次，靠“不断出事”骗赔近 50 万元。

2003 年 6 月初，天津市检察院受理了一起跨省诈骗案（见图 9-4），折射出保险公司在业务上的漏洞。

犯罪嫌疑人谢某是沈阳市人，2002 年 4 月购买了一辆别克商用车，分别在沈阳、长春、济南、合肥、南京等地的 19 家保险公司为这辆车投保。警方查明，2002 年 6 月起，谢某驾驶这辆别克车在辽宁、吉林、江苏、安徽、浙江、云南等地“不断出事”，通过提供虚假事故证明材料、汽车维修发票等，向投保的 19 家保险公司全额索赔，共作案 48 起，其中两起未遂，实际骗取保险费计 49.7 万余元。

图 9-4　骗赔案例

谢某交代说，他正是利用保险公司在业务上的漏洞来实施这个发财计划的。据了解，目前保险公司虽然在接受车辆投保时会向投保人申明“一辆车只能在一家保险公司投保”，但并没有有效的硬性措施来保障这一条款真正实施。谢某正是利用这一点，才能在各地甚至同一城市的两三家保险公司成功投保。加上投保车在外地发生事故时，保险公司一般不会派人前往调查取证，更多依靠一些相关部门的文字材料和维修票据来进行理赔。谢某正是利用这一漏洞，往往是在合肥出事找沈阳赔，江苏出事找吉林要钱。据介绍，警方从谢某家中共搜出 200 多个印章，从交警部门到汽车维修厂应有尽有。

案例 9－27 保险公司也不保险？上海破获巨额保险诈骗案。

骗子真是无孔不入，如今又盯上了保险公司。闸北警方经过缜密侦查，破获了两起以介绍保险客户为诱饵，骗取保险公司 73 份保单，涉及金额 30 万元的团伙诈骗案，抓获犯罪嫌疑人 7 名，其中 5 人被依法刑事拘留。

1）保险公司糊涂被骗

2003 年 3 月 18 日上午，上海市某保险公司经理俞某突然接到一陌生女青年打来的手机。她自称“冯丽琴”，想和俞谈谈汽车保险的生意。俞虽将信将疑，但有生意做当然是好事。过了几天，俞经理便到中山北路冯的办公地点实地查看，冯与其丈夫“张杰”均在场。他们与俞商谈了保险事宜。冯称可以为俞提供汽车保险的业务。俞不仅查看了冯的身份证、房产证等证明，还验看了冯提供的客户所有资料，确认“无误”后，俞还与冯丽琴签了合作协议，双方约定，如果生意做成，冯可从保险费中收取高额的佣金。

果然，在以后的 3 天内，“冯丽琴”连续向俞提供了 34 名客户资料，俞经理也非常利索地开出 34 份定额保单，以快递的方式，送至冯处。保单虽然送了出去，俞经理心有余悸，“冯丽琴”超常规的业务量，引起了俞经理的怀疑。几天后，俞再次与冯联系，手机不开机，公司电话没人接。于是，俞经理到“冯丽琴”的公司，发现已人去楼空。俞经理根据“冯丽琴”留下的一些身份资料，四处查询后发现身份证等均是假的，这才知道遇到了骗子。俞经理细算一下 34 份保单金额高达 11 万余元。

万般无奈之下，4 月 18 日，俞经理走进了闸北刑侦支队第三责任区刑队大门，向警方报案。

就在警方着手进行调查时，4 月 20 日，该保险公司的另一名业务员王某也来报案，称于 3 月 29 日、30 日两天内，也被“冯丽琴”等人骗开 11 份保单，金额达 6 万余元。

2）闸北警方细致调查

闸北刑侦支队立案后立即组织专门力量攻坚，侦查员先后走访了多家与“冯丽琴”有联系的汽车销售商，开展了大量的调查工作。但是，经十多天努力，都未能发现有价值的破案线索，眼看案件侦查工作就要陷入僵局。

就在警方百般侦查毫无结果时，4 月 27 日，案件突然出现了转机。当日，共和新路派出所民警在接处一起“110”报警中，抓获一名涉嫌诈骗犯罪的对象张晓峰。经初步审理获悉，张于 2003 年 4 月 17 日，以假名“章子明”的身份，租得中山北路某号 218 室作办公室，骗得本市某保险公司业务员秦某的信任，以该公司业务代理的名义，承接车辆保险业务。并在 4 月 24～26 日与多名客户办理了 28 份保单，涉及保险费高达 13 万元，但只返还保险公司一笔 2 000 多元的保费。虽然，有 15 天的销账期，但业务员秦某还是不放心，27 日晚即上门追缴。张晓峰做贼心虚，眼看骗人的把戏要被戳穿，想来个金蝉脱壳，他借上厕所翻窗逃脱。机警的秦某及时拨打“110”报警，共和新路派出所民警迅速出击，将张晓峰抓获。当晚派出所刑事拘留报告已拟就，只等报批收押。正巧，刑侦支队第三责任区刑队副队长到该所参加清查整治行动。副队长获悉案情后，突然心中一亮：张的作案手法竟与4月18日俞经理被骗案有着惊人的相似。于是，按照程序将诈骗嫌疑人张晓峰带到刑队作进一步审查。

经进一步调查，民警很快掌握了一个4人诈骗团伙的活动情况，警方随后立即进行抓捕，但团伙成员王某和张某得到张晓峰被抓消息后离家出逃，民警扑了个空。

28日晚9时许，张、王两人慑于法律的威严双双向警方投案。民警经过缜密调查，获悉当日午夜团伙主谋周鸿将在四平路某处出现。刑队立即派出侦查员到指定地点守候伏击，将周鸿捕获归案。

周鸿等人的到案，给案件的侦破带来了一丝希望。但经俞经理辨认，到案的几个人均不是骗他们的对象。那么，骗俞经理的又是哪一伙人呢？两伙人之间又有什么联系？

民警在深入调查中获悉，张晓峰等人在行骗时均使用假的身份证，而这假身份证恰恰是周鸿通过朋友张海飞搞来的。周鸿曾在张海飞处看见过一张“张杰”的身份证，民警马上反应过来，“冯丽琴”的丈夫不就是叫“张杰”吗？张杰可能就是张海飞。于是，民警直扑张海飞的住处，但张不在家，又让民警扑了个空。次日，案件侦查工作有了新的进展。侦查员巧妙设局直接约张海飞于29日中午11点出来到国权路四平路口会面。张一露面，即被埋伏的民警抓获。警方立即通知报案人俞经理和王某前来辨认。张海飞一露面即被俞、王两人认出，他就是化名为“张杰”的骗子。

当日下午4时许，侦查员分别在闸北的彭浦新村地区和长宁天山路附近将张海飞的同伙、化名“冯丽琴”的沈慧和化名“黄强”的崔海涛抓捕归案。至此，经过30多小时连续奋战，涉嫌诈骗犯罪的7名歹徒全部被警方抓获。

案情真相：周鸿与张海飞在本市的保险行业内小有名气，几年前，两人曾为多家保险公司工作，经验比较丰富。尤其是周鸿更是经验老到，深谙保险业的经营之道。周鸿落网时，民警在他身上查出其印制的6张名片，从名片上看，周竟是本市四家知名保险公司的“营业处代表”。周精心设计的骗局更是“天衣无缝”。

2003年3月份，周鸿不满足拉客户收点介绍费的状况，于是自己独立门户，准备大干一场。同月的一天，周鸿在路上遇见老同学张晓峰和王某。张、王两人见周鸿开着进口摩托车，便问道：“你在什么地方发财?”“想和我一起发财，过几天我来找你们。”周鸿十分得意地说。几天后，周鸿约张晓峰和王某两人在一家咖啡馆碰面。周鸿就将他利用保险业务进行诈骗活动的发财计划向两人宣布。但从没有与保险业务沾过边的张晓峰和王某两人丈二和尚摸不着头脑。于是周鸿亲自调教，先向两人各收了两张照片，办了假身份证后，在保险公司营业代理处较为集中的中山北路某处租借了房子。他们与保险公司的业务员联系，声称能为他们提供客户。

保险公司业务员为了拓展自己的业务，很快与周鸿进行业务合作，轻而易举地获得了委托代理汽车保险业务。接着张晓峰、王某、张某3人拿出电话簿，寻找汽车销售公司，打电话与他们联系，谎称是保险公司的业务员，能够提供保险，并有40%以上的回扣，骗得了汽车销售商的信任，向汽车经销商兜揽保险业务。接得保险业务后将有关客户资料电传保险公司，公司认为无误后，即开具保单并用快递的方式寄到他们手中。他们将保单交给经销商，拿得剔除回扣的保险金：不是交给保险公司，而是统统占为己有。

张海飞一伙与周鸿一伙的诈骗手法如出一辙。他们打一枪换一个地方，两个团伙共骗到保单 73 份，涉嫌金额人民币 30 余万元，警方追回赃款十多万元。周鸿、张晓峰、张海飞、沈慧、崔海涛等 5 人已被闸北警方依法刑事拘留，王某、张某被依法取保候审。

据闸北刑侦支队第三责任区刑队副队长介绍，这两起诈骗案的作案手法新颖，诱惑性和欺骗性较大。周鸿、张海飞分别纠集了一帮无业人员能够取得汽车销售商的信任，拉得客户，这是"金钱利益"的驱使。他们给汽车销售商 40%以上的回扣率，正是"钱"字作怪，使周、张等人能轻而易举地获得客户。

受骗的保险公司为了拓展自己的业务，不惜利用高额的回扣来拉拢客户，这给行骗者有机可乘。保险公司在保单出去到资金回笼，中间有 15 天的销账时间，这恰恰又给行骗者钻了空子。由于保单已生效，最终损失的还是保险公司自己。

案例 9-28　伪造、涂改有关证明骗取保险金案。

案情介绍：2005 年 6 月 7 日，周某为自己的货车向河南某保险公司投保了车辆损失险、第三者责任险和车上人员责任险，保险期限为一年。2006 年 5 月 30 日晚，保险公司接到被保险人的电话报案，声称他的车与一辆富康轿车相撞，已向事故发生地的北京北区交警队报了案。该保险公司当即决定派人去北京查勘现场。当业务员到达北京时，肇事车辆已被拖至北京市某汽车修理厂修理。经了解，情况如下：5 月 30 日，货车行驶在北京北郊时，迎面驶来一辆富康轿车。为躲避一个横穿马路的骑车人，货车司机向左打方向盘过猛，轿车撞在货车右脚踏板后弹出，撞在路边的大树上，轿车驾驶员和同车的一名乘坐人受伤。事故发生属实，但交警队尚未进行责任认定。

1 个月后，周某带着各种证明和资料来保险公司办理索赔手续，其中有出事经过、事故责任认定书、损失赔偿调解书、道路交通事故经济赔偿凭证、协议书、医院收据、车辆定损单等证明材料。保险公司内勤人员在审核有关单证时，发现周某提供的北京北区交警队的交通事故责任认定书、调解书、经济赔偿凭证上所盖公章印模在几个单证中的字体和颜色不一致，有异常。保险公司决定派员再赴北京调查。业务员首先到达北京医科大学总医院，核实住院收据。经过比较，周某提供的住院收据上的印章与该院住院处的收费印章差别很大。为了查明两名伤者的真实医疗费，通过微机查得轿车司机的医疗费为 10 500 余元，而不是周某所提供的收据上所记载的 19 543.8 元，另一名乘坐人的医疗费则没有查到，周某所提供的收据票面总金额为 36 276.9 元。最后，该院出具了没有开出周某所提供的两张收据的证明。随后，公司的业务员又来到北京市北区交警队，对有关证明、凭据的真实性做进一步的调查。交警支队事故承办人否认凭证内容是他书写的，并回忆说，这起事故是由双方自行协商解决的，我们没有进行调解，并找出存档的事故原始材料，道路交通事故责任认定书是 2006 年 7 月 17 日开出的。富康轿车违章超车，违反交通管理条例的有关规定，负主要责任，货车司机驾驶车辆采取措施不当，负事故的次要责任。这与索赔材料中那份责任认定书正好相反。另存档的事故损害赔偿调解书，调解内容为空白，而周某所提供的调解书内容丰富，货车方负担轿车方的损失 54 872.4 元。交警队也出具了周某所提供的事故责任认定书、调解书和经济赔偿凭证均为伪造的证明。

保险公司根据内查外调的情况，依法做出了拒绝赔偿的处理决定。

案例评析如下。

① 从一般的常识来分析，保险公司有权拒赔。《保险法》第 27 条第 3 款、第 4 款从法律的角度给出了依据，该条款规定："保险事故发生后，投保人、被保险人或者受益人以伪造、变造的有关证明、资料或者其他证据，编造虚假的事故原因或者夸大损失程度的，保险人对其虚报的部分不承担赔偿或者给付保险金的责任。……致使保险人支付保险金或者支出费用的，应当退回或者赔偿。"

② 该案例构成了保险法所认定保险诈骗的一种，《保险法》第 176 条规定："……编造未曾发生的保险事故，或者编造虚假的事故原因或者夸大损失程度，骗取保险金的……尚不构成犯罪的，依法给予行政处罚。"

③《刑法》第 198 条规定："……保险事故的鉴定人、证明人、财产评估人故意提供虚假的证明文件，为他人诈骗提供条件的，以保险诈骗的共犯论处。"

所以可以看出，伪造、涂改有关理赔证明不但会遭到保险公司的拒赔，还有可能因此触犯行政法，甚至刑法，构成保险诈骗罪。

但是在现实世界中，这种现象不但屡禁不止，而且有大大强化的危险，究其原因，不仅在于各地方医疗、交通部门的职业道德意识不强，管理不严，保险部门也应该从自身找原因。绝对有效的办法没有，但可以从加强公司内部核单、理赔的工作来着手，并辅以加强部门的横向联合与协作。

案例 9－29　火烧"奥迪"背后的阴谋。

一辆奥迪 A6 型小轿车的车主为了骗取高额保险金，竟设计火烧"奥迪"的闹剧：让车先撞防护栏，然后引火烧车，从而制造一起"交通事故"。火烧"奥迪"的当天，车主分别向投保的两家保险公司报案，要求理赔。交警部门不被假象迷惑，经过深入调查取证，终于揭开了这起精心蓄谋的特大诈骗保险案件。

1）火烧"奥迪"疑点重重

2003 年 2 月 21 日凌晨 5 时 01 分，福建省泉州市高速公路交警大队"122"值班室灯火通明。"铃铃……"电话骤然响起，"泉厦高速公路距离朴里服务区 1 公里处，一辆奥迪小轿车冲撞防护栏着火自燃"。

案情就是命令，交警驱车迅速赶赴现场，与此同时，晋江、南安消防及高速公路路政部门的人员相继赶到。然而，猛烈的火很快将一辆奥迪 A6 型的小轿车烧得面目全非，剩下一堆"骷髅"废铁。

"有没有人员伤亡？"交警秦某关切地问站在肇事现场附近一处防护栏外的车主谢某，谢某说车上没有人受伤。秦某接着问谢某："你是什么时间报警的？""5 时 01 分。"

交警们对现场进行细致勘查，发现在碰撞中央防护栏前的路面上没有车辆制动痕迹和拖印现象；肇事车的车身左侧与中央防护栏刮撞处，其漆痕显得细小均匀，防护栏没有丝毫扭曲变形。按常理说，机动车发生碰刮后，冲击力一定很大，驾驶员本能会打方向盘避让，同时踩刹车减速，但种种迹象表明，现场没有刹车痕迹，驾驶员根本没有踩刹车。正常情况下，从接警到出警，一辆小轿车在短时间内也不会烧到面目全非的程度。

交警秦某觉得此案有些蹊跷，该案好像不是一起简单的"交通事故"。他将自己的分析和看法向大队长和分管事故处理的副大队长汇报案情，大队领导对秦某提的看法高度重视，指示民警对此案必须慎重地深入调查案情的蛛丝马迹。

当日上午，该大队成立专案组，针对此案重重的疑点展开全面调查。

当时，该车乘坐着车主谢某及一名修车电工王某，由谢某驾车。谢某自称，他是疲劳开车导致车辆撞上中央防护栏的，车辆碰撞后，没有熄火，大灯依然亮着。随后，他到高速公路服务区求助；王某跨越高速公路的铁丝网到村庄去找人帮忙，不巧被当地村民误认为小偷抓住。

2）警方调查发现破绽

专案组交警觉得谢某的话值得怀疑，一辆奥迪小轿车在高速公路发生“车祸”，在这种情况下，他们应该打电话报警求救，可是他们却分头离开现场向群众求救；而且，当时有一名修车电工王某在场，遇车辆发生碰撞后，应该会懂得要求驾驶员熄火，关闭车辆大灯。

于是，专案组交警到高速公路服务区加油站进行调查，服务员说，当天凌晨 4 时 40 分许，车主谢某曾到加油站向服务员说小轿车碰撞防护栏，出车祸了，要借灭火器。这说明事发时间是在凌晨 4 时 40 分之前，然而，交警接到报警是 5 时 01 分，在这长达 20 多分钟的时间，为什么没有接到车主谢某的报案呢？距离事故地点约 40 米的道路右防护栏处有一紧急报警电话亭，此电话亭处于正常工作状态，况且，事发时谢某和王某两人均持有手机，他们为什么不直接向警方求助？

“诈骗?”专案组交警秦某打破沉闷的气氛，郑重地说出来，“会不会涉嫌保险诈骗案件呢?”因为曾有过案例，有的车主为了获得巨额的保险索赔，特意制造交通事故骗保。“这起交通事故会不会也是这样子呢?”大队长立即指示专案组民警调阅该车的投保资料。

3）一车两投高额保险

调查结果很快出来：2002 年 6 月 16 日，车主谢某在漳州某保险公司签订机动车辆保险合同，对该车投保 143 万元；2002 年 12 月底，谢某又在三明某保险公司签订机动车辆保险合同，对该车投保 143 万元。

于是，专案组民警分赴三明、漳州进行调查，得到一条重要消息，事故发生的当天，谢某就打电话分别向三明、漳州两地保险公司报案，并办理相应的索赔手续，等待着最后一道证明。

如果泉州高速公路交警大队对此交通事故作出责任认定后，谢某即可向保险公司索赔 200 余万元人民币的高额保险费。

4）自制装置引燃“奥迪”

3 月 21 日，犯罪嫌疑人之一王某被“请”进了公安局。“我愿将整个过程全盘托出……”王某悔恨交加地说。接着，他一五一十地交代了制造本起交通事故背后的内幕：

2 月上旬的一天，车主谢某驾驶一辆奥迪小轿车来到漳州某汽车维修公司找到电工王某说：“有什么办法能使整辆车着火。”王某听了很惊讶，问为什么？谢某说：“这样就可以向保险公司索赔了。”经密谋，王某将自制的点火装置安装在该小轿车的车后油箱软管处，并将油箱到油泵的软管拆卸，使其处于半脱落状态，然后在油泵处缠着一条电线，只要将电线用力一拉，汽油就会自动漏出。

2 月 18 日晚，谢某将王某接到泉州。20 日下午，谢某独自驾车在高速公路上寻找作案地点，他想得十分周到，如何让交警、消防不能短时间内赶到，最后决定将作案地点放在高速公路距离朴里服务区 1～2 公里地段。

2 月 21 日凌晨 4 时左右，谢某和王某将车开到一加油站将汽油加满，立即提速行驶在超车道上，故意将车方向朝左侧稍微一打，让车身的左侧与中央防护栏轻微刮擦，紧接着，

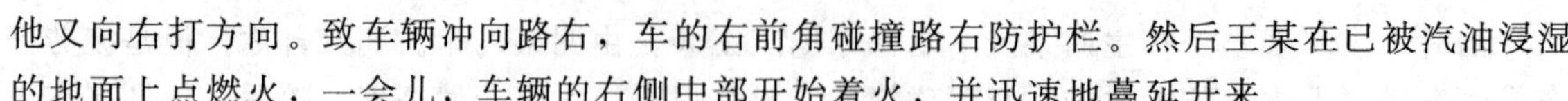

他又向右打方向。致车辆冲向路右，车的右前角碰撞路右防护栏。然后王某在已被汽油浸湿的地面上点燃火，一会儿，车辆的右侧中部开始着火，并迅速地蔓延开来。

至此，整个案情“水落石出”，原来这既是一起人为制造的交通事故，又是一起精心蓄谋的特大诈骗保险案件。

案例 9－30　事故车辆驶离现场导致的理赔案例。

案情介绍：2001 年 2 月 23 日，投保人李某将自己的一辆桑塔纳 2000 型轿车在某保险公司投保了车辆损失险和第三者责任险，同时附加投保了盗抢险和不计免赔特约险，保险期限为一年。

2001 年 4 月 3 日 22 时 50 分，被保险人驾车在某高速公路上行驶时，恰遇某造纸厂驾驶员张某驾驶的大货车因行错路向后倒车而撞上了本保险汽车，大货车上的毛竹（该车毛竹超长）致使被保险人当场死亡，保险汽车上一乘客受重伤抢救无效死亡，两名乘客受伤，保险车辆损失。事发后，张某驾驶的大货车驶离交通事故现场，高速公路民警于 4 月 4 日 15 时将肇事驾驶员张某查获。后经交通部门责任认定：张某因在高速公路违章倒车，负事故的全部责任。

保险公司接到报案后，经过对事故的调查得知，张某驾驶的大货车在另一保险公司投保。并得知因张某驾驶车辆逃离现场，对方保险公司以肇事逃逸属于保险除外责任范畴为由，不负责此车的赔偿责任。被保险人的受益人在向肇事人索赔未果的情况下，反复向其投保的保险公司提出索赔要求，而此保险车辆在此次交通事故中又没有事故责任，能否立案受理，是否承担保险事故损失责任，究竟如何处理此案，各方当事人各持己见。

案情分析：从对方保险公司角度来看：必须弄清张某驾驶车辆“驶离”现场还是“逃离”现场。如果仅从交通管理部门出具的责任认定书来看，还很难判定属于肇事逃逸案件。经调查得知，大货车的驾驶员张某称：当时出事的时候没有发现李某的小轿车追尾。如果事实如此，则不存在逃逸的说法，对方保险公司就应该按照所签订的保险合同承担相应的事故赔偿责任。

从高速公路管理部门的角度看：因为张某驾驶的大货车已经违章（毛竹超长）装载货物，高速公路管理一方还允许它进入高速公路行驶，从而发生了重大交通事故，高速公路管理一方也存在着责任，也应负有部分损失赔偿责任，从被保险人（受害人）的角度来看：无论事故责任属于哪一方，被保险人所遭受的损失应该得到经济损害赔偿。应当向事故的责任方索取损害赔偿，双方由交通管理部门进行损失的调解，若交通管理部门调解未果，可以向法院提起诉讼。

本案的焦点问题是被保险人李某的受益人能否请求其所投保的保险公司实行代位追偿的问题。根据本书第 2 章第 2 节损失补偿的原则论述，适用于代位追偿的前提条件必须是发生了保险责任事故，只有车辆损失险及其附加险才存在代位追偿问题，第三者责任险不适合代位追偿。因此，本案经过法院立案以后，保险公司对所承保的桑塔纳轿车的事故损失可以实行代位追偿原则，先行支付损失费用，获得向张某索赔的代位追偿权，以确保被保险人的合法权益不受损失。

案例结论：本案的赔付结果应该是：在被保险人的受益人履行一定手续以后，保险车辆的车辆损失费用保险公司依据保险合同给予赔付，被保险人的其他损失应通过法律途径向事故责任方求偿。

案例 9-31　办理批改手续的理赔纠纷案例。

案情介绍：1999 年 3 月，陈某将其私有的一辆东风牌汽车向其所在地的某保险公司投保了车辆损失险和第三者责任险，总保险金额为 110 000 元。同年 11 月，陈某将该车卖给个体运输户李某。事后，陈某委托李某到保险公司办理批改手续，保险公司经办人找到该车保险单存根后，给李某办了保险证。同年 12 月该车出险，造成车辆损失和第三者人身伤害，经济损失达 19 800 元。李某遂向保险公司提出索赔。保险公司在处理此案时，发现李某未办理过户批改手续，以此为由拒绝全额赔付损失，但考虑到李某不存在骗取保险金的图谋，愿通融赔付其经济损失 5 000 元。李某不服，以拥有的保险证为根据，起诉到法院，审判结果是原告败诉。

案情分析：本案中虽然原车主陈某已向保险公司给该车投保了车辆损失险和第三者责任险，保险公司又给李某办理了保险证，但是由于没有办理合同过户批改手续，该保险合同的转让是无效的，保险公司有权拒绝赔付此案。理由如下。

① 该保险合同的客体已随投保人陈某的出售而自动消失，此保险合同因缺少客体而没有法律效力。

② 此案中陈某在出售保险标的时，要使该合同继续有效，必须事先以书面形式通知保险人，经保险人同意，并对保单签订批注后方才有效。否则，保险合同从保险标的所有权转移时即行终止。

③ 陈某作为该车的投保方，未在出售该车给李某前书面通知保险公司，其行为已构成违约。因此，从陈某向李某出售该车起，保险公司对该车的保险责任也就终止了，无论是陈某还是李某均无权向保险公司要求给付赔偿。

④ 保险公司工作人员在给李某补办保险证时，保险公司对该车的保险责任早已在陈某向李某出售该车时终止了。也就是说，保险公司对该车的保险责任终止在前，李某补办保险证在后。

所以，即使保险公司工作人员在为李某补办保险证的过程中有过错，也不能适用《民法通则》第 32 条和第 106 条的规定，更不能因此而认定保险公司应对该车继续承担保险责任。

案例结论：本案的焦点是陈某未依法律程序转让保险合同。自从陈某出售该车起，陈某和李某与保险公司都不再存在机动车辆保险的法律关系。对该车引起的一切经济损失，保险公司依法不承担任何责任。所以，法院审判的结果是正确的。

想一想　议一议

1. 根据下面这个案例谈谈你的体会。

2007 年 7 月底，王少明（原车主）向某保险公司投保机动车交通事故责任强制保险，同时为该车投保家庭自用汽车保险（商业险）一份，包括机动车损失保险、第三者责任保险和不计免赔特约险。保险期限均自 2007 年 8 月 5 日至 2008 年 8 月 4 日 24 时止。家庭自用汽车保险单明示告知中注明：保险车辆转卖、转让、赠送他人、变更用途等，应书面通知本保险人并办理批改手续。

2007 年 11 月 8 日，王少明将该被保险车辆转让给李志存，并办理了过户手续。次日，李志存驾驶该车与侯广安驾驶的电动自行车相撞，造成乘车人辛江波经抢救无效死亡。事故发生后，李志存即时向保险公司报案，申请办理保险单批改手续，保险公司于同日办理了交强险批单，同意自2007年11月10日被保险人由王少明变更为李志存。同日，李志存向被告保险公司申请办理家庭自用汽车保险（商业险）保险单批改手续，保险公司同意变更，其他条件不变。2007年12月30日，交管部门做出交通事故认定书，认定李志存、侯广安承担事故的同等责任，辛江波无责任。2008年2月，有关部门做出伤残评定，确认侯广安骨盆损伤属九级伤残。李志存要求被告保险公司理赔，保险公司以被保险机动车转让他人，未向保险公司办理批改手续为由拒绝赔偿，引起纠纷，李志存无奈向人民法院提起诉讼，要求判令保险公司履行保险合同。

保险公司认为，在王少明将车卖给李志存后，李志存并未及时向保险公司申请办理保险单批改手续，而是在发生事故后才去办理，故其只应承担批改后发生的交通事故，对保险单批改前发生的交通事故不应赔偿。

李志存代理律师向法庭提交了2007年11月10日保险公司签发的《家庭自用汽车保险（商业险）保险单批改单》，批改单上明确注明了“保险公司同意续保，其他条件不变字样”，以此证明，保险公司应承担相应的保险责任。

法院审理查明，保险事故发生后，原告李志存48小时内向被告保险公司报案，被告收到报案并委托他人代为查勘，已知晓保险车辆发生事故。在此情况下，被告仍然为原告办理了保险单批改手续，且在保险批单上注明其他条件不变，应视为其已经对加大的风险进行了评估认可，同意继续承保，因而保险合同利益已随保险车辆的转让转移至原告，被告应按合同约定向原告承担赔偿责任。法院一审判决被告某保险公司赔偿原告李志存交强险理赔款6万元，商业险（机动车损失保险、第三者责任保险和不计免赔特约险）理赔款12万余元。

第10章

汽车消费贷款及其保险

消费贷款产生的根源在于，第二次世界大战以后：一是西方国家的生产力得到了飞速的发展，致使产品供求之间的矛盾相对突出；二是各银行的资金相对充足而扩展到了消费领域，从而有了汽车消费贷款。在我国经济发展迅猛的今天，人民生活水平和质量的不断提高，汽车也开始代步，需求人群越来越多。如图 10－1 所示，加上中国加入 WTO 后，面临着很好的机遇，有利于促进汽车消费贷款的运营。目前消费贷款在全球范围内已经成为较为成熟的信贷技术。本章在介绍汽车消费贷款基本知识的基础上，重点介绍我国的汽车消费贷款保证保险和分期付款售车信用保险的基本内容。

图 10－1　汽车消费进入寻常百姓

10.1　汽车消费贷款

10.1.1　消费贷款及其类型

消费贷款又称为消费信贷，是指金融机构对消费者个人发放的用于购买消费品，或支付其他费用的货币贷款。金融机构是指以银行为代表的各种融资服务机构。消费者个人既包括以家庭为单位的消费群体，又包括以个人为单位的消费主体。耐用消费品或其他费用支出，是指用于购买那些具有较高价值的，不易被低价值商品替代的，具有较充足的商品供应能力和普及趋势的生活消费品，以及用于教育、医疗、旅游等生活方面的较高价值费用的支付。

消费贷款的类型：消费贷款一般分为分期偿还贷款、周转贷款、一次性偿还贷款等三种形式。

1）分期偿还贷款

这是借款者在贷款到期之前分期偿还本金和利息的贷款。多数情况下，消费者申请此种贷款的用途是购买耐用消费品，如住房贷款、汽车贷款等。

依据借款者取得贷款的途径不同，分期偿还贷款又分为间接贷款和直接贷款。间接贷款也称卖者贷款，是指借款者向某种商品的经销商提出借款申请并与其商定贷款条件，然后由经销商将已商定的贷款协议交由银行审批，银行批准后按照事先商定的条件向经销商发放贷款，由经销商再将贷款提供给消费者。直接贷款也称买者贷款，是消费者直接向银行申请贷款并从银行取得贷款。间接贷款的对象是经销商，由于其资信较高，违约风险较小，实际上等于银行将消费者的违约风险转嫁给经销商。所以，对于银行来说，间接贷款较直接贷款更为有利。

2）周转贷款

周转贷款的最常用的两种形式是信用卡贷款和超限额贷款。这两种贷款最先都是与支票账户相连的，实际上是商业银行向其支票存款户提供的一定期限、一定额度内透支的权利。由于这两种贷款具有透支性，为防止恶意透支等违约行为，一般规定一定的限额使用权利且利率较高。

3）一次性偿还贷款

这是指借款者在贷款到期前，必须一次性还清本金和利息的贷款。一次性偿还贷款的目的，一般是应付临时性的资金短缺。因此一般期限较短、数额较大。银行在发放这种贷款时，以借款者在未来时间内十分准确的现金收入作为预期还款来源，其利率水平也要根据借款者预期收入的确定程序而定。典型的一次性偿还贷款是过渡性贷款，即消费者在支付新住房的预购定金时，由于旧住房尚未出售，缺乏现金而向银行申请一笔过渡性贷款以支付定金，待旧住房出售后偿还贷款。显然，此种贷款具有过渡的性质。

消费贷款的形式：银行提供的消费贷款主要有分期付款、指定用途贷款和不指定用途贷款 3 种形式。

（1）分期付款

分期付款是指消费者直接从经销商处购买指定的耐用消费品，在有相应担保的情况下，按照合同规定向经销商分期付款，当经销商遇到资金不足时，再向银行申请直接贷款的消费贷款方式。

（2）指定用途贷款

指定用途贷款是指消费者在购买汽车、家用电器等耐用消费品时，由经销商与商业银行联系，消费者直接与银行订立借款合同，取得的贷款只能用于指定用途的消费贷款方式。

（3）不指定用途贷款

不指定用途贷款是指消费者从银行的借款没有指定用途，仅按照个人的需要与愿意购买消费品，再按照合同的约定还款的消费贷款方式。例如信用卡贷款。

小 知 识

抵押与抵押贷款

抵押是指债务人为了保证主合同的履行，以其所有的财产作为履行合同的担保。当其不履行或不能履行时，主合同的债权人依照有关法律或合同约定处理该抵押物，并从中优先受偿。

抵押贷款是指抵押贷款人按照《担保法》规定的抵押方式，以借款人或第三人的财产作为抵押物发放的贷款。可以作为抵押物的财产包括：

- 抵押人有权自主支配的房产或其他土地上的定着物。

- 抵押人依法取得的国有土地使用权。
- 贷款人认可的其他财产。

贷款人与抵押人签订抵押合同后，双方必须依照有关法律规定办理抵押物登记。抵押合同自抵押物登记之日起有效，到贷款人还清全部贷款本息时止。抵押权设定后，所有能够证明抵押物权属的证明文件原件及抵押物的保险单证正本等，均由贷款人保管并承担保管责任。

小 知 识

质押贷款

质押贷款是指贷款人按照《担保法》规定的质押方式，以借款人或第三者的动产或权利为质押物发放的贷款。质押物包括：

- 国库券（国家有特殊规定的除外）。
- 国家重点建设债权。
- 金融债权。
- AAA 级企业债权。
- 储蓄存单。

出质人应将质押的权利凭证交与贷款人，质押合同自权利凭证交付之日起生效。以个人储蓄存单出质的，应提供开户行的鉴定证明及停止支付证明。

小 知 识

担保与保证贷款

担保是指保证人与借贷合同当事人之间达成的关于被保证的当事人不履行或不能履行合同时，保证人代为履行或者连带承担赔偿损失责任的协议。

保证贷款是指贷款人按照《担保法》规定的保证方式，以第三者承诺在借款人不能偿还本息时，按照规定承担连带责任而发放的贷款。保证人为借款人提供的贷款担保为不可撤销的全额连带责任保证，包括贷款合同规定的贷款本息和由贷款合同引起的相关费用，以及由贷款合同引发的所有连带民事责任。

10.1.2　汽车消费贷款

汽车消费贷款是银行和汽车金融公司等金融机构，为购买汽车的购车者发放的人民币担保贷款。

目前通行的汽车消费贷款的模式主要有三种模式，抵押加担保、标的物抵押加信用保证保险和标的物抵押加第三方反担保。而在每一种模式中，权责利关系和参与单位也不尽相同。中国近年的汽车信贷规模如图 10－2 所示。

(1) 抵押加担保

这种方式推出最早，在1998年10月，中国建设银行推出这种方式是由贷款购车人以银行存单、有价证券等质押，房产等物品抵押，再加上担保人担保。这种方式的责、权、利在银行一方，也就是说由银行承担风险责任，决定贷款购车人能否贷到购车款的权利在银行；从中获得利益的自然也就是银行。贷款购车人的权利在于获得所购车辆的使用权，并在使用过程中获得利益，同时，有责任按照约定时间、数量归还银行贷款的本息。汽车经销商的责任是向贷款购车人提供合格的、用户满意的汽车及服务，其权利就是用户提走汽车之后，要求银行在约定时间内将车款（全部车款）拨到汽车经销商账户。

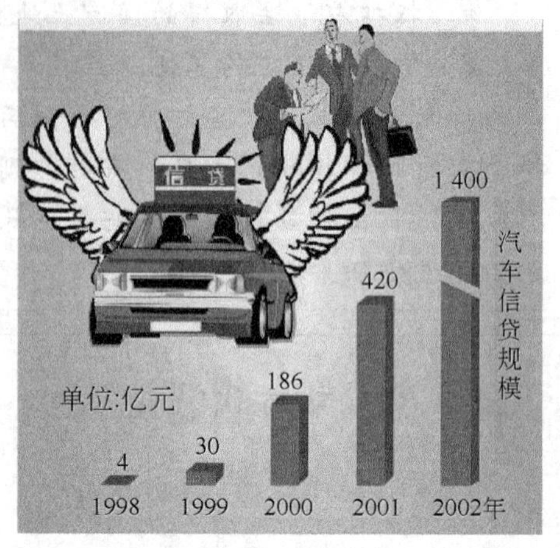

图10-2 汽车信贷规模

(2) 标的物抵押加信用保证保险

这种方式要求贷款人购车后，按照国家《担保法》将贷款所购车辆抵押给银行，同时，还要求贷款购车人向保险公司购买"个人信用保证保险"。贷款购车人购买个人信用保证保险后，承担风险的责任，已由银行转嫁到保险公司身上，也就是说：如果贷款购车人未能履约或被确认为不能履行债务时，风险责任由保险公司承担并且由保险公司负责偿还贷款购车人所欠银行的本息。贷款购车人的责、权、利与上一种模式一样。汽车经销商的责任也与上一模式相同。

(3) 标的物抵押加第三方反担保

这种方式是由汽车经销商向贷款购车人提供的全程担保，并将贷款所购车辆抵押给汽车经销商。此种模式还有个特点：就是贷款购车人提出贷款购车申请之后，由汽车经销商进行贷款购车人的资信调查，汽车经销商帮助贷款购车人向银行申请贷款。贷款购车人提走汽车后，按照约定时间、数额车款本息。由汽车经销商代为银行收缴。这种方式，汽车经销商向贷款购车人收取一定比例的担保费用服务管理费（一般数额相当于个人信用保证保险的保费)。如此一来，风险责任人完全由汽车经销商承担起来，贷款购车人未能履约或被确认为不能履约，汽车经销商将其所欠车款本息归还银行。银行的权利就是审核批准贷款购车人的资格，其责任就是当贷款购车人提走汽车后，及时将全部车款拨给汽车经销商。

以上三种仅是有利益相关的牵连，然而在进行汽车消费贷款时，参与的相关单位除了银行或汽车金融公司、经销商、保险公司、还有公证部门、公安交通管理部门以及生产商。下面就根据汽车消费贷款的程序，列出各单位的职责分工。

(1) 银行或汽车金融公司

- 负责对贷款客户的资格最终审查。
- 负责提供汽车消费贷款所需资金。
- 负责和督促贷款协议规定的责任人，到车辆管理机关办理贷款所购车辆的抵押登记手续。
- 负责贷款购车的本息核算。
- 负责监督、催促客户按期还款。

- 负责汽车消费贷款的宣传工作。
- 负责在还款期内及时代收、代缴车辆损失险、第三者责任险、盗抢险和玻璃单独破损险等保险费。
- 负责贷款归还后，及时通知公安或公证部门解除对抵押物的登记。

(2) 保险公司

- 审核银行或汽车金融公司或经销商转交的消费贷款购车人的有关证明文件和银行信贷要求的相关证明材料。
- 为客户所购车辆办理相关保险手续。
- 为贷款购车人或分期付款购车客户按期还款办理保证保险或信用保险。
- 及时处理保险责任范围内的各项理赔工作。
- 协助贷款协议所规定的责任人为贷款所购车辆办理抵押登记手续，协助公安交通管理部门做好在还贷期间的车辆不准过户工作。

(3) 汽车经销商

- 负责组织协调整个汽车消费贷款所关联的各个环节。
- 负责车辆资源的组织、调配、保管和销售。
- 负责对客户贷款购车的前期资格审查。
- 负责汽车消费贷款和保证保险的宣传，建立咨询网点与组织客源。
- 负责售后跟踪服务，对违规客户及时提请处理。

(4) 公证部门

- 对客户提供的文件资料的合法性和真伪性进行鉴定和认证。
- 对运作过程中所有新起草的合同、协议从法律角度进行认定。
- 对与客户签订的购车合同予以法律公正，并向客户讲明其利害关系。

(5) 公安交通管理部门

- 及时地为消费贷款地车辆办理抵押登记和登记解除的手续。
- 向有关客户提供有效证明文件。
- 为购买保证保险的车辆办理有关入户手续。
- 控制车辆在车款未付清前不能过户。
- 对骗购案件进行侦破。

(6) 汽车生产商

- 负责提供质量合格、性能稳定的车辆。
- 负责提供生产车型的整车零配件销售价格。修理工时费用标准。
- 负责提供在全国的售后服务或特约车辆维修厂地名录和联系方式。
- 负责提供车辆在安全、环保、防盗等方面的技术改造的信息资料。

10.1.3 汽车消费贷款的管理

为了规范汽车消费贷款管理，维护借贷双方的合法权益，根据《中华人民共和国商业银行法》、《中华人民共和国担保法》，制定了我国现行的《汽车消费贷款管理办法》。此“汽贷管理”能更好规范汽车市场，使消费者放心贷款，具有极大的引导和法律作用，如图10－3所示。

1）借款人条件

个人：①我国内地居民（或在内地连续居住一年及以上的港澳台地区的居民）和在我国内地连续居住一年及以上的外国人。②具有有效身份证明、固定和详细住址且具有完全行为民事能力。③具有稳定的合法收入或足够偿还贷款本息的个人合法资产。④个人信用良好。⑤能够支付本办法规定的首期付款。⑥贷款人要求的其他条件。

图 10－3　汽贷管理引导消费者

具有法人资格的企业、事业单位：①资产负债率不超过 80％。②在贷款人指定的银行存有不低于规定数额的首期购车款。③有贷款人认可的担保。④有工商行政主管部门核发的企业法人营业执照及年检证明。⑤贷款人规定的其他条件。

2）贷款期限、利率和限额

（1）汽车消费贷款期限最长不超过 5 年（含 5 年）。

（2）汽车消费贷款利率按照中国人民银行规定的同期贷款利率执行。

（3）借款人的借款额应符合以下规定：①以质押方式申请贷款的，或银行、保险公司提供连带责任保证的，首期付款额不得少于购车款的 20％，借款额最高不得超过购车款的 80％。②以所购车辆或其他不动产抵押申请贷款的，首期付款额不得少于购车款的 30％，借款额最高不得超过购车款的 70％。③以第三方保证方式申请贷款的（银行、保险公司除外），首期付款额不得少于购车款的 40％，借款额最高不得超过购车款的 60％。

3）贷款程序

① 借款人所提供的资料。

个人：ⓐ贷款申请书。ⓑ有效身份证件。ⓒ职业和收入证明，以及家庭基本状况。ⓓ购车协议或合同。ⓔ担保所需的证明或文件。ⓕ贷款人规定的其他条件。

具有法人资格的企业、事业单位：ⓐ贷款申请书。ⓑ企业法人营业执照或事业法人执照，法人代码证，法定代表人证明文件。ⓒ人民银行颁发的《贷款证》。ⓓ经会计（审计）师事务所审计的上一年度的财务报告及上一个月的资产负债表、损益表和现金流量表。ⓔ与贷款人指定的经销商签订的购车合同或协议。ⓕ抵押物、质物清单和有处分权同意抵押、质押的证明。抵押物还须提交所有权或使用权证书、估价、保险文件，质物还须提供权利证明文件，保证人同意保证的文件。ⓖ贷款人规定的其他条件。

借款人应当对所提供材料的真实性和合法性负完全责任。

② 贷款人在收到贷款申请后，应对借款人和保证人的资信状况、偿还能力以及资料的真实性进行调查，并最迟在受理贷款申请之日起 15 日内对借款人给予答复。

③ 对于符合贷款条件的借款人，贷款人须履行告知义务。告知内容包括贷款额度、期限、利率、还款方式、逾期罚息、抵押物或质物的处理方式和其他有关事项。

④ 贷款人审查同意后，应按《贷款通则》的有关规定向借款人发放贷款。对于不符合贷款条件的借款人，应说明理由。

⑤ 贷款支用方式必须保证购车专用，并须经银行转账处理。借款人不得提取现金或挪

作他用。

⑥ 在贷款有效期内，贷款人应对借款人和保证人的资信和收入状况，以及抵押物保管状况进行监督。

4）汽车消费贷款担保

① 借款人向贷款人申请汽车消费贷款，必须提供担保。借款人可以采取抵押、质押或以第三方保证等形式进行担保。担保当事人必须签订担保合同。

② 以抵押形式申请汽车消费贷款的，借款人在获得贷款前，必须按照《中华人民共和国担保法》第41条、第42条的规定办理抵押物登记。借款人以所购汽车作为抵押物的，应以该车的价值全额抵押。

③ 借款人应当根据贷款人的要求办理所购车辆保险，保险期限不得短于贷款期限。在抵押期间，借款人不得以任何理由中断或撤销保险。在保险期内，如发生保险责任范围以外的损毁，借款人应及时通知贷款人，并提供其他担保，否则贷款人有权提前收回贷款。

④ 保证人失去保证能力、保证人破产或保证人分立的，借款人应及时通知贷款人，并重新提供担保，否则贷款人有权提前收回贷款。

⑤ 借款人在还款期限内死亡、失踪或丧失民事行为能力后，无继承人或受遗赠人，或其法定继承人、受遗赠人拒绝履行借款合同的，贷款人有权依照《中华人民共和国担保法》的规定处分抵押物或质物。

⑥ 借款人有下列情形之一的，贷款人有权按中国人民银行《贷款通则》的有关规定，对借款人追究违约责任：ⓐ借款人不按期归还贷款本息的。ⓑ借款人提供虚假或隐瞒重要事实的文件或资料，已经或可能造成贷款损失的。ⓒ未按合同规定使用贷款，挪用贷款的。ⓓ套取贷款相互借贷牟取非法收人的。ⓔ未经贷款人同意，借款人将设定抵押物或质押物财产或权益拆迁、出售、转让、赠与，以及重复抵押或质押的。ⓕ借款人拒绝或阻挠贷款人监督检查贷款使用情况的。ⓖ借款人用于抵押、质押的财产不足以偿还贷款本息，或保证人因意外情况不能偿还贷款本息，而借款人未按要求重新落实抵押、质押或保证的。

⑦ 借款人偿还贷款本息后，借款合同自行终止。贷款人在借款合同终止30日内，办理抵押或质押登记注销手续，并将物权或质权证明等凭证退还借款人。

⑧ 抵押物、质押物的评估、保险、登记、公证等费用由借款人承担。

10.1.4　汽车消费贷款的操作程序

1. 借款人直接向银行或汽车金融公司申请汽车消费贷款的程序

1）咨询

客户到银行营业网点或汽车金融公司前台进行咨询，如图10-4所示，网点或前台为用户推荐与银行或汽车金融公司签订的《汽车消费贷款合作协议书》的特约经销商。

图10-4　前台咨询

2）选购汽车

到经销商处选定拟购汽车，与经销商签订购车合同或协议。

3）贷款申请

到银行网点或汽车金融公司提出贷款申请，必需的资料有：

① 个人：贷款申请书；有效身份证件；职业和收入证明以及家庭基本状况；购车协议或合同；担保所需的证明或文件；贷款人规定的其他条件。

② 法人：贷款申请书；企业法人营业执照或事业法人执照，法人代表证，法人代表人证明文件；人民银行颁发的贷款证；经会计（审计）师事务所审计的上一年度的财务报告及上一个月的资产负债表、损益表和现金流量表；抵押物、质押物清单和有处分权同意抵押、质押的证明，抵押物还需提交所有权或使用权证书、估计、保险文件，质押物还需提供权利证明文件，保证人同意保证的文件；贷款人规定的其他条件。

借款人应当对所提供材料的真实性和合法性负完全责任。

4）资信调查

银行或汽车金融公司在受理借款申请后有权对借款人和保证人的资信情况进行调查，对不符合贷款条件的，银行或汽车金融公司在贷款申请受理后 15 个工作日内通知借款人；对符合贷款条件的，银行或汽车金融公司将提出贷款额度、期限、利率等具体意见，及时通知借款人办理贷款担保手续，签订《汽车消费借款合同》。

5）办理保险

借款人在银行或汽车金融公司指定的保险公司预办抵押物保险，并在保单中明确第一受益人为银行或汽车金融公司，保险期限不得短于贷款期限。

6）银行或汽车金融公司向经销商出具《汽车消费贷款通知书》

借款人同时将购车首付款支付给经销商。

7）经销商在收到《汽车消费贷款通知书》及收款凭证后，协助借款人到相关部门办理缴费机领取牌照等手续

并将购车发票、各种缴费凭证原件及行驶证复印件直接移交到银行或汽车金融公司。

8）借款人以所购汽车作抵押的，其保险单，购车发票等凭证在贷款期间由银行或汽车金融公司保管

在合同期内，银行或汽车金融公司有权对借款人的收入状况、抵押物状况进行监督，对保证人的信誉和代偿能力进行监督，借款人和保证人应提供协助。

2. 经销商汽车消费贷款业务的操作程序

1）客户咨询与资格初审

客户咨询时，经销商须向客户提供汽车消费贷款购车须知、购车常识、汽车消费实际操作问答、车辆价格明细表、消费贷款购车费用明细表、汽车分期付款销售计算表、客户个人资料明细表和客户登记表等。当客户决定采用消费贷款购车时，需填写消费贷款购车初、复审意见表，消费贷款购车申请表等。经销商对客户的消费贷款购车进行初步的资格审查并签署意见。

2）资格复审与银行初审

经销商对客户进行资格复审时，客户需要填写消费贷款购车资格审核调查表、银行的汽车消费贷款申请书。资格复审结束时，经销商需要对消费贷款购车初、复审意见表签署复审意见，并将经过复审客户的相关材料提交银行进行初审鉴定，如图 10－5 所示。

3）签订购车合同书

银行初审鉴定后，经销商与客户签订购车合同书，通知客户交付首期购车款，并为客户办理银行户头和银行信用卡，客户填写车辆验收交清单。

图 10－5　经销商与银行直接合作

4）经销商与客户办理抵押登记手续及各类保险、公证

在对合同协议进行公证时，需要填写经济事务所公证申请表、公证处接洽笔录等。办理保险时，需要填写机动车辆保险投保单、机动车辆分期付款售车信用保险或保证保险及其问询表，需要为保险公司准备相关的客户文件。

5）银行终审

将填写的个人消费贷款保证合同、委托付款授权书、委托收款通知书、个人消费贷款合同等所有相关文件报银行终审。

6）车辆申领牌照与交付使用

上述程序履行完后，银行将贷款划拨经销商。经销商协助为车辆申领牌照，并将车辆交由客户使用。经销商应留下发票、车辆购置附加费发票、车辆合格证，以及车辆行驶证复印件等。

7）档案管理

最后，经销商建立客户档案文件并进行管理。

汽车消费信贷业务流程如图 10－6、图 10－7 和图 10－8 所示。

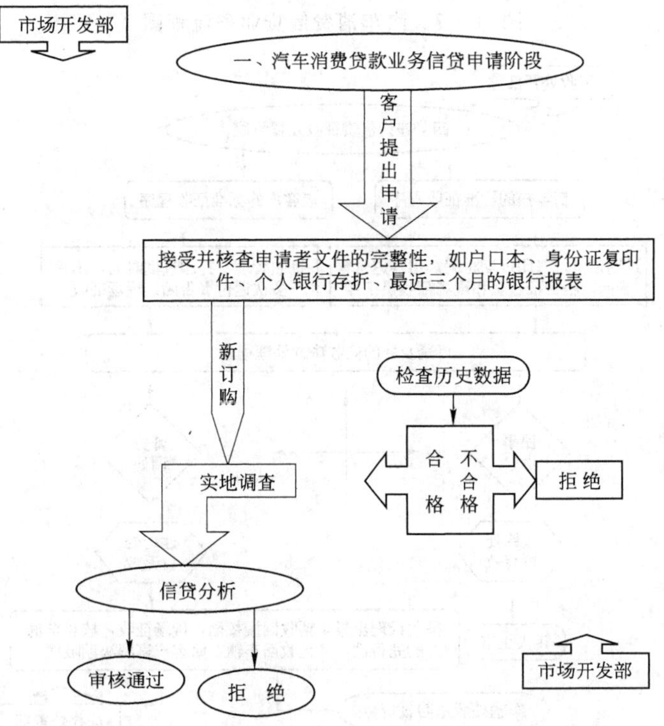

图 10－6　汽车消费信贷业务流程图 1

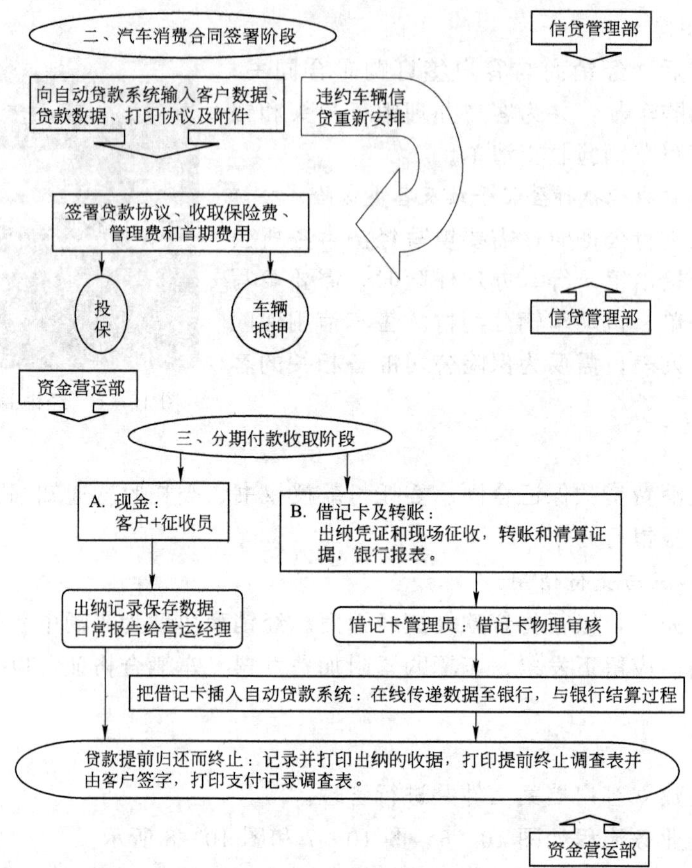

图 10－7　汽车消费信贷业务流程图 2

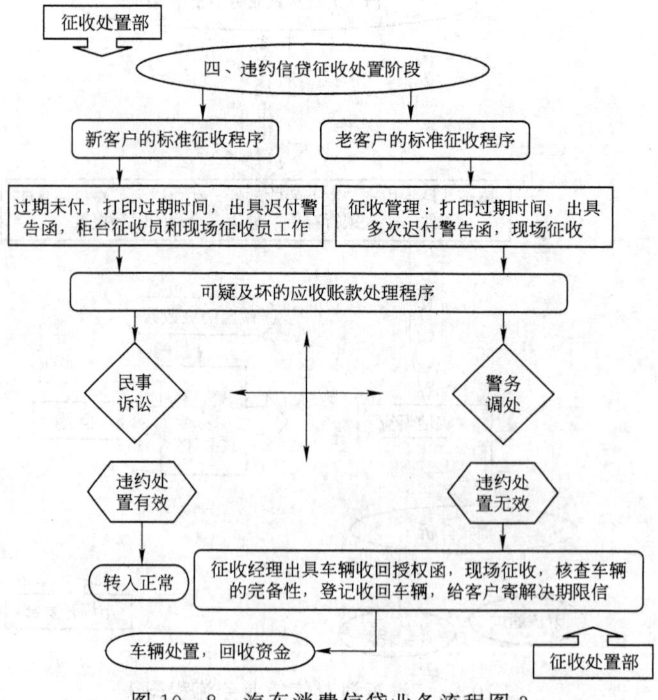

图 10－8　汽车消费信贷业务流程图 3

10.2　汽车消费贷款保证保险

10.2.1　保证保险

保证保险是保险人为被保证人向权利人提供信用担保的一种保险。保证保险主要有合同保证保险、产品质量保证保险和诚实保证保险。

合同保证保险：是承保债务人不履行合同规定的义务而给债权人造成经济损失的保险。

产品质量保证保险：是承保产品生产者和销售者因制造或销售的产品质量有缺陷而给用户造成的经济损失，包括产品本身的损失以及引起的间接损失和费用。

诚实保证保险：是承保被保证人（雇员）的不诚实行为致使被保险人（雇主）遭受经济损失的一种保险，又称为“不诚实保险”。

1. 汽车消费贷款保证保险

担保是汽车消费贷款的必需手续，汽车消费贷款保证保险时第三方保证的一种主要形式。汽车消费保证保险（即常说的“车贷险”）是指以借款人合同所确定的贷款本息为标的，投保人根据被保险人的要求，请求保险人担保自己信用的一种保险。现在的“车贷险”一般有以下几个特点。

① 合理平衡了保险公司、被保险人（贷款机构）和投保人（贷款购车人）之间的权利与义务，改变了以往权利义务不对等的现象，客观上促进了各方当事人加强对风险的审查。

② 实行不低于10%的免赔率。

③“车贷险”期限规定不超过3年。

④ 明确“车贷险”首付比例，新“车贷险”产品要求贷款车辆首付款不得低于30%，且投保人（贷款购车人）必须是贷款车辆的最终使用人等。

⑤ 新“车贷险”产品更加贴近市场需求，设计理念更加人性化。

⑥ 新“车贷险”产品费率体系更加精细、科学、合理。

如果在规定的期限内，因投保人未按借款合同按期履行还款义务，致使被保险人受到经济损失，由保险人负赔偿责任。保险人履行赔偿义务后，有权向投保人或提供连带责任担保的第三方担保人追偿。

2. 保险条款的基本内容

投保人：汽车消费贷款保证保险的投保人是指根据中国人民银行《汽车消费贷款管理办法》规定，与被保险人订立《汽车消费贷款合同》，以贷款方式购买汽车的中国公民、企业、事业单位法人。

被保险人：是指为投保人提供贷款的国有商业银行，或经中国人民银行批准经营汽车消费贷款业务的其他金融机构。

保险责任：投保人逾期未能按《汽车消费贷款合同》规定的期限偿还欠款满一个月的，视为保险责任发生。保险责任事故发生后6个月，投保人不能履行规定的还款责任，保险人负责偿还投保人的欠款。

责任免除：当有下列原因造成投保人不能按期偿还欠款，导致被保险人的贷款损失时，保险人不负责赔偿：

① 战争、军事行动、暴动、政府征用、核爆炸、核辐射或放射性污染。

② 因投保人的违法行为、民事侵权行为或经济纠纷，致使其车辆及其他财产被罚没、查封、扣押、抵债及车辆被转卖、转让。

③ 因所购车辆的质量问题及车辆价格变动，致使保险人拒付或拖欠车款。

由于被保险人对投保人提供的材料审查不严，或双方签订的《汽车消费贷款合同》及其附件内容进行修订，而事先未征得保险人书面同意，导致被保险人不能按期收回贷款的损失。

由于投保人不履行《汽车消费贷款合同》规定的还款保险期限和保险金额义务而致的罚息、违约金，保险人不负责赔偿。

保险期限与保险金额介绍如下。

1）保险期限

保险的保险期限是从投保人获得贷款之日起，至付清最后一笔贷款之日止，但最长不得超过《汽车消费贷款合同》规定的最后还款日后的一个月。

2）保险金额

保险金额为投保人的贷款金额（不含利息、罚息及违约金）。

投保人义务如下。

投保人必须在合同生效前，履行以下义务：①一次性缴清全部保费。②必须依法办理抵押物登记。③必须按中国人民银行《汽车消费贷款管理办法》的规定，为抵押车辆办理车辆损失险、第三者责任险、盗抢险、自燃险等保险，且保险期限至少比汽车消费贷款期限长6个月，不得中断或中途退保。

被保险人义务如下。

①被保险人发放汽车消费贷款对象必须为贷款购车的最终用户。②被保险人应按中国人民银行《汽车消费贷款管理办法》，严格审查投保人的资源情况，在确认其资信良好的情况下，方可同意向其贷款。资信审查时应向投保人收取以下证明文件，并将其复印件提供给保险人，内容包括：ⓐ个人的身份证及户籍证明原件，工作单位人事及工资证明，或居委会出具的长期居住证；ⓑ法人的营业执照、税务资信证明等；ⓒ被保险人应严格遵守国家法律、法规，做好欠款的催收工作和催收记录；ⓓ被保险人与投保人所签订的《汽车消费贷款合同》内容如有变动，须事先征得保险人的书面同意；ⓔ被保险人在获得保险赔偿的同时，应将其有关追偿权益书面转让给保险人，并协助保险人向投保人追偿欠款。

被保险人不履行上述义务，保险人有权解除保险合同或不承担赔偿责任。

赔偿处理如下。

① 当发生保险责任范围内事故时，被保险人应立即书面通知保险人。如属刑事案件，应同时向公安机关报案。

② 被保险人索赔时，应先行处分抵押物抵减欠款，抵减欠款不足部分由保险人按本条款赔偿办法予以赔偿。被保险人索赔时如不能处分抵押物，应向保险人依法转让抵押物的抵押权，并对投保人提起法律诉讼。

③ 被保险人索赔时，应向保险人提供以下有效单证：ⓐ索赔申请书；ⓑ机动车辆消费贷款保证保险和机动车辆保险保单正本；ⓒ《汽车消费贷款合同》（副本）；ⓓ《抵押合同》；ⓔ被保险人签发的《逾期款项催收通知书》；ⓕ未按期付款损失清单；ⓖ保险人根据案情要

求提供的其他相关证明材料。

④ 在符合规定的赔偿金额内实行20%的免赔率。

⑤ 关于抵押物的处分及价款的清偿顺序按《抵押合同》的规定处理。

其他事项如下。

① 保险合同生效后，不得中途退保。

② 发生保险责任事故后，被保险人从通知保险人发生保险责任事故当日起，6个月内不向保险人提交规定的单证，或者从保险人书面通知之日起，一年内不领取应得的赔款，即作为自愿放弃权益。

③ 在机动车辆发生全损后，投保人获得的机动车辆保险赔偿金应优先用于偿还机动车辆消费贷款。

④ 保险人和被保险人因本保险项下发生的纠纷和争议应协商解决。如协商不成，可向人民法院提起诉讼。除事先另有约定外，诉讼应在保险人所在地进行。

费率规章如下。

1）保险期限

保险期限和保险费率如表10－1所示。

表10－1 汽车消费贷款保证保险的期限与费率

1年	2年	3年	4年	5年
1%	2%	3%	4%	5%

2）保险费

保险费＝保险金额×保险费率

保险期限不足半年，按半年计算，费率为0.5%；保险期限超过半年不满1年，按1年计算。例如：保险期限为3年3个月，则费率为3%＋0.5%；保险期限为4年8个月，则费率为4%＋1%，即5%。

10.2.2 汽车消费贷款保证保险实务流程

1. 汽车消费贷款保证保险承保实务

1）展业

（1）展业准备

① 学习掌握机动车辆消费贷款保证保险的基本知识。

② 进行市场调查并选择合适的保险对象。

- 调查与分析本区域内银行、汽车生产商、销售商和社会大众对消费信贷的态度，合理预测市场发展前景。
- 调查分析与预测个人和法人对汽车消费贷款的实际购买力、参与程度及当地的汽车年销售量等情况。
- 了解银行、销售商、购车人对保险的态度、需求及希望与保险公司合作的方式。
- 调查分析实施消费贷款售车的车型、销售价格及变化趋势。

③ 同选定的银行、销售商、公证机关、公安交通管理部门等签订合作协议，明确合作方式，各方的职责、权利及义务。

④ 展业材料准备与培训。根据合作协议，向有关合作方及时提供机动车辆消费贷款保证保险的条款，费率规章、投保单及其他有关资料。对银行与销售商的相关业务人员进行培训，使他们掌握保证保险的有关规定，能够指导投保人正确填写投保单。

（2）展业宣传

备齐保险条款与相关资料以后，向银行、汽车生产商、销售商和贷款购车人做好宣传。重点宣传保证保险的特点、优势及本公司的网络优势、技术优势、实力水平、信用优势和服务优势。

2）受理投保

（1）指导填写投保单

① 业务人员应依法履行告知义务，按照法律所要求的内容对条款及其含义进行告知，特别对条款中的责任免除事项、被保险人的义务，以及其他容易引起争议的部分，应予以解释和说明。

② 业务人员应提示投保人履行如实告知义务，特别是对可能涉及保险人是否同意承保或承保时需要特别约定的情况应详细询问。

③ 业务人员在投保人提出投保申请时，应要求其按照保证保险条款的规定提供必需的证明材料。

（2）取投保单及其相关资信证明并初步审核

业务人员应对填写完整的投保单和所附的资信证明材料进行初步审查，必要时要调查核实；对于审核无误的投保单，由业务负责人签署“拟同意承保”意见后交投保人。如果合作协议有明确规定，可直接交给银行或销售商。业务人员对投保单初步审查的内容包括：①审核证明文件或材料是否齐全，是否符合银行指定的汽车消费贷款管理办法。②在审核时，对于存在疑点或证明材料有涂改、伪造等痕迹的，应通过派出所、居委会或开户银行予以核实。必要时可以通过消费贷款保证保险问询表予以落实，并让消费贷款购车人确认后，附贴在投保单上。

（3）核保

核保包括如下内容。

① 对受理投保单时初步审查的有关内容进行复核。

② 审核投保单的保险金额是否符合条款规定，投保人购车的首付款是否符合规定。

③ 审核贷款合同和购车合同是否合法并真实有效，银行与销售商在办理消费贷款和购车手续时，是否按照规定严格把关。

④ 审核投保人是否按照条款的规定为消费贷款所购的车辆办理了规定内容的保险。

⑤ 审核贷款协议是否明确按月、按季分期偿还贷款，不得接受一年一次的还款方式。

⑥ 审核投保人是否按照与银行签订的抵押、质押或保证意向书，办理了有关抵押、质押或保证手续。

⑦ 审核投保人所购车辆的用途与还款来源。

对上述核保内容审核以后，应签署核保意见，明确是否同意承保，或是否需要补充材料以及是否需要特别约定等。如果核保后同意承保，应将贷款合同、购车合同和相关证明材料复印一套留存。

（4）缮制保险单证业务人员根据核保意见缮制保险单证

① 缮制机动车辆消费贷款保证保险保单，保险期限应长于贷款期限，保险金额不得低于贷款金额。

② 根据贷款金额、贷款期限等正确选择费率并计算保险费。

③ 机动车辆消费贷款保证保险不单独出具保险证，但为明示需要，应在车辆基本险与附加险的保险证上标注“保证保险”字样。

④ 复核人员按照规定程序和内容，对保险单证进行复核并签章。

⑤ 收取保险费财务人员按照保单核收保险费并出具保险费收据，投保人应一次缴清保证保险的保险费。

⑥ 签发保险单证保险费收取后，业务人员在保险单证上加盖公章，将保险单正本交被保险人。

⑦ 归档管理保险单副本一联交投保人，一联交财务，剩下一联连同保费收据业务联、复印的贷款合同、购车合同及有关证明材料等资料整理归档。

2. 保险合同的变更、终止、解除

1）合同变更

① 变更事项。包括变更保险期限、变更购车人住址和电话，或购车单位联系地址、银行账户及联系电话、变更其他不影响车辆还款和抵押物登记的事项。

② 变更申请。购车人在保险期限内发生变更事项，应及时提出申请。

③ 办理批改。在办理批改时，应注意审核批改事项是否将产生意外风险，从而决定是否接受批改申请。

2）合同终止

遇有下列情况之一，则机动车辆消费贷款保证保险的合同终止。

① 贷款购车人提前偿还所欠贷款。

② 贷款所购车辆因发生车辆损失险、盗抢险或自燃损失险等车辆保险责任范围内的全损事故获得保险赔偿，并且赔款足以偿还贷款的。

③ 因履行保证保险赔偿责任。

④ 保证保险期满。

3）合同解除

下列情形之一发生时，保险合同将被解除。

① 投保人违反《保险法》或《担保法》等法律法规，保险人可以发出书面通知解除合同。

② 被保险人违反国家相关法律法规和消费贷款规定的，保险人有权解除合同。

③ 投保人根据国家相关的法律法规，提出解除合同。

④ 投保人未按期足额缴纳机动车辆保险保费，且被保险人未履行代缴义务的，保险人有权解除合同。

⑤ 法律法规规定的其他解除合同的事由。

4）办理收退费

① 经保险人同意延长保险期限的，根据延长后的实际期限选定费率，补收保险费。

② 投保人提前清偿贷款，按照实际还贷时间按月计算保险费，多收部分退还投保人。

③ 贷款所购车辆因发生车辆损失险、盗抢险或自燃损失险责任范围内的全损事故获得

保险赔偿，并且已优先清偿贷款的，保证保险合同终止，并退还从清偿贷款之日至保证保险合同期满的全部保险费。

3. 保证保险的理赔

1）接受报案

① 接受报案人员在接到报案时，应按照本书第 8 章的报案部分要求，对报案人进行询问，并填写《报案记录》，通知业务人员。

② 业务人员根据报案记录，尽快查阅承保记录，将符合理赔的案件登记人《保证保险报案登记簿》。

③ 业务人员在接受报案的同时，需向被保险人提供《索赔申请书》和《索赔须知》。并指导其详细填写《索赔申请书》。同时向被保险人收取下述原始单证：机动车辆消费信贷保证保险保单和机动车辆保险单正本；《汽车消费贷款合同》（副本）、《抵押合同》、《质押合同》、《保证合同》；被保险人签发的《逾期款项催收通知书》；未按期付款损失清单。

2）查抄单底

业务人员根据出险通知，应尽快查抄出机动车辆消费贷款保证保险保单与批单、机动车辆保险的保险单与批单，并在所抄单证上注明抄单时间和出险内容。

3）立案

① 业务人员应根据被保险人提供的有关资料进行初步分析，提出是否立案的意见与理由，报业务负责人。

② 业务负责人接到报告后，应及时提出处理意见。

③ 业务人员根据负责人的意见办理立案或不立案的手续。立案的，应在机动车辆保险单上做出标记；不予立案的，应以书面形式通知被保险人。

4）调查

（1）调查要求

调查工作必须双人进行，应着重第一手材料的调查，所有调查结果应做出书面记录。

（2）调查方式与重点

① 对已经掌握的书面材料进行分析，确认被保险人提供的书面材料是否全面真实。

② 向被保险人取证，了解投保人逾期未还款的具体原因，被保险人催收还款的工作情况。

③ 向个人投保人的工作单位或所在居委会（村委会）调查，了解投保人收入变动情况；向法人投保人的上级单位或行政主管部门了解其经营情况。

④ 向有关单位和个人调查抵押物的当前状况。

⑤ 通过其他途径调查，并结合以上调查结果，明确是否存在条款所载明的责任免除事项，投保人、被保险人是否有违反条款规定义务的行为。

5）制作调查报告

调查人员在调查结束后应写出调查报告，全面详细地记录调查结果并作出分析。

6）确定保险责任

业务人员应根据调查报告和收集的有关材料，依照条款和有关规定，全面分析，确定是否属于保险责任。形成处理意见后报地市级分公司车险部门审定，拒赔案件应逐级上报省级公司审定。

7）抵押物处理

① 保险事故发生后，保险人应及时通知被保险人做好抵押物处理的准备工作。

② 保险人应与被保险人、投保人（抵押人）共同对抵押物进行估价，或共同委托第三人进行估价。所估价值由各方同意后，签订《估价协议书》。协议书所确定的金额为处理抵押物的最低金额。

③ 被保险人按照《估价协议书》规定处理抵押物，所得价款优先用于偿还欠款。

④ 被保险人不能处分抵押物的，应对投保人提起诉讼，抵押物的抵押权转归保险人，保险人应会同被保险人办理抵押权转移地各项手续。

8）赔款理算

理赔人员根据前述条款的规定，依据调查报告、索赔通知书和估价协议等有关材料进行赔款理算。具体计算如下。

① 抵押物已由被保险人处分的：

赔款＝(保险金额－已偿还贷款－抵押物的处分金额)×(1－20％)　　(10-1)

② 抵押物抵押权转归保险人的：

赔款＝(保险金额－已偿还贷款)×(1－20％)　　(10-2)

③ 抵押物灭失且不属于机动车辆保险赔款责任，且投保人未提供新的抵押物的，保险费按照式（10-2）计算。

上述公式中的“已偿还贷款”，不包括投保人已经偿还的贷款利息；“抵押物的处分金额”是指抵押物处分后，被保险人实际得到的金额，即扣除处分抵押物所需的费用及其他相关费用后的余额。

投保人以其所购车辆作为贷款抵押物，因逾期未还款车辆依抵押合同被处分后，投保人为其投保的机动车辆保险的保险责任即行终止，被保险人应按照保险合同的规定，为投保人办理机动车辆未了责任期保险费的退费手续。贷款所购车辆发生车辆损失险、盗抢险，以及自燃损失险保险责任范围内的全损事故后，机动车辆保险的被保险人应得到的赔款，应优先用于偿还机动车辆消费贷款。此时，机动车辆保险的理赔人员，应书面通知贷款银行向保险公司提出“优先偿还贷款申请”，并书面通知机动车辆保险的被保险人，要按照合同的规定将赔款优先用于偿还贷款。优先偿还的范围仅限于所欠的贷款本金。优先偿还贷款后的赔款余额应交机动车辆保险的被保险人。赔款优先清偿贷款后，保证保险合同即行终止。保险人应按照本实务规程中关于收退费的规定，为投保人办理保证保险未了责任期保险费的退费手续。

9）缮制赔款计算书

计算完赔款以后，要缮制赔款计算书。赔款计算书应该分险别、项目计算，并列明计算公式。赔款计算应尽量用计算机出单，应做到项目齐全、计算准确。手工缮制的，应确保字迹工整、清晰，不得涂改。业务负责人审核无误后，在赔款计算书上签署意见和日期，然后送交核赔人员。

10）核赔核定赔款的主要内容

(1) 审核单证

① 审核被保险人提供的单证、证明及相关材料是否齐全、有效，有无涂改、伪造等。

② 审核经办人员是否规范填写有关单证，必备的单证是否齐全等。

③ 审核相关签章是否齐全。

(2) 核定保险责任

主要审核是否属于保险责任。

(3) 审核赔付计算

审核赔付计算是否准确。属于本公司核赔权限的，审核完成后，核赔人员签字并报领导审批。属于上级公司核赔的，核赔人员提出核赔意见，经领导签字后报上级公司核赔。在完成各种核赔和审批手续后，转入赔付结案程序。

11) 结案登记与清分

① 业务人员根据核赔的审批金额填发《赔款通知书》及赔款收据；被保险人在收到《赔款通知书》后，在赔款收据上签章；财会部门即可支付赔款。在被保险人领取赔款时，业务人员应在保险单正、副本上加盖"××××年××月××日出险，赔款已付"字样的印章。

② 赔付结案时，应进行理赔单据的清分。一联赔款收据交被保险人；一联赔款收据连同一联赔款计算书送会计部门作付款凭证；一联赔款收据和一联赔款计算书或赔案审批表，连同全案的其他材料作为赔案案卷。

③ 被保险人领取赔款后，业务人员按照赔案编号，输录《机动车辆消费信贷保证保险赔案结案登记》。

12) 理赔案卷管理

理赔案卷要按照一案一卷整理、装订、登记、保管。赔款案卷应单证齐全，编排有序，目录清楚，装订整齐。一般保证保险的理赔案卷单证包括赔款计算书、赔案审批表、出险通知书、索赔申请书、机动车辆消费贷款保证保险的保险单及批单的抄件、抵押合同、调查报告、估价协议书、权益转让书，以及其他有关的证明与材料等。

4. 客户回访服务与统计分析

1) 客户回访

① 消费贷款保证保险业务要指定专人负责，对客户应每半年回访一次，做好跟踪服务，及时掌握购车人（投保人）、被保险人的需求与动态。

② 要建立客户回访、登记制度，实行一车一户管理制，及时记录还款情况。

③ 建立与银行保持定期联络制度，协助银行做好消费贷款还款跟踪服务。

④ 建立消费贷款购车人与所购车辆档案，内容包括购车人的基本资信情况、车辆使用情况、安全驾驶记录、保险赔款记录、还款记录等。

2) 统计分析

① 按期做好不同车型、不同车辆价格范围、不同职业与地域的购车人、不同销售商、银行等方面的专项量化分析，报上级公司。

② 各省级分公司对专项统计的业务报表和消费贷款保证保险的经营情况分析，应按照季度上报总公司，由总公司上报中国保监会。

10.3 汽车分期付款售车信用保险

10.3.1 信用保险

信用保险是权利人要求保险人担保对方（被保证人）信用的一种保险。信用保险主要包括国内商业信用保险、出口信用保险等。

国内商业信用保险　国内商业信用保险是承保企业延期付款或分期付款时，卖方因买方不能按时支付全部或部分贷款而遭受经济损失的一种保险。

出口信用保险　出口信用保险是承保出口商因进口商不履行贸易合同而造成经济损失的一种保险。我国目前已开办了短期出口信用保险、中长期出口保险及特约出口信用保险。出口信用保险主要承保的风险包括商业风险和政治风险。商业风险又叫买方风险，是指由于买房的商业信用造成的收汇风险。政治风险又叫国家风险，是指由于买方所不能控制的政治原因造成的收汇风险。

10.3.2　汽车分期付款售车信用保险

除了汽车消费贷款以外，我国汽车销售行业还采取其他的多种汽车销售方式，分期付款售车就是其中之一。为确保销售商开展的分期付款销售汽车业务的顺利实施，我国设立了机动车辆保险的一种特别约定保险，即机动车辆分期付款售车信用保险。现行的机动车辆分期付款售车信用保险条款，是由中国人民保险公司 1998 年颁布的，为试行条款。下面就该保险的具体内容加以简单介绍。

1. 一般要求

① 严格控制该条款的保险责任，不得变相为汽车销售以及银行等单位作任何性质的资金或贷款担保。

② 投保分期付款信用保险的车辆，必须同时投保车辆损失保险、第三者责任保险及要求投保的有关附加险，并在机动车保险单特别约定栏中注明：分期付款购车，本保险不得退款。

③ 投保分期付款保险的汽车销售商，其所售车辆的购买人应为最终用户，否则不予承保。

④ 机动车辆分期付款售车信用保险，是机动车辆保险的一种特别约定保险。

⑤ 机动车辆分期付款售车信用保险的投保人、被保险人是分期付款的售车人。

⑥ 机动车辆分期付款售车信用保险条款提及的担保人，是指按照被保险人的要求，接受分期付款购车人的请求，为分期付款购车人所欠债务承担连带责任者。

2. 保险责任与责任免除

1）保险责任

① 购车人在规定的还款期限到 3 个月后，未履行或仅部分履行规定的还款责任，保险人负责偿还该到期部分的欠款或其差额。

② 如购车人连续两期未偿还到期欠款，保险代购车人向被保险人清偿第一期欠款后，于第二期还款期限到期 3 个月后，向被保险人清偿购车人所有欠款。

2）责任免除

由于下列原因造成购车人不按期偿还欠款，导致被保险人的经济损失时，保险人不负责赔偿：

① 战争、军事行动、核爆炸、核辐射或放射性污染。

② 因购车人的违法犯罪行为以及经济纠纷，致使其车辆及其他财产被罚没、查封、扣押、抵债。

③ 因所购车辆的质量问题，致使购车人拒付或拖欠车款。

④ 因车辆价格变动，致使购车人拒付或拖欠车款。

⑤ 被保险人对购车人资信调查的材料不真实或售车手续不全。

⑥ 被保险人在分期付款售车过程中的故意和违法行为。

3. 保险期限、保险金额与保险费率

① 保险期限是从购车人支付规定的首期付款日起，至付清最后一笔欠款日止，或至该份购车合同规定的合同期满日为止。两者以先发生为准，但最长不超过 3 年。

② 保险金额为购车人首期付款（不低于售车单价的 30%）后，尚欠的购车款额（含资金使用费）。

$$保险费＝保险金额×保险费率 \tag{10-3}$$

③ 本保险的保险费率如表 10－2 所示。

表 10－2 机动车辆分期付款售车信用保险的保险费率

付款时间	6 个月	7～12 个月	1 年	1 年 3 个月
费率	0.6%	1%	1%	1.25%
付款时间	1 年 6 个月	1 年 9 个月	2 年	2 年 3 个月
费率	1.5%	1.75%	2%	2.25%
付款时间	2 年 6 个月	2 年 9 个月	3 年	
费率	2.5%	2.75%	3%	

4. 赔偿处理

① 当发生保险责任范围内事故时，被保险人应立即书面通知保险人，如属刑事案件，应同时向公安机关报案。

② 被保险人索赔时应交回抵押车辆，由保险人按规定办法处分抵押物抵减欠款。抵减欠款不足部分由保险人按本条款赔偿办法予以赔偿。

③ 若被保险人无法收回抵押车辆，应向担保人追偿；若担保人拒绝承担连带责任时，被保险人应提起法律诉讼。

④ 被保险人索赔时，根据出险情况，提供以下有效证明文件：ⓐ索赔申请书。（应注明购车人未履行按期偿还余款和担保人未履行连带责任的原因、索赔金额及其计算方法。）ⓑ分期付款购车合同。ⓒ保单正本。ⓓ被保险人签发的《逾期款项催收通知书》。ⓔ未按期付款损失清单。ⓕ代收款银行提供的代收款情况证明。ⓖ向担保人发出的索赔文件。ⓗ县及县以上公安机关出具的立案证明。ⓘ法院受理证明。ⓙ产品质量检验报告或裁决书。保险人要求提供的其他相关文件。

⑤ 每车实行 20%的免赔率

在第一条保险责任的情况下：

$$赔款金额＝当期应付购车款或差额×(1－20\%) \tag{10-4}$$

在第二条保险责任的情况下：

$$赔款金额＝逾期款收回欠款金额×(1－20\%) \tag{10-5}$$

⑥ 被保险人在获得保险赔偿的同时，应将其有关追偿权益书面转让给保险人，并积极主动协助保险人向购车人或担保人追偿欠款。

5. 被保险人义务

① 被保险人应要求购车人提供具有担保资格的担保人，并以所购汽车作为抵押。

② 被保险人应严格遵守购销合同、抵押合同、质押合同等有关必备合同的规定。

③ 被保险人应严格审查购车人和担保人的资信情况，在确认其资信良好的情况下，方可按分期付款方式销售车辆。

资信审查时向购车和担保人收取以下证明文件，并予以登记，内容包括：个人的身份证及户籍证明原件；工作单位人事及工资证明，或居委会出具的长期居住证明；法人的营业执照税务登记证复印件，营业场所证明，法人代表身份证明，单位的开户行、户名及账号，银行及税务资信证明等。保险人有权要求被保险人提供上述证明文件。

④ 被保险人应按时向保险人缴纳保险费。

⑤ 被保险人应严格遵守国家法律、法规及《分期付款购买汽车合同》中的责任和义务，经常检查分期付款合同的执行情况，做好欠款的催收工作和催收记录，对保险人提出的防损建议，应认真考虑并付诸实施。

⑥ 被保险人的《分期付款购买汽车合同》如有变动，须事先征得保险人的书面同意。被保险人改变经营方式，如对购车人分期付款产生较大影响，应及时书面通知保险人。

⑦ 被保险人不履行上述各项义务，保险人有权终止保险合同或拒绝赔偿。

6. 追偿及处分抵押物

① 保险人支付保险赔款之后，即取代被保险人的地位，行使对购车人的追偿权利，包括接管为被保险人债权而设计的任何抵押物。

② 保险人有权按下列任一种方式处分抵押物：ⓐ拍卖。ⓑ转让、兑现。ⓒ其他合理的方式。

③ 抵押物经处分后，按下列顺序分配价款：ⓐ支付处分费和税金。ⓑ清偿被保险人应得的款项。ⓒ清偿保险人应得的所有款项。

如上述款项仍有余额，该余额应归还购车人。如上述款项不足清偿欠款，被保险人应积极协助保险人向购车人追偿。

7. 其他事项

① 对超出保险金额或保险期限的任何欠款，保险人不承担任何赔偿责任。

② 保险人对购车人因未能按期履行主合同引起的罚息和违约金，不承担赔偿责任。

③ 发生保险责任事故后，被保险人从通知保险人发生保险责任事故当日起 3 个月内，不向保险人提交规定的单证；或者从保险人书面通知之日起，一年内不领取应得的赔款，即作为自愿放弃权益。

④ 保险人赔偿后，若发现是属于被保险人的故意欺骗等行为造成保险人误赔的，保险人有权追回赔款。

⑤ 机动车辆分期付款售车信用保险一经承保，不得中途退保。

⑥ 保险人和被保险人应本着“实事求是、公平合理”的原则，协商解决本条款项下发生的纠纷和争议。如协商不成，可提交工商行政管理部门进行调解、仲裁，向法院提起诉讼。除事先另有约定外，仲裁或诉讼应在保险人所在地进行。

机动车辆分期付款售车信用保险的操作实务，参见 10.2.2 的汽车消费贷款保证保险实务流程的规定。

想一想 议一议

1. 什么是汽车消费贷款？其类型主要有哪些？

2. 简述汽车消费贷款的操作程序。

3. 什么是汽车消费贷款保证保险？什么是分期付款售车信用保险？两者的主要区别是什么？

4. 简述车贷险的理赔程序。

中华人民共和国保险法（2009版）

第十一号

《中华人民共和国保险法》已由中华人民共和国第十一届全国人民代表大会常务委员会第七次会议于2009年2月28日修订通过，现将修订后的《中华人民共和国保险法》公布，自2009年10月1日起施行。

中华人民共和国主席　胡锦涛

2009年2月28日

中华人民共和国保险法

（1995年6月30日第八届全国人民代表大会常务委员会第十四次会议通过　根据2002年10月28日第九届全国人民代表大会常务委员会第三十次会议《关于修改〈中华人民共和国保险法〉的决定》修正　2009年2月28日第十一届全国人民代表大会常务委员会第七次会议修订）

第一章　总　　则

第一条　为了规范保险活动，保护保险活动当事人的合法权益，加强对保险业的监督管理，维护社会经济秩序和社会公共利益，促进保险事业的健康发展，制定本法。

第二条　本法所称保险，是指投保人根据合同约定，向保险人支付保险费，保险人对于合同约定的可能发生的事故因其发生所造成的财产损失承担赔偿保险金责任，或者当被保险人死亡、伤残、疾病或者达到合同约定的年龄、期限等条件时承担给付保险金责任的商业保险行为。

第三条　在中华人民共和国境内从事保险活动，适用本法。

第四条　从事保险活动必须遵守法律、行政法规，尊重社会公德，不得损害社会公共利益。

第五条　保险活动当事人行使权利、履行义务应当遵循诚实信用原则。

第六条　保险业务由依照本法设立的保险公司以及法律、行政法规规定的其他保险组织经营，其他单位和个人不得经营保险业务。

第七条　在中华人民共和国境内的法人和其他组织需要办理境内保险的，应当向中华人民共和国境内的保险公司投保。

第八条　保险业和银行业、证券业、信托业实行分业经营、分业管理，保险公司与银行、证券、信托业务机构分别设立。国家另有规定的除外。

第九条 国务院保险监督管理机构依法对保险业实施监督管理。

国务院保险监督管理机构根据履行职责的需要设立派出机构。派出机构按照国务院保险监督管理机构的授权履行监督管理职责。

第二章 保险合同

第一节 一般规定

第十条 保险合同是投保人与保险人约定保险权利义务关系的协议。

投保人是指与保险人订立保险合同，并按照合同约定负有支付保险费义务的人。

保险人是指与投保人订立保险合同，并按照合同约定承担赔偿或者给付保险金责任的保险公司。

第十一条 订立保险合同，应当协商一致，遵循公平原则确定各方的权利和义务。

除法律、行政法规规定必须保险的外，保险合同自愿订立。

第十二条 人身保险的投保人在保险合同订立时，对被保险人应当具有保险利益。

财产保险的被保险人在保险事故发生时，对保险标的应当具有保险利益。

人身保险是以人的寿命和身体为保险标的的保险。

财产保险是以财产及其有关利益为保险标的的保险。

被保险人是指其财产或者人身受保险合同保障，享有保险金请求权的人。投保人可以为被保险人。

保险利益是指投保人或者被保险人对保险标的具有的法律上承认的利益。

第十三条 投保人提出保险要求，经保险人同意承保，保险合同成立。保险人应当及时向投保人签发保险单或者其他保险凭证。

保险单或者其他保险凭证应当载明当事人双方约定的合同内容。当事人也可以约定采用其他书面形式载明合同内容。

依法成立的保险合同，自成立时生效。投保人和保险人可以对合同的效力约定附条件或者附期限。

第十四条 保险合同成立后，投保人按照约定交付保险费，保险人按照约定的时间开始承担保险责任。

第十五条 除本法另有规定或者保险合同另有约定外，保险合同成立后，投保人可以解除合同，保险人不得解除合同。

第十六条 订立保险合同，保险人就保险标的或者被保险人的有关情况提出询问的，投保人应当如实告知。

投保人故意或者因重大过失未履行前款规定的如实告知义务，足以影响保险人决定是否同意承保或者提高保险费率的，保险人有权解除合同。

前款规定的合同解除权，自保险人知道有解除事由之日起，超过三十日不行使而消灭。自合同成立之日起超过二年的，保险人不得解除合同；发生保险事故的，保险人应当承担赔偿或者给付保险金的责任。

投保人故意不履行如实告知义务的，保险人对于合同解除前发生的保险事故，不承担赔偿或者给付保险金的责任，并不退还保险费。

投保人因重大过失未履行如实告知义务，对保险事故的发生有严重影响的，保险人对于合同解除前发生的保险事故，不承担赔偿或者给付保险金的责任，但应当退还保险费。

保险人在合同订立时已经知道投保人未如实告知的情况的，保险人不得解除合同；发生保险事故的，保险人应当承担赔偿或者给付保险金的责任。

保险事故是指保险合同约定的保险责任范围内的事故。

第十七条 订立保险合同，采用保险人提供的格式条款的，保险人向投保人提供的投保单应当附格式条款，保险人应当向投保人说明合同的内容。

对保险合同中免除保险人责任的条款，保险人在订立合同时应当在投保单、保险单或者其他保险凭证上作出足以引起投保人注意的提示，并对该条款的内容以书面或者口头形式向投保人作出明确说明；未作提示或者明确说明的，该条款不产生效力。

第十八条 保险合同应当包括下列事项：

（一）保险人的名称和住所；

（二）投保人、被保险人的姓名或者名称、住所，以及人身保险的受益人的姓名或者名称、住所；

（三）保险标的；

（四）保险责任和责任免除；

（五）保险期间和保险责任开始时间；

（六）保险金额；

（七）保险费以及支付办法；

（八）保险金赔偿或者给付办法；

（九）违约责任和争议处理；

（十）订立合同的年、月、日。

投保人和保险人可以约定与保险有关的其他事项。

受益人是指人身保险合同中由被保险人或者投保人指定的享有保险金请求权的人。投保人、被保险人可以为受益人。

保险金额是指保险人承担赔偿或者给付保险金责任的最高限额。

第十九条 采用保险人提供的格式条款订立的保险合同中的下列条款无效：

（一）免除保险人依法应承担的义务或者加重投保人、被保险人责任的；

（二）排除投保人、被保险人或者受益人依法享有的权利的。

第二十条 投保人和保险人可以协商变更合同内容。

变更保险合同的，应当由保险人在保险单或者其他保险凭证上批注或者附贴批单，或者由投保人和保险人订立变更的书面协议。

第二十一条 投保人、被保险人或者受益人知道保险事故发生后，应当及时通知保险人。故意或者因重大过失未及时通知，致使保险事故的性质、原因、损失程度等难以确定的，保险人对无法确定的部分，不承担赔偿或者给付保险金的责任，但保险人通过其他途径已经及时知道或者应当及时知道保险事故发生的除外。

第二十二条 保险事故发生后，按照保险合同请求保险人赔偿或者给付保险金时，投保人、被保险人或者受益人应当向保险人提供其所能提供的与确认保险事故的性质、原因、损失程度等有关的证明和资料。

保险人按照合同的约定，认为有关的证明和资料不完整的，应当及时一次性通知投保人、被保险人或者受益人补充提供。

第二十三条 保险人收到被保险人或者受益人的赔偿或者给付保险金的请求后，应当及时作出核定；情形复杂的，应当在三十日内作出核定，但合同另有约定的除外。保险人应当将核定结果通知被保险人或者受益人；对属于保险责任的，在与被保险人或者受益人达成赔偿或者给付保险金的协议后十日内，履行赔偿或者给付保险金义务。保险合同对赔偿或者给付保险金的期限有约定的，保险人应当按照约定履行赔偿或者给付保险金义务。

保险人未及时履行前款规定义务的，除支付保险金外，应当赔偿被保险人或者受益人因此受到的损失。

任何单位和个人不得非法干预保险人履行赔偿或者给付保险金的义务，也不得限制被保险人或者受益人取得保险金的权利。

第二十四条 保险人依照本法第二十三条的规定作出核定后，对不属于保险责任的，应当自作出核定之日起三日内向被保险人或者受益人发出拒绝赔偿或者拒绝给付保险金通知书，并说明理由。

第二十五条 保险人自收到赔偿或者给付保险金的请求和有关证明、资料之日起六十日内，对其赔偿或者给付保险金的数额不能确定的，应当根据已有证明和资料可以确定的数额先予支付；保险人最终确定赔偿或者给付保险金的数额后，应当支付相应的差额。

第二十六条 人寿保险以外的其他保险的被保险人或者受益人，向保险人请求赔偿或者给付保险金的诉讼时效期间为两年，自其知道或者应当知道保险事故发生之日起计算。

人寿保险的被保险人或者受益人向保险人请求给付保险金的诉讼时效期间为五年，自其知道或者应当知道保险事故发生之日起计算。

第二十七条 未发生保险事故，被保险人或者受益人谎称发生了保险事故，向保险人提出赔偿或者给付保险金请求的，保险人有权解除合同，并不退还保险费。

投保人、被保险人故意制造保险事故的，保险人有权解除合同，不承担赔偿或者给付保险金的责任；除本法第四十三条规定外，不退还保险费。

保险事故发生后，投保人、被保险人或者受益人以伪造、变造的有关证明、资料或者其他证据，编造虚假的事故原因或者夸大损失程度的，保险人对其虚报的部分不承担赔偿或者给付保险金的责任。

投保人、被保险人或者受益人有前三款规定行为之一，致使保险人支付保险金或者支出费用的，应当退回或者赔偿。

第二十八条 保险人将其承担的保险业务，以分保形式部分转移给其他保险人的，为再保险。

应再保险接受人的要求，再保险分出人应当将其自负责任及原保险的有关情况书面告知再保险接受人。

第二十九条 再保险接受人不得向原保险的投保人要求支付保险费。

原保险的被保险人或者受益人不得向再保险接受人提出赔偿或者给付保险金的请求。

再保险分出人不得以再保险接受人未履行再保险责任为由，拒绝履行或者迟延履行其原保险责任。

第三十条　采用保险人提供的格式条款订立的保险合同，保险人与投保人、被保险人或者受益人对合同条款有争议的，应当按照通常理解予以解释。对合同条款有两种以上解释的，人民法院或者仲裁机构应当作出有利于被保险人和受益人的解释。

第二节　人身保险合同

第三十一条　投保人对下列人员具有保险利益：

（一）本人；

（二）配偶、子女、父母；

（三）前项以外与投保人有抚养、赡养或者扶养关系的家庭其他成员、近亲属；

（四）与投保人有劳动关系的劳动者。

除前款规定外，被保险人同意投保人为其订立合同的，视为投保人对被保险人具有保险利益。

订立合同时，投保人对被保险人不具有保险利益的，合同无效。

第三十二条　投保人申报的被保险人年龄不真实，并且其真实年龄不符合合同约定的年龄限制的，保险人可以解除合同，并按照合同约定退还保险单的现金价值。保险人行使合同解除权，适用本法第十六条第三款、第六款的规定。

投保人申报的被保险人年龄不真实，致使投保人支付的保险费少于应付保险费的，保险人有权更正并要求投保人补交保险费，或者在给付保险金时按照实付保险费与应付保险费的比例支付。

投保人申报的被保险人年龄不真实，致使投保人支付的保险费多于应付保险费的，保险人应当将多收的保险费退还投保人。

第三十三条　投保人不得为无民事行为能力人投保以死亡为给付保险金条件的人身保险，保险人也不得承保。

父母为其未成年子女投保的人身保险，不受前款规定限制。但是，因被保险人死亡给付的保险金总和不得超过国务院保险监督管理机构规定的限额。

第三十四条　以死亡为给付保险金条件的合同，未经被保险人同意并认可保险金额的，合同无效。

按照以死亡为给付保险金条件的合同所签发的保险单，未经被保险人书面同意，不得转让或者质押。

父母为其未成年子女投保的人身保险，不受本条第一款规定限制。

第三十五条　投保人可以按照合同约定向保险人一次支付全部保险费或者分期支付保险费。

第三十六条　合同约定分期支付保险费，投保人支付首期保险费后，除合同另有约定外，投保人自保险人催告之日起超过三十日未支付当期保险费，或者超过约定的期限六十日未支付当期保险费的，合同效力中止，或者由保险人按照合同约定的条件减少保险金额。

被保险人在前款规定期限内发生保险事故的，保险人应当按照合同约定给付保险金，但可以扣减欠交的保险费。

第三十七条　合同效力依照本法第三十六条规定中止的，经保险人与投保人协商并达成协议，在投保人补交保险费后，合同效力恢复。但是，自合同效力中止之日起满二年双方未达成协议的，保险人有权解除合同。

保险人依照前款规定解除合同的，应当按照合同约定退还保险单的现金价值。

第三十八条 保险人对人寿保险的保险费，不得用诉讼方式要求投保人支付。

第三十九条 人身保险的受益人由被保险人或者投保人指定。

投保人指定受益人时须经被保险人同意。投保人为与其有劳动关系的劳动者投保人身保险，不得指定被保险人及其近亲属以外的人为受益人。

被保险人为无民事行为能力人或者限制民事行为能力人的，可以由其监护人指定受益人。

第四十条 被保险人或者投保人可以指定一人或者数人为受益人。

受益人为数人的，被保险人或者投保人可以确定受益顺序和受益份额；未确定受益份额的，受益人按照相等份额享有受益权。

第四十一条 被保险人或者投保人可以变更受益人并书面通知保险人。保险人收到变更受益人的书面通知后，应当在保险单或者其他保险凭证上批注或者附贴批单。

投保人变更受益人时须经被保险人同意。

第四十二条 被保险人死亡后，有下列情形之一的，保险金作为被保险人的遗产，由保险人依照《中华人民共和国继承法》的规定履行给付保险金的义务：

（一）没有指定受益人，或者受益人指定不明无法确定的；

（二）受益人先于被保险人死亡，没有其他受益人的；

（三）受益人依法丧失受益权或者放弃受益权，没有其他受益人的。

受益人与被保险人在同一事件中死亡，且不能确定死亡先后顺序的，推定受益人死亡在先。

第四十三条 投保人故意造成被保险人死亡、伤残或者疾病的，保险人不承担给付保险金的责任。投保人已交足二年以上保险费的，保险人应当按照合同约定向其他权利人退还保险单的现金价值。

受益人故意造成被保险人死亡、伤残、疾病的，或者故意杀害被保险人未遂的，该受益人丧失受益权。

第四十四条 以被保险人死亡为给付保险金条件的合同，自合同成立或者合同效力恢复之日起二年内，被保险人自杀的，保险人不承担给付保险金的责任，但被保险人自杀时为无民事行为能力人的除外。

保险人依照前款规定不承担给付保险金责任的，应当按照合同约定退还保险单的现金价值。

第四十五条 因被保险人故意犯罪或者抗拒依法采取的刑事强制措施导致其伤残或者死亡的，保险人不承担给付保险金的责任。投保人已交足二年以上保险费的，保险人应当按照合同约定退还保险单的现金价值。

第四十六条 被保险人因第三者的行为而发生死亡、伤残或者疾病等保险事故的，保险人向被保险人或者受益人给付保险金后，不享有向第三者追偿的权利，但被保险人或者受益人仍有权向第三者请求赔偿。

第四十七条 投保人解除合同的，保险人应当自收到解除合同通知之日起三十日内，按照合同约定退还保险单的现金价值。

第三节　财产保险合同

第四十八条　保险事故发生时，被保险人对保险标的不具有保险利益的，不得向保险人请求赔偿保险金。

第四十九条　保险标的转让的，保险标的的受让人承继被保险人的权利和义务。

保险标的转让的，被保险人或者受让人应当及时通知保险人，但货物运输保险合同和另有约定的合同除外。

因保险标的转让导致危险程度显著增加的，保险人自收到前款规定的通知之日起三十日内，可以按照合同约定增加保险费或者解除合同。保险人解除合同的，应当将已收取的保险费，按照合同约定扣除自保险责任开始之日起至合同解除之日止应收的部分后，退还投保人。

被保险人、受让人未履行本条第二款规定的通知义务的，因转让导致保险标的危险程度显著增加而发生的保险事故，保险人不承担赔偿保险金的责任。

第五十条　货物运输保险合同和运输工具航程保险合同，保险责任开始后，合同当事人不得解除合同。

第五十一条　被保险人应当遵守国家有关消防、安全、生产操作、劳动保护等方面的规定，维护保险标的的安全。

保险人可以按照合同约定对保险标的的安全状况进行检查，及时向投保人、被保险人提出消除不安全因素和隐患的书面建议。

投保人、被保险人未按照约定履行其对保险标的的安全应尽责任的，保险人有权要求增加保险费或者解除合同。

保险人为维护保险标的的安全，经被保险人同意，可以采取安全预防措施。

第五十二条　在合同有效期内，保险标的的危险程度显著增加的，被保险人应当按照合同约定及时通知保险人，保险人可以按照合同约定增加保险费或者解除合同。保险人解除合同的，应当将已收取的保险费，按照合同约定扣除自保险责任开始之日起至合同解除之日止应收的部分后，退还投保人。

被保险人未履行前款规定的通知义务的，因保险标的的危险程度显著增加而发生的保险事故，保险人不承担赔偿保险金的责任。

第五十三条　有下列情形之一的，除合同另有约定外，保险人应当降低保险费，并按日计算退还相应的保险费：

（一）据以确定保险费率的有关情况发生变化，保险标的的危险程度明显减少的；

（二）保险标的的保险价值明显减少的。

第五十四条　保险责任开始前，投保人要求解除合同的，应当按照合同约定向保险人支付手续费，保险人应当退还保险费。保险责任开始后，投保人要求解除合同的，保险人应当将已收取的保险费，按照合同约定扣除自保险责任开始之日起至合同解除之日止应收的部分后，退还投保人。

第五十五条　投保人和保险人约定保险标的的保险价值并在合同中载明的，保险标的发生损失时，以约定的保险价值为赔偿计算标准。

投保人和保险人未约定保险标的的保险价值的，保险标的发生损失时，以保险事故发生时保险标的的实际价值为赔偿计算标准。

保险金额不得超过保险价值。超过保险价值的，超过部分无效，保险人应当退还相应的保险费。

保险金额低于保险价值的，除合同另有约定外，保险人按照保险金额与保险价值的比例承担赔偿保险金的责任。

第五十六条 重复保险的投保人应当将重复保险的有关情况通知各保险人。

重复保险的各保险人赔偿保险金的总和不得超过保险价值。除合同另有约定外，各保险人按照其保险金额与保险金额总和的比例承担赔偿保险金的责任。

重复保险的投保人可以就保险金额总和超过保险价值的部分，请求各保险人按比例返还保险费。

重复保险是指投保人对同一保险标的、同一保险利益、同一保险事故分别与两个以上保险人订立保险合同，且保险金额总和超过保险价值的保险。

第五十七条 保险事故发生时，被保险人应当尽力采取必要的措施，防止或者减少损失。

保险事故发生后，被保险人为防止或者减少保险标的的损失所支付的必要的、合理的费用，由保险人承担；保险人所承担的费用数额在保险标的损失赔偿金额以外另行计算，最高不超过保险金额的数额。

第五十八条 保险标的发生部分损失的，自保险人赔偿之日起三十日内，投保人可以解除合同；除合同另有约定外，保险人也可以解除合同，但应当提前十五日通知投保人。

合同解除的，保险人应当将保险标的未受损失部分的保险费，按照合同约定扣除自保险责任开始之日起至合同解除之日止应收的部分后，退还投保人。

第五十九条 保险事故发生后，保险人已支付了全部保险金额，并且保险金额等于保险价值的，受损保险标的的全部权利归于保险人；保险金额低于保险价值的，保险人按照保险金额与保险价值的比例取得受损保险标的的部分权利。

第六十条 因第三者对保险标的的损害而造成保险事故的，保险人自向被保险人赔偿保险金之日起，在赔偿金额范围内代位行使被保险人对第三者请求赔偿的权利。

前款规定的保险事故发生后，被保险人已经从第三者取得损害赔偿的，保险人赔偿保险金时，可以相应扣减被保险人从第三者已取得的赔偿金额。

保险人依照本条第一款规定行使代位请求赔偿的权利，不影响被保险人就未取得赔偿的部分向第三者请求赔偿的权利。

第六十一条 保险事故发生后，保险人未赔偿保险金之前，被保险人放弃对第三者请求赔偿的权利的，保险人不承担赔偿保险金的责任。

保险人向被保险人赔偿保险金后，被保险人未经保险人同意放弃对第三者请求赔偿的权利的，该行为无效。

被保险人故意或者因重大过失致使保险人不能行使代位请求赔偿的权利的，保险人可以扣减或者要求返还相应的保险金。

第六十二条 除被保险人的家庭成员或者其组成人员故意造成本法第六十条第一款规定的保险事故外，保险人不得对被保险人的家庭成员或者其组成人员行使代位请求赔偿的权利。

第六十三条 保险人向第三者行使代位请求赔偿的权利时，被保险人应当向保险人提供必要的文件和所知道的有关情况。

第六十四条　保险人、被保险人为查明和确定保险事故的性质、原因和保险标的的损失程度所支付的必要的、合理的费用，由保险人承担。

第六十五条　保险人对责任保险的被保险人给第三者造成的损害，可以依照法律的规定或者合同的约定，直接向该第三者赔偿保险金。

责任保险的被保险人给第三者造成损害，被保险人对第三者应负的赔偿责任确定的，根据被保险人的请求，保险人应当直接向该第三者赔偿保险金。被保险人怠于请求的，第三者有权就其应获赔偿部分直接向保险人请求赔偿保险金。

责任保险的被保险人给第三者造成损害，被保险人未向该第三者赔偿的，保险人不得向被保险人赔偿保险金。

责任保险是指以被保险人对第三者依法应负的赔偿责任为保险标的的保险。

第六十六条　责任保险的被保险人因给第三者造成损害的保险事故而被提起仲裁或者诉讼的，被保险人支付的仲裁或者诉讼费用以及其他必要的、合理的费用，除合同另有约定外，由保险人承担。

第三章　保险公司

第六十七条　设立保险公司应当经国务院保险监督管理机构批准。

国务院保险监督管理机构审查保险公司的设立申请时，应当考虑保险业的发展和公平竞争的需要。

第六十八条　设立保险公司应当具备下列条件：

（一）主要股东具有持续盈利能力，信誉良好，最近三年内无重大违法违规记录，净资产不低于人民币二亿元；

（二）有符合本法和《中华人民共和国公司法》规定的章程；

（三）有符合本法规定的注册资本；

（四）有具备任职专业知识和业务工作经验的董事、监事和高级管理人员；

（五）有健全的组织机构和管理制度；

（六）有符合要求的营业场所和与经营业务有关的其他设施；

（七）法律、行政法规和国务院保险监督管理机构规定的其他条件。

第六十九条　设立保险公司，其注册资本的最低限额为人民币二亿元。

国务院保险监督管理机构根据保险公司的业务范围、经营规模，可以调整其注册资本的最低限额，但不得低于本条第一款规定的限额。

保险公司的注册资本必须为实缴货币资本。

第七十条　申请设立保险公司，应当向国务院保险监督管理机构提出书面申请，并提交下列材料：

（一）设立申请书，申请书应当载明拟设立的保险公司的名称、注册资本、业务范围等；

（二）可行性研究报告；

（三）筹建方案；

（四）投资人的营业执照或者其他背景资料，经会计师事务所审计的上一年度财务会计报告；

（五）投资人认可的筹备组负责人和拟任董事长、经理名单及本人认可证明；

（六）国务院保险监督管理机构规定的其他材料。

第七十一条 国务院保险监督管理机构应当对设立保险公司的申请进行审查，自受理之日起六个月内作出批准或者不批准筹建的决定，并书面通知申请人。决定不批准的，应当书面说明理由。

第七十二条 申请人应当自收到批准筹建通知之日起一年内完成筹建工作；筹建期间不得从事保险经营活动。

第七十三条 筹建工作完成后，申请人具备本法第六十八条规定的设立条件的，可以向国务院保险监督管理机构提出开业申请。

国务院保险监督管理机构应当自受理开业申请之日起六十日内，作出批准或者不批准开业的决定。决定批准的，颁发经营保险业务许可证；决定不批准的，应当书面通知申请人并说明理由。

第七十四条 保险公司在中华人民共和国境内设立分支机构，应当经保险监督管理机构批准。

保险公司分支机构不具有法人资格，其民事责任由保险公司承担。

第七十五条 保险公司申请设立分支机构，应当向保险监督管理机构提出书面申请，并提交下列材料：

（一）设立申请书；

（二）拟设机构三年业务发展规划和市场分析材料；

（三）拟任高级管理人员的简历及相关证明材料；

（四）国务院保险监督管理机构规定的其他材料。

第七十六条 保险监督管理机构应当对保险公司设立分支机构的申请进行审查，自受理之日起六十日内作出批准或者不批准的决定。决定批准的，颁发分支机构经营保险业务许可证；决定不批准的，应当书面通知申请人并说明理由。

第七十七条 经批准设立的保险公司及其分支机构，凭经营保险业务许可证向工商行政管理机关办理登记，领取营业执照。

第七十八条 保险公司及其分支机构自取得经营保险业务许可证之日起六个月内，无正当理由未向工商行政管理机关办理登记的，其经营保险业务许可证失效。

第七十九条 保险公司在中华人民共和国境外设立子公司、分支机构、代表机构，应当经国务院保险监督管理机构批准。

第八十条 外国保险机构在中华人民共和国境内设立代表机构，应当经国务院保险监督管理机构批准。代表机构不得从事保险经营活动。

第八十一条 保险公司的董事、监事和高级管理人员，应当品行良好，熟悉与保险相关的法律、行政法规，具有履行职责所需的经营管理能力，并在任职前取得保险监督管理机构核准的任职资格。

保险公司高级管理人员的范围由国务院保险监督管理机构规定。

第八十二条 有《中华人民共和国公司法》第一百四十七条规定的情形或者下列情形之一的，不得担任保险公司的董事、监事、高级管理人员：

（一）因违法行为或者违纪行为被金融监督管理机构取消任职资格的金融机构的董事、

监事、高级管理人员，自被取消任职资格之日起未逾五年的；

（二）因违法行为或者违纪行为被吊销执业资格的律师、注册会计师或者资产评估机构、验证机构等机构的专业人员，自被吊销执业资格之日起未逾五年的。

第八十三条　保险公司的董事、监事、高级管理人员执行公司职务时违反法律、行政法规或者公司章程的规定，给公司造成损失的，应当承担赔偿责任。

第八十四条　保险公司有下列情形之一的，应当经保险监督管理机构批准：

（一）变更名称；

（二）变更注册资本；

（三）变更公司或者分支机构的营业场所；

（四）撤销分支机构；

（五）公司分立或者合并；

（六）修改公司章程；

（七）变更出资额占有限责任公司资本总额百分之五以上的股东，或者变更持有股份有限公司股份百分之五以上的股东；

（八）国务院保险监督管理机构规定的其他情形。

第八十五条　保险公司应当聘用经国务院保险监督管理机构认可的精算专业人员，建立精算报告制度。

保险公司应当聘用专业人员，建立合规报告制度。

第八十六条　保险公司应当按照保险监督管理机构的规定，报送有关报告、报表、文件和资料。

保险公司的偿付能力报告、财务会计报告、精算报告、合规报告及其他有关报告、报表、文件和资料必须如实记录保险业务事项，不得有虚假记载、误导性陈述和重大遗漏。

第八十七条　保险公司应当按照国务院保险监督管理机构的规定妥善保管业务经营活动的完整账簿、原始凭证和有关资料。

前款规定的账簿、原始凭证和有关资料的保管期限，自保险合同终止之日起计算，保险期间在一年以下的不得少于五年，保险期间超过一年的不得少于十年。

第八十八条　保险公司聘请或者解聘会计师事务所、资产评估机构、资信评级机构等中介服务机构，应当向保险监督管理机构报告，并说明理由。

第八十九条　保险公司因分立、合并需要解散，或者股东会、股东大会决议解散，或者公司章程规定的解散事由出现，经国务院保险监督管理机构批准后解散。

经营有人寿保险业务的保险公司，除因分立、合并或者被依法撤销外，不得解散。

保险公司解散，应当依法成立清算组进行清算。

第九十条　保险公司有《中华人民共和国企业破产法》第二条规定情形的，经国务院保险监督管理机构同意，保险公司或者其债权人可以依法向人民法院申请重整、和解或者破产清算；国务院保险监督管理机构也可以依法向人民法院申请对该保险公司进行重整或者破产清算。

第九十一条　破产财产在优先清偿破产费用和共益债务后，按照下列顺序清偿：

（一）所欠职工工资和医疗、伤残补助、抚恤费用，所欠应当划入职工个人账户的基本养老保险、基本医疗保险费用，以及法律、行政法规规定应当支付给职工的补偿金；

（二）赔偿或者给付保险金；

（三）保险公司欠缴的除第（一）项规定以外的社会保险费用和所欠税款；

（四）普通破产债权。

破产财产不足以清偿同一顺序的清偿要求的，按照比例分配。

破产保险公司的董事、监事和高级管理人员的工资，按照该公司职工的平均工资计算。

第九十二条 经营有人寿保险业务的保险公司被依法撤销或者被依法宣告破产的，其持有的人寿保险合同及责任准备金，必须转让给其他经营有人寿保险业务的保险公司；不能同其他保险公司达成转让协议的，由国务院保险监督管理机构指定经营有人寿保险业务的保险公司接受转让。

转让或者由国务院保险监督管理机构指定接受转让前款规定的人寿保险合同及责任准备金的，应当维护被保险人、受益人的合法权益。

第九十三条 保险公司依法终止其业务活动，应当注销其经营保险业务许可证。

第九十四条 保险公司，除本法另有规定外，适用《中华人民共和国公司法》的规定。

第四章 保险经营规则

第九十五条 保险公司的业务范围：

（一）人身保险业务，包括人寿保险、健康保险、意外伤害保险等保险业务；

（二）财产保险业务，包括财产损失保险、责任保险、信用保险、保证保险等保险业务；

（三）国务院保险监督管理机构批准的与保险有关的其他业务。

保险人不得兼营人身保险业务和财产保险业务。但是，经营财产保险业务的保险公司经国务院保险监督管理机构批准，可以经营短期健康保险业务和意外伤害保险业务。

保险公司应当在国务院保险监督管理机构依法批准的业务范围内从事保险经营活动。

第九十六条 经国务院保险监督管理机构批准，保险公司可以经营本法第九十五条规定的保险业务的下列再保险业务：

（一）分出保险；

（二）分入保险。

第九十七条 保险公司应当按照其注册资本总额的百分之二十提取保证金，存入国务院保险监督管理机构指定的银行，除公司清算时用于清偿债务外，不得动用。

第九十八条 保险公司应当根据保障被保险人利益、保证偿付能力的原则，提取各项责任准备金。

保险公司提取和结转责任准备金的具体办法，由国务院保险监督管理机构制定。

第九十九条 保险公司应当依法提取公积金。

第一百条 保险公司应当缴纳保险保障基金。

保险保障基金应当集中管理，并在下列情形下统筹使用：

（一）在保险公司被撤销或者被宣告破产时，向投保人、被保险人或者受益人提供救济；

（二）在保险公司被撤销或者被宣告破产时，向依法接受其人寿保险合同的保险公司提供救济；

（三）国务院规定的其他情形。

保险保障基金筹集、管理和使用的具体办法，由国务院制定。

第一百零一条 保险公司应当具有与其业务规模和风险程度相适应的最低偿付能力。保险公司的认可资产减去认可负债的差额不得低于国务院保险监督管理机构规定的数额；低于规定数额的，应当按照国务院保险监督管理机构的要求采取相应措施达到规定的数额。

第一百零二条 经营财产保险业务的保险公司当年自留保险费，不得超过其实有资本金加公积金总和的四倍。

第一百零三条 保险公司对每一危险单位，即对一次保险事故可能造成的最大损失范围所承担的责任，不得超过其实有资本金加公积金总和的百分之十；超过的部分应当办理再保险。

保险公司对危险单位的划分应当符合国务院保险监督管理机构的规定。

第一百零四条 保险公司对危险单位的划分方法和巨灾风险安排方案，应当报国务院保险监督管理机构备案。

第一百零五条 保险公司应当按照国务院保险监督管理机构的规定办理再保险，并审慎选择再保险接受人。

第一百零六条 保险公司的资金运用必须稳健，遵循安全性原则。

保险公司的资金运用限于下列形式：

（一）银行存款；

（二）买卖债券、股票、证券投资基金份额等有价证券；

（三）投资不动产；

（四）国务院规定的其他资金运用形式。

保险公司资金运用的具体管理办法，由国务院保险监督管理机构依照前两款的规定制定。

第一百零七条 经国务院保险监督管理机构会同国务院证券监督管理机构批准，保险公司可以设立保险资产管理公司。

保险资产管理公司从事证券投资活动，应当遵守《中华人民共和国证券法》等法律、行政法规的规定。

保险资产管理公司的管理办法，由国务院保险监督管理机构会同国务院有关部门制定。

第一百零八条 保险公司应当按照国务院保险监督管理机构的规定，建立对关联交易的管理和信息披露制度。

第一百零九条 保险公司的控股股东、实际控制人、董事、监事、高级管理人员不得利用关联交易损害公司的利益。

第一百一十条 保险公司应当按照国务院保险监督管理机构的规定，真实、准确、完整地披露财务会计报告、风险管理状况、保险产品经营情况等重大事项。

第一百一十一条 保险公司从事保险销售的人员应当符合国务院保险监督管理机构规定的资格条件，取得保险监督管理机构颁发的资格证书。

前款规定的保险销售人员的范围和管理办法，由国务院保险监督管理机构规定。

第一百一十二条 保险公司应当建立保险代理人登记管理制度，加强对保险代理人的培训和管理，不得唆使、诱导保险代理人进行违背诚信义务的活动。

第一百一十三条 保险公司及其分支机构应当依法使用经营保险业务许可证，不得转让、出租、出借经营保险业务许可证。

第一百一十四条 保险公司应当按照国务院保险监督管理机构的规定，公平、合理拟订保险条款和保险费率，不得损害投保人、被保险人和受益人的合法权益。

保险公司应当按照合同约定和本法规定，及时履行赔偿或者给付保险金义务。

第一百一十五条 保险公司开展业务，应当遵循公平竞争的原则，不得从事不正当竞争。

第一百一十六条 保险公司及其工作人员在保险业务活动中不得有下列行为：

（一）欺骗投保人、被保险人或者受益人；

（二）对投保人隐瞒与保险合同有关的重要情况；

（三）阻碍投保人履行本法规定的如实告知义务，或者诱导其不履行本法规定的如实告知义务；

（四）给予或者承诺给予投保人、被保险人、受益人保险合同约定以外的保险费回扣或者其他利益；

（五）拒不依法履行保险合同约定的赔偿或者给付保险金义务；

（六）故意编造未曾发生的保险事故、虚构保险合同或者故意夸大已经发生的保险事故的损失程度进行虚假理赔，骗取保险金或者牟取其他不正当利益；

（七）挪用、截留、侵占保险费；

（八）委托未取得合法资格的机构或者个人从事保险销售活动；

（九）利用开展保险业务为其他机构或者个人牟取不正当利益；

（十）利用保险代理人、保险经纪人或者保险评估机构，从事以虚构保险中介业务或者编造退保等方式套取费用等违法活动；

（十一）以捏造、散布虚假事实等方式损害竞争对手的商业信誉，或者以其他不正当竞争行为扰乱保险市场秩序；

（十二）泄露在业务活动中知悉的投保人、被保险人的商业秘密；

（十三）违反法律、行政法规和国务院保险监督管理机构规定的其他行为。

第五章 保险代理人和保险经纪人

第一百一十七条 保险代理人是根据保险人的委托，向保险人收取佣金，并在保险人授权的范围内代为办理保险业务的机构或者个人。

保险代理机构包括专门从事保险代理业务的保险专业代理机构和兼营保险代理业务的保险兼业代理机构。

第一百一十八条 保险经纪人是基于投保人的利益，为投保人与保险人订立保险合同提供中介服务，并依法收取佣金的机构。

第一百一十九条 保险代理机构、保险经纪人应当具备国务院保险监督管理机构规定的条件，取得保险监督管理机构颁发的经营保险代理业务许可证、保险经纪业务许可证。

保险专业代理机构、保险经纪人凭保险监督管理机构颁发的许可证向工商行政管理机关办理登记，领取营业执照。

保险兼业代理机构凭保险监督管理机构颁发的许可证，向工商行政管理机关办理变更登记。

第一百二十条 以公司形式设立保险专业代理机构、保险经纪人，其注册资本最低限额适用《中华人民共和国公司法》的规定。

国务院保险监督管理机构根据保险专业代理机构、保险经纪人的业务范围和经营规模，可以调整其注册资本的最低限额，但不得低于《中华人民共和国公司法》规定的限额。

保险专业代理机构、保险经纪人的注册资本或者出资额必须为实缴货币资本。

第一百二十一条 保险专业代理机构、保险经纪人的高级管理人员，应当品行良好，熟悉保险法律、行政法规，具有履行职责所需的经营管理能力，并在任职前取得保险监督管理机构核准的任职资格。

第一百二十二条 个人保险代理人、保险代理机构的代理从业人员、保险经纪人的经纪从业人员，应当具备国务院保险监督管理机构规定的资格条件，取得保险监督管理机构颁发的资格证书。

第一百二十三条 保险代理机构、保险经纪人应当有自己的经营场所，设立专门账簿记载保险代理业务、经纪业务的收支情况。

第一百二十四条 保险代理机构、保险经纪人应当按照国务院保险监督管理机构的规定缴存保证金或者投保职业责任保险。未经保险监督管理机构批准，保险代理机构、保险经纪人不得动用保证金。

第一百二十五条 个人保险代理人在代为办理人寿保险业务时，不得同时接受两个以上保险人的委托。

第一百二十六条 保险人委托保险代理人代为办理保险业务，应当与保险代理人签订委托代理协议，依法约定双方的权利和义务。

第一百二十七条 保险代理人根据保险人的授权代为办理保险业务的行为，由保险人承担责任。

保险代理人没有代理权、超越代理权或者代理权终止后以保险人名义订立合同，使投保人有理由相信其有代理权的，该代理行为有效。保险人可以依法追究越权的保险代理人的责任。

第一百二十八条 保险经纪人因过错给投保人、被保险人造成损失的，依法承担赔偿责任。

第一百二十九条 保险活动当事人可以委托保险公估机构等依法设立的独立评估机构或者具有相关专业知识的人员，对保险事故进行评估和鉴定。

接受委托对保险事故进行评估和鉴定的机构和人员，应当依法、独立、客观、公正地进行评估和鉴定，任何单位和个人不得干涉。

前款规定的机构和人员，因故意或者过失给保险人或者被保险人造成损失的，依法承担赔偿责任。

第一百三十条 保险佣金只限于向具有合法资格的保险代理人、保险经纪人支付，不得向其他人支付。

第一百三十一条 保险代理人、保险经纪人及其从业人员在办理保险业务活动中不得有下列行为：

（一）欺骗保险人、投保人、被保险人或者受益人；

（二）隐瞒与保险合同有关的重要情况；

（三）阻碍投保人履行本法规定的如实告知义务，或者诱导其不履行本法规定的如实告知义务；

（四）给予或者承诺给予投保人、被保险人或者受益人保险合同约定以外的利益；

（五）利用行政权力、职务或者职业便利以及其他不正当手段强迫、引诱或者限制投保人订立保险合同；

（六）伪造、擅自变更保险合同，或者为保险合同当事人提供虚假证明材料；

（七）挪用、截留、侵占保险费或者保险金；

（八）利用业务便利为其他机构或者个人牟取不正当利益；

（九）串通投保人、被保险人或者受益人，骗取保险金；

（十）泄露在业务活动中知悉的保险人、投保人、被保险人的商业秘密。

第一百三十二条 保险专业代理机构、保险经纪人分立、合并、变更组织形式、设立分支机构或者解散的，应当经保险监督管理机构批准。

第一百三十三条 本法第八十六条第一款、第一百一十三条的规定，适用于保险代理机构和保险经纪人。

第六章 保险业监督管理

第一百三十四条 保险监督管理机构依照本法和国务院规定的职责，遵循依法、公开、公正的原则，对保险业实施监督管理，维护保险市场秩序，保护投保人、被保险人和受益人的合法权益。

第一百三十五条 国务院保险监督管理机构依照法律、行政法规制定并发布有关保险业监督管理的规章。

第一百三十六条 关系社会公众利益的保险险种、依法实行强制保险的险种和新开发的人寿保险险种等的保险条款和保险费率，应当报国务院保险监督管理机构批准。国务院保险监督管理机构审批时，应当遵循保护社会公众利益和防止不正当竞争的原则。其他保险险种的保险条款和保险费率，应当报保险监督管理机构备案。

保险条款和保险费率审批、备案的具体办法，由国务院保险监督管理机构依照前款规定制定。

第一百三十七条 保险公司使用的保险条款和保险费率违反法律、行政法规或者国务院保险监督管理机构的有关规定的，由保险监督管理机构责令停止使用，限期修改；情节严重的，可以在一定期限内禁止申报新的保险条款和保险费率。

第一百三十八条 国务院保险监督管理机构应当建立健全保险公司偿付能力监管体系，对保险公司的偿付能力实施监控。

第一百三十九条 对偿付能力不足的保险公司，国务院保险监督管理机构应当将其列为重点监管对象，并可以根据具体情况采取下列措施：

（一）责令增加资本金、办理再保险；

（二）限制业务范围；

（三）限制向股东分红；

（四）限制固定资产购置或者经营费用规模；

（五）限制资金运用的形式、比例；

（六）限制增设分支机构；

（七）责令拍卖不良资产、转让保险业务；

（八）限制董事、监事、高级管理人员的薪酬水平；

（九）限制商业性广告；

（十）责令停止接受新业务。

第一百四十条 保险公司未依照本法规定提取或者结转各项责任准备金，或者未依照本法规定办理再保险，或者严重违反本法关于资金运用的规定的，由保险监督管理机构责令限期改正，并可以责令调整负责人及有关管理人员。

第一百四十一条 保险监督管理机构依照本法第一百四十条的规定作出限期改正的决定后，保险公司逾期未改正的，国务院保险监督管理机构可以决定选派保险专业人员和指定该保险公司的有关人员组成整顿组，对公司进行整顿。

整顿决定应当载明被整顿公司的名称、整顿理由、整顿组成员和整顿期限，并予以公告。

第一百四十二条 整顿组有权监督被整顿保险公司的日常业务。被整顿公司的负责人及有关管理人员应当在整顿组的监督下行使职权。

第一百四十三条 整顿过程中，被整顿保险公司的原有业务继续进行。但是，国务院保险监督管理机构可以责令被整顿公司停止部分原有业务、停止接受新业务，调整资金运用。

第一百四十四条 被整顿保险公司经整顿已纠正其违反本法规定的行为，恢复正常经营状况的，由整顿组提出报告，经国务院保险监督管理机构批准，结束整顿，并由国务院保险监督管理机构予以公告。

第一百四十五条 保险公司有下列情形之一的，国务院保险监督管理机构可以对其实行接管：

（一）公司的偿付能力严重不足的；

（二）违反本法规定，损害社会公共利益，可能严重危及或者已经严重危及公司的偿付能力的。

被接管的保险公司的债权债务关系不因接管而变化。

第一百四十六条 接管组的组成和接管的实施办法，由国务院保险监督管理机构决定，并予以公告。

第一百四十七条 接管期限届满，国务院保险监督管理机构可以决定延长接管期限，但接管期限最长不得超过二年。

第一百四十八条 接管期限届满，被接管的保险公司已恢复正常经营能力的，由国务院保险监督管理机构决定终止接管，并予以公告。

第一百四十九条 被整顿、被接管的保险公司有《中华人民共和国企业破产法》第二条规定情形的，国务院保险监督管理机构可以依法向人民法院申请对该保险公司进行重整或者破产清算。

第一百五十条 保险公司因违法经营被依法吊销经营保险业务许可证的，或者偿付能力低于国务院保险监督管理机构规定标准，不予撤销将严重危害保险市场秩序、损害公共利益的，由国务院保险监督管理机构予以撤销并公告，依法及时组织清算组进行清算。

第一百五十一条 国务院保险监督管理机构有权要求保险公司股东、实际控制人在指定的期限内提供有关信息和资料。

第一百五十二条 保险公司的股东利用关联交易严重损害公司利益，危及公司偿付能力的，由国务院保险监督管理机构责令改正。在按照要求改正前，国务院保险监督管理机构可以限制其股东权利；拒不改正的，可以责令其转让所持的保险公司股权。

第一百五十三条 保险监督管理机构根据履行监督管理职责的需要，可以与保险公司董事、监事和高级管理人员进行监督管理谈话，要求其就公司的业务活动和风险管理的重大事项作出说明。

第一百五十四条 保险公司在整顿、接管、撤销清算期间，或者出现重大风险时，国务院保险监督管理机构可以对该公司直接负责的董事、监事、高级管理人员和其他直接责任人员采取以下措施：

（一）通知出境管理机关依法阻止其出境；

（二）申请司法机关禁止其转移、转让或者以其他方式处分财产，或者在财产上设定其他权利。

第一百五十五条 保险监督管理机构依法履行职责，可以采取下列措施：

（一）对保险公司、保险代理人、保险经纪人、保险资产管理公司、外国保险机构的代表机构进行现场检查；

（二）进入涉嫌违法行为发生场所调查取证；

（三）询问当事人及与被调查事件有关的单位和个人，要求其对与被调查事件有关的事项作出说明；

（四）查阅、复制与被调查事件有关的财产权登记等资料；

（五）查阅、复制保险公司、保险代理人、保险经纪人、保险资产管理公司、外国保险机构的代表机构以及与被调查事件有关的单位和个人的财务会计资料及其他相关文件和资料；对可能被转移、隐匿或者毁损的文件和资料予以封存；

（六）查询涉嫌违法经营的保险公司、保险代理人、保险经纪人、保险资产管理公司、外国保险机构的代表机构以及与涉嫌违法事项有关的单位和个人的银行账户；

（七）对有证据证明已经或者可能转移、隐匿违法资金等涉案财产或者隐匿、伪造、毁损重要证据的，经保险监督管理机构主要负责人批准，申请人民法院予以冻结或者查封。

保险监督管理机构采取前款第（一）项、第（二）项、第（五）项措施的，应当经保险监督管理机构负责人批准；采取第（六）项措施的，应当经国务院保险监督管理机构负责人批准。

保险监督管理机构依法进行监督检查或者调查，其监督检查、调查的人员不得少于两人，并应当出示合法证件和监督检查、调查通知书；监督检查、调查的人员少于两人或者未出示合法证件和监督检查、调查通知书的，被检查、调查的单位和个人有权拒绝。

第一百五十六条 保险监督管理机构依法履行职责，被检查、调查的单位和个人应当配合。

第一百五十七条 保险监督管理机构工作人员应当忠于职守，依法办事，公正廉洁，不得利用职务便利牟取不正当利益，不得泄露所知悉的有关单位和个人的商业秘密。

第一百五十八条 国务院保险监督管理机构应当与中国人民银行、国务院其他金融监督管理机构建立监督管理信息共享机制。

保险监督管理机构依法履行职责，进行监督检查、调查时，有关部门应当予以配合。

第七章　法 律 责 任

第一百五十九条　违反本法规定，擅自设立保险公司、保险资产管理公司或者非法经营商业保险业务的，由保险监督管理机构予以取缔，没收违法所得，并处违法所得一倍以上五倍以下的罚款；没有违法所得或者违法所得不足二十万元的，处二十万元以上一百万元以下的罚款。

第一百六十条　违反本法规定，擅自设立保险专业代理机构、保险经纪人，或者未取得经营保险代理业务许可证、保险经纪业务许可证从事保险代理业务、保险经纪业务的，由保险监督管理机构予以取缔，没收违法所得，并处违法所得一倍以上五倍以下的罚款；没有违法所得或者违法所得不足五万元的，处五万元以上三十万元以下的罚款。

第一百六十一条　保险公司违反本法规定，超出批准的业务范围经营的，由保险监督管理机构责令限期改正，没收违法所得，并处违法所得一倍以上五倍以下的罚款；没有违法所得或者违法所得不足十万元的，处十万元以上五十万元以下的罚款。逾期不改正或者造成严重后果的，责令停业整顿或者吊销业务许可证。

第一百六十二条　保险公司有本法第一百一十六条规定行为之一的，由保险监督管理机构责令改正，处五万元以上三十万元以下的罚款；情节严重的，限制其业务范围、责令停止接受新业务或者吊销业务许可证。

第一百六十三条　保险公司违反本法第八十四条规定的，由保险监督管理机构责令改正，处一万元以上十万元以下的罚款。

第一百六十四条　保险公司违反本法规定，有下列行为之一的，由保险监督管理机构责令改正，处五万元以上三十万元以下的罚款：

（一）超额承保，情节严重的；

（二）为无民事行为能力人承保以死亡为给付保险金条件的保险的。

第一百六十五条　违反本法规定，有下列行为之一的，由保险监督管理机构责令改正，处五万元以上三十万元以下的罚款；情节严重的，可以限制其业务范围、责令停止接受新业务或者吊销业务许可证：

（一）未按照规定提存保证金或者违反规定动用保证金的；

（二）未按照规定提取或者结转各项责任准备金的；

（三）未按照规定缴纳保险保障基金或者提取公积金的；

（四）未按照规定办理再保险的；

（五）未按照规定运用保险公司资金的；

（六）未经批准设立分支机构或者代表机构的；

（七）未按照规定申请批准保险条款、保险费率的。

第一百六十六条　保险代理机构、保险经纪人有本法第一百三十一条规定行为之一的，由保险监督管理机构责令改正，处五万元以上三十万元以下的罚款；情节严重的，吊销业务许可证。

第一百六十七条　保险代理机构、保险经纪人违反本法规定，有下列行为之一的，由保险监督管理机构责令改正，处二万元以上十万元以下的罚款；情节严重的，责令停业整顿或者吊销业务许可证：

（一）未按照规定缴存保证金或者投保职业责任保险的；

（二）未按照规定设立专门账簿记载业务收支情况的。

第一百六十八条 保险专业代理机构、保险经纪人违反本法规定，未经批准设立分支机构或者变更组织形式的，由保险监督管理机构责令改正，处一万元以上五万元以下的罚款。

第一百六十九条 违反本法规定，聘任不具有任职资格、从业资格的人员的，由保险监督管理机构责令改正，处二万元以上十万元以下的罚款。

第一百七十条 违反本法规定，转让、出租、出借业务许可证的，由保险监督管理机构处一万元以上十万元以下的罚款；情节严重的，责令停业整顿或者吊销业务许可证。

第一百七十一条 违反本法规定，有下列行为之一的，由保险监督管理机构责令限期改正；逾期不改正的，处一万元以上十万元以下的罚款：

（一）未按照规定报送或者保管报告、报表、文件、资料的，或者未按照规定提供有关信息、资料的；

（二）未按照规定报送保险条款、保险费率备案的；

（三）未按照规定披露信息的。

第一百七十二条 违反本法规定，有下列行为之一的，由保险监督管理机构责令改正，处十万元以上五十万元以下的罚款；情节严重的，可以限制其业务范围、责令停止接受新业务或者吊销业务许可证：

（一）编制或者提供虚假的报告、报表、文件、资料的；

（二）拒绝或者妨碍依法监督检查的；

（三）未按照规定使用经批准或者备案的保险条款、保险费率的。

第一百七十三条 保险公司、保险资产管理公司、保险专业代理机构、保险经纪人违反本法规定的，保险监督管理机构除分别依照本法第一百六十一条至第一百七十二条的规定对该单位给予处罚外，对其直接负责的主管人员和其他直接责任人员给予警告，并处一万元以上十万元以下的罚款；情节严重的，撤销任职资格或者从业资格。

第一百七十四条 个人保险代理人违反本法规定的，由保险监督管理机构给予警告，可以并处二万元以下的罚款；情节严重的，处二万元以上十万元以下的罚款，并可以吊销其资格证书。

未取得合法资格的人员从事个人保险代理活动的，由保险监督管理机构给予警告，可以并处二万元以下的罚款；情节严重的，处二万元以上十万元以下的罚款。

第一百七十五条 外国保险机构未经国务院保险监督管理机构批准，擅自在中华人民共和国境内设立代表机构的，由国务院保险监督管理机构予以取缔，处五万元以上三十万元以下的罚款。

外国保险机构在中华人民共和国境内设立的代表机构从事保险经营活动的，由保险监督管理机构责令改正，没收违法所得，并处违法所得一倍以上五倍以下的罚款；没有违法所得或者违法所得不足二十万元的，处二十万元以上一百万元以下的罚款；对其首席代表可以责令撤换；情节严重的，撤销其代表机构。

第一百七十六条 投保人、被保险人或者受益人有下列行为之一，进行保险诈骗活动，尚不构成犯罪的，依法给予行政处罚：

（一）投保人故意虚构保险标的，骗取保险金的；

（二）编造未曾发生的保险事故，或者编造虚假的事故原因或者夸大损失程度，骗取保险金的；

（三）故意造成保险事故，骗取保险金的。

保险事故的鉴定人、评估人、证明人故意提供虚假的证明文件，为投保人、被保险人或者受益人进行保险诈骗提供条件的，依照前款规定给予处罚。

第一百七十七条　违反本法规定，给他人造成损害的，依法承担民事责任。

第一百七十八条　拒绝、阻碍保险监督管理机构及其工作人员依法行使监督检查、调查职权，未使用暴力、威胁方法的，依法给予治安管理处罚。

第一百七十九条　违反法律、行政法规的规定，情节严重的，国务院保险监督管理机构可以禁止有关责任人员一定期限直至终身进入保险业。

第一百八十条　保险监督管理机构从事监督管理工作的人员有下列情形之一的，依法给予处分：

（一）违反规定批准机构的设立的；

（二）违反规定进行保险条款、保险费率审批的；

（三）违反规定进行现场检查的；

（四）违反规定查询账户或者冻结资金的；

（五）泄露其知悉的有关单位和个人的商业秘密的；

（六）违反规定实施行政处罚的；

（七）滥用职权、玩忽职守的其他行为。

第一百八十一条　违反本法规定，构成犯罪的，依法追究刑事责任。

第八章　附　　则

第一百八十二条　保险公司应当加入保险行业协会。保险代理人、保险经纪人、保险公估机构可以加入保险行业协会。

保险行业协会是保险业的自律性组织，是社会团体法人。

第一百八十三条　保险公司以外的其他依法设立的保险组织经营的商业保险业务，适用本法。

第一百八十四条　海上保险适用《中华人民共和国海商法》的有关规定；《中华人民共和国海商法》未规定的，适用本法的有关规定。

第一百八十五条　中外合资保险公司、外资独资保险公司、外国保险公司分公司适用本法规定；法律、行政法规另有规定的，适用其规定。

第一百八十六条　国家支持发展为农业生产服务的保险事业。农业保险由法律、行政法规另行规定。强制保险，法律、行政法规另有规定的，适用其规定。

第一百八十七条　本法自2009年10月1日起施行。

我国机动车辆保险条款

（保监发［2000］16号）

本保险合同中的机动车辆是指汽车、电车、电瓶车、摩托车、拖拉机、各种专用机械车、特种车。本保险合同为不定值保险合同。分为基本险和附加险，但附加险不能独立保险。保险人按照承保险别分别承担保险责任。保险车辆发生全部损失或灭失，本保险合同终止。

第一部分　基　本　险

基本险分为车辆损失险和第三者责任险。

保险责任

第一条　车辆损失险：

（一）被保险人或其允许的合格驾驶员在使用保险车辆过程中，因下列原因造成保险车辆的损失，保险人负责赔偿：

1. 碰撞、倾覆；

2. 火灾、爆炸；

3. 外界物体倒塌、空中运行物体坠落、保险车辆行驶中平行坠落；

4. 雷击、暴风、龙卷风、暴雨、洪水、海啸、地陷、冰陷、崖崩、雪崩、雹灾、泥石流、滑坡；

5. 载运保险车辆的渡船遭受自然灾害（只限于有驾驶员随车照料者）。

（二）发生保险事故时，被保险人或其允许的合格驾驶员对保险车辆采取施救、保护措施所支出的合理费用，保险人负责赔偿。但此项费用的最高赔偿金额以保险金额为限。

第二条　第三者责任险：

被保险人或其允许的合格驾驶员在使用保险车辆过程中，发生意外事故，致使第三者遭受人身伤亡或财产的直接损毁，依法应当由被保险人支付的赔偿金额，保险人依照《道路交通事故处理办法》和保险合同的规定给予赔偿。但因事故产生的善后工作，保险人不负责处理。

责任免除

第三条　保险车辆的下列损失，保险人不负责赔偿：

（一）自然磨损、朽蚀、故障、轮胎单独损坏；

（二）地震、人工直接供油、高温烘烤造成的损失；

（三）受本车所载货物撞击的损失；

（四）两轮及轻便摩托车停放期间翻倒的损失；

（五）遭受保险责任范围内的损失后，未经必要修理继续使用，致使损失扩大的部分；

（六）自燃以及不明原因产生火灾；自燃，即指保险车辆因本车电器、线路、供油系统、货物自身等发生问题造成火灾；

（七）玻璃单独破碎；

（八）保险车辆在淹及排气筒的水中启动或被水淹后操作不当致使发动机损坏。

第四条 保险车辆造成下列人身伤亡和财产损毁，不论在法律上是否应当由被保险人承担赔偿责任，保险人也不负责赔偿：

（一）被保险人或其允许的驾驶员所有或代管的财产；

（二）私有、个人承包车辆的被保险人或其允许的驾驶员及其家庭成员，以及他们所有或代管的财产；

（三）本车上的一切人员和财产。

第五条 下列情况下，不论任何原因造成保险车辆的损失或第三者的经济赔偿责任，保险人均不负责赔偿：

（一）战争、军事冲突、暴乱、扣押、罚没、政府征用；

（二）非被保险人或非被保险人允许的驾驶员使用保险车辆；

（三）被保险人或其允许的合格驾驶员的故意行为；

（四）竞赛、测试、在营业性修理场所修理期间；

（五）车辆所载货物掉落、泄漏；

（六）机动车辆拖带车辆（含挂车）或其他拖带物，两者当中至少有一个未投保第三者责任险；

（七）驾驶员饮酒、吸毒、被药物麻醉；

（八）驾驶员有下列情形之一者：

1. 没有驾驶证；

2. 驾驶与驾驶证准驾车型不相符合的车辆；

3. 持军队或武警部队驾驶证驾驶地方车辆；持地方驾驶证驾驶军队或武警部队车辆；

4. 持学习驾驶证学习驾车时，无教练员随车指导，或不按指定时间、路线学习驾车；

5. 实习期驾驶大型客车、电车、起重车和带挂车的汽车时，无正式驾驶员并坐监督指导；

6. 实习期驾驶执行任务的警车、消防车、工程救险车、救护车和载运危险品的车辆；

7. 持学习驾驶证及实习期在高速公路上驾车；

8. 驾驶员持审验不合格的驾驶证，或未经公安交通管理部门同意，持未审验的驾驶证驾车；

9. 使用各种专用机械车、特种车的人员无国家有关部门核发的有效操作证；

10. 公安交通管理部门规定的其他属于无有效驾驶证的情况。

（九）保险车辆肇事逃逸；

（十）未按书面约定履行缴纳保险费义务；

（十一）除本保险合同另有书面约定外，发生保险事故时保险车辆没有公安交通管理部门核发的行驶证和号牌，或未按规定检验或检验不合格。

第六条 下列损失和费用，保险人不负责赔偿：

（一）保险车辆发生意外事故，致使被保险人或第三者停业、停驶、停电、停水、停气、停产、中断通信以及其他各种间接损失；

（二）因保险事故引起的任何有关精神损害赔偿；

（三）因污染引起的任何补偿和赔偿；

（四）直接或间接由于计算机2000年问题引起的损失；

（五）保险车辆全车被盗窃、被抢劫、被抢夺，以及在此期间受到损坏或车上零部件、附属设备丢失，以及第三者人员伤亡或财产损失。

第七条 其他不属于保险责任范围内的损失和费用。

保险金额、赔偿限额和保险期限

第八条 车辆损失险的保险金额由投保人和保险人选择以下三种方式之一协商确定：

（一）按新车购置价确定。新车购置价是指本保险合同签订地购置与保险车辆同类型新车（含车辆购置附加费）的价格。

（二）按投保时的实际价值确定。实际价值是指同类型车辆市场新车购置价减去该车已使用年限折旧金额后的价格。折旧按每满一年扣除一年计算，不足一年的部分，不计折旧。折旧率按国家有关规定执行。但最高折旧金额不超过新车购置价的80%。

（三）由投保人与保险人协商确定。但保险金额不得超过同类型新车购置价，超过部分无效。保险人根据保险金额的不同确定方式承担相应的赔偿责任。

第九条 第三者责任险的每次事故最高赔偿限额应根据不同车辆种类选择确定：

（一）在不同区域内，摩托车、拖拉机的最高赔偿限额分为四个档次：2万元、5万元、10万元和20万元。

（二）其他车辆的最高赔偿限额分为六个档次：5万元、10万元、20万元、50万元、100万元和100万元以上，且最高不超过100万元。

（三）挂车投保后与主车视为一体。发生保险事故时，挂车引起的赔偿责任视同主车引起的赔偿责任。保险人对挂车赔偿责任与主车赔偿责任所负赔偿金额之和，以主车赔偿限额为限。

第十条 在保险合同有效期内，被保险人要求变更合同内容时，应向保险人书面申请办理批改。

第十一条 保险期限为一年。除法律另有规定外，投保时保险期限不足一年的按短期月费率计收保险费。保险期限不足一个月的按月计算。

保险合同解除时，按照《机动车辆保险费率规章》的有关规定退还未到期责任部分的保险费。

赔偿处理

第十二条 被保险人索赔时，应当向保险人提供保险单、事故证明、事故责任认定书、事故调解书、判决书、损失清单和有关费用单据。

第十三条 保险人依据保险车辆驾驶员在事故中所负责任比例，相应承担赔偿责任。

第十四条 保险车辆因保险事故受损或致使第三者财产损坏，应当尽量修复。修理前被保险人须会同保险人检验，确定修理项目、方式和费用。否则，保险人有权重新核定或拒绝赔偿。

第十五条 车辆损失险按以下规定赔偿：

（一）全部损失

保险金额高于实际价值时，以出险时的实际价值计算赔偿；保险金额等于或低于实际价值时，按保险金额计算赔偿。

（二）部分损失

以新车购置价确定保险金额的车辆，按实际修理及必要、合理的施救费用计算赔偿；保险金额低于新车购置价的车辆，按保险金额与新车购置价的比例计算赔偿修理及施救费用。保险车辆损失赔偿及施救费用分别以不超过保险金额为限。如果保险车辆部分损失一次赔偿金额与免赔金额之和等于保险金额时，车辆损失险的保险责任即行终止。

（三）施救的财产中，含有本保险合同未保险的财产，应按本保险合同保险财产的实际价值占总施救财产的实际价值比例分摊施救费用。

第十六条　保险车辆发生第三者责任事故时，按《道路交通事故处理办法》规定的赔偿范围、项目和标准以及保险合同的规定，在保险单载明的赔偿限额内核定赔偿金额。对被保险人自行承诺或支付的赔偿金额，保险人有权重新核定或拒绝赔偿。

第十七条　第三者责任事故赔偿后，对受害第三者的任何赔偿费用的增加，保险人不再负责。

第十八条　第三者责任事故赔偿后，保险责任继续有效，直至保险期满。

第十九条　保险车辆、第三者的财产遭受损失后的残余部分，应协商作价折归被保险人，并在赔款中扣除。

第二十条　根据保险车辆驾驶员在事故中所负责任，车辆损失险和第三者责任险在符合赔偿规定的金额内实行绝对免赔率；负全部责任的免赔20％，负主要责任的免赔15％，负同等责任的免赔10％，负次要责任的免赔5％。单方肇事事故的绝对免赔率为20％。

单方肇事事故是指不涉及与第三方有关的损害赔偿的事故，但不包括自然灾害引起的事故。

第二十一条　被保险人提供的各种必要的单证齐全后，保险人应当迅速审查核定。赔款金额经保险合同双方确认后，保险人在10天内一次赔偿结案。

第二十二条　保险车辆发生基本险条款第一条列明的保险责任范围内的损失应当由第三方负责赔偿的，被保险人应当向第三方索赔。如果第三方不予支付，被保险人应提起诉讼，经法院立案后，保险人根据被保险人提出的书面赔偿请求，应按照保险合同予以部分或全部赔偿，但被保险人必须将向第三方追偿的权利部分或全部转让给保险人，并协助保险人向第三方追偿。

由于被保险人放弃对第三方的请求赔偿的权利或过错致使保险人不能行使代位追偿权利的，保险人不承担赔偿责任或相应扣减保险赔偿金。

第二十三条　保险车辆发生基本险条款第一条列明的保险责任范围内的损失应当由第三方负责赔偿的，确实无法找到第三方的，保险人予以赔偿，但在符合赔偿规定的范围内实行5％的绝对免赔率。

投保人、被保险人义务

第二十四条　投保人对保险车辆的情况应如实申报，并在签订保险合同时一次交清保险费。

第二十五条　被保险人及其驾驶员应当做好保险车辆的维护、保养工作，并按规定检验合格；保险车辆装载必须符合《道路交通管理条例》中有关机动车辆装载的规定，使其保持安全行驶技术状态。

被保险人及其驾驶员应根据保险人提出的消除不安全因素和隐患的建议，及时采取相应的整改措施。

第二十六条 在保险合同有效期内，保险车辆转卖、转让、赠送他人、变更用途或增加危险程度，被保险人应当事先书面通知保险人并申请办理批改。

第二十七条 被保险人不得非法转卖、转让保险车辆；不得利用保险车辆从事违法犯罪活动。

第二十八条 保险车辆发生保险事故后，被保险人应当采取合理的保护、施救措施，并立即向事故发生地公安交通管理部门报案，同时在48小时内通知保险人。

被保险人应在公安交通管理部门对交通事故处理结案之日起10天内，向保险人提交本条款第十二条规定的或保险人要求能证明事故原因、性质、责任划分和损失确定等的各种必要单证。

第二十九条 被保险人索赔时不得有隐瞒事实、伪造单证、制造假案等欺诈行为。

第三十条 被保险人不履行本条款第二十四条至第二十九条规定的义务，保险人有权拒绝赔偿或自书面通知之日起解除保险合同；已赔偿的，保险人有权追回已付保险赔款。

无赔款优待

第三十一条 保险车辆在上一年保险期限内无赔款，续保时可享受无赔款减收保险费优待，优待金额为本年度续保险种应交保险费的10%。被保险人投保车辆不止一辆的，无赔款优待分别按车辆计算。上年度投保的车辆损失险、第三者责任险、附加险中任何一项发生赔款，续保时均不能享受无赔款优待。不续保者不享受无赔款优待。

上年度无赔款的机动车辆，如果续保的险种与上年度不完全相同，无赔款优待则以险种相同的部分为计算基础；如果续保的险种与上年度相同，但保险金额不同，无赔款优待则以本年度保险金额对应的应交保险费为计算基础、不论机动车辆连续几年无事故，无赔款优待一律为应交保险费的10%。

其他事项

第三十二条 本条款不适用于深圳市及仅在深圳特区内行驶的同时挂深圳、香港两地牌照的机动车辆。

第三十三条 被保险人在保险责任开始前，要求解除合同的，保险人应退还保险费，并按照《中华人民共和国保险法》的有关规定，扣减保险费金额3%的退保手续费。

第三十四条 合同争议的解决方式由被保险人与保险人约定从下列两种方式中选择一种：

（一）因履行本合同发生的争议，由当事人协商解决，协商不成的，依合同约定提交仲裁委员会仲裁；

（二）因履行本合同发生的争议，由当事人协商解决，协商不成的，依法向人民法院起诉。

第二部分 附加险

在投保了车辆损失险的基础上方可投保全车盗抢险、玻璃单独破碎险、车辆停驶损失险、自燃损失险、新增加设备损失险；在投保了第三者责任险的基础上方可投保车上责任险、无过失责任险、车载货物掉落责任险；在投保了车辆损失险和第三者责任险的基础上方可投保不计免赔特约险。附加险条款与基本险条款相抵触之处，以附加险条款为准，未尽之处，以基本险条款为准。

全车盗抢险条款

第一条 保险责任

（一）保险车辆（含投保的挂车）全车被盗窃、被抢劫、被抢夺，经县级以上公安刑侦部门立案证实，满三个月未查明下落；

（二）保险车辆全车被盗窃、被抢劫、被抢夺后受到损坏或车上零部件、附属设备丢失需要修复的合理费用。

第二条 责任免除

（一）非全车遭盗抢，仅车上零部件或附属设备被盗窃、被抢劫、被抢夺、被损坏；

（二）被他人诈骗造成的全车或部分损失；

（三）全车被盗窃、被抢劫、被抢夺期间，保险车辆肇事导致第三者人员伤亡或财产损失；

（四）被保险人因违反政府有关法律、法规被有关国家机关罚没、扣押；

（五）被保险人因与他人的民事、经济纠纷而致保险车辆被抢劫、被抢夺；

（六）租赁车辆与承租人同时失踪；

（七）被保险人及其家庭成员、被保险人允许的驾驶员的故意行为或违法行为造成的全车或部分损失。

第三条 保险金额

保险金额由保险人与被保险人在保险车辆的实际价值内协商确定。

当保险车辆的实际价值高于购车发票金额时，以购车发票金额确定保险金额。

第四条 被保险人义务

（一）被保险人得知或应当得知保险车辆被盗窃、被抢劫或被抢夺后，应在24小时内（不可抗力因素除外）向当地公安部门报案，同时在48小时内通知保险人，并登报声明；

（二）被保险人向保险人索赔时，须提供保险单、机动车行驶证、购车原始发票、车辆购置附加费凭证、车钥匙，以及出险地县级以上公安刑侦部门出具的盗抢案件证明和车辆已报停手续。

第五条 赔偿处理

根据被保险人提供的索赔单证，保险人按以下规定赔偿：

1. 全车损失，按基本险条款第十五条第（一）项有关规定计算赔偿金额，并实行20%的绝对免赔率。但被保险人未能提供机动车行驶证、购车原始发票，车辆购置附加费凭证，每缺少一项，增加0.5%的免赔率；缺少车钥匙的增加5%的免赔率；

2. 符合本条款第一条第（二）项规定的损失，按实际修复费用计算赔偿，最高不超过全车盗抢险保险金额；

3. 被保险人索赔时未能向保险人提供出险地县级以上公安刑侦部门出具的盗抢案件证明及车辆已报停手续，保险人不负赔偿责任。保险人确认索赔单证齐全、有效后，由被保险人签具权益转让书，赔付结案。

第六条 其他事项

保险人赔偿后，如被盗抢的保险车辆找回，应将该车辆归还被保险人，同时收回相应的赔款。如果被保险人不愿意收回原车，则车辆的所有权益归保险人。

车上责任险条款

第一条　保险责任

投保了本保险的机动车辆在使用过程中，发生意外事故，致使保险车辆上所载货物遭受直接损毁和车上人员的人身伤亡，依法应由被保险人承担的经济赔偿责任，以及被保险人为减少损失而支付的必要合理的施救、保护费用，保险人在保险单所载明该保险赔偿限额内计算赔偿。

第二条　责任免除

由于以下原因引起的损失，保险人不负责赔偿：

（一）货物遭哄抢、自然损耗、本身缺陷、短少、死亡、腐烂、变质；

（二）违法载运或因包装、紧固不善，装载、遮盖不当造成的货物损失；

（三）车上人员携带的私人物品、违章搭乘的人员或违章所载货物；

（四）由于驾驶员的故意行为、紧急刹车或本车上的人员因疾病、分娩、自残、殴斗、自杀、犯罪行为所致的人身伤亡、货物损失以及车上人员在车下时所受的人身伤亡；

（五）其他不属于保险责任范围内的损失和费用。

第三条　赔偿限额

车上承运货物的赔偿限额和车上人员每人的最高赔偿限额由被保险人和保险人在投保时协商确定。投保座位数以保险车辆的核定载客数为限。

第四条　赔偿处理

（一）车上伤亡人员按《道路交通事故处理办法》规定的赔偿范围、项目和标准以及保险合同的规定计算赔偿，但每人最高赔偿金额不超过保险单载明的本保险每座赔偿限额，最高赔偿人数以投保座位数为限。

（二）承运的货物发生保险责任范围内的损失，保险人按起运地价格在赔偿限额内负责赔偿。

（三）每次赔偿均实行相应的免赔率，免赔率及办法与基本险第二十条相同。

无过失责任险条款

第一条　保险责任投保了本保险的机动车辆在使用过程中，因与非机动车辆、行人发生交通事故，造成对方人员伤亡和财产直接损毁，保险车辆一方无过失，且被保险人拒绝赔偿未果，对被保险人已经支付给对方而无法追回的费用，保险人按《道路交通事故处理办法》和出险当地的道路交通事故处理规定标准，在保险单所载明的本保险赔偿限额内计算赔偿。

第二条　赔偿处理

本保险每次赔偿均实行20%的绝对免赔率。

车载货物掉落责任险条款

第一条　保险责任

投保了本保险的机动车辆在使用过程中，所载货物从车上掉下致使第三者遭受人身伤亡或财产的直接损毁，依法应由被保险人承担的经济赔偿责任，保险人在保险单所载明的本保险赔偿限额内计算赔偿。

第二条　责任免除

(一) 被保险人及其家庭成员的人员伤亡、财产损失；

(二) 驾驶员故意行为或车上所载气体、液体泄漏所造成的损失。

第三条 赔偿限额

车载货物掉落责任每次事故的赔偿限额由被保险人与保险人在投保时协商确定。

第四条 赔偿处理

本保险每次赔偿均实行20%的绝对免赔率。

玻璃单独破碎险条款

第一条 保险责任

投保了本保险的机动车辆在使用过程中，发生本车玻璃单独破碎，保险人按实际损失计算赔偿。投保人在与保险人协商的基础上，自愿按进口挡风玻璃或国产挡风玻璃选择投保；保险人根据其选择承担相应保险责任。

第二条 责任免除

(一) 灯具、车镜玻璃破碎；

(二) 投保人或其驾驶员的故意行为，以及安装、维修车辆过程中造成的破碎。

车辆停驶损失险条款

第一条 保险责任

投保了本保险的机动车辆在使用过程中，因发生基本险第一条所列的保险事故，造成车身损毁，致使车辆停驶，保险人按以下规定承担赔偿责任：

(一) 部分损失的，保险人在双方约定的修复时间内，按保险单约定的日赔偿金额乘以从送修之日起至修复竣工之日止的实际天数计算赔偿；

(二) 全车损毁的，按保险单约定的赔偿限额计算赔偿；

(三) 在保险期限内，上述赔款累计计算，最高以保险单约定的赔偿天数为限。

第二条 责任免除

保险人对下列停驶损失不负责赔偿：

(一) 车辆被扣押期间的损失；

(二) 因车辆修理质量不合要求，造成返修期间的损失；

(三) 被保险人及其驾驶员拖延车辆送修或修复时间的损失。

第三条 赔偿限额

赔偿限额以投保人与保险人投保时约定的赔偿天数乘以约定的日赔偿金额为准，但本保险的最高约定赔偿天数为90天。

自燃损失险条款

第一条 保险责任

投保了本保险的机动车辆在使用过程中，因本车电器、线路、供油系统发生故障及运载货物自身原因起火燃烧，造成保险车辆的损失，以及被保险人在发生本保险事故时，为减少保险车辆损失所支出的必要合理的施救费用，保险人在保险单该项目所载明的保险金额内，按保险车辆的实际损失计算赔偿；发生全部损失的按出险时保险车辆实际价值在保险单该项目所载明的保险金额内计算赔偿。

第二条 责任免除

对下列原因造成的损失，保险人不负责赔偿：

（一）被保险人在使用保险车辆过程中，因人工直接供油、高温烘烤等违反车辆安全操作规则造成的损失；

（二）因自燃仅造成电器、线路、供油系统的损失；

（三）运载货物自身的损失；

（四）被保险人的故意行为或违法行为造成保险车辆的损失。

第三条 保险金额

由投保人和保险人在保险车辆的实际价值内协商确定。第四条赔偿处理本保险每次赔偿均实行 20%的绝对免赔率。

新增加设备损失险条款

第一条 保险责任

投保了本保险的机动车辆在使用过程中，发生基本险第一条所列的保险事故，造成车上新增加设备的直接损毁，保险人在保险单该项目所载明的保险金额内，按实际损失计算赔偿。

第二条 保险金额

保险金额以新增加设备的实际价值确定。

第三条 赔偿处理

本保险每次赔偿均实行绝对免赔率，绝对免赔率按照基本险第二十条确定。

第四条 其他事项

本保险所指的新增加设备，是指保险车辆出厂时原有各项设备以外，被保险人另外加装的设备及设施。办理本保险时，应列明车上新增加设备明细表及价格。

不计免赔特约险条款

只有在同时投保了车辆损失险和第三者责任险的基础上方可投保本附加险。当车辆损失险和第三者责任险中任一险别的保险责任终止时，本附加险的保险责任同时终止。

第一条 保险责任

办理了本项特约保险的机动车辆发生保险事故造成赔偿，对其在符合赔偿规定的金额内按本险条款规定计算的免赔金额，保险人负责赔偿。

第二条 责任免除

对于各附加险项下规定的免赔金额，保险人不负责赔偿。

道路交通事故处理程序规定

中华人民共和国公安部令

第 104 号

《道路交通事故处理程序规定》已经 2008 年 7 月 11 日公安部部长办公会议通过，现予发布，自 2009 年 1 月 1 日起施行。

公安部部长　孟建柱

二〇〇八年八月十七日

第一章　总　　则

第一条　为了规范道路交通事故处理程序，保障公安机关交通管理部门依法履行职责，保护道路交通事故当事人的合法权益，根据《中华人民共和国道路交通安全法》及其实施条例等有关法律、法规，制定本规定。

第二条　公安机关交通管理部门处理道路交通事故，应当遵循公正、公开、便民、效率的原则。

第三条　交通警察处理道路交通事故，应当取得相应等级的处理道路交通事故资格。

第二章　管　　辖

第四条　道路交通事故由发生地的县级公安机关交通管理部门管辖。未设立县级公安机关交通管理部门的，由设区市公安机关交通管理部门管辖。

第五条　道路交通事故发生在两个以上管辖区域的，由事故起始点所在地公安机关交通管理部门管辖。

对管辖权有争议的，由共同的上一级公安机关交通管理部门指定管辖。指定管辖前，最先发现或者最先接到报警的公安机关交通管理部门应当先行救助受伤人员，进行现场前期处理。

第六条　上级公安机关交通管理部门在必要的时候，可以处理下级公安机关交通管理部门管辖的道路交通事故，或者指定下级公安机关交通管理部门限时将案件移送其他下级公安机关交通管理部门处理。

案件管辖发生转移的，处理时限从移送案件之日起计算。

第七条　军队、武警部队人员、车辆发生道路交通事故的，按照本规定处理。需要对现役军人给予行政处罚或者追究刑事责任的，移送军队、武警部队有关部门。

第三章　报警和受理

第八条　道路交通事故有下列情形之一的，当事人应当保护现场并立即报警：

（一）造成人员死亡、受伤的；

（二）发生财产损失事故，当事人对事实或者成因有争议的，以及虽然对事实或者成因无争议，但协商损害赔偿未达成协议的；

（三）机动车无号牌、无检验合格标志、无保险标志的；

（四）载运爆炸物品、易燃易爆化学物品以及毒害性、放射性、腐蚀性、传染病病源体等危险物品车辆的；

（五）碰撞建筑物、公共设施或者其他设施的；

（六）驾驶人无有效机动车驾驶证的；

（七）驾驶人有饮酒、服用国家管制的精神药品或者麻醉药品嫌疑的；

（八）当事人不能自行移动车辆的。

发生财产损失事故，并具有前款第二项至第五项情形之一，车辆可以移动的，当事人可以在报警后，在确保安全的原则下对现场拍照或者标划停车位置，将车辆移至不妨碍交通的地点等候处理。

第九条 公路上发生道路交通事故的，驾驶人必须在确保安全的原则下，立即组织车上人员疏散到路外安全地点，避免发生次生事故。驾驶人已因道路交通事故死亡或者受伤无法行动的，车上其他人员应当自行组织疏散。

第十条 公安机关及其交通管理部门接到道路交通事故报警，应当记录下列内容：

（一）报警方式、报警时间、报警人姓名、联系方式，电话报警的，还应当记录报警电话；

（二）发生道路交通事故时间、地点；

（三）人员伤亡情况；

（四）车辆类型、车辆牌号，是否载有危险物品、危险物品的种类等；

（五）涉嫌交通肇事逃逸的，还应当询问并记录肇事车辆的车型、颜色、特征及其逃逸方向、逃逸驾驶人的体貌特征等有关情况。

报警人不报姓名的，应当记录在案。报警人不愿意公开姓名的，应当为其保密。

第十一条 公安机关交通管理部门接到道路交通事故报警或者出警指令后，应当按照规定立即派交通警察赶赴现场。有人员伤亡或者其他紧急情况的，应当及时通知急救、医疗、消防等有关部门。发生一次死亡三人以上事故或者其他有重大影响的道路交通事故，应当立即向上一级公安机关交通管理部门报告，并通过所属公安机关报告当地人民政府；涉及营运车辆的，通知当地人民政府有关行政管理部门；涉及爆炸物品、易燃易爆化学物品以及毒害性、放射性、腐蚀性、传染病病源体等危险物品的，应当立即通过所属公安机关报告当地人民政府，并通报有关部门及时处理；造成道路、供电、通信等设施损毁的，应当通报有关部门及时处理。

第十二条 当事人未在道路交通事故现场报警，事后请求公安机关交通管理部门处理的，公安机关交通管理部门应当按照本规定第十条的规定予以记录，并在三日内作出是否受理的决定。经核查道路交通事故事实存在的，公安机关交通管理部门应当受理，并告知当事人；经核查无法证明道路交通事故事实存在，或者不属于公安机关交通管理部门管辖的，应当书面告知当事人，并说明理由。

第四章 自行协商和简易程序

第十三条 机动车与机动车、机动车与非机动车发生财产损失事故，当事人对事实及成因无争议的，可以自行协商处理损害赔偿事宜。车辆可以移动的，当事人应当在确保安全的原则下对现场拍照或者标划事故车辆现场位置后，立即撤离现场，将车辆移至不妨碍交通的地点，再进行协商。

非机动车与非机动车或者行人发生财产损失事故，基本事实及成因清楚的，当事人应当先撤离现场，再协商处理损害赔偿事宜。

对应当自行撤离现场而未撤离的，交通警察应当责令当事人撤离现场；造成交通堵塞的，对驾驶人处以200元罚款；驾驶人有其他道路交通安全违法行为的，依法一并处罚。

第十四条　具有本规定第十三条规定情形，当事人自行协商达成协议的，填写道路交通事故损害赔偿协议书，并共同签名。损害赔偿协议书内容包括事故发生的时间、地点、天气、当事人姓名、机动车驾驶证号、联系方式、机动车种类和号牌、保险凭证号、事故形态、碰撞部位、赔偿责任等内容。

第十五条　对仅造成人员轻微伤或者具有本规定第八条第一款第二项至第八项规定情形之一的财产损失事故，公安机关交通管理部门可以适用简易程序处理，但是有交通肇事犯罪嫌疑的除外。

适用简易程序的，可以由一名交通警察处理。

第十六条　交通警察适用简易程序处理道路交通事故时，应当在固定现场证据后，责令当事人撤离现场，恢复交通。拒不撤离现场的，予以强制撤离；对当事人不能自行移动车辆的，交通警察应当将车辆移至不妨碍交通的地点。具有本规定第八条第一款第六项、第七项情形之一的，按照《道路交通安全法实施条例》第一百零四条规定处理。

撤离现场后，交通警察应当根据现场固定的证据和当事人、证人叙述等，认定并记录道路交通事故发生的时间、地点、天气、当事人姓名、机动车驾驶证号、联系方式、机动车种类和号牌、保险凭证号、交通事故形态、碰撞部位等，并根据当事人的行为对发生道路交通事故所起的作用以及过错的严重程度，确定当事人的责任，制作道路交通事故认定书，由当事人签名。

第十七条　当事人共同请求调解的，交通警察应当当场进行调解，并在道路交通事故认定书上记录调解结果，由当事人签名，交付当事人。

第十八条　有下列情形之一的，不适用调解，交通警察可以在道路交通事故认定书上载明有关情况后，将道路交通事故认定书交付当事人：

（一）当事人对道路交通事故认定有异议的；

（二）当事人拒绝在道路交通事故认定书上签名的；

（三）当事人不同意调解的。

第五章　调　　查

第一节　一般规定

第十九条　除简易程序外，公安机关交通管理部门对道路交通事故进行调查时，交通警察不得少于两人。

交通警察调查时应当向被调查人员出示《人民警察证》，告知被调查人依法享有的权利和义务，向当事人发送联系卡。联系卡载明交通警察姓名、办公地址、联系方式、监督电话等内容。

第二十条 交通警察调查道路交通事故时，应当客观、全面、及时、合法地收集证据。

第二节 现场处置和现场调查

第二十一条 交通警察到达事故现场后，应当立即进行下列工作。

（一）划定警戒区域，在安全距离位置放置发光或者反光锥筒和警告标志，确定专人负责现场交通指挥和疏导，维护良好道路通行秩序。因道路交通事故导致交通中断或者现场处置、勘查需要采取封闭道路等交通管制措施的，还应当在事故现场来车方向提前组织分流，放置绕行提示标志，避免发生交通堵塞。

（二）组织抢救受伤人员。

（三）指挥勘查、救护等车辆停放在便于抢救和勘查的位置，开启警灯，夜间还应当开启危险报警闪光灯和示廓灯。

（四）查找道路交通事故当事人和证人，控制肇事嫌疑人。

第二十二条 道路交通事故造成人员死亡的，应当经急救、医疗人员确认，并由医疗机构出具死亡证明。尸体应当存放在殡葬服务单位或者有停尸条件的医疗机构。

第二十三条 交通警察应当对事故现场进行调查，做好下列工作：

（一）勘查事故现场，查明事故车辆、当事人、道路及其空间关系和事故发生时的天气情况；

（二）固定、提取或者保全现场证据材料；

（三）查找当事人、证人进行询问，并制作询问笔录；

（四）其他调查工作。

第二十四条 交通警察勘查道路交通事故现场，应当按照有关法规和标准的规定，拍摄现场照片，绘制现场图，提取痕迹、物证，制作现场勘查笔录。发生一次死亡三人以上道路交通事故的，应当进行现场摄像。

现场图、现场勘查笔录应当由参加勘查的交通警察、当事人或者见证人签名。当事人、见证人拒绝签名或者无法签名以及无见证人的，应当记录在案。

第二十五条 痕迹或者证据可能因时间、地点、气象等原因导致灭失的，交通警察应当及时固定、提取或者保全。

车辆驾驶人有饮酒或者服用国家管制的精神药品、麻醉药品嫌疑的，公安机关交通管理部门应当按照《道路交通安全违法行为处理程序规定》及时抽血或者提取尿样，送交有检验资格的机构进行检验；车辆驾驶人当场死亡的，应当及时抽血检验。

第二十六条 交通警察应当检查当事人的身份证件、机动车驾驶证、机动车行驶证、保险标志等；对交通肇事嫌疑人可以依法传唤。

第二十七条 交通警察勘查事故现场完毕后，应当清点并登记现场遗留物品，迅速组织清理现场，尽快恢复交通。

现场遗留物品能够现场发还的，应当现场发还并做记录；现场无法确定所有人的，应当妥善保管，待所有人确定后，及时发还。

第二十八条 因收集证据的需要，公安机关交通管理部门可以扣留事故车辆及机动车行驶证，并开具行政强制措施凭证。扣留的车辆及机动车行驶证应当妥善保管。

公安机关交通管理部门不得扣留事故车辆所载货物。对所载货物在核实重量、体积及货物损失后，通知机动车驾驶人或者货物所有人自行处理。无法通知当事人或者当事人不自行处理的，按照《公安机关办理行政案件程序规定》的有关规定办理。

第二十九条　因收集证据的需要，公安机关交通管理部门可以扣押与事故有关的物品，并开具扣押物品清单一式两份，一份交给被扣押物品的持有人，一份附卷。扣押的物品应当妥善保管。

扣押期限不得超过三十日，案情重大、复杂的，经本级公安机关负责人或者上一级公安机关交通管理部门负责人批准可以延长三十日；法律、法规另有规定的除外。

第三十条　公安机关交通管理部门经过现场调查认为不属于道路交通事故的，应当书面通知当事人，并将案件移送有关部门或者告知当事人处理途径。

公安机关交通管理部门在调查过程中，发现当事人有交通肇事犯罪嫌疑的，应当按照《公安机关办理刑事案件程序规定》立案侦查。发现当事人有其他违法犯罪嫌疑的，应当及时移送有关部门，移送不影响事故的调查和处理。

第三十一条　投保机动车交通事故责任强制保险的车辆发生道路交通事故，因抢救受伤人员需要保险公司支付抢救费用的，公安机关交通管理部门书面通知保险公司。

抢救受伤人员需要道路交通事故社会救助基金垫付费用的，公安机关交通管理部门书面通知道路交通事故社会救助基金管理机构。

第三节　交通肇事逃逸查缉

第三十二条　公安机关交通管理部门应当根据管辖区域和道路情况，制定交通肇事逃逸案件查缉预案。

发生交通肇事逃逸案件后，公安机关交通管理部门应当根据当事人陈述、证人证言、交通事故现场痕迹、遗留物等线索，及时启动查缉预案，布置堵截和查缉。

第三十三条　案发地公安机关交通管理部门可以通过发协查通报、向社会公告等方式要求协查、举报交通肇事逃逸车辆或者侦破线索。发出协查通报或者向社会公告时，应当提供交通肇事逃逸案件基本事实、交通肇事逃逸车辆情况、特征及逃逸方向等有关情况。

第三十四条　接到协查通报的公安机关交通管理部门，应当立即布置堵截或者排查。发现交通肇事逃逸车辆或者嫌疑车辆的，应当予以扣留，依法传唤交通肇事逃逸人或者与协查通报相符的嫌疑人，并及时将有关情况通知案发地公安机关交通管理部门。案发地公安机关交通管理部门应当立即派交通警察前往办理移交。

第三十五条　公安机关交通管理部门查获交通肇事逃逸车辆后，应当按原范围发出撤销协查通报。

第三十六条　公安机关交通管理部门侦办交通肇事逃逸案件期间，交通肇事逃逸案件的受害人及其家属向公安机关交通管理部门询问案件侦办情况的，公安机关交通管理部门应当告知。

第四节　检验、鉴定

第三十七条　需要进行检验、鉴定的，公安机关交通管理部门应当自事故现场调查结束之日起三日内委托具备资格的鉴定机构进行检验、鉴定。尸体检验应当在死亡之日起三日内委托。

对现场调查结束之日起三日后需要检验、鉴定的，应当报经上一级公安机关交通管理部门批准。

对精神病的鉴定，应当由省级人民政府指定的医院进行。

第三十八条 公安机关交通管理部门应当与检验、鉴定机构约定检验、鉴定完成的期限，约定的期限不得超过二十日。超过二十日的，应当报经上一级公安机关交通管理部门批准，但最长不得超过六十日。

第三十九条 卫生行政主管部门许可的医疗机构具有执业资格的医生为道路交通事故受伤人员出具的诊断证明，公安机关交通管理部门可以作为认定人身伤害程度的依据。

第四十条 检验尸体不得在公众场合进行。检验中需要解剖尸体的，应当征得其家属的同意。

解剖未知名尸体，应当报经县级以上公安机关或者上一级公安机关交通管理部门负责人批准。

第四十一条 检验尸体结束后，应当书面通知死者家属在十日内办理丧葬事宜。无正当理由逾期不办理的应记录在案，并经县级以上公安机关负责人批准，由公安机关处理尸体，逾期存放的费用由死者家属承担。

对未知名尸体，由法医提取人身识别检材，并对尸体拍照、采集相关信息后，由公安机关交通管理部门填写未知名尸体信息登记表，并在设区市级以上报纸刊登认尸启事。登报后三十日仍无人认领的，由县级以上公安机关负责人或者上一级公安机关交通管理部门负责人批准处理尸体。

第四十二条 检验、鉴定机构应当在约定或者规定的期限内完成检验、鉴定，并出具书面检验、鉴定报告，由检验、鉴定人签名并加盖机构印章。检验、鉴定报告应当载明以下事项：

（一）委托人；

（二）委托事项；

（三）提交的相关材料；

（四）检验、鉴定的时间；

（五）依据和结论性意见，通过分析得出结论性意见的，应当有分析过程的说明。

第四十三条 公安机关交通管理部门应当在收到检验、鉴定报告之日起二日内，将检验、鉴定报告复印件送达当事人。

当事人对检验、鉴定结论有异议的，可以在公安机关交通管理部门送达之日起三日内申请重新检验、鉴定，经县级公安机关交通管理部门负责人批准后，进行重新检验、鉴定。重新检验、鉴定应当另行委托检验、鉴定机构或者由原检验、鉴定机构另行指派鉴定人。公安机关交通管理部门应当在收到重新检验、鉴定报告之日起二日内，将重新检验、鉴定报告复印件送达当事人。重新检验、鉴定以一次为限。

第四十四条 检验、鉴定结论确定之日起五日内，公安机关交通管理部门应当通知当事人领取扣留的事故车辆、机动车行驶证以及扣押的物品。

对驾驶人逃逸的无主车辆或者经通知当事人三十日后仍不领取的车辆，经公告三个月仍不来接受处理的，对扣留的车辆依法处理。

第六章 认定与复核

第一节 道路交通事故认定

第四十五条 道路交通事故认定应当做到程序合法、事实清楚、证据确实充分、适用法律正确、责任划分公正。

第四十六条 公安机关交通管理部门应当根据当事人的行为对发生道路交通事故所起的作用以及过错的严重程度，确定当事人的责任。

（一）因一方当事人的过错导致道路交通事故的，承担全部责任；

（二）因两方或者两方以上当事人的过错发生道路交通事故的，根据其行为对事故发生的作用以及过错的严重程度，分别承担主要责任、同等责任和次要责任；

（三）各方均无导致道路交通事故的过错，属于交通意外事故的，各方均无责任；

（四）一方当事人故意造成道路交通事故的，他方无责任。

省级公安机关可以根据有关法律、法规制定具体的道路交通事故责任确定细则或者标准。

第四十七条 公安机关交通管理部门应当自现场调查之日起十日内制作道路交通事故认定书。交通肇事逃逸案件在查获交通肇事车辆和驾驶人后十日内制作道路交通事故认定书。对需要进行检验、鉴定的，应当在检验、鉴定结论确定之日起五日内制作道路交通事故认定书。

发生死亡事故，公安机关交通管理部门应当在制作道路交通事故认定书前，召集各方当事人到场，公开调查取得证据。证人要求保密或者涉及国家秘密、商业秘密以及个人隐私的证据不得公开。当事人不到场的，公安机关交通管理部门应当予以记录。

第四十八条 道路交通事故认定书应当载明以下内容：

（一）道路交通事故当事人、车辆、道路和交通环境等基本情况；

（二）道路交通事故发生经过；

（三）道路交通事故证据及事故形成原因的分析；

（四）当事人导致道路交通事故的过错及责任或者意外原因；

（五）作出道路交通事故认定的公安机关交通管理部门名称和日期。

道路交通事故认定书应当由办案民警签名或者盖章，加盖公安机关交通管理部门道路交通事故处理专用章，分别送达当事人，并告知当事人向公安机关交通管理部门申请复核、调解和直接向人民法院提起民事诉讼的权利、期限。

第四十九条 逃逸交通事故尚未侦破，受害一方当事人要求出具道路交通事故认定书的，公安机关交通管理部门应当在接到当事人书面申请后十日内制作道路交通事故认定书，并送达受害一方当事人。道路交通事故认定书应当载明事故发生的时间、地点、受害人情况及调查得到的事实，有证据证明受害人有过错的，确定受害人的责任；无证据证明受害人有过错的，确定受害人无责任。

第五十条 道路交通事故成因无法查清的，公安机关交通管理部门应当出具道路交通事故证明，载明道路交通事故发生的时间、地点、当事人情况及调查得到的事实，分别送达当事人。

第二节 复 核

第五十一条 当事人对道路交通事故认定有异议的，可以自道路交通事故认定书送达之日起三日内，向上一级公安机关交通管理部门提出书面复核申请。

复核申请应当载明复核请求及其理由和主要证据。

第五十二条 上一级公安机关交通管理部门收到当事人书面复核申请后五日内，应当作出是否受理决定。有下列情形之一的，复核申请不予受理，并书面通知当事人：

（一）任何一方当事人向人民法院提起诉讼并经法院受理的；

（二）人民检察院对交通肇事犯罪嫌疑人批准逮捕的；

（三）适用简易程序处理的道路交通事故；

（四）车辆在道路以外通行时发生的事故。

公安机关交通管理部门受理复核申请的，应当书面通知各方当事人。

第五十三条 上一级公安机关交通管理部门自受理复核申请之日起三十日内，对下列内容进行审查，并作出复核结论：

（一）道路交通事故事实是否清楚，证据是否确实充分，适用法律是否正确；

（二）道路交通事故责任划分是否公正；

（三）道路交通事故调查及认定程序是否合法。

复核原则上采取书面审查的办法，但是当事人提出要求或者公安机关交通管理部门认为有必要时，可以召集各方当事人到场，听取各方当事人的意见。

复核审查期间，任何一方当事人就该事故向人民法院提起诉讼并经法院受理的，公安机关交通管理部门应当终止复核。

第五十四条 上一级公安机关交通管理部门经审查认为原道路交通事故认定事实不清、证据不确实充分、责任划分不公正，或者调查及认定违反法定程序的，应当作出复核结论，责令原办案单位重新调查、认定。

上一级公安机关交通管理部门经审查认为原道路交通事故认定事实清楚、证据确实充分、适用法律正确、责任划分公正、调查程序合法的，应当作出维持原道路交通事故认定的复核结论。

第五十五条 上一级公安机关交通管理部门作出复核结论后，应当召集事故各方当事人，当场宣布复核结论。当事人没有到场的，应当采取其他法定形式将复核结论送达当事人。

上一级公安机关交通管理部门复核以一次为限。

第五十六条 上一级公安机关交通管理部门作出责令重新认定的复核结论后，原办案单位应当在十日内依照本规定重新调查，重新制作道路交通事故认定书，撤销原道路交通事故认定书。

重新调查需要检验、鉴定的，原办案单位应当在检验、鉴定结论确定之日起五日内，重新制作道路交通事故认定书，撤销原道路交通事故认定书。

重新制作道路交通事故认定书的，原办案单位应当送达各方当事人，并书面报上一级公安机关交通管理部门备案。

第七章 处罚执行

第五十七条 公安机关交通管理部门应当在作出道路交通事故认定之日起五日内，对当事人的道路交通安全违法行为依法作出处罚。

第五十八条 对发生道路交通事故构成犯罪，依法应当吊销驾驶人机动车驾驶证的，应当在人民法院作出有罪判决后，由设区市公安机关交通管理部门依法吊销机动车驾驶证；同时具有逃逸情形的，公安机关交通管理部门应当同时依法作出终生不得重新取得机动车驾驶证的决定。

第五十九条　专业运输单位六个月内两次发生一次死亡三人以上道路交通事故，且单位或者车辆驾驶人对事故承担全部责任或者主要责任的，专业运输单位所在地的公安机关交通管理部门应当报经设区市公安机关交通管理部门批准后，作出责令限期消除安全隐患的决定，禁止未消除安全隐患的机动车上道路行驶，并通报道路交通事故发生地及运输单位属地的人民政府有关行政管理部门。

第八章　损害赔偿调解

第六十条　当事人对道路交通事故损害赔偿有争议，各方当事人一致请求公安机关交通管理部门调解的，应当在收到道路交通事故认定书或者上一级公安机关交通管理部门维持原道路交通事故认定的复核结论之日起十日内，向公安机关交通管理部门提出书面申请。

第六十一条　公安机关交通管理部门应当按照合法、公正、自愿、及时的原则，并采取公开方式进行道路交通事故损害赔偿调解。调解时允许旁听，但是当事人要求不予公开的除外。

第六十二条　公安机关交通管理部门应当与当事人约定调解的时间、地点，并于调解时间三日前通知当事人。口头通知的，应当记入调解记录。调解参加人因故不能按期参加调解的，应当在预定调解时间一日前通知承办的交通警察，请求变更调解时间。

第六十三条　参加损害赔偿调解的人员包括：

（一）道路交通事故当事人及其代理人；

（二）道路交通事故车辆所有人或者管理人；

（三）公安机关交通管理部门认为有必要参加的其他人员。

委托代理人应当出具由委托人签名或者盖章的授权委托书。授权委托书应当载明委托事项和权限。

参加调解时当事人一方不得超过三人。

第六十四条　公安机关交通管理部门应当按照下列规定日期开始调解，并于十日内制作道路交通事故损害赔偿调解书或者道路交通事故损害赔偿调解终结书：

（一）造成人员死亡的，从规定的办理丧葬事宜时间结束之日起；

（二）造成人员受伤的，从治疗终结之日起；

（三）因伤致残的，从定残之日起；

（四）造成财产损失的，从确定损失之日起。

第六十五条　交通警察调解道路交通事故损害赔偿，按照下列程序实施：

（一）告知道路交通事故各方当事人的权利、义务；

（二）听取当事人各方的请求；

（三）根据道路交通事故认定书认定的事实以及《中华人民共和国道路交通安全法》第七十六条的规定，确定当事人承担的损害赔偿责任；

（四）计算损害赔偿的数额，确定各方当事人各自承担的比例，人身损害赔偿的标准按照《最高人民法院关于审理人身损害赔偿案件适用法律若干问题的解释》规定执行，财产损失的修复费用、折价赔偿费用按照实际价值或者评估机构的评估结论计算；

（五）确定赔偿履行方式及期限。

第六十六条 经调解达成协议的，公安机关交通管理部门应当当场制作道路交通事故损害赔偿调解书，由各方当事人签字，分别送达各方当事人。

调解书应当载明以下内容：

（一）调解依据；

（二）道路交通事故认定书认定的基本事实和损失情况；

（三）损害赔偿的项目和数额；

（四）各方的损害赔偿责任及比例；

（五）赔偿履行方式和期限；

（六）调解日期。

经调解各方当事人未达成协议的，公安机关交通管理部门应当终止调解，制作道路交通事故损害赔偿调解终结书送达各方当事人。

第六十七条 有下列情形之一的，公安机关交通管理部门应当终止调解，并记录在案：

（一）在调解期间有一方当事人向人民法院提起民事诉讼的；

（二）一方当事人无正当理由不参加调解的；

（三）一方当事人调解过程中退出调解的。

第九章 涉外道路交通事故处理

第六十八条 外国人在中华人民共和国境内发生道路交通事故的，除按照本规定执行外，还应当按照办理涉外案件的有关法律、法规、规章的规定执行。

公安机关交通管理部门处理外国人发生的道路交通事故，应当告知当事人我国法律、法规规定的当事人在处理道路交通事故中的权利和义务。

第六十九条 外国人发生道路交通事故，在未处理完毕前，公安机关可以依法不准其出境。

第七十条 外国人发生道路交通事故并承担全部责任或者主要责任的，公安机关交通管理部门应当告知道路交通事故损害赔偿权利人可以向人民法院提出采取诉前财产保全措施的请求。

第七十一条 公安机关交通管理部门在处理道路交通事故过程中，使用中华人民共和国通用的语言文字。对不通晓我国语言文字的，应当为其提供翻译；当事人通晓我国语言文字而不需要他人翻译的，应当出具书面声明。

经公安机关交通管理部门批准，外国籍当事人可以自己聘请翻译，翻译费由当事人承担。

第七十二条 享有外交特权与豁免的外国人发生道路交通事故时，交通警察认为应当给予暂扣或者吊销机动车驾驶证处罚的，可以扣留其机动车驾驶证。需要检验、鉴定车辆的，公安机关交通管理部门应当征得其同意，并在检验、鉴定后立即发还；其不同意检验、鉴定的，记录在案，不强行检验、鉴定。需要对享有外交特权和豁免的外国人进行调查的，可以约谈，谈话时仅限于与道路交通事故有关的内容；本人不接受调查的，记录在案。

公安机关交通管理部门应当根据收集的证据，制作道路交通事故认定书送达当事人，当事人拒绝接收的，送达至其所在机构。

享有外交特权与豁免的外国人拒绝接受调查或者检验、鉴定的，其损害赔偿事宜通过外交途径解决。

第七十三条　公安机关交通管理部门处理享有外交特权与豁免的外国人发生人员死亡事故的，应当将其身份、证件及事故经过、损害后果等基本情况记录在案，并将有关情况迅速通报省级人民政府外事部门和该外国人所属国家的驻华使馆或者领馆。

第七十四条　外国驻华领事机构、国际组织、国际组织驻华代表机构享有特权与豁免的人员发生道路交通事故的，公安机关交通管理部门参照本规定第七十三条、第七十四条规定办理，但《中华人民共和国领事特权与豁免条例》、中国已参加的国际公约以及我国与有关国家或者国际组织缔结的协议有不同规定的除外。

第十章　执法监督

第七十五条　公安机关警务督察部门可以依法对公安机关交通管理部门及其交通警察处理交通事故工作进行现场督察，查处违法违纪行为。

上级公安机关交通管理部门对下级公安机关交通管理部门处理道路交通事故工作进行监督，发现错误应当及时纠正。

第七十六条　交通警察违反本规定，故意或者过失造成认定事实错误、适用法律错误、违反法定程序或者其他执法错误的，应当依照有关规定，根据其违法事实、情节、后果和责任程度，追究执法过错责任人员行政责任、经济责任和刑事责任；造成严重后果、恶劣影响的，还应当追究公安机关交通管理部门领导责任。

第七十七条　交通警察或者公安机关检验、鉴定人员需要回避的，由本级公安机关交通管理部门负责人或者检验、鉴定人员所属的公安机关决定。公安机关交通管理部门负责人需要回避的，由公安机关负责人或者上一级公安机关交通管理部门负责人决定。

对当事人提出的回避申请，公安机关交通管理部门应当在二日内作出决定，并通知申请人。

第七十八条　人民法院、人民检察院审理、审查道路交通事故案件，需要公安机关交通管理部门提供有关证据的，公安机关交通管理部门应当在接到调卷公函之日起三日内，或者按照其时限要求，将道路交通事故案件调查材料正本移送人民法院或者人民检察院。

第七十九条　公安机关交通管理部门对查获交通肇事逃逸车辆及人员提供有效线索或者协助的人员、单位，应当给予表彰和奖励。

公安机关交通管理部门及其交通警察接到协查通报不配合协查并造成严重后果的，由公安机关或者上级公安机关交通管理部门追究有关人员和单位主管领导的责任。

第八十条　除涉及国家秘密、商业秘密或者个人隐私，以及应当事人、证人要求保密的内容外，当事人及其代理人收到道路交通事故认定书后，可以查阅、复制、摘录公安机关交通管理部门处理道路交通事故的证据材料。公安机关交通管理部门对当事人复制的证据材料应当加盖公安机关交通管理部门事故处理专用章。

第十一章　附　　则

第八十一条　道路交通事故处理资格等级管理规定由公安部另行制定，资格证书式样全国统一。

第八十二条 公安机关交通管理部门应当在邻省、市（地）、县交界的国、省、县道上，以及辖区内交通流量集中的路段，设置标有管辖地公安机关交通管理部门名称及道路交通事故报警电话号码的提示牌。

第八十三条 车辆在道路以外通行时发生的事故，公安机关交通管理部门接到报案的，参照本规定处理。涉嫌犯罪的，及时移送有关部门。

第八十四条 执行本规定所需要的法律文书式样，由公安部制定。公安部没有制定式样，执法工作中需要的其他法律文书，省级公安机关可以制定式样。

当事人自行协商处理损害赔偿事宜的，可以自行制作协议书，但应当符合本规定第十四条关于协议书内容的规定。

第八十五条 本规定中下列用语的含义：

（一）“交通肇事逃逸”，是指发生道路交通事故后，道路交通事故当事人为逃避法律追究，驾驶车辆或者遗弃车辆逃离道路交通事故现场的行为。

（二）“检验、鉴定结论确定”，是指检验、鉴定报告复印件送达当事人之日起三日内，当事人未申请重新检验、鉴定的，以及公安机关交通管理部门批准重新检验、鉴定，检验、鉴定机构出具检验、鉴定意见的。

（三）本规定所称的“一日”、“二日”、“三日”、“五日”、“十日”、“二十日”，是指工作日，不包括节假日。

（四）本规定所称的“以上”、“以下”均包括本数在内。

（五）“县级（以上）公安机关交通管理部门”，是指县级（以上）人民政府公安机关交通管理部门或者相当于同级的公安机关交通管理部门。“设区市公安机关交通管理部门”，是指设区的市人民政府公安机关交通管理部门或者相当于同级的公安机关交通管理部门。“设区市公安机关”，是指设区的市人民政府公安机关或者相当于同级的公安机关。

（六）“死亡事故”，是指造成人员死亡的道路交通事故。

（七）“财产损失事故”，是指仅造成财产损失的道路交通事故。

第八十六条 本规定没有规定的道路交通事故案件办理程序，依照《公安机关办理行政案件程序规定》、《公安机关办理刑事案件程序规定》的有关规定执行。

第八十七条 本规定自2009年1月1日起施行。2004年4月30日发布的《交通事故处理程序规定》（公安部令第70号）同时废止。本规定施行后，与本规定不一致的，以本规定为准。

道路交通安全违法行为处理程序规定

中华人民共和国公安部令

第 105 号

修订后的《道路交通安全违法行为处理程序规定》已经 2008 年 11 月 17 日公安部部长办公会议通过，现予发布，自 2009 年 4 月 1 日起施行。

部　长　孟建柱

二〇〇八年十二月二十日

第一章　总　　则

第一条　为了规范道路交通安全违法行为处理程序，保障公安机关交通管理部门正确履行职责，保护公民、法人和其他组织的合法权益，根据《中华人民共和国道路交通安全法》及其实施条例等法律、行政法规制定本规定。

第二条　公安机关交通管理部门及其交通警察对道路交通安全违法行为（以下简称违法行为）的处理程序，在法定职权范围内依照本规定实施。

第三条　对违法行为的处理应当遵循合法、公正、文明、公开、及时的原则，尊重和保障人权，保护公民的人格尊严。

对违法行为的处理应当坚持教育与处罚相结合的原则，教育公民、法人和其他组织自觉遵守道路交通安全法律法规。

对违法行为的处理，应当以事实为依据，与违法行为的事实、性质、情节以及社会危害程度相当。

第二章　管　　辖

第四条　交通警察执勤执法中发现的违法行为由违法行为发生地的公安机关交通管理部门管辖。

对管辖权发生争议的，报请共同的上一级公安机关交通管理部门指定管辖。上一级公安机关交通管理部门应当及时确定管辖主体，并通知争议各方。

第五条　交通技术监控资料记录的违法行为可以由违法行为发生地、发现地或者机动车登记地的公安机关交通管理部门管辖。

违法行为人或者机动车所有人、管理人对交通技术监控资料记录的违法行为事实有异议的，应当向违法行为发生地公安机关交通管理部门提出，由违法行为发生地公安机关交通管理部门依法处理。

第六条　对违法行为人处以警告、罚款或者暂扣机动车驾驶证处罚的，由县级以上公安机关交通管理部门作出处罚决定。

对违法行为人处以吊销机动车驾驶证处罚的，由设区的市公安机关交通管理部门作出处罚决定。

对违法行为人处以行政拘留处罚的，由县、市公安局、公安分局或者相当于县一级的公安机关作出处罚决定。

第三章 调查取证

第一节 一般规定

第七条 交通警察调查违法行为时，应当表明执法身份。

交通警察执勤执法应当严格执行安全防护规定，注意自身安全，在公路上执勤执法不得少于两人。

第八条 交通警察应当全面、及时、合法收集能够证实违法行为是否存在、违法情节轻重的证据。

第九条 交通警察调查违法行为时，应当查验机动车驾驶证、行驶证、机动车号牌、检验合格标志、保险标志等牌证以及机动车和驾驶人违法信息。对运载爆炸物品、易燃易爆化学物品以及剧毒、放射性等危险物品车辆驾驶人违法行为调查的，还应当查验其他相关证件及信息。

第十条 交通警察查验机动车驾驶证时，应当询问驾驶人姓名、住址、出生年月并与驾驶证上记录的内容进行核对；对持证人的相貌与驾驶证上的照片进行核对。必要时，可以要求驾驶人出示居民身份证进行核对。

第十一条 调查中需要采取行政强制措施的，依照法律、法规、本规定及国家其他有关规定实施。

第十二条 交通警察对机动车驾驶人不在现场的违法停放机动车行为，应当在机动车侧门玻璃或者摩托车座位上粘贴违法停车告知单，并采取拍照或者录像方式固定相关证据。

第十三条 调查中发现违法行为人有其他违法行为的，在依法对其道路交通安全违法行为作出处理决定的同时，按照有关规定移送有管辖权的单位处理。涉嫌构成犯罪的，转为刑事案件办理或者移送有权处理的主管机关、部门办理。

第十四条 公安机关交通管理部门对于控告、举报的违法行为以及其他行政主管部门移送的案件应当接受，并按规定处理。

第二节 交通技术监控

第十五条 公安机关交通管理部门可以利用交通技术监控设备收集、固定违法行为证据。

交通技术监控设备应当符合国家标准或者行业标准，并经国家有关部门认定、检定合格后，方可用于收集违法行为证据。

交通技术监控设备应当定期进行维护、保养、检测，保持功能完好。

第十六条 交通技术监控设备的设置应当遵循科学、规范、合理的原则，设置的地点应当有明确规范相应交通行为的交通信号。

固定式交通技术监控设备设置地点应当向社会公布。

第十七条 使用固定式交通技术监控设备测速的路段，应当设置测速警告标志。

使用移动测速设备测速的，应当由交通警察操作。使用车载移动测速设备的，还应当使用制式警车。

第十八条 作为处理依据的交通技术监控设备收集的违法行为记录资料，应当清晰、准确地反映机动车类型、号牌、外观等特征以及违法时间、地点、事实。

第十九条 自交通技术监控设备收集违法行为记录资料之日起的10日内，违法行为发生地公安机关交通管理部门应当对记录内容进行审核，经审核无误后录入道路交通违法信息管理系统，作为违法行为的证据。

公安机关交通管理部门对交通技术监控设备收集的违法行为记录内容应当严格审核制度，完善审核程序。

第二十条 交通技术监控设备记录的违法行为信息录入道路交通违法信息管理系统后3日内，公安机关交通管理部门应当向社会提供查询；并可以通过邮寄、发送手机短信、电子邮件等方式通知机动车所有人或者管理人。

第二十一条 交通技术监控设备记录或者录入道路交通违法信息管理系统的违法行为信息，有下列情形之一并经核实的，应当予以消除：

（一）警车、消防车、救护车、工程救险车执行紧急任务的；

（二）机动车被盗抢期间发生的；

（三）有证据证明救助危难或者紧急避险造成的；

（四）现场已被交通警察处理的；

（五）因交通信号指示不一致造成的；

（六）不符合本规定第十八条规定要求的；

（七）记录的机动车号牌信息错误的；

（八）因使用伪造、变造或者其他机动车号牌发生违法行为造成合法机动车被记录的；

（九）其他应当消除的情形。

第四章 行政强制措施适用

第二十二条 公安机关交通管理部门及其交通警察在执法过程中，依法可以采取下列行政强制措施：

（一）扣留车辆；

（二）扣留机动车驾驶证；

（三）拖移机动车；

（四）检验体内酒精、国家管制的精神药品、麻醉药品含量；

（五）收缴物品；

（六）法律、法规规定的其他行政强制措施。

第二十三条 采取本规定第二十二条第（一）、（二）、（四）、（五）项行政强制措施，应当按照下列程序实施：

（一）口头告知违法行为人或者机动车所有人、管理人违法行为的基本事实、拟作出行政强制措施的种类、依据及其依法享有的权利。

（二）听取当事人的陈述和申辩，当事人提出的事实、理由或者证据成立的，应当采纳。

（三）制作行政强制措施凭证，并告知当事人在15日内到指定地点接受处理。

（四）行政强制措施凭证应当由当事人签名、交通警察签名或者盖章，并加盖公安机关交通管理部门印章；当事人拒绝签名的，交通警察应当在行政强制措施凭证上注明。

（五）行政强制措施凭证应当当场交付当事人；当事人拒收的，由交通警察在行政强制措施凭证上注明，即为送达。

现场采取行政强制措施的，可以由1名交通警察实施，并在24小时内将行政强制措施凭证报所属公安机关交通管理部门备案。

第二十四条 行政强制措施凭证应当载明当事人的基本情况、车辆牌号、车辆类型、违法事实、采取行政强制措施种类和依据、接受处理的具体地点和期限、决定机关名称及当事人依法享有的行政复议、行政诉讼权利等内容。

第二十五条 有下列情形之一的，依法扣留车辆：

（一）上道路行驶的机动车未悬挂机动车号牌，未放置检验合格标志、保险标志，或者未随车携带机动车行驶证、驾驶证的；

（二）有伪造、变造或者使用伪造、变造的机动车登记证书、号牌、行驶证、检验合格标志、保险标志、驾驶证或者使用其他车辆的机动车登记证书、号牌、行驶证、检验合格标志、保险标志嫌疑的；

（三）未按照国家规定投保机动车交通事故责任强制保险的；

（四）公路客运车辆或者货运机动车超载的；

（五）机动车有被盗抢嫌疑的；

（六）机动车有拼装或者达到报废标准嫌疑的；

（七）未申领《剧毒化学品公路运输通行证》通过公路运输剧毒化学品的；

（八）非机动车驾驶人拒绝接受罚款处罚的。

对发生道路交通事故，因收集证据需要的，可以依法扣留事故车辆。

第二十六条 交通警察应当在扣留车辆后24小时内，将被扣留车辆交所属公安机关交通管理部门。

公安机关交通管理部门扣留车辆的，不得扣留车辆所载货物。对车辆所载货物应当通知当事人自行处理，当事人无法自行处理或者不自行处理的，应当登记并妥善保管，对容易腐烂、损毁、灭失或者其他不具备保管条件的物品，经县级以上公安机关交通管理部门负责人批准，可以在拍照或者录像后变卖或者拍卖，变卖、拍卖所得按照有关规定处理。

第二十七条 对公路客运车辆载客超过核定乘员、货运机动车超过核定载质量的，公安机关交通管理部门应当按照下列规定消除违法状态：

（一）违法行为人可以自行消除违法状态的，应当在公安机关交通管理部门的监督下，自行将超载的乘车人转运、将超载的货物卸载。

（二）违法行为人无法自行消除违法状态的，对超载的乘车人，公安机关交通管理部门应当及时通知有关部门联系转运；对超载的货物，应当在指定的场地卸载，并由违法行为人与指定场地的保管方签订卸载货物的保管合同。

消除违法状态的费用由违法行为人承担。违法状态消除后，应当立即退还被扣留的机动车。

第二十八条 对扣留的车辆，当事人接受处理或者提供、补办的相关证明或者手续经核实后，公安机关交通管理部门应当依法及时退还。

公安机关交通管理部门核实的时间不得超过10日；需要延长的，经县级以上公安机关交通管理部门负责人批准，可以延长至15日。核实时间自车辆驾驶人或者所有人、管理人提供被扣留车辆合法来历证明，补办相应手续，或者接受处理之日起计算。

发生道路交通事故因收集证据需要扣留车辆的，扣留车辆时间依照《道路交通事故处理程序规定》有关规定执行。

第二十九条　有下列情形之一的，依法扣留机动车驾驶证：

（一）饮酒后驾驶机动车的；

（二）将机动车交由未取得机动车驾驶证或者机动车驾驶证被吊销、暂扣的人驾驶的；

（三）机动车行驶超过规定时速50%的；

（四）驾驶有拼装或者达到报废标准嫌疑的机动车上道路行驶的；

（五）在1个记分周期内累积记分达到12分的。

第三十条　交通警察应当在扣留机动车驾驶证后24小时内，将被扣留机动车驾驶证交所属公安机关交通管理部门。

具有本规定第二十九条第（一）、（二）、（三）、（四）项所列情形之一的，扣留机动车驾驶证至作出处罚决定之日；处罚决定生效前先予扣留机动车驾驶证的，扣留1日折抵暂扣期限1日。只对违法行为人作出罚款处罚的，缴纳罚款完毕后，应当立即发还机动车驾驶证。具有本规定第二十九条第（五）项情形的，扣留机动车驾驶证至考试合格之日。

第三十一条　违反机动车停放、临时停车规定，驾驶人不在现场或者虽在现场但拒绝立即驶离，妨碍其他车辆、行人通行的，公安机关交通管理部门及其交通警察可以将机动车拖移至不妨碍交通的地点或者公安机关交通管理部门指定的地点。

拖移机动车的，现场交通警察应当通过拍照、录像等方式固定违法事实和证据。

第三十二条　公安机关交通管理部门应当公开拖移机动车查询电话，并通过设置拖移机动车专用标志牌明示或者以其他方式告知当事人。当事人可以通过电话查询接受处理的地点、期限和被拖移机动车的停放地点。

第三十三条　车辆驾驶人有下列情形之一的，应当对其检验体内酒精、国家管制的精神药品、麻醉药品含量：

（一）对酒精呼气测试等方法测试的酒精含量结果有异议的；

（二）涉嫌饮酒、醉酒驾驶车辆发生交通事故的；

（三）涉嫌服用国家管制的精神药品、麻醉药品后驾驶车辆的；

（四）拒绝配合酒精呼气测试等方法测试的。

对酒后行为失控或者拒绝配合检验的，可以使用约束带或者警绳等约束性警械。

第三十四条　检验车辆驾驶人体内酒精、国家管制的精神药品、麻醉药品含量的，应当按照下列程序实施：

（一）由交通警察将当事人带到医疗机构进行抽血或者提取尿样；

（二）公安机关交通管理部门应当将抽取的血液或者提取的尿样及时送交有检验资格的机构进行检验，并将检验结果书面告知当事人。

检验车辆驾驶人体内酒精、国家管制的精神药品、麻醉药品含量的，应当通知其家属，但无法通知的除外。

第三十五条　对非法安装警报器、标志灯具或者自行车、三轮车加装动力装置的，公安机关交通管理部门应当强制拆除，予以收缴，并依法予以处罚。

交通警察现场收缴非法装置的，应当在24小时内，将收缴的物品交所属公安机关交通管理部门。

对收缴的物品，除作为证据保存外，经县级以上公安机关交通管理部门批准后，依法予以销毁。

第三十六条 公安机关交通管理部门对扣留的拼装或者已达到报废标准的机动车，经县级以上公安机关交通管理部门批准后，予以收缴，强制报废。

第三十七条 对伪造、变造或者使用伪造、变造的机动车登记证书、号牌、行驶证、检验合格标志、保险标志、驾驶证的，应当予以收缴，依法处罚后予以销毁。

对使用其他车辆的机动车登记证书、号牌、行驶证、检验合格标志、保险标志的，应当予以收缴，依法处罚后转至机动车登记地车辆管理所。

第三十八条 对在道路两侧及隔离带上种植树木、其他植物或者设置广告牌、管线等，遮挡路灯、交通信号灯、交通标志，妨碍安全视距的，公安机关交通管理部门应当向违法行为人送达排除妨碍通知书，告知履行期限和不履行的后果。违法行为人在规定期限内拒不履行的，依法予以处罚并强制排除妨碍。

第三十九条 强制排除妨碍，公安机关交通管理部门及其交通警察可以当场实施。无法当场实施的，应当按照下列程序实施：

（一）经县级以上公安机关交通管理部门负责人批准，可以委托或者组织没有利害关系的单位予以强制排除妨碍；

（二）执行强制排除妨碍时，公安机关交通管理部门应当派员到场监督。

第五章 行政处罚

第一节 行政处罚的决定

第四十条 交通警察对于当场发现的违法行为，认为情节轻微、未影响道路通行和安全的，口头告知其违法行为的基本事实、依据，向违法行为人提出口头警告，纠正违法行为后放行。

各省、自治区、直辖市公安机关交通管理部门可以根据实际确定适用口头警告的具体范围和实施办法。

第四十一条 对违法行为人处以警告或者200元以下罚款的，可以适用简易程序。

对违法行为人处以200元（不含）以上罚款、暂扣或者吊销机动车驾驶证的，应当适用一般程序。不需要采取行政强制措施的，现场交通警察应当收集、固定相关证据，并制作违法行为处理通知书。

对违法行为人处以行政拘留处罚的，按照《公安机关办理行政案件程序规定》实施。

第四十二条 适用简易程序处罚的，可以由1名交通警察作出，并应当按照下列程序实施：

（一）口头告知违法行为人违法行为的基本事实、拟作出的行政处罚、依据及其依法享有的权利。

（二）听取违法行为人的陈述和申辩，违法行为人提出的事实、理由或者证据成立的，应当采纳。

（三）制作简易程序处罚决定书。

（四）处罚决定书应当由被处罚人签名、交通警察签名或者盖章，并加盖公安机关交通管理部门印章；被处罚人拒绝签名的，交通警察应当在处罚决定书上注明。

（五）处罚决定书应当当场交付被处罚人；被处罚人拒收的，由交通警察在处罚决定书上注明，即为送达。

交通警察应当在 2 日内将简易程序处罚决定书报所属公安机关交通管理部门备案。

第四十三条 简易程序处罚决定书应当载明被处罚人的基本情况、车辆牌号、车辆类型、违法事实、处罚的依据、处罚的内容、履行方式、期限、处罚机关名称及被处罚人依法享有的行政复议、行政诉讼权利等内容。

第四十四条 制发违法行为处理通知书应当按照下列程序实施：

（一）口头告知违法行为人违法行为的基本事实。

（二）听取违法行为人的陈述和申辩，违法行为人提出的事实、理由或者证据成立的，应当采纳。

（三）制作违法行为处理通知书，并通知当事人在 15 日内接受处理。

（四）违法行为处理通知书应当由违法行为人签名、交通警察签名或者盖章，并加盖公安机关交通管理部门印章；当事人拒绝签名的，交通警察应当在违法行为处理通知书上注明。

（五）违法行为处理通知书应当当场交付当事人；当事人拒收的，由交通警察在违法行为处理通知书上注明，即为送达。

交通警察应当在 24 小时内将违法行为处理通知书报所属公安机关交通管理部门备案。

第四十五条 违法行为处理通知书应当载明当事人的基本情况、车辆牌号、车辆类型、违法事实、接受处理的具体地点和时限、通知机关名称等内容。

第四十六条 适用一般程序作出处罚决定，应当由两名以上交通警察按照下列程序实施：

（一）对违法事实进行调查，询问当事人违法行为的基本情况，并制作笔录；当事人拒绝接受询问、签名或者盖章的，交通警察应当在询问笔录上注明。

（二）采用书面形式或者笔录形式告知当事人拟作出的行政处罚的事实、理由及依据，并告知其依法享有的权利。

（三）对当事人陈述、申辩进行复核，复核结果应当在笔录中注明。

（四）制作行政处罚决定书。

（五）行政处罚决定书应当由被处罚人签名，并加盖公安机关交通管理部门印章；被处罚人拒绝签名的，交通警察应当在处罚决定书上注明。

（六）行政处罚决定书应当当场交付被处罚人；被处罚人拒收的，由交通警察在处罚决定书上注明，即为送达；被处罚人不在场的，应当依照《公安机关办理行政案件程序规定》的有关规定送达。

第四十七条 行政处罚决定书应当载明被处罚人的基本情况、车辆牌号、车辆类型、违法事实和证据、处罚的依据、处罚的内容、履行方式、期限、处罚机关名称及被处罚人依法享有的行政复议、行政诉讼权利等内容。

第四十八条 1人有两种以上违法行为，分别裁决，合并执行，可以制作一份行政处罚决定书。

1人只有一种违法行为，依法应当并处两个以上处罚种类且涉及两个处罚主体的，应当分别制作行政处罚决定书。

第四十九条 对违法行为事实清楚，需要按照一般程序处以罚款的，应当自违法行为人接受处理之时起24小时内作出处罚决定；处以暂扣机动车驾驶证的，应当自违法行为人接受处理之日起3日内作出处罚决定；处以吊销机动车驾驶证的，应当自违法行为人接受处理或者听证程序结束之日起7日内作出处罚决定，交通肇事构成犯罪的，应当在人民法院判决后及时作出处罚决定。

第五十条 对交通技术监控设备记录的违法行为，当事人应当及时到公安机关交通管理部门接受处理，处以警告或者200元以下罚款的，可以适用简易程序；处以200元（不含）以上罚款、吊销机动车驾驶证的，应当适用一般程序。

第二节　行政处罚的执行

第五十一条 对行人、乘车人、非机动车驾驶人处以罚款，交通警察当场收缴的，交通警察应当在简易程序处罚决定书上注明，由被处罚人签名确认。被处罚人拒绝签名的，交通警察应当在处罚决定书上注明。

交通警察依法当场收缴罚款的，应当开具省、自治区、直辖市财政部门统一制发的罚款收据；不开具省、自治区、直辖市财政部门统一制发的罚款收据的，当事人有权拒绝缴纳罚款。

第五十二条 当事人逾期不履行行政处罚决定的，作出行政处罚决定的公安机关交通管理部门可以采取下列措施：

（一）到期不缴纳罚款的，每日按罚款数额的3%加处罚款，加处罚款总额不得超出罚款数额；

（二）申请人民法院强制执行。

第五十三条 公安机关交通管理部门对非本辖区机动车驾驶人给予暂扣、吊销机动车驾驶证处罚的，应当在作出处罚决定之日起15日内，将机动车驾驶证转至核发地公安机关交通管理部门。

违法行为人申请不将暂扣的机动车驾驶证转至核发地公安机关交通管理部门的，应当准许，并在行政处罚决定书上注明。

第五十四条 对违法行为人决定行政拘留并处罚款的，公安机关交通管理部门应当告知违法行为人可以委托他人代缴罚款。

第六章　执法监督

第五十五条 交通警察执勤执法时，应当按照规定着装，佩戴人民警察标志，随身携带人民警察证件，保持警容严整，举止端庄，指挥规范。

交通警察查处违法行为时应当使用规范、文明的执法用语。

第五十六条 公安机关交通管理部门所属的交警队、车管所及重点业务岗位应当建立值日警官和法制员制度，防止和纠正执法中的错误和不当行为。

第五十七条 各级公安机关交通管理部门应当加强执法监督，建立本单位及其所属民警的执法档案，实施执法质量考评、执法责任制和执法过错追究。

执法档案可以是电子档案或者纸质档案。

第五十八条 公安机关交通管理部门应当依法建立交通民警执勤执法考核评价标准，不得下达或者变相下达罚款指标，不得以处罚数量作为考核民警执法效果的依据。

第七章 其他规定

第五十九条 当事人对公安机关交通管理部门采取的行政强制措施或者作出的行政处罚决定不服的，可以依法申请行政复议或者提起行政诉讼。

第六十条 公安机关交通管理部门应当使用道路交通违法信息管理系统对违法行为信息进行管理。对记录和处理的交通违法行为信息应当及时录入道路交通违法信息管理系统。

第六十一条 公安机关交通管理部门对非本辖区机动车有违法行为记录的，应当在违法行为信息录入道路交通违法信息管理系统后，在规定时限内将违法行为信息转至机动车登记地公安机关交通管理部门。

第六十二条 公安机关交通管理部门对非本辖区机动车驾驶人的违法行为给予记分或者暂扣、吊销机动车驾驶证以及扣留机动车驾驶证的，应当在违法行为信息录入道路交通违法信息管理系统后，在规定时限内将违法行为信息转至驾驶证核发地公安机关交通管理部门。

第六十三条 对非本辖区机动车驾驶人申请在违法行为发生地参加满分学习、考试的，公安机关交通管理部门应当准许，考试合格后发还扣留的机动车驾驶证，并将考试合格的信息转至驾驶证核发地公安机关交通管理部门。

驾驶证核发地公安机关交通管理部门应当根据传递信息清除机动车驾驶人的累积记分。

第六十四条 以欺骗、贿赂等不正当手段取得机动车登记的，应当收缴机动车登记证书、号牌、行驶证，由机动车登记地公安机关交通管理部门撤销机动车登记。

以欺骗、贿赂等不正当手段取得驾驶许可的，应当收缴机动车驾驶证，由驾驶证核发地公安机关交通管理部门撤销机动车驾驶许可。

非本辖区机动车登记或者机动车驾驶许可需要撤销的，公安机关交通管理部门应当将收缴的机动车登记证书、号牌、行驶证或者机动车驾驶证以及相关证据材料，及时转至机动车登记地或者驾驶证核发地公安机关交通管理部门。

第六十五条 撤销机动车登记或者机动车驾驶许可的，应当按照下列程序实施：

（一）经设区的市公安机关交通管理部门负责人批准，制作撤销决定书送达当事人；

（二）将收缴的机动车登记证书、号牌、行驶证或者机动车驾驶证以及撤销决定书转至机动车登记地或者驾驶证核发地车辆管理所予以注销；

（三）无法收缴的，公告作废。

第六十六条 简易程序案卷应当包括简易程序处罚决定书。一般程序案卷应当包括行政强制措施凭证或者违法行为处理通知书、证据材料、公安交通管理行政处罚决定书。

在处理违法行为过程中形成的其他文书应当一并存入案卷。

第八章　附　　则

第六十七条　本规定中下列用语的含义：

（一）“违法行为人”，是指违反道路交通安全法律、行政法规规定的公民、法人及其他组织。

（二）“县级以上公安机关交通管理部门”，是指县级以上人民政府公安机关交通管理部门或者相当于同级的公安机关交通管理部门。“设区的市公安机关交通管理部门”，是指设区的市人民政府公安机关交通管理部门或者相当于同级的公安机关交通管理部门。

第六十八条　本规定未规定的违法行为处理程序，依照《公安机关办理行政案件程序规定》执行。

第六十九条　本规定所称以上、以下，除特别注明的外，包括本数在内。

本规定所称的“2 日”、“3 日”、“7 日”、“10 日”、“15 日”，是指工作日，不包括节假日。

第七十条　执行本规定所需要的法律文书式样，由公安部制定。公安部没有制定式样，执法工作中需要的其他法律文书，各省、自治区、直辖市公安机关交通管理部门可以制定式样。

第七十一条　本规定自 2009 年 4 月 1 日起施行。2004 年 4 月 30 日发布的《道路交通安全违法行为处理程序规定》（公安部第 69 号令）同时废止。本规定生效后，以前有关规定与本规定不一致的，以本规定为准。

机动车交通事故责任强制保险条例

中华人民共和国国务院令

第 462 号

《机动车交通事故责任强制保险条例》已经 2006 年 3 月 1 日国务院第 127 次常务会议通过，现予公布，自 2006 年 7 月 1 日起施行。

总 理 温家宝

二○○六年三月二十一日

第一章 总 则

第一条 为了保障机动车道路交通事故受害人依法得到赔偿，促进道路交通安全，根据《中华人民共和国道路交通安全法》、《中华人民共和国保险法》，制定本条例。

第二条 在中华人民共和国境内道路上行驶的机动车的所有人或者管理人，应当依照《中华人民共和国道路交通安全法》的规定投保机动车交通事故责任强制保险。

机动车交通事故责任强制保险的投保、赔偿和监督管理，适用本条例。

第三条 本条例所称机动车交通事故责任强制保险，是指由保险公司对被保险机动车发生道路交通事故造成本车人员、被保险人以外的受害人的人身伤亡、财产损失，在责任限额内予以赔偿的强制性责任保险。

第四条 国务院保险监督管理机构（以下称保监会）依法对保险公司的机动车交通事故责任强制保险业务实施监督管理。

公安机关交通管理部门、农业（农业机械）主管部门（以下统称机动车管理部门）应当依法对机动车参加机动车交通事故责任强制保险的情况实施监督检查。对未参加机动车交通事故责任强制保险的机动车，机动车管理部门不得予以登记，机动车安全技术检验机构不得予以检验。

公安机关交通管理部门及其交通警察在调查处理道路交通安全违法行为和道路交通事故时，应当依法检查机动车交通事故责任强制保险的保险标志。

第二章 投 保

第五条 中资保险公司（以下称保险公司）经保监会批准，可以从事机动车交通事故责任强制保险业务。

为了保证机动车交通事故责任强制保险制度的实行，保监会有权要求保险公司从事机动车交通事故责任强制保险业务。

未经保监会批准，任何单位或者个人不得从事机动车交通事故责任强制保险业务。

第六条 机动车交通事故责任强制保险实行统一的保险条款和基础保险费率。保监会按照机动车交通事故责任强制保险业务总体上不盈利不亏损的原则审批保险费率。

保监会在审批保险费率时，可以聘请有关专业机构进行评估，可以举行听证会听取公众意见。

第七条 保险公司的机动车交通事故责任强制保险业务，应当与其他保险业务分开管理，单独核算。

保监会应当每年对保险公司的机动车交通事故责任强制保险业务情况进行核查，并向社会公布；根据保险公司机动车交通事故责任强制保险业务的总体盈利或者亏损情况，可以要求或者允许保险公司相应调整保险费率。

调整保险费率的幅度较大的，保监会应当进行听证。

第八条 被保险机动车没有发生道路交通安全违法行为和道路交通事故的，保险公司应当在下一年度降低其保险费率。在此后的年度内，被保险机动车仍然没有发生道路交通安全违法行为和道路交通事故的，保险公司应当继续降低其保险费率，直至最低标准。被保险机动车发生道路交通安全违法行为或者道路交通事故的，保险公司应当在下一年度提高其保险费率。多次发生道路交通安全违法行为、道路交通事故，或者发生重大道路交通事故的，保险公司应当加大提高其保险费率的幅度。在道路交通事故中被保险人没有过错的，不提高其保险费率。降低或者提高保险费率的标准，由保监会会同国务院公安部门制定。

第九条 保监会、国务院公安部门、国务院农业主管部门以及其他有关部门应当逐步建立有关机动车交通事故责任强制保险、道路交通安全违法行为和道路交通事故的信息共享机制。

第十条 投保人在投保时应当选择具备从事机动车交通事故责任强制保险业务资格的保险公司，被选择的保险公司不得拒绝或者拖延承保。

保监会应当将具备从事机动车交通事故责任强制保险业务资格的保险公司向社会公示。

第十一条 投保人投保时，应当向保险公司如实告知重要事项。

重要事项包括机动车的种类、厂牌型号、识别代码、牌照号码、使用性质和机动车所有人或者管理人的姓名（名称）、性别、年龄、住所、身份证或者驾驶证号码（组织机构代码）、续保前该机动车发生事故的情况以及保监会规定的其他事项。

第十二条 签订机动车交通事故责任强制保险合同时，投保人应当一次支付全部保险费；保险公司应当向投保人签发保险单、保险标志。保险单、保险标志应当注明保险单号码、车牌号码、保险期限、保险公司的名称、地址和理赔电话号码。

被保险人应当在被保险机动车上放置保险标志。

保险标志式样全国统一。保险单、保险标志由保监会监制。任何单位或者个人不得伪造、变造或者使用伪造、变造的保险单、保险标志。

第十三条 签订机动车交通事故责任强制保险合同时，投保人不得在保险条款和保险费率之外，向保险公司提出附加其他条件的要求。

签订机动车交通事故责任强制保险合同时，保险公司不得强制投保人订立商业保险合同以及提出附加其他条件的要求。

第十四条 保险公司不得解除机动车交通事故责任强制保险合同；但是，投保人对重要事项未履行如实告知义务的除外。

投保人对重要事项未履行如实告知义务，保险公司解除合同前，应当书面通知投保人，投保人应当自收到通知之日起5日内履行如实告知义务；投保人在上述期限内履行如实告知义务的，保险公司不得解除合同。

第十五条 保险公司解除机动车交通事故责任强制保险合同的，应当收回保险单和保险标志，并书面通知机动车管理部门。

第十六条 投保人不得解除机动车交通事故责任强制保险合同，但有下列情形之一的除外：

（一）被保险机动车被依法注销登记的；

（二）被保险机动车办理停驶的；

（三）被保险机动车经公安机关证实丢失的。

第十七条 机动车交通事故责任强制保险合同解除前，保险公司应当按照合同承担保险责任。

合同解除时，保险公司可以收取自保险责任开始之日起至合同解除之日止的保险费，剩余部分的保险费退还投保人。

第十八条 被保险机动车所有权转移的，应当办理机动车交通事故责任强制保险合同变更手续。

第十九条 机动车交通事故责任强制保险合同期满，投保人应当及时续保，并提供上一年度的保险单。

第二十条 机动车交通事故责任强制保险的保险期间为1年，但有下列情形之一的，投保人可以投保短期机动车交通事故责任强制保险：

（一）境外机动车临时入境的；

（二）机动车临时上道路行驶的；

（三）机动车距规定的报废期限不足1年的；

（四）保监会规定的其他情形。

第三章 赔 偿

第二十一条 被保险机动车发生道路交通事故造成本车人员、被保险人以外的受害人人身伤亡、财产损失的，由保险公司依法在机动车交通事故责任强制保险责任限额范围内予以赔偿。

道路交通事故的损失是由受害人故意造成的，保险公司不予赔偿。

第二十二条 有下列情形之一的，保险公司在机动车交通事故责任强制保险责任限额范围内垫付抢救费用，并有权向致害人追偿：

（一）驾驶人未取得驾驶资格或者醉酒的；

（二）被保险机动车被盗抢期间肇事的；

（三）被保险人故意制造道路交通事故的。

有前款所列情形之一，发生道路交通事故的，造成受害人的财产损失，保险公司不承担赔偿责任。

第二十三条 机动车交通事故责任强制保险在全国范围内实行统一的责任限额。责任限额分为死亡伤残赔偿限额、医疗费用赔偿限额、财产损失赔偿限额以及被保险人在道路交通事故中无责任的赔偿限额。

机动车交通事故责任强制保险责任限额由保监会会同国务院公安部门、国务院卫生主管部门、国务院农业主管部门规定。

第二十四条 国家设立道路交通事故社会救助基金（以下简称救助基金）。有下列情形之一时，道路交通事故中受害人人身伤亡的丧葬费用、部分或者全部抢救费用，由救助基金先行垫付，救助基金管理机构有权向道路交通事故责任人追偿：

（一）抢救费用超过机动车交通事故责任强制保险责任限额的；

（二）肇事机动车未参加机动车交通事故责任强制保险的；

（三）机动车肇事后逃逸的。

第二十五条 救助基金的来源包括：

（一）按照机动车交通事故责任强制保险的保险费的一定比例提取的资金；

（二）对未按照规定投保机动车交通事故责任强制保险的机动车的所有人、管理人的罚款；

（三）救助基金管理机构依法向道路交通事故责任人追偿的资金；

（四）救助基金利息；

（五）其他资金。

第二十六条 救助基金的具体管理办法，由国务院财政部门会同保监会、国务院公安部门、国务院卫生主管部门、国务院农业主管部门制定试行。

第二十七条 被保险机动车发生道路交通事故，被保险人或者受害人通知保险公司的，保险公司应当立即给予答复，告知被保险人或者受害人具体的赔偿程序等有关事项。

第二十八条 被保险机动车发生道路交通事故的，由被保险人向保险公司申请赔偿保险金。保险公司应当自收到赔偿申请之日起 1 日内，书面告知被保险人需要向保险公司提供的与赔偿有关的证明和资料。

第二十九条 保险公司应当自收到被保险人提供的证明和资料之日起 5 日内，对是否属于保险责任作出核定，并将结果通知被保险人；对不属于保险责任的，应当书面说明理由；对属于保险责任的，在与被保险人达成赔偿保险金的协议后 10 日内，赔偿保险金。

第三十条 被保险人与保险公司对赔偿有争议的，可以依法申请仲裁或者向人民法院提起诉讼。

第三十一条 保险公司可以向被保险人赔偿保险金，也可以直接向受害人赔偿保险金。但是，因抢救受伤人员需要保险公司支付或者垫付抢救费用的，保险公司在接到公安机关交通管理部门通知后，经核对应当及时向医疗机构支付或者垫付抢救费用。

因抢救受伤人员需要救助基金管理机构垫付抢救费用的，救助基金管理机构在接到公安机关交通管理部门通知后，经核对应当及时向医疗机构垫付抢救费用。

第三十二条 医疗机构应当参照国务院卫生主管部门组织制定的有关临床诊疗指南，抢救、治疗道路交通事故中的受伤人员。

第三十三条 保险公司赔偿保险金或者垫付抢救费用，救助基金管理机构垫付抢救费用，需要向有关部门、医疗机构核实有关情况的，有关部门、医疗机构应当予以配合。

第三十四条 保险公司、救助基金管理机构的工作人员对当事人的个人隐私应当保密。

第三十五条 道路交通事故损害赔偿项目和标准依照有关法律的规定执行。

第四章 罚 则

第三十六条 未经保监会批准，非法从事机动车交通事故责任强制保险业务的，由保监会予以取缔；构成犯罪的，依法追究刑事责任；尚不构成犯罪的，由保监会没收违法所得，违法所得 20 万元以上的，并处违法所得 1 倍以上 5 倍以下罚款；没有违法所得或者违法所得不足 20 万元的，处 20 万元以上 100 万元以下罚款。

第三十七条 保险公司未经保监会批准从事机动车交通事故责任强制保险业务的，由保监会责令改正，责令退还收取的保险费，没收违法所得，违法所得 10 万元以上的，并处违法所得 1 倍以上 5 倍以下罚款；没有违法所得或者违法所得不足 10 万元的，处 10 万元以上 50 万元以下罚款；逾期不改正或者造成严重后果的，责令停业整顿或者吊销经营保险业务许可证。

第三十八条 保险公司违反本条例规定，有下列行为之一的，由保监会责令改正，处 5 万元以上 30 万元以下罚款；情节严重的，可以限制业务范围、责令停止接受新业务或者吊销经营保险业务许可证：

（一）拒绝或者拖延承保机动车交通事故责任强制保险的；

（二）未按照统一的保险条款和基础保险费率从事机动车交通事故责任强制保险业务的；

（三）未将机动车交通事故责任强制保险业务和其他保险业务分开管理，单独核算的；

（四）强制投保人订立商业保险合同的；

（五）违反规定解除机动车交通事故责任强制保险合同的；

（六）拒不履行约定的赔偿保险金义务的；

（七）未按照规定及时支付或者垫付抢救费用的。

第三十九条 机动车所有人、管理人未按照规定投保机动车交通事故责任强制保险的，由公安机关交通管理部门扣留机动车，通知机动车所有人、管理人依照规定投保，处依照规定投保最低责任限额应缴纳的保险费的 2 倍罚款。

机动车所有人、管理人依照规定补办机动车交通事故责任强制保险的，应当及时退还机动车。

第四十条 上道路行驶的机动车未放置保险标志的，公安机关交通管理部门应当扣留机动车，通知当事人提供保险标志或者补办相应手续，可以处警告或者 20 元以上 200 元以下罚款。

当事人提供保险标志或者补办相应手续的，应当及时退还机动车。

第四十一条 伪造、变造或者使用伪造、变造的保险标志，或者使用其他机动车的保险标志，由公安机关交通管理部门予以收缴，扣留该机动车，处 200 元以上 2 000 元以下罚款；构成犯罪的，依法追究刑事责任。

当事人提供相应的合法证明或者补办相应手续的，应当及时退还机动车。

第五章 附 则

第四十二条 本条例下列用语的含义：

（一）投保人，是指与保险公司订立机动车交通事故责任强制保险合同，并按照合同负有支付保险费义务的机动车的所有人、管理人。

（二）被保险人，是指投保人及其允许的合法驾驶人。

（三）抢救费用，是指机动车发生道路交通事故导致人员受伤时，医疗机构参照国务院卫生主管部门组织制定的有关临床诊疗指南，对生命体征不平稳和虽然生命体征平稳但如果不采取处理措施会产生生命危险，或者导致残疾、器官功能障碍，或者导致病程明显延长的受伤人员，采取必要的处理措施所发生的医疗费用。

第四十三条 机动车在道路以外的地方通行时发生事故，造成人身伤亡、财产损失的赔偿，比照适用本条例。

第四十四条 中国人民解放军和中国人民武装警察部队在编机动车参加机动车交通事故责任强制保险的办法，由中国人民解放军和中国人民武装警察部队另行规定。

第四十五条 机动车所有人、管理人自本条例施行之日起3个月内投保机动车交通事故责任强制保险；本条例施行前已经投保商业性机动车第三者责任保险的，保险期满，应当投保机动车交通事故责任强制保险。

第四十六条 本条例自2006年7月1日起施行。

机动车交通事故责任强制保险条款（2009版）

总　则

第一条 根据《中华人民共和国道路交通安全法》、《中华人民共和国保险法》、《机动车交通事故责任强制保险条例》等法律、行政法规，制定本条款。

第二条 机动车交通事故责任强制保险（以下简称交强险）合同由本条款与投保单、保险单、批单和特别约定共同组成。凡与交强险合同有关的约定，都应当采用书面形式。

第三条 交强险费率实行与被保险机动车道路交通安全违法行为、交通事故记录相联系的浮动机制。

签订交强险合同时，投保人应当一次支付全部保险费。保险费按照中国保险监督管理委员会（以下简称保监会）批准的交强险费率计算。

定　义

第四条 交强险合同中的被保险人是指投保人及其允许的合法驾驶人。

投保人是指与保险人订立交强险合同，并按照合同负有支付保险费义务的机动车的所有人、管理人。

第五条 交强险合同中的受害人是指因被保险机动车发生交通事故遭受人身伤亡或者财产损失的人，但不包括被保险机动车本车车上人员、被保险人。

第六条 交强险合同中的责任限额是指被保险机动车发生交通事故，保险人对每次保险事故所有受害人的人身伤亡和财产损失所承担的最高赔偿金额。责任限额分为死亡伤残赔偿限额、医疗费用赔偿限额、财产损失赔偿限额以及被保险人在道路交通事故中无责任的赔偿限额。其中无责任的赔偿限额分为无责任死亡伤残赔偿限额、无责任医疗费用赔偿限额以及无责任财产损失赔偿限额。

第七条 交强险合同中的抢救费用是指被保险机动车发生交通事故导致受害人受伤时，医疗机构对生命体征不平稳和虽然生命体征平稳但如果不采取处理措施会产生生命危险，或者导致残疾、器官功能障碍，或者导致病程明显延长的受害人，参照国务院卫生主管部门组织制定的交通事故人员创伤临床诊疗指南和国家基本医疗保险标准，采取必要的处理措施所发生的医疗费用。

保险责任

第八条 在中华人民共和国境内（不含港、澳、台地区），被保险人在使用被保险机动车过程中发生交通事故，致使受害人遭受人身伤亡或者财产损失，依法应当由被保险人承担的损害赔偿责任，保险人按照交强险合同的约定对每次事故在下列赔偿限额内负责赔偿：

（一）死亡伤残赔偿限额为110 000元；

（二）医疗费用赔偿限额为10 000元；

（三）财产损失赔偿限额为2 000元；

（四）被保险人无责任时，无责任死亡伤残赔偿限额为11 000元；无责任医疗费用赔偿限额为1 000元；无责任财产损失赔偿限额为100元。

死亡伤残赔偿限额和无责任死亡伤残赔偿限额项下负责赔偿丧葬费、死亡补偿费、受害人亲属办理丧葬事宜支出的交通费用、残疾赔偿金、残疾辅助器具费、护理费、康复费、交通费、被扶养人生活费、住宿费、误工费，被保险人依照法院判决或者调解承担的精神损害抚慰金。

医疗费用赔偿限额和无责任医疗费用赔偿限额项下负责赔偿医药费、诊疗费、住院费、住院伙食补助费，必要的、合理的后续治疗费、整容费、营养费。

垫付与追偿

第九条 被保险机动车在本条（一）至（四）之一的情形下发生交通事故，造成受害人受伤需要抢救的，保险人在接到公安机关交通管理部门的书面通知和医疗机构出具的抢救费用清单后，按照国务院卫生主管部门组织制定的交通事故人员创伤临床诊疗指南和国家基本医疗保险标准进行核实。对于符合规定的抢救费用，保险人在医疗费用赔偿限额内垫付。被保险人在交通事故中无责任的，保险人在无责任医疗费用赔偿限额内垫付。对于其他损失和费用，保险人不负责垫付和赔偿。

（一）驾驶人未取得驾驶资格的；

（二）驾驶人醉酒的；

（三）被保险机动车被盗抢期间肇事的；

（四）被保险人故意制造交通事故的。

对于垫付的抢救费用，保险人有权向致害人追偿。

责任免除

第十条 下列损失和费用，交强险不负责赔偿和垫付：

（一）因受害人故意造成的交通事故的损失；

（二）被保险人所有的财产及被保险机动车上的财产遭受的损失；

（三）被保险机动车发生交通事故，致使受害人停业、停驶、停电、停水、停气、停产、通信或者网络中断、数据丢失、电压变化等造成的损失以及受害人财产因市场价格变动造成的贬值、修理后因价值降低造成的损失等其他各种间接损失；

（四）因交通事故产生的仲裁或者诉讼费用以及其他相关费用。

保险期间

第十一条 除国家法律、行政法规另有规定外，交强险合同的保险期间为一年，以保险单载明的起止时间为准。

投保人、被保险人义务

第十二条 投保人投保时，应当如实填写投保单，向保险人如实告知重要事项，并提供被保险机动车的行驶证和驾驶证复印件。重要事项包括机动车的种类、厂牌型号、识别代码、号牌号码、使用性质和机动车所有人或者管理人的姓名（名称）、性别、年龄、住所、身份证或者驾驶证号码（组织机构代码）、续保前该机动车发生事故的情况以及保监会规定的其他事项。

投保人未如实告知重要事项，对保险费计算有影响的，保险人按照保单年度重新核定保险费计收。

第十三条 签订交强险合同时，投保人不得在保险条款和保险费率之外，向保险人提出附加其他条件的要求。

第十四条 投保人续保的，应当提供被保险机动车上一年度交强险的保险单。

第十五条 在保险合同有效期内，被保险机动车因改装、加装、使用性质改变等导致危险程度增加的，被保险人应当及时通知保险人，并办理批改手续。否则，保险人按照保单年度重新核定保险费计收。

第十六条 被保险机动车发生交通事故，被保险人应当及时采取合理、必要的施救和保护措施，并在事故发生后及时通知保险人。

第十七条 发生保险事故后，被保险人应当积极协助保险人进行现场查勘和事故调查。

发生与保险赔偿有关的仲裁或者诉讼时，被保险人应当及时书面通知保险人。

赔偿处理

第十八条 被保险机动车发生交通事故的，由被保险人向保险人申请赔偿保险金。被保险人索赔时，应当向保险人提供以下材料：

（一）交强险的保险单；

（二）被保险人出具的索赔申请书；

（三）被保险人和受害人的有效身份证明、被保险机动车行驶证和驾驶人的驾驶证；

（四）公安机关交通管理部门出具的事故证明，或者人民法院等机构出具的有关法律文书及其他证明；

（五）被保险人根据有关法律法规规定选择自行协商方式处理交通事故的，应当提供依照《交通事故处理程序规定》规定的记录交通事故情况的协议书；

（六）受害人财产损失程度证明、人身伤残程度证明、相关医疗证明以及有关损失清单和费用单据；

（七）其他与确认保险事故的性质、原因、损失程度等有关的证明和资料。

第十九条 保险事故发生后，保险人按照国家有关法律法规规定的赔偿范围、项目和标准以及交强险合同的约定，并根据国务院卫生主管部门组织制定的交通事故人员创伤临床诊疗指南和国家基本医疗保险标准，在交强险的责任限额内核定人身伤亡的赔偿金额。

第二十条　因保险事故造成受害人人身伤亡的，未经保险人书面同意，被保险人自行承诺或支付的赔偿金额，保险人在交强险责任限额内有权重新核定。

因保险事故损坏的受害人财产需要修理的，被保险人应当在修理前会同保险人检验，协商确定修理或者更换项目、方式和费用。否则，保险人在交强险责任限额内有权重新核定。

第二十一条　被保险机动车发生涉及受害人受伤的交通事故，因抢救受害人需要保险人支付抢救费用的，保险人在接到公安机关交通管理部门的书面通知和医疗机构出具的抢救费用清单后，按照国务院卫生主管部门组织制定的交通事故人员创伤临床诊疗指南和国家基本医疗保险标准进行核实。对于符合规定的抢救费用，保险人在医疗费用赔偿限额内支付。被保险人在交通事故中无责任的，保险人在无责任医疗费用赔偿限额内支付。

合同变更与终止

第二十二条　在交强险合同有效期内，被保险机动车所有权发生转移的，投保人应当及时通知保险人，并办理交强险合同变更手续。

第二十三条　在下列三种情况下，投保人可以要求解除交强险合同：

（一）被保险机动车被依法注销登记的；

（二）被保险机动车办理停驶的；

（三）被保险机动车经公安机关证实丢失的。

交强险合同解除后，投保人应当及时将保险单、保险标志交还保险人；无法交回保险标志的，应当向保险人说明情况，征得保险人同意。

第二十四条　发生《机动车交通事故责任强制保险条例》所列明的投保人、保险人解除交强险合同的情况时，保险人按照日费率收取自保险责任开始之日起至合同解除之日止期间的保险费。

附　则

第二十五条　因履行交强险合同发生争议的，由合同当事人协商解决。

协商不成的，提交保险单载明的仲裁委员会仲裁。保险单未载明仲裁机构或者争议发生后未达成仲裁协议的，可以向人民法院起诉。

第二十六条　交强险合同争议处理适用中华人民共和国法律。

第二十七条　本条款未尽事宜，按照《机动车交通事故责任强制保险条例》执行。

参考文献

[1] 王云鹏，鹿应荣. 车辆保险与理赔. 北京：机械工业出版社，2006.

[2] 付铁军，杨学坤. 汽车保险与理赔. 北京：北京理工大学出版社，2008.

[3] 梁军，焦新龙. 汽车保险与理赔. 北京：人民交通出版社，2009.

[4] 董恩国. 汽车保险与理赔. 北京：清华大学出版社，2009.

[5] 张庆洪，何清堃. 机动车辆保险. 北京：机械工业出版社，2006.

[6] 何纪平. 行车无忧：漫画汽车保险. 成都：西南财经大学出版社，2000.

[7] 段昆. 当代美国保险. 上海：复旦大学出版社，2001.

[8] 黄大庆，刘娜. 汽车保险. 北京：地震出版社，2000.

[9] 周延礼. 机动车辆保险理论与实务. 北京：中国金融出版社，2001.

[10] 郭基元. 汽车消费信贷手册. 北京：中国商业出版社，1999.

[11] 李景芝，赵长利. 汽车保险与理赔. 北京：国防工业出版社，2007.

[12] 程玉光. 汽车车损与定损. 北京：人民交通出版社，2004.

[13] 王灵犀，王伟. 机动车辆保险与理赔实务. 北京：人民交通出版社，2004.

[14] 杨希锐，陈一永，何永杜. 交通事故处理与索赔案例分析. 北京：人民交通出版社，2002.

[15] 曾娟. 机动车辆保险与理赔. 北京：电子工业出版社，2005.

[16] 贾海茂. 汽车保险案例评析. 北京：知识出版社，2002.